인간행동과 사회환경

Human Behavior and Social Environment

이영주 · 서대석 · 이태훈 · 문재우
공저

청목출판사

머리말

모든 생물은 탄생, 성장과 소멸의 과정을 거친다. 인간 역시 이러한 자연의 섭리에서 벗어날 수 없다.

인류의 역사와 시작된 "인간이란?" 질문은 아직도 정답을 찾지 못하고 많은 논쟁이 진행 중에 있다. 인간은 선한 존재인가? 악한 존재인가?, 유전과 환경 중 인간의 행동과 심성에 영향을 주고 있는 결정적 변수는 무엇인가? 등과 같은 수많은 질문들이 존재한다. "인간행동과 사회환경"의 뿌리는 이러한 질문에서부터 시작된다고 본다. "인간행동과 사회환경"은 인간의 발달에 대해 이해하고 각 발달단계에서의 문제가 무엇이고 발달과제는 어떤 것들이 있는가를 학습하며, 인간의 행동에 영향을 주는 요인에 대한 성격이론을 비교 분석할 뿐만 아니라 인간행동에 영향을 주는 사회체계 즉 가족, 집단, 조직, 지역사회, 문화 등에 대해서도 고민한다.

본서는 크게 4부로 구성되어 있다. 제1부는 인간발달에 대한 전반적인 이야기를 담고 있으며, 제2부는 성격이론과 인간행동에 대해, 제3부는 인간발달단계에 대해, 그리고 마지막 제4부는 사회체계에 대한 것으로 가족, 집단, 조직, 지역사회, 문화에 대한 내용으로 구성되어 있다.

본서는 4명의 교수가 공동 참여하였다.

제1부는 문재우 교수, 제2부는 이영주 교수, 제3부는 이태훈 교수, 제4부는 서대석 교수가 집필하였다.

본서가 나오기까지 청목출판사 사장님과 여러 직원분들께서 많은 수고와 노력을 해주셨다. 깊이 감사드린다. 뜨거운 열정과 따뜻한 마음을 가지고 사회복지에 관심을 지니고 있는 여러 독자분들의 앞날에 언제나 따스함이 깃들길 빈다.

2011년 2월

이영주 · 서대석 · 이태훈 · 문재우

차 례

제4부 체계이론

제1부

인간행동과 발달

제 1 장

인간의 성장과 발달

1. 인간행동과 발달을 보는 관점

인간의 성장과 발달은 삶의 전 기간을 통해 이루어지며 시간에 따라 그 정도는 매우 다르게 진행된다. 따라서 인간은 전체로서 이해되어야 하며 생물학적 요소와 환경적 요소에 의해 평가되어야 한다. 이러한 인간의 행동에 영향을 주는 요인은 무엇인가에 대한 논의는 인간의 본성은 무엇인가에 대한 질문에서 출발한다.

인간의 행동과 발달에 영향을 주는 것은 유전적인 요인인가 아니면 환경적인 요인인가에 대한 논의의 역사는 매우 길다. 진화와 생존을 위한 이기적인 유전자와 인간 의지 사이의 끝없는 갈등에서 인간은 성장과 발달을 거듭한다. 인간은 원래 유전자가 지시하는 본능에 충실하도록 설계되어 있지만 도덕적, 사회적 존재이기 때문에 원초적 선택을 망설이게 된다. 따라서 유전자 결정론이 맞느냐, 환경 결정론이 맞느냐 하는 이분법적 사고는 무의미하다.[1)]

비슷한 환경에서 자랄지라도 유전적 요인이 다른 경우 전혀 다른 특

1) 이용범, 『인간딜레마』 (생각의 나무, 2009), p. 23.

성을 보이기도 하고, 비슷한 유전적 소인을 지닌 쌍둥이의 경우라도 다른 환경에서 자란다면 전혀 다른 특성을 보이는 경우가 흔하기 때문에 유전이나 환경 요인 중 어느 하나가 결정적인 영향을 미친다고 주장하기는 어렵다.

2. 성장과 발달의 개념

인간의 발달은 양적인 발달과 질적인 발달에서 살펴볼 수 있다. 양적인 발달은 연령이 증가함에 따라서 나타나는 신체적 변화이며, 질적인 발달은 지능과 정서, 사회성 등이 외부 환경의 자극이나 학습경험 등을 통해 성숙하는 것을 말한다.[2)]

인간은 유전적, 환경적 요인이 상호작용하면서 수정에서부터 사망에 이르기까지 전생애를 통해 성장과 발달을 지속한다. 발달(growth)이란 출생에서 사망에 이르기까지 생체의 진보적이고 계속적인 변화를 말하는 것으로 성장과 동의어로 쓰이기도 하지만"[3)] 일반적으로 "신체적, 심리적, 사회적 요인과 이들 요인간의 상호작용이 수정에서부터 사망에 이르기까지의 전생에 걸쳐 성장, 성숙, 노화라고 하는 역동적 과정을 통한 변화"를 발달이라고 한다.[4)] 따라서 발달은 신체적 변화뿐만 아니라 사회심리적 변화를 포함하며, 상승적 변화뿐만 아니라 퇴행적 변화 과정을 모두 포함한다.

발달과 유사한 의미로 사용되는 용어로는 성장(growth)과 성숙(maturation), 학습(learning) 등이 있다. 성장은 신체 각 부분의 크기나 전체로서 생체 크기의 증가를 말하며, 신체 각 부분의 변화와 기능적 분화 및 계속적인 기능의 증가를 의미한 반면, 성숙은, 유전인자에

2) 이명재 · 전길양, 『인간행동과 사회환경』 (대영문화사, 2005), p. 23.
3) 권육상 · 이명재, 『인간행동과 사회환경』 (대영문화사, 2002), p. 19.
4) 권중돈 · 김동배, 『인간행동과 사회환경』 (학지사, 2005), pp. 20~21.

의해 발달 과정이 방향지어지는 특성을 뜻하는 것으로 개념상으로는 환경의 영향과는 무관한 유전적 특성에 의해 이루어지는 발달적 변화를 의미한다. 학습은 직접 또는 간접적 경험, 훈련과 연습의 결과로 일어나는 개인 내적인 변화이다.[5] 즉 신체적으로 키가 커지거나 몸무게가 늘어나는 등의 양적 변화 현상을 성장(growth)이라 하고, 감각기능들의 변화를 성숙(maturation)이라 하며, 심리적, 정신적 변화를 발달(development)이라 한다.[6]

이러한 성장, 성숙, 학습은 상호 분리되어 있는 것이 아니라 서로 연결되어 있으며, 인간의 발달은 이 세 가지 과정이 공존할 때 비로소 이루어진다. 즉, 인간발달은 일생 동안 성장, 성숙, 학습에 의해 이루어지는 복합적 과정을 통해 이루어진다.[7]

3. 성장과 발달의 원리

인간은 수정 이후 성장과 발달 과정을 겪지만 질서정연하고 몇 가지 보편적인 원칙과 특성을 가지고 발달한다. 인간발달이 지니고 있는 일정한 규칙과 보편성을 살펴보면 다음과 같다.[8]

1) 연속성(continuity)

인간의 발달은 언제나 연속적 과정을 통해 이루어진다. 즉 전생애적 발달과정을 통해 한 인간으로 성장해 간다. 발달은 수정의 순간에 시작하여 임종 때까지 계속되며 연령이 증가할수록 더욱 복잡해지는 경향이 있다.

5) 이명재 · 전길양, 앞의 책, p. 21.
6) 김혜선 · 유안진, 『인간발달』 (한국통신대학교출판부, 2006), pp. 4~5.
7) 권중돈 · 김동배, 앞의 책, p. 31.
8) 권육상 · 이명재, 앞의 책, pp. 20~23 : 최순남, 『인간행동과 사회환경』 (법문사, 2005), pp. 40~42.

2) 성장률의 차이

생체 각 부분의 성장률은 시기와 부분에 따라 다소 차이가 다르게 나타난다. 출생 직후부터는 일정기간 동안 급격한 성장을 하다가 아동기에는 성장속도가 저하되다가 청년기에 진입하면서 다시 급속한 성장을 보인다. 출생 후 만 2세까지는 2배 정도의 키 성장이 이루어지는 1차 급성장기이며, 사춘기 시작부터 2년 정도는 신체적, 심리적 변화가 큰 시기로 2차 성징을 나타내면서 1년에 7-15cm의 급격한 성장을 보이는 2차 급성장기라 할 수 있다.9)

3) 성장률의 개인차

각 개인은 유전적 소인과 환경적 요인, 건강상태 등이 서로 다르기 때문에 인간발달은 개인차가 있기 마련이다. 신체적, 정신적으로 매우 빠르게 성장하여 조숙한 사람이 있는가 하면 어떤 사람은 성장이 매우 느려 주위로부터 걱정이나 놀림을 받기도 한다.

4) 성장률의 성차

성장률에도 성차가 존재한다. 일반적으로 여아가 남아보다 빨리 성장한다. 사춘기의 경우 남자는 12.5세-15세(평균 14세), 여자는 10세-13세(평균 12세)로 대부분 여자가 남자보다 2년 정도 빠르다.

5) 성장의 개인차

성장이 종료되는 시기나 성숙에 이르는 시기도 개인차가 있기 마련이다. 중학교나 고등학교 때 성장이 멈춘 경우도 있고, 남자의 경우 군대에서도 키가 큰 경우도 있다. 일반적으로 신장의 경우 여자는 남자보다 빨리 정지한다.

6) 유전과 환경의 상호 작용

오늘날 유전과 환경은 개인의 성장과 발달에 도움을 주는 두 개의 독립된 요인으로 보는 사람은 그리 많지 않다. 인간은 유전적 소인과

9) http://blog.naver.com/bonglim(검색일 : 2009.12.24)

환경적 요인은 역동적 상호작용에 의해 성장과 발달이 이루어진다.

"…한 연구자가 신생아의 머리 위에서 모빌을 흔들어 보인다. 어떤 아기는 아무런 반응이 없고, 어떤 아기는 방실방실 웃으며 몸을 마구 움직여댄다. 스트레스를 받았는지 얼굴을 찡그리고 팔다리를 버둥거리며 힘들어하는 아기도 보인다. 아기들이 동일한 자극에도 각기 다른 반응을 보이는 이같은 실험은 기질이 출생과 함께 나타나는 선천적인 것이라는 사실을 보여준다. 기질이 타고나는 것이라면 유전자와는 어떤 관계가 있을까?…태아의 유전자는 그 역할을 수행함에 있어 엄마 뱃속의 환경에 영향을 받는다. 기질을 좌우하는 유전마저 그것을 둘러싼 환경의 영향 아래 있음을 알 수 있다. …기질은 유전에 의해 정해지고 그 기질은 성격에 핵심적인 역할을 한다. 기질은 성격이라는 산에서 공이 어느 면을 따라 굴러가야 할지를 미리 정해 주지만, 유전이나 기질이 성격을 결정하는 유일한 요소는 아니다.

아이의 성격은 유전적인 기질과 환경이 서로 영향을 미치며 형성되어 간다. 쌍둥이를 대상으로 한 연구에 따르면 유전은 감성, 사회성, 공격성, 신중성, 보수성 등과 같은 성격 특징의 50% 정도만을 결정한다고 한다. 나머지 성격은 삶의 경험, 즉 아이를 둘러싼 환경에 의해 결정되는 것이다. …아이가 건강한 성격을 형성할 수 있는 환경이나 양육 방식은 특정 성장 단계마다 성취해야 하는 결정적인 시기(critical period)에 맞춰 이루어지는 것이 중요하다. …아이가 조화로운 성격으로 건강하게 자랄 수 있게 하는 요인은 아이에 대한 애정과 믿음에 기초한 상호작용이다. …혹시 아이의 기질과 성격은 유전이라며 아이의 인생을 운에 맡기고 있진 않은가? 어떤 기질도 아이에게는 긍정적인 성격의 요소이며, 잠재된 가능성이다. 그 가능성에 불을 붙여주는 것이 환경이다. 아이의 기질이 무엇인지 파악하고 기질의 긍정적인 면을 살려주자. 아이의 기질은 인생이란 그림의 밑그림에 해당하고, 성격은 그 밑그림을 수정하고 색칠하는 과정이다. 기질은 이미 결정된 운명이 아니라 누구에게나 열려 있는 가능성의 시작이다."[10)]

10) 박영선의 글(http://www.brainmedia.co.kr/report/2010.11.29 검색)

7) 분화와 통합

분화(differentiation)란 원래 생물학적 용어로 세포가 분열·증식하여 성장하는 동안 각각의 구조와 기능이 구체화, 특수화되는 현상을 의미한다. 인간의 행동은 전체적이고 미분화된 것으로부터 부분적이고 구체적인 행동으로 분화되면서 발달한다. 반면에 통합(integration)이란 여러 요소가 일정한 방식에 따라 상호 결합하여 질서정연하게 종합된 전체를 형성하는 것을 의미한다. 즉 통합을 통해 성장과 발달의 상위단계에서는 하위단계를 포함하면서도 이전의 단계와는 질적으로 다른 재구조화를 달성하게 된다. 따라서 발달은 분화와 통합의 과정이라 할 수 있다.

8) 순서와 방향성

인간은 일정한 순서와 방향을 향해 발달해 간다. 신체나 운동의 발달은 두부(head)에서 하부(tail) 방향으로, 중심부에서 주변부(proximo-distal) 방향으로, 전체운동에서 특수운동으로 진행되어 간다.

9) 점성성(epigenesis)

성장은 기존의 기초위에서 이후의 발달이 이루어지는 점성성을 지니고 있다. 특정단계의 발달은 이전 단계의 발달과업의 성취정도에 좌우되기도 한다. 발달에는 항상 단계가 있고 이러한 발달단계는 뒤바뀌지 않는다.

10) 결정적 시기

인간의 발달에는 결정적인 시기가 있기 마련이다. 결정적 시기란 인간발달 환경에서 내·외적 사건들이 발달에 최대의 영향을 미치는 짧은 기간을 말한다. 결정적 시기에 이루어져야 할 발달과업을 그때그때 달성하지 못한다면 성격 형성에 결함이 있어 대인관계에 어려움을 많이 겪게 된다. 즉 발달에는 저마다 결정적 시기가 있고 이 시기를 놓치면 되돌릴 수 없게 된다.

"19세기 초, 프랑스의 시골에서 발견된 빅터라는 열두 살 난 소년의 경우 구제불능의 백치로 판명되어 동물과 같은 취급을 받은 후 이타드 박사에게 맡겨졌다. 이타드 박사는 빅터가 백치가 아니라고 확신하고 그에게 언어훈련을 시켰다. 매일 집중적인 훈련을 통해서 다소 나아지는 기미는 있었지만, 빅터는 끝내 언어를 익히지 못했다. 이타드 박사가 확신한 바와 같이 만약 빅터가 정신지체아가 아님에도 불구하고 12세라는 나이에 언어를 습득하지 못한 것은 언어발달에 있어서 결정적 시기가 있다는 가설을 뒷받침하는 단적인 예가 될 수 있다."[11]

11) 순응성

인간은 성장과정에서 환경에 능동적으로 적응하려는 시도를 지속적으로 하게 된다. 최대의 잠재력을 발휘하기 위해 또 다른 부문에서 발달을 보충하게 된다. 영화 "레인맨"의 더스틴 호프만처럼 발달장애나 자폐증 등으로 정신 장애를 가진 자들 중에 일부가 장애와는 대조적으로 특정 분야에 경이적인 능력을 발휘하는 현상인 'savant syndrome'은 순응성의 좋은 예이다.

4. 성장과 발달의 단계

1) 발달단계

발단단계(stages of development)란 발달상에서 어떤 과제의 성취와 특정한 측면의 발달이 강조되는 삶의 특정 기간을 말한다.[12] 인간의 성장과 발달을 단계적으로 구분하여 분석하는 것은 각 발달단계 마다 고유한 특징이 있고, 전(前)단계는 이후 모든 단계에 영향을 미치는 연속적 과정을 거치면서 발달이 진행되기 때문이다.

발달단계를 연령에 따라 구분하는 것이 일반적이다. 왜냐하면 인간의

11) 정옥분, 『청년발달의 이해』 (학지사, 2008), p.31.
12) 이인정 외, 『인간행동과 사회환경』 (나남출판, 2004), p.20.

발달과 성숙을 가장 객관적으로 구분할 수 있는 것이 연령이기 때문이다. 그러나 개인의 발달 과정과 성숙 정도가 다르고 각 개인이 속한 사회 구조가 단순하지 않기 때문에 단순히 연령만 가지고 모든 인간의 발달단계를 구분하여 분석하는 것은 많은 문제를 내포하고 있다.

〈표 1-1〉 인간 발달단계

학자	발달단계	비고
프로이트	구강기 항문기 남근기 잠복기 생식기	정신성적 발달단계를 다섯 단계로 구분하여 청소년기까지만 설명
융	아동기(사춘기 포함) 청년기·성인기 중년기 노년기	인생에 있어서 중요한 시기인 중년기에 많은 관심을 보임
피아제	감각운동기 전조작기 구체적 조작기 형식적 조작기	주로 인지발달에 초점
에릭슨	유아기	신뢰감 - 불신감
	초기아동기	자율성 - 수치심
	유희기	솔선수범 - 죄의식
	학령기	근면성 - 열등감
	청소년기	정체성 - 정체성 혼란
	성인초기(청년기)	친밀감 - 소외감
	성인중기(중년기)	생산성 - 침체성
	노년기	자아통합 - 절망
한국사회복지대학교육협의회(2002)	태아기 영유아기 학령전기 아동기 청소년기 청년기 장년기 노년기	

발달단계를 어떻게 구분하느냐는 매우 어려운 일로 학자들마다 의견

이 분분하다. 인간의 발달단계에 대한 여러 학자들의 의견을 종합해 보면 〈표 1-1〉과 같다.

2) 발달과업

인간은 살아가면서 사회가 요구하는 많은 과제를 안고 성장한다. 사회가 부과하는 많은 과제를 각 발달단계에서 성공적으로 수행하게 되면 성취감과 행복감을 갖게 되지만 반면에 과제를 제대로 수행하지 못하고 실패하게 되면 좌절감을 갖게 되어 발달에 지장을 초래하기도 한다. 발달과제는 주로 연령에 의해 결정되며, 누구나 동일하게 수행해야 하는 보편성과 사회와 문화에 따라 각기 다른 특수성을 동시에 지니고 있다. Havighurst가 주장하고 있는 발달단계별 주요 과업은 〈표 1-2〉와 같다.[13]

"…대체로 변화에 대응하는 인간의 유형은 다음 세 가지로 분류된다. 하나는 변화와는 무관한 유형으로 그 결과는 그냥 시간만 보내고 말았을 뿐이다. 다른 하나는 상황이 되는대로, 생각나는 대로 행동하는 유형으로 그 결과는 뭔가 도움이 되는 것 같긴 한데 체계적이지 않아서 명확하게 틀을 잡기가 어렵다. 마지막 하나는 변화를 기회로 삼고 주도적 학습을 하는 유형으로 그 결과는 변화로 인해 오히려 삶을 더욱 의미 있고 풍성하게 꾸려 나간다. 즉, 이 세상 누구에게나 일은 주어질 것이며, 시간이 흐르면 어떤 일이든지 마무리가 되게 되어 있지만, 그 일에 대한 대응 방식에 따라 결과는 큰 차이가 있으므로 자신이 어떤 유형으로 살아갈 것인지를 선택하는 것은 곧 자신의 삶의 질을 선택하는 것과 같다고 하겠다.

인간은 출생에서부터 아동기, 청년기, 중년기, 노년기에 이르기까지 각 생애 단계마다 주어지는 발달적 과업을 잘 수행하고, 삶의 폭을 넓히며, 자신의 가치를 높이고 생의 의미를 추구하고자 한다. 하지만 이를 제대로 실천하기 위해서는 자신의 삶이 다할 때까지 지속적인 학습(life long learning)을 해야 하고, 가정, 학교, 사회, 직장 등 장소에

13) 김동배 · 권중돈, 『인간행동이론과 사회복지실천』(학지사, 2005), pp. 45~46.

구애됨 없이 언제나, 어디에서나 학습(life wide learning)을 해야 하며, 삶의 질을 향상시키기 위해 심도 있는 학습(life deep learning)을 해야만 한다. 삶과 학습을 병행하였을 때 개인의 성장과 자아실현은 물론, 총체적인 삶의 모습이 긍정적으로 변화할 수 있다.…"[14]

〈표 1-2〉 Havighurst의 발달단계별 주요 발달 과업

발달단계	과업	
영·유아기	-걸음걸이 배우기 -언어 배우기 -배설행위 통제 배우기 -생리적 안정 유지하기	-환경에 대한 단순개념형성 -타인과의 정서적 관계 형성학습 -선·악의 구분과 양심의 학습 -성차인식
아동기	-놀이에 필요한 신체적 기술의 학습 -또래들과 사귀기 -성 역할 학습 -읽기·쓰기·계산하기의 기능 습득	-양심·도덕·가치체계의 발달 -자신에 대한 건전한 태도형성 -일상생활에 필요한 개념학습 -사회 집단과 제도에 대한 태도 형성
청소년기	-동성·이성간의 성숙한 관계 유지하기 -부모나 다른 성인으로부터의 정서적·인격적 독립 -직업선택과 준비 -경제적 독립의 필요성 인식	-결혼과 가정생활 준비 -시민으로서 자아 함양과 지적 기능의 학습 -사회적으로 책임 있는 행동을 수행 -과학적 세계관에 근거한 가치관과 윤리적 체계의 확립
성인기	-배우자 선택 -배우자와 생활 방법 배우기 -육아에 대한 기본적 지식·기능 학습	-가정 관리에 관한 기본적 지식·기능 학습 -직업 가지기 -친밀한 사회 집단에 참여 -시민으로서 사회적 책임 완수
중·장년기	-성인으로서 사회적 책임의 수행 -생계유지에 필요한 경제적 표준생활의 확립 및 유지 -10대 자녀들 돌보기	-적절한 여가활동 -배우자와 친밀한 관계 유지 -중년기의 생리적 변화 수용 및 대처 -연로한 부모에 대한 적응
노년기	-쇠퇴한 체력과 건강에 적응 -은퇴와 경제적 수입의 감소에 대한 적응 -배우자의 사망에 대한 적응	-동년배와 친밀한 관계를 유지 -사회적 시민으로서의 의무수행 -생활에 적합한 물리적 환경의 조성

14) 정미경(강원도민일보, 2010.8.2)

5. 인간행동, 발달과 사회복지실천과의 연관성

발달이론은 인간의 행동을 정확히 사정하는 데 필요하다. 발달이론은 사회복지사의 개입 여부를 판단하는 근거자료가 되며, 클라이언트가 스스로 문제해결책을 찾는 데 필요하다.

즉, 발달이론은 인간행동과 관련된 문제를 제기하고, 인간을 보다 정확히 이해하고, 전문적 실천행동의 방향을 설정하며, 개입을 위한 지침이 되는 개념적 틀을 제공하는 데 사회복지실천적 측면에서 매우 유용하게 활용된다.

발달이론은 ① 전생애에 걸친 변화와 안정에 기여하는 요인의 판별, ② 신체, 심리, 사회적 기능 간의 상호관련성 설명, ③ 인간의 사회적 기능과 적응 수준의 평가, ④ 인간발달에 영향을 미치는 사회적 영향력을 평가할 수 있는 잣대를 제공해 준다.[15] 발달이론이 사회복지실천에 기여하는 바를 요약한 Greene과 Ephross의 의견을 살펴보면 다음과 같다.[16]

- 생활주기를 순서대로 정리할 수 있는 준거틀 제공
- 임신에서 사망에 이르기까지 각 단계에서 수행해야 할 발달과업 제시
- 일생을 통해 일어나는 안정성과 변화의 과정 설명
- 생활전이에 따른 안정성과 변화 파악
- 특정 발달단계에서 특징적으로 나타나는 발달적 요인 설명
- 발달의 다양한 신체, 심리, 사회적 요인 파악
- 이전 단계의 결과가 다음 생활단계에 미치는 영향 파악

---

15) 김동배 · 권중돈, 앞의 책, p. 48.

16) Greene, R. R., & Ephross, P. H., *Human behavior theory and social work practice*(NY : Aldine de Gruyter, 1991), 김동배 · 권중돈, 앞의 책, p. 47에서 재인용.

- 이전 단계의 결과에 의해 형성된 각 단계에서의 성공과 실패를 설명
- 개인적인 발달상의 차이를 파악

6. 성격이론과 사회복지실천

우리는 보통 사람의 행동을 이야기할 때 그 사람의 성격을 전제로 하는 경우가 많다. 즉 인간의 행동은 개인의 성격에 의해 좌우된다는 생각을 많이 하게 된다. 이러한 성격은 개인의 독특한 심리적 체계로 인지-행동의 과정에서 발생하는 개인차, 인지나 행동의 일관된 유형인 개성을 기술하고 설명하는 개념이라 할 수 있다.[17]

한번 형성된 개인의 성격은 쉽게 변하지 않는 안정적인 특징과 꾸준히 지속되는 일관적인 특징을 지니고 있기 때문에 사람은 종종 우발적이고 일시적인 원인에 의해서 예측하기 힘든 행동을 한다 할지라도 어느 정도의 예측과 행동 수정 방법을 강구할 수 있다.

따라서 복잡하고 미묘한 인간의 행동을 이해하는 가장 좋은 방법은 인간의 성격을 이해하고 분석하는 것이다. 많은 성격이론에 대해 우리가 관심을 가지고 연구를 하는 것은 인간행동을 이해하기 위한 목적을 지니고 있기 때문이다. 성격에 관한 지식과 정보, 그리고 이해는 클라이언트의 행동을 수정하는 방법을 제시해 주기도 한다.

인간행동에 대한 이해를 제공해 주는 성격이론은 무수히 많다. 성격이론에 따라 인간본성에 대한 관점, 인간행동에 관한 기본가정, 적응과 부적응에 대한 관점, 정상과 비정상(병리)에 대한 관점은 매우 상이하며, 이를 근거로 한 접근방법 역시 다를 수밖에 없다. 따라서 어떤 성격이론에 근거하느냐에 따라 우리가 접근해야 할 실무원칙, 개입목적, 개입방법 등에 차이가 있다.[18] 인간의 성격을 분석하고 이해하는 이론

17) 박아청, 『성격발달심리의 이해』(교육과학사, 2006), 13쪽.
18) 황철수, 『인간행동과 사회환경』(양서원, 2009), 36~37쪽.

에는 왕도가 있을 수 없다. 모든 이론은 상대적이기 때문이다.

7. 체제이론과 사회복지실천

인간은 환경의 동물이다. 본질적으로 타고난 성격 역시 주변 환경에 의해 매우 다르게 변할 수 있다. 특히 물리적 환경보다는 사회·문화적 환경에 인간은 더 영향을 받는다. 체제이론에 의하면 인간은 문화와 사회라는 체제에 영향을 받는다. 즉 인간은 출생과 동시에 가족이라는 사회체제에 속해 성장하게 되고, 교육체제 속에서 교육을 받고 사회조직 체제 속에서 일하며 살아간다. 또한 전통적으로 전수해 내려오는 언어와 문화를 습득하고 그 체제에서 행동양식과 가치를 내면화하면서 평생을 살아가게 된다. 하나의 유기체(organism)로 하위체제(sub-system)인 인간의 행동은 가족, 집단, 조직, 지역사회, 문화체제의 영향을 받는다. 인간의 성격 역시 학습된 행태의 체제라 할 수 있다.

따라서 인간에 속해 있는 사회체제는 개인과 가족, 집단과 조직, 지역사회, 문화로 이루어져 있으며 이러한 체제는 인간의 모든 행동을 지배하거나 영향을 주는 요인으로 작용하고 있다.[19] 인간의 행동은 그 자체로 이해하는 것도 물론 주요하지만 인간을 둘러싼 가족, 집단, 조직, 지역사회, 문화 등에 대한 이해를 전제로 하는 것이 바람직하다.

19) 위의 책, 37~38쪽.

제2부

성격이론

제 1 장

정신역동 성격이론

1. 프로이트의 정신분석이론

정신분석이론(psychoanalystic theory)은 지그문트 프로이트에 의해 최초로 개발된 성격발달이론이다. 프로이트 시대 이전에는 심리정서적인 문제는 뇌 또는 신경계통의 생물학적인 원인 또는 극단적으로 악령에 사로잡힘으로 여겨졌다. 그러나 프로이트는 생물학적 원인보다는 심리적 현상에 더 주목하였고 무의식이 인간의 정신을 지배한다고 생각하였다. 정신분석이론은 무의식이 인간의 정신세계 대부분을 차지하고 있으며, 따라서 무의식적인 성적, 공격적인 충동에 의해 발생하는 갈등을 파악하고 이를 분석하는 데 초점을 둔다. 프로이트 이론의 특징은 인간을 성적인 존재와 결정론적인 존재로 본 것이다. 이러한 내용은 그 뒤 많은 학자들로부터 비판을 받고 있지만, 심리학, 상담학 등 다양한 학문에서 그의 이론은 여전히 가장 중요한 것으로 인식되어지고 있으며 큰 영향을 미치고 있다. 프로이트의 정신분석 이론은 의학적 패러다임과 심리학적 패러다임의 교량 역할을 하였다고 볼 수 있다(Cottone, 1995).

사회복지전문직에서는 사회복지실천의 과학적 토대를 마련하기 위해 노력하는 과정에서 정신분석이론에 대한 관심을 갖기 시작하였다(Hamilton, 1958; Hollis, 1964). 프로이트에 의해 고안된 의료모델(medical model)에 근거하여 리치몬드(Richmond, 1917)는 '원인을 발견함으로써 치료방법을 찾을 수 있다'고 하였고, 이 지적은 이후 사회복지사들이 사회복지실천에 의료모델에 관심을 갖게 하는 시발점이 되었다. 우드(Wood, 1971)는 사회복지사들이 프로이트의 의료모델에 근거한 직선원인론(linear casuality)을 채택함으로써 시행착오가 많았던 사회복지실천을 과학적으로 이끄는 계기가 되었다고 주장하였다. 프로이트의 정신분석이론은 인간행동을 이해하는 데 큰 도움을 준다. 특히 감추어진 아동기의 정신적인 외상을 밝혀내는 과정은 개별사회사업에서 클라이언트의 문제를 사정하는 중요한 영역으로 자리잡고 있다. 1920년대에는 개별사회사업실천에서 문제해결 방법을 초기 아동기의 미해결 정신적 외상에 대한 진단과 치료를 중시하는 정신분석 치료와 동일시 할 정도로 정신분석이론이 사회복지실천에 미치는 영향은 컸다. 정신분석이론을 이용한 사회사업실천에서는 무의식을 행동을 결정하는 중요한 요인으로 인식하여 현재보다는 과거, 특히 초기 아동기의 정신적인 외상을 밝혀내기 위해 많은 관심을 기울였다.

이상과 같이 정신분석이론은 사회복지실천에 지대한 영향을 미쳤으나 동시에 부정적인 영향도 미쳤다. 프로이트의 정신분석이론은 인간의 정신 내적 현상을 지나치게 강조하며, 기계론적이고 결정론적인 인간관에 따라 문제를 해결하려는 경향이 강한 단점을 극복하지 못하였다. 이러한 단점은 인간과 환경 중에서 환경에 대한 영향을 고려하지 않고 인간의 정신내적 현상만을 강조하고 기계론적이며 결정론적 인간관에 따른 실천을 조장하게 만듦으로써 사회복지실천상의 불균형을 초래하였다.

1) 프로이트의 생애

프로이트(1856~1939)

지그문트 프로이트(Sigmund Freud, 1856-1939)는 1856년 5월 6일, 당시 오스트리아-헝가리 제국(현재 체코슬로바키아)의 일부였던 모라비아의 소도시 프라이베르크(Freiberg)에서 태어났다. 중산층 유대인 가정에서 태어난 그의 아버지(야곱 프로이트, Jacob Freud)는 40세의 모피상인이었으며 어머니 아말리에 나타우젠(Amalie Nathausen)은 두 번째 부인으로 결혼 당시 20세였다. 그는 자신의 어머니로부터는 맏아들이었지만 이미 첫 번째 부인으로부터 태어난 다 자란 두 아들이 있었다. 그들은 이미 스무 살 가량이었으며, 그 중 한 명은 이미 결혼해서 아들까지 있었다. 아버지의 사업이 어려워지면서 그의 가족은 프라이베르크를 떠나기로 결정하고 그가 네 살 되던 1860년에 온 가족이 빈으로 이사하였다. 같이 떠나지 않은 사람은 영국 멘체스터에 정착한 두 이복 형과 그들의 아들뿐이었다. 프로이트는 그곳에서 삶의 대부분을 보냈다.

프로이트의 가족배경은 그의 정신분석이론을 이해하는 데 자주 거론될 만큼 그의 이론형성에 영향을 미친 것으로 알려져 있다. 그의 아버지는 엄격하고 권위적인 사람이었는데 그것은 당시 아버지들의 일반적인 모습이었다. 어머니는 매력적이었고 정이 많았으며 잘 보살펴 주는 사람이었다. 프로이트는 1896년 아버지가 세상을 떠났을 때 혼란을 느꼈으며 그때의 감정으로 인해서 자신의 꿈과 기억 그리고 어릴 때의 경험을 분석하여 아동기 성욕에 대한 확신을 갖게 되었으며, 오이디푸스 콤플렉스를 발견했다고 한다. 그는 아버지가 돌아가신 지 1년 뒤인 1897년에 꿈을 통한 자기분석과 함께 유아 성욕과 오이디푸스 콤플렉스를 인식하게 된다. 즉 그는 자신의 꿈에 대한 의미를 탐색하면서 성격발달에 대한 역동성을 이해하게 되었으며, 자신의 아동기를 회상하고 기억하면서 아버지에 대해 가졌던 강한 적대감과 어머니에 대한 성적 감정을 깨달은 것이다. 그는 질투심을 가졌던 갓난 동생의 죽음으로 인한 죄책감, 어린 시절에 목격한 어머니의 나체에 대한 성적인 흥분, 권위적이고 가부장적인 아버지에 대한 반발과 증오심 등 가족관계 내에서의 다양한 경험들이 그를 인간의 깊은 심리에 관심을 가지게 했으며 무의식을 인간행동과 성격의 결정요인으로 판단하게 했다.

그는 머리가 좋았으며 공부를 열심히 하여 부모로부터 많은 지지를 받았다. 어려운 가정형편에도 불구하고 아버지는 언제나 프로이트의 교육비를 지출의 최우선으로 삼았다. 프로이트는 아홉 살이라는 어린 나이에 짐나지움(중등학교 과정, 8년)에 입학했으며 처음 2년을 빼고는 나머지 6년 내내 자기 학년에서 수석을 놓치지 않았다. 프로이트의 회상에 의하면 그의 어머니는 자신을 가장 많이 사랑했으며 그 사랑이 자신에게 무슨 일이든지 해낼 수 있다는 자신감과 성공해야 된다는 강한 의지를 심어주었다고 한다. 열일곱 살이 된 프로이트는 짐나지움을 우수한 성적으로 졸업하였지만 특별히 진로를 결정한 상태는 아니었다. 자연과학에 관심이 많았지만 그는 1873년 가을, 빈 대학 의학부에 입학하였다. 그러나 그는 빨리 의사가 되려고 하지 않았다. 처음에는 생물학에 관심을 가졌고 나중에는 생리학에 노력을 쏟았다. 그는 비교해부학과 교수에게 뱀장어 4백마리를 해부하여 조사하라는 연구를 위임받았다. 그 뒤 브뤼케 교수가 지도하는 생리학 연구실에서 1876년부터 6년간 근무하였다. 이 기간 동안 주로 중추 신경계의 해부에 대한 연구를 했으며 브뤼케 교수로부터 자연 과학 전반에 관한 태도를 습득하였다. 그러나 실험실 연구자의 수입으로는 대가족을 부양하기가 어려워 1881년 의사 자격을 따기로 결정하고 의학박사 학위를 받았다. 그리고 소중했던 브뤼케 실험실을 떠나 1882년 빈 종합병원에서 근무하기 시작하였다. 그는 1885년까지 이 병원에서 다수의 논문을 출판하였으며 뇌 해부학을 집중적으로 연구하였다. 1882년 마르타 베르나이스

(Martha Bernays)와 약혼을 하였다. 그녀는 함부르크의 유명한 유대인 집안 출신이었다. 두 연인은 4년 동안 서신 교환으로 만족하며 시간을 보냈으며 1886년에야 결혼하였다.

프로이트는 1884년 빈의 상담자이며 상당히 연배인 요제프 브로이어(Josef Breuer) 박사를 만나 히스테리적 신경증 치료의 한 방법으로 담화치료(talking cure)와 최면을 배웠다. 1885년 10월에는 프랑스로 가서 신경질환 치료로 유명한 살페트리에르 병원의 샤르코(Jean Charcot)와 함께 1886년 2월까지 최면을 연구하였다. 이 짧은 기간 동안 프로이트는 그의 일생을 바꿀 혁명적인 변화를 체험하게 된다. 그 당시 샤로코는 빈에서는 거의 가치없는 것으로 여겨지는 히스테리와 최면술에 관심을 쏟고 있었으며 프로이트에게는 그것이 정신탐구를 향한 첫걸음이었다. 특히 그는 샤르코로부터 신경증 환자들에게 성적인 근거가 있다는 얘기를 듣게 되며 이는 그의 정신분석학을 태동케 하는 뿌리가 된다. 프로이트는 1890년대 중반에 신경증을 지배하는 것이 적절하지 못한 성적 발달이라고 확신하게 되었다. 프로이트는 1886년 빈에서 개업하여 신경 질환 환자를 치료하기 시작하였다. 그 때부터 1893년까지 빈 차소비츠 연구소에서 신경학 연구를 계속하였으며 특히 어린아이들의 뇌성마비에 관심을 가지고 연구와 출판을 하였다. 이 때부터 신경학에서 정신 병리학으로 관심을 돌리게 되었다.

1887년부터 치료에 최면 암시 요법을 사용하기 시작하였으며, 1888년에는 브로이어 박사를 따라 카타르시스 요법으로 히스테리 치료에 최면술을 사용하기 시작하였다. 그러나 점점 최면술 대신 자유연상기법을 시도하기 시작하였다. 1893년에는 브로이어와 함께 히스테리와 심적 외상 이론과 카타르시스 요법을 밝힌 『예비적 보고서』를 출판하였으며, 1895년에는 함께 '신경증에 관한 연구'(Studies on hysteria)를 발표함으로써 정신분석의 시작을 알렸다. 그러나 1893년부터 1896년 사이에 둘 사이의 견해차가 생기기 시작하였다. 프로이트는 방어와 억압, 자아와 리비도 사이의 결과로 생기는 신경증의 개념을 소개하기 시작하였다.

1896년에는 '정신분석'이라는 용어를 처음으로 사용하였으며 그 뒤 1897년 꿈을 통한 자기분석(dream analysis)을 시작하여 심적외상이론을 포기하고 자신의 신경증을 불안신경증으로 진단하고 이 문제가 성적인 긴장의 누적에 의한 것이라고 주장하였다. 그는 꿈 분석을 2년 동안 계속하여 『꿈의 해석』(*The Interpretation of Dreams*)이라는 저서를 발표하였다.

1905년에는 '성욕에 관한 세 편의 에세이'를 발표하여 인간의 성적 본능과 그 발전과정을 처음으로 추적하여 소개하였다. 프로이트는 외부의 지원을 거의 받지 못하다가 1906년에 이르러서야 문하생들이 모여들었다. 그 가운데는 칼 융도 포함되어 있었다. 1908년에 찰즈부르크에서 제1회 국제정신분석학회가 열렸으며, 1909년에는 미국에서 프로이트와 융을 초청하여 여러 차례 강연회를 열었다. 이 때 '꼬마 한스'라는 다섯 살 아이의 병력 연구를 통해 어린아이의 정신분석을 시도하였으며 성인들에 대한 분석에서 수립한 추론들을 유아의 성적 본능과 오이디푸스 콤플렉스에 적용할 수 있음을 확인하였다. 그 이후 프로이트의 저서들이 번역되어 세계로 나가기 시작했고, 정신분석을 직접 실행하는 여러 그룹들이 세계 각지에서 나타나기 시작하였다.

그러나 1911년 빈의 유명한 프로이트 지지자였던 알프레드 아들러(Alfred Adler)가 그로부터 떨어져 나갔으며, 몇 년 뒤에는 융도 서로의 견해 차이를 좁히지 못하고 결별하였다. 1914년에 융은 학회를 탈퇴하였으며 프로이트는 아들러와 융과 함께 벌인 논쟁을 담고 있는 '정신분석 운동의 역사'라는 논문을 발표하였다. 그 뒤 세계 1차대전이 터졌으며, 그로 인해 국제적인 정신분석학의 확산은 잠시 주춤해졌다. 1933년에는 히틀러가 독일의 권력을 장악하며 프로이트의 저서들을 공개적으로 소각하였다. 또한 둘째 딸과 손자의 죽음이 그를 악몽으로 몰아넣었고, 1939년에는 16년 동안 그를 따라다닌 암에 걸리게 되었다. 그는 1936년 그의 여든 번째 생일을 맞던 해에 영국 학술원의 객원 회원으로 선출되었으며, 1938년 6월 히틀러가 오스트리아를 침공하자 빈을 떠나 영국으로 건너갔으며 『정신분석학의 개요』를 집필하였다. 정신분석학에 대한 결정판인 이 책은 미완성으로 그의 마지막 저작물이 되었다. 프로이트는 1년 뒤인 1939년 9월 23일 향년 83세의 나이로 런던에서 사랑하는 사람들을 떠나 세상과 이별하였다.

2) 정신분석이론 특징

(1) 내적 갈등의 역동

인간의 마음(또는 '정신'이라 불리는 것)은 다양한 힘들이 서로가 서로에게 영향을 미치며 상호작용하는 에너지 체계이다. 여기에서 마음은 에너지를 방출시킴으로써 긴장을 감소시키는 역할을 한다. 이 때 인간은 긴장이 줄어듦으로 인해 즐거움과 쾌감을 느끼지만 사회는 모든 에너지 방출을 허용하지 아니하고 그에 대해 적절한 통제와 제약을 가할 수밖에 없다. 그럼으로 인해 인간과 사회는 갈등을 겪게 되고 그 갈등으로 인해 인간 역시 내적인 갈등을 겪게 된다.

(2) 정신결정론

정신결정론은 정신분석이론을 지탱해주는 기본적인 원리이다. 정신결정론은 인간의 정신활동이 목적이 있으며, 지나온 과거의 발달과정에서 경험한 것에 의해 결정된다고 보는 것이다. 즉 어떠한 일이 우연히 일어난 것처럼 보여도 모든 일은 과거 일과 긴밀히 연결되어 있으며 결국 미래는 과거의 일들이 결정한다는 것을 의미한다. 정신결정론은 인간의 심리적인 문제가 내부에 존재하는 정신적인 원인으로 작용한다고 보는 것이다.

(3) 과거 경험의 중요성

정신분석이론의 특징은 어린 시절에 겪었던 경험을 중요시한다는 것이다. 프로이트에 의하면 인간의 기본적인 성격구조는 만 5세 이전의 경험에 의해 결정된다. 따라서 현재는 과거의 축적물이고, 현재를 바꾸기 위해서는 과거를 변화시켜야 한다는 결론에 이른다. 성인의 문제를 해결하기 위해서 어린 시절의 경험을 재구성하는 것은 정신분석에서 필수적이다.

(4) 무의식과 심리성적 욕구

무의식이 정신세계를 지배한다고 보았던 프로이트는 인간의 행동이 의식적인 요인보다 무의식적인 요인에 의해 더 많은 영향을 받는다고 하였다. 그의 이론에 의하면 인간의 무의식적인 동기 중에서도 특히 심리성적 욕구가 개인의 행동에 가장 큰 영향을 미친다.

3) 정신분석이론의 인간관

정신분석이론에서 보는 인간에 대한 관점은 세 가지로 나눌 수 있다. 첫 번째 인간은 의식으로 행동하지 못하고 숨겨진 무의식의 지배를 받아 움직이는 수동적인 인간. 두 번째 인간은 만 5세 이전의 경험으로 인간의 기본적인 성격을 결정해 버림으로써 인간의 운명은 이미 과거의 것으로 한정되어 버린 인간. 세 번째는 자신의 쾌락적인 행복을 극대화하기 위해 사회와 지속적으로 대항하는 투쟁적 인간이다.

▶ **수동적 인간** 프로이트는 인간의 행동이 무의식적인 성적 본능과 공격적인 본능에 의해 결정된다고 보았다. 인간의 행동은 기본적으로 가지고 있는 생물학적인 충동과 본능을 만족시키려는 욕망에 의해 동기화된다. 인간의 행동은 무의식적인 힘에 의해 결정되기 때문에 수동적인 존재일 수밖에 없다. 즉 정신분석이론에서의 인간은 자유의지, 책임감, 자기 결정과 선택하는 능력, 자율성 능력 따위를 당연히 인정하지 않는다.

▶ **결정론적 인간** 정신분석이론에서 가장 중요시 여기는 특성 중 하

나이다. 결정론적 인간이란 인간의 기본적인 성격구조가 만 5세 이전의 경험에 의해 결정되기 때문에 성인의 문제를 해결하기 위해서는 스스로 기억하지 못하는 만 5세 이전의 기억으로 되돌아가야 하는 것을 말한다. 인간의 심리적인 문제는 출생에서부터 5세까지 어린 시절의 경험이 무의식 속에 잠재되어 있는 심리성적 사건들에 의해 결정된다고 본다. 따라서 정신분석이론에 의한 인간은 어린 시절의 경험에 의한 고착된 무의식적인 경험에 의해 행동과 선택을 결정하는 과거의 포로와 같은 존재에 불과하다.

▶**투쟁적 인간** 인간은 자신의 행복을 극대화하기 위해 사회와 지속적으로 대항한다. 인간은 무의식적인 내적 충동에 의해 생긴 긴장상태를 제거하여 쾌락을 추구한다. 이를 방해하는 사회적 요인에 대해서는 지속적으로 대항하는 존재이다.

4) 지형학적 모형; 의식, 전의식, 무의식

프로이트는 인간의 정신(또는 마음)을 자각하는 수준에 따라 세 가지로 나누어 제시하였으며, 이를 사람들이 잘 알아볼 수 있도록 지도처럼 나타내보였다. 이것을 지형학적 모형 또는 지형학적 모델이라고 부르며 이 모형에서 정신(psyche)을 의식(consciousness), 전의식(preconsciousness), 무의식(unconsciousness)으로 구분하였다(그림 참조).

의식은 어떤 순간에 우리가 알거나 느낄 수 있는 모든 경험과 감각을 말한다. 의식은 보고, 듣고, 만지고, 냄새 맡고, 맛 보는 모든 감각을 인식한다. 또 의식은 슬픔, 고통 같은 것을 쉽게 알아차리는 정신생활 영역이다. 의식은 지각, 운동, 활동, 감정들을 통해 외부세계와 접촉하며, 꿈, 심상, 생각 같은 개인의 내적 세계와 접촉한다. 그러나 그림의 빙산에서 보는 것처럼 프로이트는 의식이 정신세계의 극히 일부에 해당된다고 믿었다. 의식은 정신세계의 중심이 아니며, 빙산의 일부에 불과하다고 생각하였다. 새로운 생각이 들어오고 오래된 생각은 물러나면서 의식의 내용은 계속 변한다. 즉 프로이트의 입장에서 보면 의식이란 영원하지 않으며 일시적이다. 늘 변하기 때문에 규칙적이지 않으며 가변적이며 예외적이다.

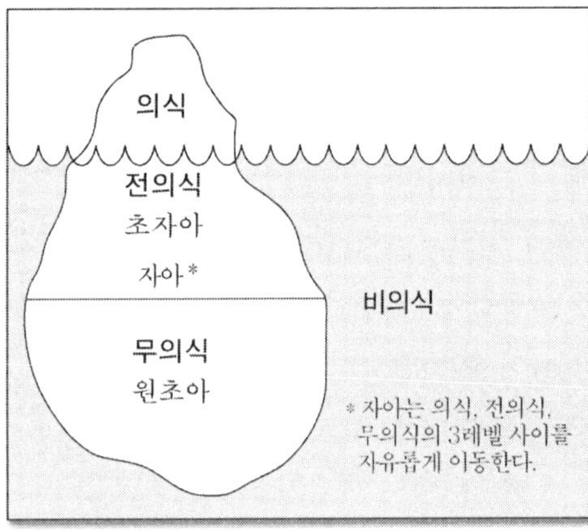

〈그림 1-1〉 프로이트의 지정학적 모형

이에 반해서 **전의식**은 어느 순간에 있어서는 기억되지 않으나, 조금만 노력하면 곧 의식될 수 있는 '이용 가능한 기억'을 가리킨다. 예를 든다면, 지금 당장은 초등학생 때의 친구의 이름과 얼굴이 생각나지 않지만 찬찬히 집중하여 기억을 헤집어보면 친구의 이름과 얼굴을 되살려 낼 수 있을 것이다. 이처럼 전의식은 무의식의 창고에 들어가 있는 것처럼 보이지만 노력에 의해 의식의 세계로 끌어 올릴 수 있는 중간 지점에 놓여 있다.

반면 **무의식**은 인간 정신세계의 가장 깊은 곳에 있어서 기억하지 못하는 부분을 가리킨다. 이 영역에는 본능, 충동, 억압된 관념이 잠재되어 있다. 무의식은 정신세계의 대부분을 차지하며, 전혀 인식되지 않지만 인간의 사고와 행동을 결정하는 놀라운 일을 한다. 프로이트는 무의식을 정신병리의 지배적인 힘으로 보았으며, 성격의 일부로 보았다. 그는 인간행동을 이해하려면 무의식을 탐구해야 한다고 생각하였다. 프로이트는 '정신분석 강의'에서 '정신적 과정들은 그 자체가 무의식적이며, 의식적인 것은 정신 활동 전체 중에서 단지 일부분에 지나지 않는다'고 하였다. 또한 정신분석은 의식과 정신의 동일성을 인정할 수 없으며, 정신을 감정, 사고, 의지와 같은 과정으로 정의하고, 무의식적인 사고나 무의식적인 의지가 있다고 보았다. 프로이트는 무의식이 작용하는 증거로 실수 행위들에 대한 광범위한 자료를 제시하였다. 잘못 말하기, 잘못 읽기, 잘못 듣기, 잘못 쓰기, 잘못 놓기, 잃어버리기 등의 망각과 같은 실수들이 그것이다. 그는 꿈에 대하여 '무의식적인 어떤 것을 왜곡하여 대치한 것'으로 간주하였으며, 무의식을 알아내기 위해 꿈을 해석해야 한다고 하였다. 프로이트는 꿈해석에 대하여 '대용물에서부터 시작하여 그에 따르는 연상을 통해 감추어진 본래의 것에 도달하게 만드는 것'이라고 하였다(Freud, 1915).

5) 구조적 모형(성격의 구조) ; 원초아, 자아, 초자아

프로이트는 지형학적 모형 다음으로 정신분석 개념들을 통합한 구조적 모형을 제시하였는데 성격을 원초아(id), 자아(ego), 초자아(superego)로 구성되어 있다고 보았다. 이들 성격은 실존한다기보다 프로이트에 의해 개념화된 것으로 구조적 모형의 그림과 같이 설명되어진다(그림 참조).

원초아는 출생할 때 얻어지는 것으로 정신에너지의 근원이며 전 삶의 기간 동안 성격의 기초가 된다. 무의식 안에 숨겨진 일차적인 정신의 힘으로 성욕, 공격성 같은 본능적 욕구를 가리킨다. 원초아는 현실을 고려하지 않고 생물적인 쾌락과 충동에 따라 행동하며, 모든 억압을 무시함으로써, 성욕, 공격성 같은 충동으로 나타나는 정신에너지를 즉각 방출해 버린다. 원초아는 인간이 생존하는 데 필요한 모든 본능이어서 무의식적이고 충동적이며 불합리와 자기사랑으로 가득하다. 원초아를 지배하는 원리는 쾌락 원리이며, 욕구를 만족시키는 대상의 심상(이미지)을 기억 속에 만들어 내는 1차사고과정(primary process) 기제를 사용한다.

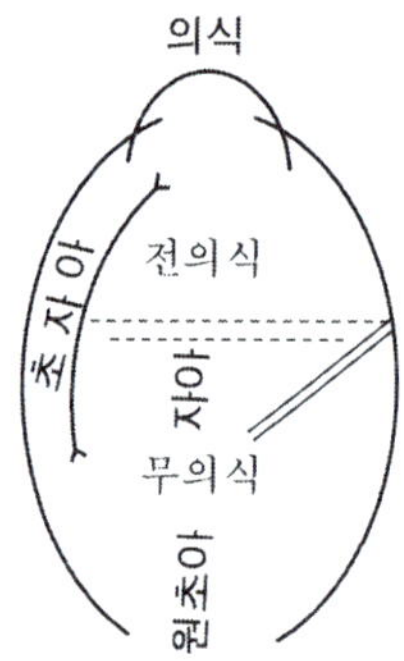

〈그림 1-2〉 프로이트의 구조적 모형

프로이트는 생각을 하는 유형으로 1차사고과정과 2차사고과정의 두 가지 사고유형이 있다고 보았다. 원초아는 1차사고과정을 따르는데, 1차사고과정은 신체적 긴장을 낮추기 위해 필요한 대상의 이미지(심상)를 기억 속에 만들어내는 과정을 말한다. 그러나 이러한 사고과정은 논리적이지 않으며 질서도 없으며 시간개념도 존재하지 않는다. 1차사고과정은 주관적이고 이기적이며, 낙천적이며 비현실적이고 못하는 것이 없는 전능한 능력을 갖추고 있다. 따라서 1차사고과정은 외부세계의 현실을 인식하지 못하며 모든 욕구가 충족될 것이라는 믿음을 갖고 있어 신체적 긴장이 원초아에 전달될 때 이를 즉시 방출해버린다. 이러한 사고는 대부분 초기 아동기에 나타나지만 성인에게 나타날 경우에는 정신병리가 있다고 본다.

자아는 원초아 욕구를 현실적인 방법으로 충족시키기 위해 기능하는 것으로 원초아에 비해 조직적이고 구체적이다. 프로이트에 따르면 자아는 외적 세계의 직접적인 영향에 의해 수정된 원초아의 일부(Freud, 1960)이며, 개인이 객관적인 현실세계와 상호 작용할 필요 있을 때 원초아와 분리된다. 자아는 마음의 이성적인 요소로, 생후 4~6개월부터 발달한다. 원초아가 불이라면 자아는 물과 같다. 열정을 품고 있는 것이 원초아라면 자아는 냉철한 이성을 가지고 있다. 자아는 원초아에서 분리되어 나왔지만 초자아와 원초아 사이의 갈등을 풀어주고 원초아를 통제하는 역할을 감당한다.

자아는 성격집행자로서 인간의 생각과 행동을 통제하는데 외부 현실과 초자아의 제한을 고려하여 원초아의 욕구를 표현하고 만족시키기 위해 2차사고과정(secondary process)을 사용한다. 2차사고과정은 현실검증(reality test)을 하는데, 원초아에 의해 발생한 긴장을 감소시키기 위해 만든 행동계획이 실현가능한가를 파악한다. 만약 현실검증 결과 현실적으로 불가능한 행동계획이라는 것이 밝혀지면 자아는 새로운 해결책이 발견될 때까지 계속해서 다른 해결방안을 찾는다. 자아는 이러한 현실검증을 통하여 본능적인 충동을 더 잘 참아낸다. 현실원칙(reality principle)에 입각한 자아는 욕구를 만족시키는 대상이나 환경조건이 성숙될 때까지 본능적으로 만족을 지연시키고 결국에는 사회적으로 용인될 수 있는 형태로 만족을 얻는다. 자아는 사실과 허구를 구별하고, 인내하며, 새로운 것을 경험으로 받아들여 변화시킨다.

불안(anxiety)은 신체의 내부기관에서 흥분에 의해 만들어지는 고통스러운 감정의 체험이다. 그 뿌리는 어머니와 유아의 격리에서 느끼는 유아의 심리적 충격에서 온다고 본다. 자아는 원초아의 지속적인 요구와의 사이에 갈등을 경험하게 되는데, 이러한 갈등은 불안을 만들어낸다. 불안은 그 원인에 따라 현실적 불안, 신경적 불안, 도덕적 불안으로 구분한다.

현실적 불안(reality anxiety)은 위협에 대한 정서적인 반응 또는 외적 환경에서 위협을 지각함으로 인해 체험하게 되는 심리적 고통이다. 가령 사나운 개가 무섭게 짖으며 맹렬하게 자신에게 달려올 때 느끼는 불안을 들 수 있다. 개인이 불안에 처했을 때, 그에 대처할 적절한 행동을 취하면 불안은 감소되지만 그렇지 못하면 불안이 증가하여 무기력하게 된다.

신경적 불안(neurotic anxiety)은 원초아의 충동이 의식화될 것이라는 것으로 인해 위협받고 생긴 정서반응으로서, 원초아의 성적, 공격적 본능을 자아가 조절할 수 없을 것이라는 두려움이 그 원인이다. 이러한 불안은 원초아의 본능적 충동이 자아조절을 파괴하려는 위험이 있을 때 생기며 그 결과 통제력을 잃고 고통을 두려워하게 된다. 가령 성적인 본능이 표출될까봐 불안해하는 것을 들 수 있다.

도덕적 불안(moral anxiety)은 자아가 초자아로부터 벌의 위협을 받을 때 일어나는 정서반응으로, 자아가 죄책감 또는 수치감을 경험하고 양심으로부터 위험을 의식할 때 생긴다. 즉 개인이 바람직하다고 여기는 가치관이나 도덕적 규범에 위배되는 어떤 것을 생각하거나, 느끼거나, 행동하는 경우, 도덕적 불안을 느끼며 이 때는 자아가 수치심, 죄의식, 열등감, 자기저주 등의 감정으로 반응하게 된다. 이러한 감정의 원인은 초자아의 완벽한 명령을 어기는 어떤 것을 행하거나 생각할 경우, 부모로부터 벌을 받으리라는 객관적 두려움에 의한 것이며, 처벌에 대한 두려움으로 인해 개인 행동이 자기 양심에 알맞은 방향으로 나아가게 된다. 즉 불안은 자아 보존에 도움이 되지만 원인을 알지 못한 채 무의식 속에서 불안을 느끼면 공포가 된다. 이러한 불안을 다루고자 하는 시도 속에서 자아방어기제가 발달하게 되는데 이 내용은 다음 장에서 다루고자 한다.

초자아는 자아가 원초아로부터 발달하는 것처럼 초자아는 자아로부터 발달한다. 성격구조에서 가장 마지막으로 발달한다. 정신구조 가운데 최고의 단계이며 현실적인 것보다는 이상적이고 쾌락보다는 완전을 추구한다. 사회의 전통적인 가치 또는 이상으로 구성되어 있는데 주로 양심이라 말한다. 초자아는 성격의 도덕적인 면이다. 자아가 성격집행자라면 초자아는 심판관이다. 초자아는 3~5세 사이에 발달하며, 부모가 아이에게 전달하는 사회의 관습과 가치를 가리킨다. 이러한 초자아의 발달은 심리성적 발달단계에서 남근기 갈등의 산물로 본다. 즉 아동은 이 단계에서 부모의 도덕적인 권위를 동화하여 동일시하고 이러한 과정에서 자신의 초자아를 형성한다. 이 때의 아동의 초자아는 결국 부모의 초자아이다. 부모의 실제적 행동이 아니라, 부모의 말이나 행동에 담겨있는 사회적 가치가 내면화된 것이다. 즉 초자아는 자신의 내적인 사회규범과 행동기준이 내면화한 형태로 나타나는 것으로 이상 추구, 완벽 추구, 윤리적 판단 등을 가리킨다.

초자아는 양심(conscience)과 자아이상(ego ideal)이라는 두 하위체계로 구성되어 있다. 양심은 부모의 처벌을 통해 얻어진다. 즉 도덕적으로 나쁘다고 간주하는 것으로 긴장을 증가시키며 일어난다. 이에 반해 자아이상은 부모가 바람직하다고 간주하는 것으로 부모의 칭찬에 의해 만들어진다. 이로 인해 긴장은 감소되고 물리적 보상이나 심리적 보상이 일어난다. 즉 자존심과 긍지가 높아지고 개인적인 목표나 포부를 갖게 해 준다. 이에 반해 양심은 행동을 억제하게 만들고 설득당하게 하며 억압과 죄의식을 느끼게 된다.

프로이트가 구성한 세 가지 성격은 본능적인 성격(원초아), 현실적인 성격(자아), 도덕적인 성격(초자아)으로 설명할 수 있다. 이 성격 형성이 가장 건강하게 되려면 자아가 원초아와 초자아를 적절히 통제할 수 있어야 한다.

원초아 : 나는 지금 즉시 바로 그것을 원해. 너무 사고 싶어.(본능) 초자아 : 네 형편으로는 지금 그것을 가질 수 없어. 그것은 옳지 않아. (양심, 원칙) 자　아 : 나는 계획을 세우고 실행하면 그것을 얻을 수 있어. (조정, 계획)

〈그림 1-3〉 세 가지 성격의 갈등과 조정

6) 자아의 방어기제

방어기제라는 말은 1894년 프로이트의 논문 '방어의 신경정신학'에서 처음 사용되었으며, 딸 안나 프로이트가 이를 체계화하였다. 방어기제는 자아가 불안에 처하여 합리적으로 해결하지 못할 때, 현실을 부정하거나 무의식적으로 불안을 제거하려는 심리기제를 말한다. 원초아의 충동의 공개적인 표현과 이와 대립되는 초자아의 압력으로부터 개인을 보호하려는 전략이며, 긍정적 사회적 결과를 가져오므로 누구나 정상적으로도 방어기제를 사용한다. 방어기제는 한 번에 한 가지 이상 사용하며 더 적응할 수 있도록 강화하기도 한다. 그러나 불안을 해결하기 위해 사용되는 자아방어기제는 정신병리적 기능이 내포되어 있으므로 과다한 사용은 심각한 정신병리를 일으킬 수 있다. 가령 현실에 잘 적응하는 건강한 사람인 경우 자아방어기제를 융통성 있게, 선택적으로 잘 사용하지만, 그렇지 못한 사람은 한두 가지의 방어기제만으로 고착화되어 사용하는 경우가 많다.

방어기제를 체계화시킨 프로이트의 딸 안나 프로이트(Anna Freud, 1965)에 의하면, 한 가지 방어기제만 사용하는지 또는 여러 방어기제를 사용하는지의 여부, 방어의 강도, 사용한 방어기제의 적절한 나이 여부,

위험이 사라졌을 때 사용한 방어기제를 철회할 수 있는 가능성의 네 가지 요소로 자아방어기제가 정상적인지 병리적인지 판단할 수 있다고 했다.

프로이트는 퇴행, 억압, 반동형성, 투사, 합리화 등의 방어기제에 관심을 보였고, 프로이트의 딸인 안나 프로이트(Anna Freud, 1936)는 방어기제를 체계화하면서 억압, 반동형성, 퇴행, 격리, 취소, 투사, 내면화, 자기로의 전향, 역전, 승화의 10가지 방어기제를 선정하였다. 다음의 방어기제들은 정신분석이론에서 제시되는 주요 자아방어기제에 대한 설명이다.

(1) 합리화

합리화(rationalization)는 자신의 언행 속에 숨어있는 용납하기 힘든 충동이나 욕구에 대해 사회적으로 그럴 듯한 설명이나 이유를 대는 것으로, 그 이유는 합리적이고 이성적이며 자아가 받아들일 수 있는 수준이다. 죄책감은 없으며 합리화로 인해 자존심이 유지된다. 거짓이나 변명과는 다른 것으로 무의식의 차원에서 이루어진다. 합리화는 아주 자주 사용되는 방어기제이며 자신이 인식하거나 의식하지 못한 동기에서 나온 충동이나 행동에 대한 그럴듯한 설명이나 이유를 대는 것이다. 가령 하찮은 일로 동료를 상사에게 고발한 뒤 "그 친구는 나빠. 나는 할 일을 했을 뿐이야." 하며 스스로 합리화하고 위로하지만, 속마음에는 그 친구보다 내가 더 좋은 인상을 받고 싶다거나 친구를 이기고 싶은 욕망이 실제적일 수 있다.

합리화는 신포도형, 레몬형, 투사형, 망상형의 네 가지 유형을 가지고 있다. 신포도형(sour grapes)은 어떤 목표를 달성하려 했으나 실패한 사람은 자신은 처음부터 그것을 원하지 않았다고 하는 이솝 우화에서 따온 것이다. 달콤한 레몬형(sweet lemon)은 자신이 가지고 있는 것이야말로 바로 자신이 진정 원하던 것이라고 스스로가 믿는 형이다. 투사형(projection)은 자신의 결함이나 실수, 책임을 다른 사람에게 전가함으로써 스스로의 책임에서 벗어나는 형이다. 망상형(delusion)은 원하는 일이 잘 되지 않을 때 자신의 능력에 대해 허구적인 신념을 가져 실패를 합리화하는 경우를 말한다.

〈그림 1-4〉 무의식 속에 칼을 감춘 채 방어기제로 자신을 표현하고 있다.

(2) 억압

억압(repression)은 불안을 일으키는 생각을 무의식적으로 막는 것으로써 내적 갈등을 해결하기 위해 가장 많이 사용하는 무의식적인 방어기제이다. 실제로는 하기 싫은 일이었는데 나중에 '깜빡 잊었다'고 말하는 경우라든가, 고통스러운 기억 따위에 대해 기억상실이 일어나는 경우 등이다. 반면 억제(suppression)는 힘든 과제를 받았을 때 의식적인 노력으로 잊어버리는 것으로 무의식적인 억압과는 구별되는 방어기제이다.

(3) 반동형성

반동형성(reaction formation)은 불안요소를 억제 대신 반대 태도로 나타내는 것을 가리킨다. 반동형성은 억압처럼 어떤 충동을 의식에서 추방하는 데 이를 위해 정반대의 감정이나 행동으로 대체하여 표현한다. 반동형성은 억압, 반대행동의 순으로 표현되는데, 우리나라 속담 '미운 녀석에게 떡 하나 더 준다'에 잘 나타나 있다. 가령 자신을 학대하고 폭력적인 행동을 취하는 남편 앞에서 그를 매우 사랑하는 것처럼 행동하는 아내, 마음속에는 그 사람에 대한 강한 거부와 증오가 있음에도 겉으로는 아주 예의바르게 행동하는 사람, 남편이 바람을 피워 데려온 아이를 속으로는 싫어하는 마음이 있음에도 오히려 과잉보호로 키우는 것 등의 사례를 들 수 있다.

(4) 대치

대치(substitution)는 정서적으로는 아주 중요하게 생각하지만 심리적으로는 수용하기가 힘든 대상에 대해, 심리적으로 수용이 가능한 비슷한 다른 대상으로 무의식적으로 대치하는 것을 말한다. 가령 좋아하는 사람이 있지만 그와 사귈 수 없을 때 비슷한 용모나 성격의 다른 사람과 사귀는 경우 등이다.

(5) 전치

전치(displacement)는 기본 욕구를 충족시키지 못할 경우, 대상과 방법을 바꾸어 충족시켜 불안을 회피하는 방어기제이다. 가령 부모님에게 꾸중을 듣고 나서 대신 강아지에게 화풀이하면서 희생양을 삼는다든지, 상사에게 지적을 받고 나서 부하 직원을 꾸짖는다든지 하는 경우이다. 전치와 대치는 일견 비슷하게 보일 수 있으나, 대치는 대상 자체에 대한 부분이고, 전치는 대상에 대한 감정에 강조점을 둔다.

(6) 투사

투사(projection)는 전치의 일종으로 자신의 내면에 있는 문제나 잘못한 내용을 무의식적으로 외부의 타인 또는 환경의 탓으로 돌리는 방어기제이다. 투사는 오히려 부정의 방어기제와 밀접한 관계가 있다. 우리나라의 '잘못되면 조상 탓한다'는 속담과 같은 것으로 자신의 성적욕망에 대해 '남자는 다 늑대'라고 말하거나 약속시간에 지각한 것을 '남편이 운전을 잘못해서' 늦었다고 남편에게 뒤집어 씌운다. 또 자신이 어떤 사람을 미워하는 이유를 그 사람이 자신을 미워하기 때문에 자신도 그러하다고 말하는 경우를 들 수 있다.

(7) 부정

부정(denial)은 어떠한 불안이나 욕구가 의식화될 경우 감당할 수 없어 이를 무의식적으로 인정치 않거나 거절하는 방어기제를 말한다. 실재하는 어떤 사실이나 현실을 부정함으로써 그로 인해 오는 불안을 피하고 겉으로는 편안한 상태를 유지하는 방어기제이다. 가령 암 판정을 부정하거나 딸의 죽음을 인정치 않고 보지 않으려 하는 행동을 예로 들 수 있다. 소설가 하일지의 소설 '진술'에는 아내의 죽음을 부정하여 오랜 세월이 지나도록 살아있다고 믿는 남편의 잘못된 믿음에 대한 생활상이 적나라하게 묘사되고 있다.

> 그게 대체 무슨 말입니까? 내 아내 김유리가 팔 년 전에 이미 죽었다니. 정말 어처구니가 없어 말이 나오지 않는군요. ...(중략) 물론이지요. 내 아내 김유리는 엄연히 살아 있습니다. 지금 아내는 십 년 전에 우리가 첫날밤을 보냈던 바로 그 호텔, 바로 그 방에서 자고 있습니다. 쌔근쌔근 잠들어 있는 아내의 모습을 바라보고 있다가 벅차오르는 기쁨과 행복감을 억누르기 위해 나는 혼자 밖으로 나왔고, 그때 갑자기 당신들이 내게 덤벼들었고, 그리하여 나는 이렇게 수갑이 채워진 채 여기까지 끌려온 것입니다. 다시 한 번 말해두지만 내 아내는 죽지 않았습니다(하일지, 진술, 109-110).

(8) 동일시

동일시(identification)는 다른 사람의 행동을 따름으로써 긴장을 감소시키는 행위이다. 아동이 자신의 형제나 동료의 힘과 기질을 숭배하거나 동경하고, 그들의 행동양식을 획득하여 자신도 그러한 성공을 얻고 싶다는 소망을 가지며 이를 충족하는 행위로 같은 행동을 취한다. 가령, 부부 싸움한 뒤 아버지가 거실에서 서성거리는 행동을 보인다면 아들이 친구와 싸우고 와서 거실을 서성거리는 행동을 무의식적으로 따라 할 수 있다. 동일시는 충동 그 자체는 부정하고 그 충동을 갖고 있는 사람이나 사람의 일면을 동일시하여 받아들인다. 강한 공격적 충동을 갖고 있는 사람인 경우 강력하고 공격적인 히틀러와 같은 사람을 동일시할 수 있다. 어린 시절 자신을 나무라는 어머니를 무서워하였으나 커서 같은 잔소리로 자녀를 혼내는 자신을 발견할 수 있다. 동일시는 자아성장을 결정하는 중요한 심리기제이다. 초자아의 기능성장에 중요한 영향을 끼치는데, 유아기 때에는 어머니를 동일시하고, 아동기 때는 부모님과 선생님, 그리고 청소년기에 들어가서는 친구 등의 순으로 동일시하는 특징을 갖는다.

병적 동일시는 어린 시절 좋아하는 사람 가령 부모님과의 충격적인 이별을 경험한 뒤에 자녀들에게 지나치게 걱정하는 태도를 유지하는 경우처럼 어떤 이상과 공생하려고 노력함으로써 권력을 쥐고 있다는 느낌을 얻기 위해 애쓰는 것을 말한다.

(9) 내면화

내면화(introjection)는 상상된 신념이나 가치관을 내면적으로 받아들이는 방어기제이다. 동일시도 한편으로는 내면화의 결과로 해석할 수 있다. 가령 '예쁜 여자는 똑똑해야 한다'는 상상된 신념을 받아들여 생활할 수 있다. 특히 애증과 같은 강한 감정을 직접적으로 표현하는 것을 피하려고 다른 사람을 자기 자신으로 간주하는 경우가 있다. 외부에 대한 대상을 적대적이고 부정적인 감정을 자신의 내면으로 향하도록 하기 때문에 우울증에서 흔히 발견되기도 한다. 투사와 반대되는 개념이 작용하여 어머니를 미워하는 감정을 수용하지 못하여 자기 자신을 미워하는 것으로 대치하는 자녀를 예로 들 수 있다.

(10) 퇴행

퇴행(regression)은 실패의 가능성이나 불안한 상황에 대한 해결책으로 생의 초기 발달단계 행동양식으로 후퇴함으로 자신의 불안을 완화시키거나 감소시키는 방어기제이다. 가령 네 살 된 아이에게 동생이 태어나 부모님과 주변 사람의 관심과 사랑이 동생에게로 가면 잘 가리던 대소변을 가리지 못하며 손가락을 빠는 등의 행동 등을 함으로써 다시 아기로 돌아가는 것을 보게 된다. 또 병원에 입원한 노인이 간호사에게 아기 같은 행동을 함으로써 불안을 감소시키는 모습을 볼 수 있다.

(11) 승화

승화(sublimation)는 성적, 공격적 충동 등 원초적이고 용납하기 어려운 욕구를 총족시키거나 억압할 수 없을 때 사회적으로 바람직한 방식으로 표현하는 방어기제이다. 사회적으로 가치있는 대상을 통하여 욕구를 충족시키며, 창조적 헌신적 작업에 몰두함으로써 사회적으로 용납되는 유익하고 건설적인 방향으로 전환시킨다. 가장 건강하고 건전하며 바람직한 방어기제로서 성직자나 자원봉사자, 상담자 등으로 활동하는 경우가 많다. 예를 들어, 성적 욕망은 예술가로, 강력한 아버지를 찾는 의존심은 종교가로, 잔인한 충동은 의사로 승화시키는 길로 볼 수 있다. 성폭력을 당한 피해자가 자신의 상처를 숨기거나 부정적으로 표현하지 않고 오히려 전문적인 상담 공부를 하여 같은 성폭력 피해를 입은 사람들에게 상담자가 되어 같은 고통을 당하는 자를 도와주는 사례도 볼 수 있다.

(12) 보상

보상(compensation)은 개인적 결함이나 열등감을 극복하기 위해 한 분야에 몰두하여 탁월한 인정을 받음으로써 실패나 약점을 보충하여 자존감을 고양시키는 방어기제를 말한다. 이 방어기제는 긍정적인 면과 부정적인 면을 모두 갖고 있다. 외형적으로는 긍정적인 형태로 나타나지만 그 내면에는 해결되지 않는 욕구를 여전히 안고 있는 경우가 많다. 많은 경우 보상을 방어기제로 사용하는 사람들은 사회적인 칭찬을 받는 경우가 많지만, 때로 신경증적인 욕구에 대한 보상일 수도 있다.

세상에서 소외 당한 사람이 관심을 유도하기 위해 반사회적인 행동을 하는 경우, 성적 나쁜 아이가 부모의 돈을 훔쳐 친구에게 과시하는 등의 부정적인 보상도 있으며, 돌아가신 친부모에게 효도를 다하지 못한 자식이 이웃의 독거노인을 극진히 부양하거나, 요양시설에 자원봉사를 꾸준히 함으로써 그 대리 보상을 하는 경우가 있다.

(13) 상징화

상징화(symbolization)는 의식화가 어려운 억압 대상을 무난히 중립적인 대상으로 바꿈으로써 상징성을 부여하는 방어기제이다. 즉 어떤 사람이나 사물에 만들어진 감정적인 가치를 어떤 상징적인 표현으로 전치시키는 것이다. 많은 경우 상징화에 사용되는 대상이나 주체는 사회적으로 금기시되는 경우가 많다. 또한 상징화를 통해 원래의 대상은 중립적인 대상으로 전치된다. 프로이트의 정신분석에서는 꿈에 대한 분석이 중요한 방어기제로 설명된다. 가령 남근(penis)은 뱀이나 지팡이 등의 기다란 것으로 상징화되며, 애국심은 태극기나 무궁화로 상징화된다.

(14) 해리

해리(dissociation)는 의식세계에서 받아들이기 힘든 성격의 일부가 자아의 지배를 벗어나서 독립된 기능을 수행하는 경우이다. 즉 성격 상호간에 의사소통이 잘 이뤄지지 않을 때 힘들고 괴로운 성격의 일부분을 다른 부분과 분리시키는 것이다. 우리가 많이 알고 있는 몽유병, 잠꼬대, 건망증, 이중인격자 등을 들 수 있다. 간단하게 지킬박사와 하이드를 예로 들 수 있는데 지킬일 때는 하이드를, 하이드일 때는 지킬을 기억 못하는 경우이다.

(15) 지성(지식)화

지성화(intellectualization)란 감정이나 충동을 억제하기 위해 직접 경험하는 대신 그에 대한 생각을 늘어놓아 지적으로 보이지만 문제 해결에는 도움이 안 되는 경우를 말한다. 이는 체계적인 생각을 많이 함으로써 그 생각에 붙어 있는 정서를 제거하고 따라서 수용하지 못하는 충동에서 일어나는 불안을 막는 심리이다. 가령, 좋아하는 여자에게 말도 못 붙이는 남자가 남자친구들과 "사랑이 뭐냐?" "인생이 뭐냐?"하며 토론을 벌이거나 종교에 심취하는 경우를 들 수 있다.

(16) 고착

고착(fixation)은 발달 단계의 한 시기에 고정되어 발달이 중지되거나 미성숙 상태로 남아 있어 고착된 단계에서의 행동을 취하는 방어기제이다. 실패나 처벌이 두려워 다음 단계로 발달하지 못한 경우인데 가령, 태내에서 탯줄에 감겼던 아이는 잠잘 때 계속 목이 졸리는 불안을 느낄 수 있다.

7) 심리성적 발달단계

프로이트는 모든 인간이 심리성적 경험을 한다고 보았다. 심리성적 발달은 모든 문화권에서 보편적이다. 성격발달에 관한 프로이트의 최초 이론은 본능적 과정의 중요성을 강조하고, 인간이 구강, 항문, 남근, 생식기적 관심으로 이어지는 신체적 집착의 단계를 순서대로 통과한다고 보는 생물학적 모델인 것으로 알려지고 있다(낸시 맥 윌리암스, 2008). 프로이트는 특정시점에서 1차적인 성적 만족을 제공해 주는 신체적인 영역을 중심으로 출생에서부터 성인기에 이르기까지 일련의 발달단계를 보여주었다. 이러한 발달단계를 심리성적 발달단계라 하는데 발생학적 모델에서는 각 단계들은 서로 중복될 수 있고, 특정시기에는 공존할 수 있다고 보았다. 그러나 특정 단계에서 만족이 지나치거나 부족한 경우에는 고착(fixation)이 일어난다.

(1) 구순기

프로이트의 심리성적 발달단계상의 첫 단계는 구순기(口脣期, oral stage)인데 출생부터 18개월까지의 시기에 해당된다. 이 시기는 유아가 자신의 생존을 위해서 전적으로 다른 사람에게 의존할 수밖에 없는 시기이다. 이때의 유아는 입술의 활동이 생활의 중심이 되는 데 어머니의 젖을 빨면서 따뜻한 품속을 경험하고 어머니와의 일치감을 형성한다. 유아는 주로 빨고 삼키고 깨물기 등의 구순 활동을 통하여 성적 본능을 만족시킨다.

유아의 성감대는 구순 영역에 집중되는데 혀, 입, 입술, 이빨 등이 그것이다. 8개월 정도까지는 이러한 구순 영역을 통하여 빨기, 삼키기 등으로 긴장을 감소시키고 쾌락을 충족시킨다. 프로이트는 빨기가 생존에 필요한 영양분 섭취 외에도 쾌락적인 측면이 있어서 배가 고프지 않아도 가짜 젖꼭지나 손가락을 빨게 된다고 보았다.

생후 8개월 정도가 되면 이빨이 나기 시작하는데 이때부터는 깨물기 활동을 하게 된다. 이러한 충동은 18개월가량까지 지속되며 이때 공격적인 성향도 발달하게 된다. 구순행동으로서 집어넣기는 성인기에 붙임성과 애교로 나타나며, 물고 떨어뜨리지 않는 행동은 성인기에 고집과 결단성으로 나타난다. 또 깨물기는 공격성과 파괴성으로 나타나며 구토는 성인기에 거부와 거만함으로 나타난다. 반면 소극적인 행동으로의 입다물기는 성인기에 거부와 소극성을 보여준다. 성인기까지 이어지는 이러한 행동에 대한 성격은 두 가지로 구분할 수 있다.

구순의존적 성격은 입으로 빠는 행동이 주류를 이루는 구순전기에 고착된 성격이다. 이때 과도한 만족을 얻거나 과도한 불만족이 이루어지면 성인기가 되어서도 서로 다른 유형의 성격을 보여줄 수 있다. 과도한 만족을 얻은 경우에는 세상일에 낙관적이 되고 타인에 대한 신뢰가 높으며, 자신을 희생해서 타인에게 인정을 받으려고 한다. 반면 과도한 불만족으로 어른이 되면 수동적이고 미숙하며 의타심이 많고 잘

속는 등의 의존적 성격을 보여준다. 음식에 대한 과도한 집착, 지나친 흡연과 음주, 사람과의 접촉에 대한 과도한 요구, 손가락 빨기 등의 퇴행적 행동 등을 보인다.

구순공격적 성격은 이가 나타나면서 깨무는 행동이 나타나는 구순후기에 고착된 성격으로 수다스러움, 타인 비난, 논쟁, 독설, 신랄한 비판 등의 공격적인 행동 양상을 보이게 된다. 나아가 자신에게 필요한 경우 타인을 이용하거나 지배하기도 한다.

구순기의 욕구를 충족시키게 되면 개별화, 분리, 대상관계의 형성 등이 잘 이루어져 유아기에 맞는 발달과업을 성취할 수 있게 된다. 다른 사람과 쉽게 친밀해지며, 공개적으로 공격성을 보이거나 탐욕적인 행동은 하지 않게 된다. 반면 구순기에 자신의 욕구가 충족되지 않으면 성인기에 극도의 의존성이 나타나거나 대인관계 형성에 어려움을 느낄 수 있다. 구순은 일생 동안 중요한 성감대이며, 성인에게도 남는다. 성인기로 이어지는 고착 유형의 특성으로는 손톱 물어뜯기, 껌씹기, 흡연, 키스, 과식 등을 들 수 있다.

(2) 항문기

프로이트의 심리성적 발달단계상의 두 번째 단계는 항문기(肛門期, anal stage)인데 출생 후 18개월부터 3세까지의 시기에 해당된다. 이 시기는 유아가 신경계가 발달하여 스스로 항문 주위의 괄약근을 조절할 수 있어 자신의 욕구에 따라 배변이나 배뇨를 조절할 수 있게 되고, 자신의 배설행동을 통하여 성격이 형성되고 발달한다. 이 시기에는 성감대가 구순에서 항문으로 옮겨가게 된다. 즉 배설을 통하여 쾌락과 만족을 추구하게 되는 것이다. 즉 유아는 스스로 배설물을 방출하거나 보유함으로써 쾌감을 느낀다.

그러나 이 시기에 부모는 배설물을 더러운 것으로 여겨 만지지 못하게 하거나 청결한 습관을 기르도록 가르치게 된다. 이것을 배변훈련(toilet training)이라 부른다. 이때 유아는 자신의 본능적 쾌감을 주는 항문에서 쾌락추구와 청결습관으로 인한 부모와의 사이에서 갈등을 일으키고 일종의 전투 또는 대립이 일어나게 된다. 이 과정에서 유아는 원초아로부터 자아가 분화되는 것을 경험한다.

항문기를 두 단계로 나누면 항문배설단계와 항문보유단계로 나눌 수 있다. 항문배설단계에서는 유아가 자신의 배설본능을 방해하는 외부 환경에 대하여 배설과정을 공격적으로 이용하여 부모를 이용하기도 한다. 부모가 아이의 배설을 기다린다는 점을 알고 오랜 시간 변기 위에 앉아 부모를 초조하게 기다리게 하고 자신이 부모에게 변을 선물할 수 있음을 과시하기도 한다.

이와 반대로 항문보유단계에서 유아는 변을 밖으로 배설하지 않고 보유함으로써 인정을 받으려고 한다. 너무 청결한 부모에게서 배변훈련을 받게 될 경우, 변이 더럽다는 인식을 받게 되면 변을 내보내지 않고 참게 된다. 스스로도 변을 통제할 수 있음을 인식하여 적절한 때에 변을 배설하거나 적당치 않은 장소나 시간에 변을 배설함으로써 부모를 화나게 하여 자신의 심리를 표출하기도 한다.

항문기에서는 부모 입장에서 자녀의 배변훈련이 가장 큰 이슈가 된다. 따라서 부모가 배변을 통하여 어떻게 본능을 만족시키느냐에 따라 성격 형성에 영향을 미칠 수 있다. 항문공격적 성격은 항문기의 전반기에 부모님이 배변훈련을 위해 지나치게 엄격하고 강압적으로 청결을 강조할 경우, 오히려 함부로 지저분하게 배변함으로써 부모에 대한 적개심을 표출하게 된다. 이러한 상태로 고착되면 성인기가 되어서도 잔인하고 파괴적이며 난폭하고, 의심이 많으며 분노를 표출하게 된다.

항문보유적 성격은 부모님이 항문기의 후반기에 지나치게 엄격하게 통제하여 배변훈련과 통제를 할 경우 변을 배설하지 않고 변을 보유하게 됨으로써 형성되는 성격이다. 항문강박적 성격이라고도 하는 이러한 성격의 소유자는 부모의 지나친 강압에 순응한 경우로 질서정연하고 결백한 행동으로 강박적인 욕구가 발달한 경우이다. 따라서 지나치게 인색하고, 깔끔하며, 고집이 세고, 완고하며, 시간을 철저히 지키고 질서와 완벽을 추구하는 성격을 가지게 된다. 이러한 배변훈련과는 달리 부모가 아이를 달래고 얼러서 배변습관을 들이게 되는 경우, 관용과 자선, 박애적인 행동이 특징적으로 나타나는 성격을 보여준다.

(3) 남근기

프로이트의 심리성적 발달단계상의 세 번째 단계는 남근기(男根期, phallic stage)인데 출생 후 3세 때부터 6세까지의 시기에 해당된다. 이 단계는 심리성적 발달단계 중 가장 많은 논의가 이루어졌지만 여전히 논쟁의 여지가 많은 시기이다. 이 시기는 아동의 성적 관심과 흥분이 가장 많아지는 시기이다. 또 아동의 리비도적인 관심이 항문에서 생식기로 옮겨 간다. 이 시기를 통하여 프로이트는 오이디푸스 콤플렉스를 설명하였다. 이 기간 동안 아동은 성기에 대한 직접적인 관심을 가지기 시작한다. 이 기간 동안 아동은 자신의 성기를 자세히 관찰하고 자위행위를 하며, 부모에게 출생과 관련된 질문들을 하고, 타인의 성기와 비교하기도 한다.

프로이트는 이 시기에 남자 아이가 겪는 갈등을 오이디푸스 콤플렉스(Oedipus Complex), 여자 아이가 겪는 갈등을 엘렉트라 콤플렉스(Electra Complex)라고 불렀다. 이 시기의 아동은 이성의 부모에 대하여 무의식적인 성적 소망을 갖게 된다. 동성의 부모는 적대시하게 되고 이성의 부모에 대하여는 근친상간적 소망을 가지게 되는데, 이로 인해 동성 부모와는 경쟁적인 관계가 이루어지고, 질투, 시기, 분노의 감정이 생긴다.

남자 아이인 경우, 이 시기에 어머니를 사랑하게 되고 어머니를 소유하고 싶어하는데 실질적인 소유는 아버지가 하고 있다. 따라서 아버지는 경쟁자가 될 수밖에 없지만 자신은 아버지와 경쟁이 되지 않고 이를 아버지가 알게 될 경우 보복을 당하게 될 것이라고 생각하여 불안과 공포를 경험하게 된다. 구체적으로는 아버지가 자신의 성기를 거세할 것이라는 거세불안(castration anxiety)에 시달리게 된다. 아이는 억압을 통해서 이 오이디푸스적인 갈등을 해결한다. 즉 아버지에 대해 가졌던 적대감을 아버지와 동일시함으로써 해결하고 어머니를 대리 소유함으로써 오이디푸스 콤플렉스를 해결하게 된다.

여자 아이인 경우에도 사랑의 대상은 어머니이다. 그러나 자신에게는 남자와 같은 남근이 없음을 알아차리게 되는데 그것이 어머니에 의해 거세되었다고 생각한다. 따라서 어머니를 미워하게 되고 오히려 가치있는 신체 기관인 남근을 소유한 아버지를 소유하고 싶어하며 아버지와 결혼하고 싶어한다. 이러한 공상을 남근선망(penis envy)이라고 한다. 그러나 이러한 여자 아이에 대한 가정은 현실과 너무 동떨어져 학자들로부터 큰 지지를 받지 못하였다.

프로이트는 남근기의 중요한 결과로 동성의 부모와 동일시하는 것으로 보았으며, 이 과정에서 초자아로부터 자아가 분화된다고 생각하였다. 아동들은 동일시를 통하여 부모의 이상과 가치관을 받아들이게 된다. 또한 부모의 도덕적인 가치와 양심을 자신에게 동일시함으로써 자신의 나쁜 생각이나 행동에 대해 죄책감을 갖거나 스스로 자책하기도 한다. 또한 도덕적인 생각으로 다음에 하지 않겠다는 결심을 하기도 한다.

프로이트는 이 단계의 발달과업을 적절히 수행하지 못하면 성인기 때의 신경증이나 불감증의 원인이 된다고 보았다. 남근기에 고착된 성인 남자는 경솔하고 과시적이며 강함으로 남성다움을 표출하고 야심적인 성격 유형을 보인다. 반면 남근기에 고착된 성인 여자는 겉으로 보기에는 순진하고 결백해 보이지만 사실은 경박스럽고 유혹적이며 자기 주장이 강하고 오히려 남성을 능가하려는 성격을 보인다.

(4) 잠복기

프로이트의 심리성적 발달단계상의 네 번째 단계는 잠복기(潛伏期, latency stage)인데 출생 후 6세 때부터 사춘기 이전까지의 시기에 해당된다. 프로이트는 이 시기에 리비도가 무의식 속에 억압됨으로써 안정한 상태를 유지함으로써 성적 수면상태에 이르게 된다고 보았으며 그 원인으로 생리학적 발달에 의한다고 생각하였다. 이 시기에는 이성에 대한 관심이 매우 낮아지고 심한 경우에는 배타적인 관계를 형성한다고 하였다. 따라서 이 기간 동안 리비도를 승화시켜 지적인 관심을 가지고 동성 간의 또래관계를 발전시켜 돈독한 우정으로 나아가는 경우가 많다. 이 시기에 이르게 되면 성격의 하위체계인 원초아, 자아, 초자아의 관계가 정립되고 도덕성의 발달이 성장하게 된다. 프로이트의 성적 수면상태에 대한 부분에서는 이견이 많은데 실제 학자들의 연구에서 이 시기에도 여전히 성적인 관심과 활동이 활발하게 이루어진다고 보고하였다.

(5) 생식기

프로이트의 심리성적 발달단계상의 마지막 단계는 생식기(生殖期, genital stage)이며 사춘기 이후 시기를 가리킨다. 사춘기는 생식 기관이 발달하고 성호르몬의 분비가 왕성해지고, 2차적 성적 특징이 발달함에 따라 수면 아래로 가라앉았던 성적 관심이 다시 살아나고, 성적 쾌감의 성감대가 생식기를 포함한 전신으로 확대되어 더욱 성숙해지고 성적으로 활동 가능한 시기가 된다.

정신분석가들은 사춘기 초기에는 아직 거세불안이 남아 있어 일정 기간 동성관계가 더 돈독한 상태로 유지되어 동성애관계를 거치며 그 이후 점차 이성관계, 구애, 결혼, 가족형성, 직장생활 등에 관심을 가지게 된다고 보았다. 이전 발달 단계의 리비도가 원만히 충족되어야 이 시기 발달이 성숙된다. 프로이트는 생식기에 대하여 사춘기 이후의 주요한 과제가 부모로부터의 독립이라고 말한 것 외에는 그 이후의 발달단계에 대한 언급이 없었다.

프로이트의 심리성적 발달단계와 성격의 특성을 간단히 요약하면 다음과 같다.

〈표 1-1〉 프로이트의 심리성적 발달단계와 성격특성

단계	나이	성감대 (리비도)	주요 활동	갈등의 장	방어기제	성격특성
구순기	출생~18개월	입, 입술, 혀, 이빨	빨기, 깨물기	음식 섭취 (feeding)	투사 거부 내면화	낙천-비관 어수룩함-의심 능동적-수동적 감탄-시기
항문기	18개월~3세	항문	배설, 보유	배변훈련	지성화 반동형성 격리	인색-관대 고집-순종 청결-지저분 정확-애매
남근기	3세~6세	생식기	이성교제	오이디푸스 엘렉트라	억압	허영-자학 자신-소심 저돌-우유부단 모양냄-수수함 순결-음란 남성적-여성적
잠복기	6세~사춘기 이전	성본능의 잠복, 성본능과 관련 없는 사회적 기술 습득				
생식기	사춘기 이후	전 신체	성적 활동	오르가슴 (orgasm)	승화	성숙-미숙 적응-부적응

8) 치료기법

(1) 자유연상법

자유연상(free association)은 환자가 의식 속에 떠오르는 모든 것을 자유롭게 이야기함으로써 무의식을 밝히는 기법이다. 정신분석 치료의 가장 주된 기법 중 하나이며 치료자는 수동적이고, 환자의 기억이 성격구조의 발전 밑바탕이 되어 치료를 전개시킨다. 환자는 쇼파에 편안하게 누워 일상생활의 모든 상념과 선입견을 없애며, 또한 어떤 감정이나 생각도 억압하지 않고 마음에 떠오르는 모든 것을 말하도록 한다. 치료자는 내담자의 뒤편에 앉아서 실시하는데 이 기법을 통하여 내담자의 무의식 속에 숨겨진 억압된 생각이나 감정들을 확인한다.

(2) 전이

전이(transference)는 어릴 때 억압되고 눌려서 잊어버렸던 경험을 치료자를 통하여 재생시킴으로써 이전 관계를 다시 경험하고 그 경험을 안전하게 해소하는 기법을 말한다. 주로 신경증 환자를 치료할 때 많이 사용되었다. 전이는 내담자가 치료자에게 보이는 반응으로, 과거의 중요한 타인과의 관계에서(주로 부모) 해결되지 않고 남아 있는 부분에 대하여 치료자가 중요한 타인으로 투사된다. 이때 역전이(counter transference)는 치료자가 내담자를 자신의 중요한 타인으로 투사하여 보이는 반응을 일컫는데, 치료자는 자신의 정신분석에 철저하여 객관성을 잃지 않도록 진행해야 한다.

(3) 저항의 분석과 해석

저항은 치료의 발전을 가로막고 클라이언트가 무의식적인 욕구를 밖으로 표출하는 것으로 방해하는 것을 말한다. 치료자는 저항이 일어날 때 그것이 저항임을 지적해 주고 해석함으로써 클라이언트가 이에 대한 통찰을 할 수 있도록 도와주어야 한다.

(4) 꿈의 분석

프로이트의 정신역동이론에서 꿈의 분석은 아주 중요하다. 치료자는 클라이언트의 꿈을 통하여 무의식 속에 숨어 있는 욕구를 찾아내고, 해결되지 않은 문제에 대하여 깊은 통찰을 얻을 수 있도록 해주어야 한다. 이 때 치료자는 자유연상을 통하여 클라이언트의 꿈을 잠재적 의미로 분석하고 추출해 내어야 한다.

9) 사회복지실천과의 관계

(1) 프로이트 이론의 한계

철저한 경험주의자인 프로이트는 기존의 사고방식과 시각 자체에 큰 변화를 준 뉴턴, 다윈에 비견될 정도로 문학, 교육, 역사, 철학 등에 지대한 영향을 주었지만 몇 가지 이론적 한계를 지니고 있다.

첫째, 모든 인간을 근친상간적 욕구와 같은 성적 자극에 의해 지배당하는 존재로 보는 등 성적인 측면을 지나치게 강조하고 있다.

둘째, 여성은 남근선망을 가지고 있으며, 초자아의 발달이 남성보다 부족하다는 남성우월주의 성적 편견을 극복하지 못하였다.

셋째, 몇몇 정신병리를 지닌 성인들을 관찰하여 전개한 이론으로 '과학적이지 않다'라는 비판으로부터 자유롭지 못하다. 즉 이론의 일반화가 어렵다는 지적이 많다.

넷째, 생물학적 요인을 지나치게 강조하여 발달에 미치는 사회·문화적 요인의 영향을 충분히 고려하지 못하였다.

다섯째, 프로이트의 인간관은 매우 비관적이어서 본능적 충동(id)에 의해 지배당하기 때문에 인간의 자유의지가 행동을 지배할 수 없다고 보았다.[1)]

(2) 프로이트 이론이 사회복지실천에 미친 영향

프로이트의 정신분석이론은 20세기의 인류역사에 큰 획을 그으며 전 분야에 영향력을 떨쳤다. 그는 성격심리학의 발달에 큰 공헌을 하였으며 성격발달에 관한 19세기의 지식과 과학을 한 단계 업그레이드시키는 체계적인 이론을 정립하였다. 그러나 이러한 학문적인 놀라운 업적에도 불구하고 그의 이론들은 많은 부분에서 아직도 비판의 대상이 되고 있다.

1) 최옥채 외, 앞의 책, p.47 : 정옥분, 앞의 책, pp.63~64.

프로이트는 인간의 성격발달을 지나치게 성적 욕망에 근거하여 분석하였다. 그는 특히 유아기의 성적 욕망을 강조하였으며, 리비도의 성적 에너지가 성감대를 찾아 입, 항문, 성기, 전신으로 옮겨가는 발달 과정으로 보았다.

프로이트는 인간을 과거의 경험으로 결정되고 무의식에 지배되는 소극적이고 수동적인 존재로 이해하였다. 그는 인간이 학습 또는 자유의지에 의해 변화되는 적극적인 존재라는 사실을 간과하였다(Schultz & Schultz, 1994 : 67).

프로이트는 심리적인 건강은 하나의 이상(ideal)에 불과하다고 보았으며, 인간을 철저히 병리적인 관점에서 이해하였다. 병리는 충동이 과도하게 좌절되거나 과도하게 충족되어 넘쳤을 때, 구순기, 항문기, 남근기에 정신적 외상을 입었을 때 발생하게 된다. 프로이트는 이 시기에 해결되지 않고 고착되는 무의식적인 갈등이 성인기에 나타나는 심리적인 문제의 중요한 원인이 된다고 보았다.

프로이트의 정신분석이론을 높게 평가한 학자들은 리치먼드, 저메인, 홀리스, 로웬스타인 등을 들 수 있다. 리치먼드(Richmond, 1917)는 '사회적 진단'의 전제로서 '원인을 밝히는 것이 치유책을 낳는다'고 하여 프로이트의 의료모델에서 근거를 찾았다. 홀리스(Hollis, 1964)는 프로이트의 주요한 개념들이 사회복지전문직 종사자들로 하여금 인간행동을 이해하는데 큰 도움을 주었다고 인정하였다. 그는 인간에게는 무의식적인 정신과정이 있으며 이는 매우 중요하다고 보았다. 로웬스타인(1985)은 성인기의 정신병리가 유아기 때의 경험에 그 뿌리를 둔다는 이론이 사회복지실천방법론에 큰 영향을 끼쳤다고 보았다. 그는 감추어진 아동기의 행동 동기를 밝히는 것이 개별사회사업에서 클라이언트의 문제사정에 중요한 측면이 되었음을 시인하였다.

그러나 프로이트 비판론자들은 프로이트가 인간 성격발달에서 성적 욕망을 지나치게 강조했으며, 인간을 과거경험, 성욕, 무의식에 지배되는 수동적 존재로 인식하였다고 주장하였다. 프로이트의 오이디스 콤플렉스 등은 비교문화의 보편성 실패로 인정받지 못하였으며, 특히 프로이트는 신경증 환자만 대상 연구로 삼아 진행하여 연구의 한계를 드러내었다. 사회복지실천에서의 비판론자들은 사회복지전문직이 프로이트의 정신분석이론에 너무 빠져 있다고 일침을 가하였다. 이러한 시각은 환경을 보지 않고 클라이언트에 대한 병리적 시각만 부각시켜 사회복지실천에서 한계에 직면하게 된다고 하였다(Wood rooffe, 1971).

그러나 많은 한계와 비판에도 불구하고 프로이트의 정신분석이론은 사회복지실천의 큰 물줄기를 바꿀만큼 지대하였다. 프로이트의 정신분석이론은 개인의 과거 경험을 중심으로 개별적으로 접근하는 집단주의 학파에 영향을 미쳤다. 특히 문제에는 일정한 원인이 있다는 직선적 원인론(linear casuality)을 선택하여 사회복지실천이론의 과학적인 토대를 제공하였다. 나아가 생애 초기의 경험을 통하여 정신적인 외상을 밝혀냄으로써 클라이언트의 문제를 사정하는 데 기여하였다.

2. 에릭슨의 심리사회이론

심리사회이론(psychosocial theory)은 에릭슨(Erik H. Erikson)에 의해 체계화된 성격발달이론이다. 에릭슨은 프로이트가 신경증 환자의 병적인 것에 관심을 둔 것에 반해 정상적인 것에 초첨을 맞추었고, 인간행동의 발달에 있어서 사회적인 요인과 문화적인 요인을 중요하게 생각하고 이를 결부시키려고 노력하였다. 그는 성격 형성에 미치는 심리사회적인 환경을 강조하였으며 개인의 성숙함과 사회의 요구 사이에 일어나는 상호작용의 결과가 일생동안 성격에 어떻게 영향을 미치고 발달시키는가에 주목하였다. 에릭슨은 특히 청소년기의 자아정체감 확립에 대한 중요성을 강조하였다.

에릭슨은 정신병리가 심리사회적 발달에서 오는 신체적, 심리적, 사회적 측면의 갈등을 충분히 대처하지 못했기 때문에 일어난다고 보았다. 따라서 그의 연구는 '자신의 발달위기에 적절하게 대처하지 못했다는 것을 깨닫는 통찰력의 증진'을 일차적인 목적으로 삼았다. 따라서 내담자가 새롭게 얻은 통찰력을 바탕으로 활발하고 긍정적인 환경과 상호작용을 함으로써 환경에 대한 자아지배력이 회복되고 그로 말미암아 증상에서 벗어나도록 하였다.

1) 에릭슨의 생애

에릭슨(1902~1994)

에릭슨은 1902년 독일 프랑크푸르트에서 덴마크인 아버지와 유태인 어머니에게서 태어났다. 그러나 두 부모는 에릭슨이 태어나기 전에 이미 이혼하였고, 어머니는 에릭슨이 세 살 때 같은 유태인인 소아과 의사와 재혼하였다. 에릭슨은 자라면서 아버지가 계부라는 사실을 몰랐으며 여러 해가 지난 뒤에야 알게 되었다. 어머니와 계부는 유태인이었지만 자신의 얼굴은 덴마크인 외모를 하고 있어 이방인이라는 놀림을 받으며 유태인 학교를 다녔다.

그는 학교에 제대로 적응하지 못했으며 이러한 경험이 그의 정체성 위기와 혼미에 관한 연구의 기초가 되었다. 계부는 에릭슨이 의학을 전공하길 바랐지만 에릭슨은 고등학교를 졸업한 뒤 1년 동안 유럽여행을 하였으며 그 뒤 다시 미술공부와 함께 이탈리아를 여행하며 방황의 시간을 보냈다. 에릭슨은 이 시기를 유예기라고 회고하였다. 에릭슨의 가족적인 배경과 그가 유예기라 부르는 청년기의 방황 경험은 그의 심리사회이론, 특히 자아정체감이나 심리사회적 유예기간과 같은 주요 개념을 정립하는 데 큰 영향을 미친 것으로 알려진다.

에릭슨은 1927년 프로이트의 딸 안나 프로이트가 설립한 빈의 어린이연구소에서 아동들을 지도해 달라는 제안을 받고 이에 참여함으로써 유예기간의 방황을 마친다. 그는 안나 프로이트의 지도 아래 아동정신분석에 대한 훈련을 받았다. 그는 미국으로 떠난 1933년까지 어그스트 에익혼의 지도로 정신분석 훈련을 받았다. 그 뒤 1933년에 미국으로 건너가 아동분석가로 활동하였고, 1936년부터 1939년까지는 인간관계연구소와 예일대학교 의과대학 정신과에서 문화인류학에 관심을 갖고 자유롭게 연구하였다. 그는 인디언 보호구역에 거주하면서 인디언에 대하여 관심을 갖게 되었는데 이로 인해 프로이트와는 다르게 아동의 생활과 성격에 미치는 다른 문화여건에 대한 연구를 하게 되었다. 1939년부터는 버클리에 있는 캘리포니아 대학에서 교수로 임용되어 아동정신분석을 연구하였으며 1960년 사임하였다. 1950년에 그의 첫 번째 저서 『아동기와 사회(*Childhood and Society*)』가 출판되어 자아심리학의 대변자로 이름을 높이게 되었다. 1961년에는 하버드대학교의 교수로 임명되었고 은퇴할 때까지 그곳에서 연구하였으며 1994년에 92세의 나이로 사망하였다.

에릭슨의 저서로는 심리사회적 발달단계의 8단계를 처음 발표한 정신분석의 고전 『아동기와 사회』(1950)가 있으며, 그 밖에 마틴 루터가 어떻게 기존 종교조직과 결별하고 세계를 보는 새로운 방식을 창조하였는지 정신분석 이론으로 접근한 『청년 루터, 정신분석과 역사의 연구』(1958), 인간발달단계에서의 윤리의 중요성을 설파하고 덕목을 제시한 『통찰력과 책임』(1964), 자아정체감의 위기에 대한 개념을 개발한 『정체성:청년기의 위기』(1968), 호전적 비폭력의 기원에 대한 정신분석학적 연구를 한 『간디의 진리』(1969) 등의 저작이 있으며 후기의 저서로는 『성인기』(1978), 『생활사의 역사적 순간』(1975), 『생을 마감하기 전에』(1982), 『노년기의 적극적인 삶』(1986) 등이 있다.

2) 심리사회이론의 특징

에릭슨은 프로이트의 정신분석의 영향을 많이 받았다. 그는 프로이트의 이론을 바탕으로 하여 자아의 발달에 영향을 미치는 사회적, 문화적인 요소를 고려하여 더욱 발전시켰다. 그래서 신프로이트학파라고도 불리지만 프로이트의 정신분석이론과는 근본적으로 다른 점이 있다. 에릭슨은 그의 이론에서 문화와 사회를 인성의 발달에 있어 가장 중요한 결정요인으로 보았다.

(1) 에릭슨 이론과 프로이트 이론의 공통점 및 차이점

〈표 1-2〉 성격발달에 관한 프로이트와 에릭슨 이론의 비교

항목	프로이트	에릭슨
인간행동의 기초	원초아(id) - 무의식 인간행동의 동기는 원초아 성격발달의 본능적 측면 강조	자아(ego)- 의식
자아	출생 후 원초아의 욕구 충족을 위해 자아가 발달함	-자아는 미숙한 상태이지만 출생 때부터 존재함 -자아는 원초아와 독립적으로 기능함
성격발달	-아동의 성격발달에 미치는 부모 영향 강조 -유아 초기의 경험 중시 -성인기는 이미 성격 형성이 종료된 상태 -단계별 욕구를 만족시켜야 다음 단계 이행 -성격은 인생 초기에 형성됨	-성격은 자아의 지배력과 사회적인 지지로 형성 -전 생애 발달을 강조함 -성인기도 발달의 한 상태이다 -성격은 전 생애에 걸쳐 계속적으로 발달 -청년기의 자아정체감 형성이 중요
사회문화적 환경의 영향	영향을 미치지 않음	-발달에서 환경이 중요함 -개인은 부모와 사회적 환경의 영향으로 일생을 통해 성장하고 발달함
인간관	무의식에 지배되는 수동적이고 소극적임	잠재 가능성이 있으며 능동적임
심리적 문제	초기 외상이 성인기의 정신병리의 원인	초기 문제를 부적절하게 처리하면 성장기에 어려움을 겪음
기타	인간의 심리성욕 갈등의 양상과 해결에 무의식적인 작용을 설명함	자아가 형성되는 아동의 심리사회적 환경의 영향을 강조함

(2) 자아정체감(ego identity)

자아정체감은 총체적인 자기 지각이라 할 수 있다. 개인에게 부여되는 유일감, 시간상의 연계성 따위이다. 시간이 변함에 따라 발달이 이루어지고 과거의 자신과 현재의 자신이 같은 존재라는 것을 지각할 수 있는 것이다. 에릭슨은 자아정체감을 시간적 동일성과 자기연속성을 인식하는 것으로 보았다. 어린 시절부터 외국에 나가 외국의 문화와 사고방식으로 성장한 사람이 청년이 되어 한국인의 정체감을 느끼고자 할 때 그들은 시간적 동일성과 자기연속성을 인식하지 못하여 정체감의 혼란에 빠지는 경우가 많다. 한국말을 하지 못하는 그들은 외국인의 그룹에도 끼지 못하고 한국인의 정서도 느끼지 못하며 중간에서 난처한 자아가 되고 만다.

정체감의 발달은 평생동안 이루어지는 과정이다. 초기의 정체감은 아동기의 동일시 경험에서부터 시작된다. 그러다 청소년기에 이르면 아주 중요한 순간이 되는데 이때 제대로 정체감 발달이 되지 않으면 많은 시간 자아정체감의 혼란으로 힘든 시간을 보낼 수 있다. 이때 훌륭하게 자아정체감을 형성하면 신념, 가치관, 정치적인 견해, 직업 등에서 스스로 정보를 수집하고 판단하며 자기 자신의 가치관과 신념에 따라 의사결정을 내릴 수 있게 된다.

자아정체감은 내적측면의 제1의 측면과 외적측면의 제2의 측면으로 구분한다. 제1의 측면의 자아정체감은 시간적 자기동일성과 자기연속성을 인식하며 형성하는 것이고, 제2의 측면은 문화의 이상과 패턴을 인식하면서 그것과 동일시하는 외적측면의 자아정체감을 이른다.

자아정체감을 지닌 사람은 개별성, 통합성, 지속성을 경험하며, 다른 사람과 같은 동기, 흥미, 가치 등을 공유하더라도 자기를 다른 사람과 분리된 독특하고 유일한 개인으로 자각하여 자기 일관성을 이룰 수 있다.

(3) 점성원리(epigenetic principle)

점성원리는 에릭슨의 심리사회적 자아 발달의 기초 원리이다. 성장하는 모든 것은 기초안을 가지며, 이 기초안으로부터 부분이 발생하고, 각 부분이 특별히 우세해지는 시기가 있다. 이 시기에 모든 부분이 발생하며 기능하는 전체를 이룬다.

즉 발달은 기존의 기초 위에서 이루어지는데 특정한 발달단계는 이전 단계에서 성취한 발달과업의 영향을 받는다. 가령 에릭슨이 주장하는 인간발달의 8단계는 단계별로 앞에서 이루어진 발달단계의 결과를 통해 다음 단계가 발달할 수 있다. 각 단계별로 이루어지는 성취는 그 이전 단계의 성공 또는 실패에 따라 부분적으로 이루어진다. 이것은 아름다운 꽃봉우리가 정해진 시간과 순서 그리고 유전적 특질에 따라 피어나는 것과 같은 이치이다.

8단계의 발달은 각각 두 가지의 대립되는 항목으로 나타난다. 가령 유아기에 해당되는 과업은 '신뢰-불신'이다. 대립되는 항은 '신뢰'라는 선한 것과 '불신'이라는 악한 것의 흑백 대립으로 비쳐지며, 우리는 선한 것만 취해야 한다고 생각한다. 그러나 그 시기에 유아는 신뢰를 주로 습득해야 하지만 어느 정도 불신에 대한 학습도 필요하다. 이는 불신에 대한 부정적 학습, 악용적 학습이 아니라 긍정적 학습 또는 면역을 위한 학습으로, '불신'에 대한 학습과 이해가 이루어짐으로써 불신에 맞설 수 있는 힘과 지혜를 갖출 수 있게 된다.

(4) 위기

에릭슨은 인간발달의 8단계에 본질적으로 심리사회적인 일정한 발달과업을 포함하고 있는데 이를 '위기'라고 불렀다. 이는 프로이트의 전통을 따르고 있지만 그보다는 의미가 확대된 것이다. 개인은 위기에서 일어나는 스트레스와 갈등에 적응하기 위해 노력하여 다음 발달단계의 위기에 적응할 준비를 한다. 그리고 이러한 적응 과정을 통해 개인의 성격이 발달하게 된다. 에릭슨은 개인의 성숙과 사회의 요구 사이에 일어나는 상호작용의 결과로 인간의 성격이 일생 동안 어떻게 발달하는가에 주목한다.

3) 심리사회적 발달단계

에릭슨은 프로이트의 이론을 바탕으로 하여 더욱 확장하여 인간의 전 생애를 발달단계로 나누었으며, 여기에 사회적, 문화적 요인을 고려하였다. 그는 인간발달이 성숙의 점성원칙에 따라 진행된다고 보았다. 점성원칙이란 인생주기의 각 단계는 그 단계에 우세하게 출현하는 최적의 시기가 있으며, 모든 단계가 계획대로 전개될 때 완전하게 통합된 전체로 발달 가능하게 된다는 것이다(Erikson, 1968).

〈표 1-3〉 에릭슨의 심리사회적 발달단계 정리

발달 단계	나이	심리사회적 발달위기	심리사회적 능력	심리사회적 병리	중요 관계 범위	프로이트 발달단계
유아기 (구강 감각기)	0~2세	신뢰감 대 불신감	희망	위축	어머니	구순기
초기아동기	2~4세	자율성 대 수치와 의심	의지력	강박적 행동	부모	항문기
학령전기 (유희기)	4~6세	주도성 대 죄의식	목적	억제	가족	남근기
학령기 (아동기)	6~12세	근면성 대 열등감	능력	무력감	이웃, 학교 (선생님)	잠복기
청소년기	12~24세	정체감 대 정체감 혼란	충성심	부인, 거부 (불확실성)	또래집단	생식기
성인초기 (청년기)	24~40세	친밀감 대 고립감	사랑	배척	우정, 성, 경쟁, 결혼상대	
성인중기 (중년기)	40~65세	생산성 대 침체성	배려	거절	직장, 확대가족	
노년기	65세~	통합성 대 절망감	지혜	경멸	인류, 동족	

심리사회적 발달단계는 사회적인 환경에 적응하려는 개인의 욕구와 그 욕구를 충족하려는 과정 사이에서 일어나는 갈등에 의해 구별된다. 각 발달 단계는 서로 대립되는 두 개념으로 상충되게 설정되어 있다. 이러한 갈등이 각 단계별로 만족스럽게 해결되면 두 대립 개념 가운데 긍정적인 개념이 발달하는 자아 속에 자라남으로 건전한 발달이 이루어진다. 그러나 갈등이 계속 이어지거나 만족스럽지 못하게 진행되면 자아발달은 손상을 받게 되고 결국 부정적인 자아가 자리를 잡게 된다.

(1) 유아기(신뢰감 대 불신감)

유아기 또는 구강감각기는 출생부터 24개월 동안의 기간으로 프로이트의 구순기에 해당하는 단계이다. 신뢰감 대 불신감(trust vs mistrust)은 출생한 뒤 유아기의 영아가 세상에서 경험하는 심리사회적 위기를 일컫는다. 신뢰감이란 건강한 성격을 이루는 뿌리로써 갓 태어났을 때 생겨나는 타인에 대한 믿음과 자신에 대한 믿음을 포함한다. 유아는 잠을 자고, 먹고, 배변을 하는 등 기본적인 생리적 욕구가 충족되면 자신과 타인 그리고 사회에 대한 기본적인 신뢰를 가진다. 또한 협력을 배우고 신뢰와 함께 불신을 배우는 시기이기도 하다. 따라서 양육자의 돌봄과 수유가 일관성이 있어야 하며 양육에 대한 자신감을 가져야 한다. 그렇지 않을 경우 양육의 모호성이 아이에게 전해져 유아는 불신을 가지게 된다. 일반적으로는 최초로 사회적으로 관계를 맺게 되는 어머니로부터 신뢰감을 갖게 된다. 만약 어머니가 어린 아기의 욕구를 잘 알아차려 적절하게 만족시켜 주면 아이는 어머니에 대한 신뢰감을 형성하게 된다. 이렇게 형성된 신뢰감은 영아가 어머니 아닌 다른 사람들로부터 가지게 되는 신뢰감에도 영향을 미치게 된다. 가령 어머니로부터 충분한 신뢰감을 형성하지 못한 아기인 경우는 마찬가지로 다른 사람에게도 비슷한 양의 신뢰감으로 다가간다. 아기의 신뢰감을 좌우하는 사람은 전적으로 어머니이다. 만약 오줌을 싸거나 배가 고플 때 어머니가 잘 알아서 기저귀를 갈아 주거나 젖을 물려주면 아이는 다음에 오줌을 싸더라도, 배가 고프더라도 언제나 어머니가 있어 안정감을 갖고 자신의 욕구가 채워질 것을 기대한다. 그리고 중요한 것은 일단 신뢰감이 형성되고 나면 어머니가 잠시 자리를 비워 배고픈 것이 연장되더라도 울거나 불안해하지 않고 어머니가 올 때까지 기다릴 수 있게 해준다. 신뢰감은 아주 중요한 성격 형성의 뿌리이며 이후에 생겨나는 모든 대인관계의 기초가 된다.

알려진 바로는 부모의 양육 방식뿐만 아니라 부모의 실제 행동양식도 아이에게 영향을 미치는 것으로 나타났다. 부모가 사회에 친밀감을 가지고 있으면 아이도 친사회적 행동을 증가시키지만 부모가 공격적이면 아이도 공격성향을 배우게 된다.

에릭슨에 의하면 영아의 건전한 성장이나 발달은 전적으로 신뢰감에서만 이루어지는 것이 아니라 신뢰감과 적절한 불신감의 혼합을 통하여 이루어진다고 한다. 다만 불신감보다 신뢰감을 더 많이 형성하는 것이 바람직하다. 이 시기에 만들어지는 신뢰감과 불신감은 일생을 통하여 지속되며, 다음 단계의 성격발달에 직접적인 영향을 미친다. 또한 한번 형성된 타인에 대한 불신감은 쉽게 사라지거나 변화되지 않는다.

이 시기에 신뢰감과 불신감의 갈등을 성공적으로 넘기게 되면 심리사회적인 능력인 희망을 가지게 된다. 그러나 위기를 잘 해결하지 못하게 되면 정체감의 혼란, 우울감, 자기비하 등을 일으킬 수 있다. 신뢰성 발달의 결함으로 인한 행동결과는 유아는 급성 우울증이며 성인은 편집증을 나타낼 수 있다.

(2) 초기아동기(자율성 대 수치와 의심)

초기아동기는 24개월에서 4세까지의 기간으로 프로이트의 항문기에 해당하는 단계이다. 자율성 대 수치와 의심(autonomy vs shame and doubt)은 초기아동기의 아동이 경험하는 심리사회적인 위기이다. 어머니로부터 신뢰감을 얻게 된 아동은 자신이 행동의 주체가 된 것을 깨닫게 된다. 이 시기의 아동은 신체의 발달과 지적인 면이 빠르게 발달하며 언어와 사회적 기준을 배우기 시작한다. 독립심에 대한 강한 욕구도 갖게 되어 부모 또는 타인에게 의도적인 행동을 나타내며 이러한 행동과 반응을 통해 자율성을 획득한다. 1세가 지나면 걷기 시작하고 3세까지 달리기, 기어오르기 따위의 운동능력과 밥 먹기, 옷 입고 벗기, 단추 채우기 등의 자조기술도 익히게 된다. 또 이 시기에는 언어의 자율성도 함께 발달하는데, '내 것' '나'와 같은 자신을 주체로 한 언어를 빈번하게 사용하기 시작하는 때이다. 또 "안 해!" 같은 자신의 반대 의견을 나타냄으로써 언어적 자율성을 표현한다.

이 시기는 프로이트의 항문기에 해당하며 괄약근의 발달과 함께 배변훈련이 중요한 과업이 된다. 프로이트는 이 시기를 항문을 통한 쾌감을 얻는다고 본 반면, 에릭슨은 배변훈련을 통해 자율성이 개발된다고 보았다. 배변훈련 과정에서 부모가 아동에게 칭찬을 해주고 격려하면 스스로 자신의 신체와 환경을 제어할 수 있다는 자신감을 가지게 되고 이를 통해 자율성을 획득하게 된다.

그러나 이 과정에서 부모의 지나친 엄격함과 비난이 있으면 아동은 자신의 실수에 대해 수치심을 느끼게 된다. 아동은 아직 성숙이 완전하지 않은 상태에서 외부에서의 지나친 통제가 너무 빨리 엄격하게 주어짐으로 인해 자신의 독립심과 자율성이 무능력한 상태에 빠졌음을 깨닫게 되고 이에 대하여 심한 수치심과 의심을 갖게 된다.

이와는 반대로 부모가 지나치게 과잉보호를 하거나 또는 오히려 무관심하게 방치하게 되면 환경에 대하여 적절히 대처할 수 있는 방법을 배우지 못하게 되어 타인에 대한 수치심을 갖게 된다. 이 때의 수치심은 자신이 타인의 눈에 좋게 보이지 않는다고 생각함으로써 갖는 느낌이다. 가령 아이가 배변 실수를 하여 오줌을 쌌을 때 부모가 혼을 내면 수치심을 느끼게 되는데 이는 다른 사람들이 자기를 좋지 않게 본다고 생각하기 때문이다. 이럴 경우 아이는 자신을 통제하는 능력을 불신하게 되고 자신에 대하여 뚜렷한 의심을 가지게 된다. 이러한 의심은 무기력한 상태로 이어져 부정적인 심리사회적인 태도를 갖게 된다. 아동에게 있어 의심이란 자신이 강한 존재가 아니며 결국 다른 사람에 의해 통제된다는 것을 깨닫게 되는 것이다.

이 단계는 전적으로 의존적이던 아동이 스스로의 자율성을 발달시키는 단계이다. 따라서 아동은 이 시기에 부모에게 의존하던 틀에서 벗어나 스스로 일어서는 법을 배움으로써 자율성을 성공적으로 획득하게 된다. 에릭슨은 이 단계의 심리사회적 위기를 만족스럽게 잘 넘기느냐의 여부는 이를 자유롭게 조절하도록 허용하는 부모의 의지에 달려 있다고 하였다.

자율성 대 수치와 의심의 갈등을 해결하면 심리사회적인 능력인 의지력을 얻게 된다. 그러나 이를 잘 해결하지 못하면 강박적인 행동과 피해망상 또는 편집증 등을 초래하게 된다. 고집이 세고, 타인의 도움을 거절하고, 인색하며, 소심하고 자신의 행동에 대해 책임을 회피하려는 경향으로 나타난다.

(3) 학령전기(주도성 대 죄의식)

학령전기는 유희기라고도 하는데 4세에서 6세까지의 학교생활을 시작하기 전까지의 기간으로 프로이트의 남근기에 해당하는 단계이다. 주도성 대 죄의식(initiative vs guilt)은 4세~5세의 아동이 경험하는 심리사회적 위기이다. 이 시기는 에너지가 넘치며 활동력이 많은 때이다. 아동들은 목표지향적이 되고 서로 이기려는 마음을 갖는 경쟁적인 성향을 가진다. 이 시기의 아이들은 호기심이 많아 장난감을 분해하거나 끊임없이 질문을 할 수 있다. 만약 부모님이 아이들의 호기심이나 환상적인 행동에 대해 인정해주고 금지하지 않으며 탐색과 실험에 대한 자유를 허용할 경우 그리고 아이의 질문에 짜증을 내거나 거절하지 않고 충실히 답해줄 경우 이에 대해 스스로 행동하도록 격려된 아동들은 자신의 행동에 대하여 목표를 만들고 계획을 세우는 주도성을 지니게 된다. 만약 부모들이 아이를 제재한다면 일관성이 있어야 하고 거칠지 않아야 한다. 아동의 탐색활동이나 장난감을 가지고 노는 사회놀이 그리고 질문에 대해 제한하고 간섭하며 귀찮게 여기거나 엄격한 꾸지람이나 심한 체벌을 할 경우 아동에게 자신감을 잃게 만드는 것은 물론이고 자신의 탐색, 놀이활동, 언어적 활동 등에 대해 해서는 안 되는 잘못된 것이라는 죄의식을 느끼게 된다. 이러한 죄의식은 프로이트의 성적 동기로 볼 때 부모와 자녀간의 사랑의 욕구와 관계, 즉 부모로부터 사랑을 받으려는 욕구나 부모를 사랑하려는 욕구에 대하여 부모가 이를 무시하고 너무 과도한 벌을 주기 때문에 생긴다고도 볼 수 있다.

죄의식을 가진 아동은 쉽게 체념하게 되고 자신 스스로를 무가치하다고 느끼게 된다. 에릭슨은 이런 아이들이 소극성, 불감증, 성적 무기력, 정신병리적인 행동으로 발전한다고 보았다. 이때는 성적인 호기심도 많이 증가하여 친구의 몸을 탐색하는 등의 행동을 보일 수 있다. 만약 그러한 행동에 대하여 감정의 개입으로 가혹한 질책을 할 경우 아동은 죄의식을 느끼게 되고 성에 대한 부정적인 감정을 소유하게 되어 성인기에 성적 무력감이나 불감증의 고통을 당할 수 있다. 아동이 자신의 죄의식을 바람직하게 극복하고 주도성을 획득하여 이 발달단계를 통과할 것인가의 성공가능성은 부모가 아동의 주도적인 행동에 어떻게 반응하는가에 전적으로 달려 있다. 즉 아동이 자기 스스로의 활동을 하도록 자유가 허용되고 격려된 아동은 주도성이 더욱 강화될 것이고 이를 우스꽝스럽거나 가치 없는 것으로 여겨 귀찮아하고 금지할 때에는 죄의식이 더욱 조장될 것이다.

주도성 대 죄의식의 발달단계를 성공적으로 극복할 경우 심리사회적인 능력으로 목적을 획득하게 된다. 아동들은 자신이 존경하는 성격과 직업을 가진 사람과 동일시하며 그러한 사람이 되기를 꿈꾸는 소망의 목적을 갖게 된다. 그러나 이 시기의 발달단계 위기를 성공적으로 해결하지 못할 경우 목적의식이나 용기를 잃어버리게 된다(Hjedle & Ziegler, 1994). 자신을 내세우는데 두려워하고, 또래 집단의 주변에 머뭇거리며 어른에게 심하게 의존하는 등 주도적인 자아를 잃게 된다.

(4) 학령기(근면성 대 열등감)

학령기는 아동기라고도 하며 프로이트의 잠복기와 생식기 초기에 해당하는 발달단계이다. 근면성 대 열등감(industriousness vs inferiority)은 대략 6세에서 12세까지의 나이의 아동들이 경험하는 심리사회적인 위기이다. 이 시기에 아동은 처음으로 집단적인 교육체계로 들어가 학습을 받으며 교육이라는 이름으로 문화, 인지, 사회적 기능들에 대한 기초적인 것을 습득하게 된다. 아동들은 스스로 무엇인가를 알아내고 성취하는 것을 통하여 다른 사람에게 인정을 받으려는 욕구가 나타나며, 자신의 능력을 확인해 보려는 욕구가 생긴다. 이 시기에 아동은 동성의 부모에게 경쟁의식을 가지게 되는데 이것이 동일시로 승화되고 이들로부터 배우려는 의욕이 나타난다.

이 시기의 아동은 사회에서 필요한 기술이나 지식을 익히게 된다. 아동은 이를 통하여 성취감, 우월감, 타인에 의한 인정 등을 얻게 되며 이를 통하여 근면성을 획득하게 된다. 아동에게 무엇을 성취하도록 기회를 제공하고, 성취한 과업을 인정하며, 또다시 시도해보도록 격려하게 되면 근면성을 갖게 된다(이옥형, 2002 : 39). 특히 이 시기는 자아의 성장이 가장 확실해지는 시기이며 이로 인한 근면성이 성취되는 시기이기도 하다. 아이들은 학교라는 작은 사회 안에서 새로운 경험들을 만나고 축적하며 지적 능력을 발전시킨다. 친구를 만나고 새로운 가치관과 규범을 익히는 시간들을 갖는다. 친구와의 관계를 통해 자아정체감을 세우고 주도적으로 자기 일을 할 수 있는 능력, 자신감, 근면성을 계발시킨다. 따라서 이 시기를 훌륭하게 보낸 아동은 사회환경에 적극적인 영향력을 발휘할 수 있는 자신감과 능력을 갖게 되지만, 그렇지 못할 경우에는 열등감을 가지게 되어 실패가 계속 이어지는 악순환의 고리를 경험할 수도 있다.

(5) 청소년기(정체감 대 정체감 혼란)

청소년기는 프로이트의 생식기에 해당하는 발달단계이다. 정체감 대 정체감 혼란(identity vs identity confusion)은 대략 12세에서 24세까지의 청소년들이 경험하는 심리사회적인 발달위기이다. 에릭슨은 청소년기의 자아정체감 확립이 전 생애를 이끌어가는 가장 중요한 발달과업으로 인식하였다. 아동기에서 성인기로 옮겨가는 중간 전환기에 놓인 청소년들은 자신이 누구인지를 탐구하며 자신의 정체성을 찾아내고 확립하려고 한다. 그러나 자아정체감을 확립하지 못하면 자신의 능력과 다양한 역할들을 통합하지 못한 채 적응의 어려움을 겪으며 방황하는 역할혼란 속에 빠지게 된다. 역할혼란으로 인한 자기정체성이 혼돈과 불확실성에 놓인 청소년들은 책임 있는 성인처럼 행동하기를 미루고 계속 아동의 수준에서 머뭇거리거나, 어설프게 계획한 자신의 행동에 몰입하거나, 성인기의 책임이 무거워 이를 회피하기 위하여 어린 아이처럼 유치한 행동으로 퇴행하는 등의 방식으로 정체감 혼란을 나타낸다.

정체성의 혼란으로 나타나는 방어기제는 사랑에 빠지거나 고립, 회피 등이 있다. 또 '심리사회적 유예(psychosocial moratorium)'라는 기간이 있는데 이는 최종적인 정체감을 형성하기 전에 생기는 자유 시험기간이다. 이 기간 동안 청소년들은 자신의 믿음, 역할, 가치 등을 시험해 볼 자유를 가지며, 자신의 장점을 높이고 최대한 발휘하여 성인들이 지배하고 있는 사회로부터 긍정적인 인정을 받음으로써 사회에 무난히 적응하게 된다.

이 단계의 발달위기를 성공적으로 해결하면 스스로의 약속을 지킬 수 있는 능력인 성실성을 획득할 수 있다. 이 때의 성실성은 사회적 가치, 윤리, 관습을 이해하고 이를 지켜 나가는 능력이다. 그러나 이 단계의 발달위기를 성공적으로 넘기지 못하면 불확실성을 야기한다.

(6) 성인 초기(친밀감 대 고립감)

성인초기는 청년기라고도 하며 24세에서 40세까지의 발달단계를 말한다. 친밀감 대 고립감(intimacy vs isolation)은 청년기에 해당하는 사람들이 경험하는 심리사회적인 발달위기이다. 청소년에서 성인으로 넘어가는 전환기이기 때문이다. 에니어그램 성격구조에서는 이 시기에 성격의 최종본이 확립된다고 본다. 이 시기의 중요한 발달과업은 친밀감이다. 이때의 친밀감은 자신의 정체성이 희생될까 두려워하는 마음 없이 다른 사람과 자유롭게 주고받고 나누는 능력이다. 이타주의의 하나로 다른 사람을 사랑할 수 있는 사람이다. 에릭슨은 친밀감을 자신의 정체감과 타인의 정체감을 융합시키는 능력으로 보았다. 만약 청소년기에 긍정적인 자아정체감을 확립하지 못하고 청년기로 온 사람이라면 자신감이 결여되어 있어 타인과의 사회적인 관계에서 고립감을 느끼고 내면의 고독한 상태로 빠져들어 자신에게로만 관심을 집중시키게 된다. 이 단계에서의 주요한 위험은 자기도취 또는 사회적 관계를 맺게 해주는 사람들과의 관계를 회피하는 것이다. 이러한 사람은 안락하고 친밀한 인간관계를 맺기가 힘들며 이로 인해 사회적 공허감이나 소외감을 느끼게 된다. 특히 자기도취에 빠진 사람은 단순히 공식적이고 피상적인 인간관계를 추구하거나 다른 사람들과 친근감을 나누지 못해 자신을 고립시키고 만다.

성인 초기의 발달위기를 성공적으로 통과하면 다른 사람을 '사랑'하는 능력을 획득하게 된다. 사랑이란 자신을 타인에게 관여시키고 이 관여를 유지하는 능력으로 다른 사람에 대한 보호나 존경 또는 책임으로 나타난다. 에릭슨은 '사랑'을 분할된 역할 속에 들어있는 대립적인 것들을 끊임없이 억제하는 상호 헌신의 관계라고 하였다. 친밀감을 통해 사랑을 획득하기 위해서는 자신을 버리고 타인을 배려하는 상호 헌신의 마음이 절대적으로 필요하다. 그러나 이 단계의 발달위기를 제대로 통과하지 못하면 고립, 고독, 헤어짐 등의 부정적인 결과가 나타난다. 자아정체감이 완전히 확립되지 않은 상태에서 친구 또는 이성교제가 이루어질 경우 행복한 만남이 지속될 가능성이 적다.

(7) 성인중기(생산성 대 침체성)

성인기는 40세부터 65세까지의 가장 긴 기간 동안의 발달단계이다. 생산성 대 침체성(generativity vs stagnation)은 이 시기의 성인들이 경험하는 심리사회적인 발달위기이다. 이 기간은 어느 때보다 경제적으로 안정되어 있고 다양한 삶의 경험을 통해 인생의 지혜를 터득하며 가정과 사회에서 중요한 역할을 수행하는 시기이다.

생산성이란 다음 세대를 이끌어주고 돌봐주려는 관심으로서, 출산, 양육, 자손의 성취 등에 관한 개인의 만족감을 말한다. 반면 침체란 타인에게 거짓된 친밀감을 갖고 자기 내면으로만 집중하는 것으로 타인에 대한 배려 없이 자기 자신만 우선 보호하려는 것을 말한다. 이 시기에는 젊은 시절에 성공하지 못하고 자신의 목표를 달성하지 못했다는 무능력감, 사회에 의미있는 기여를 하지 못했다는 인생에의 회의 등으로 내면적 침체를 경험하며 중년의 위기를 맞이하게 된다.

이 시기의 심리사회적 발달위기를 잘 극복하면 자아는 타인을 잘 돌보는 능력인 배려(care)를 획득하게 된다. 만약 중년기의 위기를 극복하지 못하면 타인과 사회로부터 사랑과 관심을 받지 못하는 거절(rejection)을 경험하게 된다.

(8) 노년기(통합성 대 절망감)

노년기는 인생의 마지막 단계로서 65세 이후부터 최종적으로 사망하게 되는 시기까지이다. 통합성 대 절망감(integrity vs despair)은 이 시기의 노인들이 경험하는 심리사회적인 발달위기이다. 노년기는 신체적으로나 심리적으로 또 사회적으로 쇠퇴와 상실을 경험하는 시기이다. 더 이상 사회에 도움을 줄 수 없고 필요하지 않은 존재 나아가 도움을 받아야 하는 존재가 되었다는 사실을 인식하면서 자아통합(ego integrity)이라는 과업을 받게 된다. 자아통합은 자신의 인생을 겸허히 받아들이고 갈등, 실패, 실망 따위를 성공, 기쁨, 보람 등과 함께 전체의 삶 속에 융화시키는 것을 말하며 자아통합의 성취는 아름답고 당당하며 두려움 없는 죽음을 맞이하도록 한다.

이 시기의 심리사회적 발달위기를 잘 극복하면 인생을 관조하며 축적된 지혜를 획득하게 된다. 이로 인해 자신의 살아온 나날이 행복했으며 최선을 다했다는 느낌 그래서 죽음을 긍정적으로 직면할 수 있는 힘이 생긴다. 그러나 이 단계의 위기를 잘 극복하지 못하면 인생에 대한 후회와 무의미, 죽음에 대한 두려움 등이 겹치면서 절망감에 빠지고 만다.

4) 사회복지실천과의 관계

에릭슨은 생애주기를 8단계로 나누면서 전 생애의 발달을 강조하였다. 또한 발달변화에 사회적·문화적 요인을 배경으로 삼으면서 정신분석학을 확대하고 발전시켰다. 그는 인간 성격의 건전한 발달을 위한 가능성을 제시하였고, 성숙의 개념을 보다 폭넓은 의미로 활용할 수 있도록 하였다. 그러나 몇 가지 부분에서는 비판을 받고 있는데, 에릭슨은 이론을 확립함에 있어서 명확한 개념을 정의내리지 못하였고, 각 발달단계를 구분함에 있어서도 과학적인 근거를 제시하지 못하였다. 또한 에릭슨의 이론은 프로이트의 그늘을 벗어나지 못하고 프로이트의 성적인 신체 부위에 지나치게 연결시키려고 하였다는 비판을 받고 있다.

에릭슨의 심리사회적 발달단계를 사회복지실천에 적용하기 위해서는 다음과 같은 관점이 필요하다

- 사회복지사는 사회환경 내의 인간행동의 역동성을 이해하고 청소년기와 청년기의 특징적인 상호관계를 이해한다.
- 사회복지사는 청소년기의 갈등을 매우 자연스러운 현상으로 보고 클라이언트 자신의 느낌이나 행동에 대하여 통찰력을 가질 수 있

도록 돕는다.
- 부모와 자녀 사이의 갈등은 청소년기의 보편적인 일로 이해한다.
- 사회복지사는 비행청소년을 돕고 사회에 재적응시키는 프로그램에 지속적으로 참여한다.
- 가족상담소나 청소년기관을 통해 상담서비스를 제공하기도 하고 복지관이나 학교에서 반사회적 행동을 한 청소년들을 집단지도하기도 하며, 감별소나 보호관찰소 등에서 교정사회복지사로 활동하기도 한다.
- 동성애, 다양한 정신장애의 발발, 가출, 자살의 가능성 등 청소년의 위기적 상황을 이해하고 클라이언트에게 적절하게 개입해야 한다.
- 중년기의 발달위기를 이해하고 성공적인 노년으로 가기 위해 가족치료 등의 개입을 한다.

3. 융의 분석심리이론

분석심리이론(analytical psychology theory)은 칼 구스타프 융(Carl Gustav Jung)에 의해 이루어진 이론이다. 융은 20세기의 가장 뛰어난 심리학적 사상가로 알려져 있다.

1) 융의 일생

융은 1875년 7월 26일 스위스 북동쪽에 위치한 콘스탄스 호반의 케스빌이라는 작은 마을에서 태어났다. 목사인 아버지 요한 융(Johann Paul Jung)과 어머니 에밀리에 융(Emilie Preiswerk Jung) 사이에서 장남으로 태어났다. 칼 구스타프 융이라는 이름은 바젤 대학교의 의과대학 교수였던 조부의 이름에서 따왔다. 융이 태어나기 전에 어려서 죽은 형이 둘 있었는데 이 때문에 그는 유일하게 살아남은 단 한 명의 아들이 되었다. 융이 6개월 되었을 때 목사인 아버지는 라인 강가의 작은 마을인 라우펜이라는 교구를 맡게 되었는데 이때 어머니가 신경장애(nervous disorder)를 일으켜 몇 달 동안 병원에 입원하게 되었으며 이로 인해 융은 큰어머니와 하녀의 돌봄을 받으면서 자라났다.

융(1875~1961)

융은 죽음에 대해 크게 무서워하거나 낯설어하지 않았는데 어린 시절 그 고장 어부들의 예상치 못한 사망이 잦았으며 그로 인한 장례식을 자주 보았기 때문이었다. 융은 그때의 음산한 장례식 장면들을 기억했다. 융의 아버지 외에 숙부들 가운데에는 여덟 명의 목사들이 있었는데, 이 때문에 융은 어린 시절을 가장 근엄하게 보냈다. 그러나 이러한 어린 시절은 그에게 두려움을 자라나게 했다. 융 자신도 몇 번은 죽을 뻔한 경험이 있었다. 머리가 깨어져 교회 계단을 피로 물들인 적이 있었고, 라인강 폭포에 가로놓인 다리에서 떨어져 죽을 뻔한 적이 있었다.

융의 여동생은 그가 아홉 살이 되었을 때 태어났으며 그래서 융은 언제나 혼자 놀았다. 이때 만들어진 그의 내성적인 성격은 일생동안 유지되었다. 어린 시절 사이가 좋지 않았던 부모님은 각방을 썼으며 융은 아버지와 함께 잠을 잤다. 우울증에 시달린 어머니는 밤마다 이상한 소리들을 내었고 융은 불안해하면서 끔찍한 꿈을 꾸었다. 성격이 예민하고 까다로운 아버지와 정서장애를 가진 어머니 사이에서 융은 다락방으로 도망가곤 했다. 융은 다락방에 만들어 놓은 난쟁이 인형과 소중한 비밀의식을 수행하며 마음속 비밀을 털어놓았다.

융은 학교에 들어가서 적응을 잘 하지 못했다. 자신이 좋아하는 책을 읽지 못하게 되었기 때문이었다. 게다가 융은 가끔 정신을 잃는 발작이 일어나서 체육시간에 빠져도 되었는데 발작 횟수가 점점 늘어나서 결국 6개월 동안 학교를 쉬어야 했다. 그는 오히려 쉬는 동안 자신이 읽고 싶던 책들을 마음껏 읽게 되었다. 융은 태평스러웠지만 부모님은 융의 건강을 걱정했다. 언젠가 융의 아버지가 친구에게 '하나 남은 아들을 잃게 생겼어'라며 걱정하는 말을 몰래 들은 뒤 그는 충격을 받았다. 그 순간 즉시 융의 신경증은 사라져 버렸고 다시는 재발하지 않았다. 그는 복학하여 아주 열심히 공부하였는데, 이때의 경험이 신경증에 대한 그의 이해를 넓혀 주었다.

융은 20세에 진로에 대한 고민을 하다가 바젤대학 자연과학을 선택하였지만 곧 의학을 공부하기로 하였다. 대학 입학 후 1년이 지났을 때 아버지가 돌아가셔서 경제적으로 어렵게 되었는데, 숙부가 돈을 빌려주어 대학을 무사히 마칠 수 있었다. 해부학 과정을 마칠 즈음 하급 조수직 자리를 얻었고 다음 학기에는 조직학 강의를 담당하기도 했다. 그는 꿈과 함께 신비한 현상을 경험하면서 심리학과 정신병리학에 대한 관심을 가지게 되었다. 그는 졸업시험 준비를 위해 크라프트-에빙(Kraft-Ebing)의 정신의학 교과서를 읽으면서 정신의학이야말로 자신이 나아가야 할 길임을 깨달았다. 1900년 12월 융은 유럽에서 가장 유명한 정신병원인 취리히 부르크휠츨리 정신병원의 조수로 취직하였다. 병원장은 정신병 치료법을 개척하였고 정신분열증의 개념을 발전시킨 블로이어(Eugent Bleuer)였으며, 융은 이렇게 훌륭한 사람 밑에서 공부하고 일하게 된 것을 행운으로 여겼다. 그는 그곳에서 6개월간 두문불출한 채 환자를 관찰하고 정신의학 문헌들을 읽으며 지냈다. 그의 관심은 오직 정신적으로 병든 사람들이었다. 그는 '정신적으로 병든 사람들의 내부에서 실제로 벌어지고 있는 일들이 무엇인가?' 하는 절박한 질문에 대한 대답을 구하였다.

1903년 엠마 라우센 바하(Emma Rauschen Bach)와 결혼하였는데 그녀는 1955년에 세상을 떠날 때까지 융의 조력자로 도움을 아끼지 않았다. 그는 1905년 나이 서른 살 때 취리히에서 정신의학 강의를 맡게 되었으며 정신과 진료소의 선임의사가 되었다. 그는 대학에서 정신병리,

프로이트식 정신분석, 원시 미개인에 관한 심리학 강의를 하면서 정신 질환자들의 반응을 연구하기 위해 연구소를 개설했다. 융은 그곳에서 수년간 단어연상에 의한 실험연구를 계속하였으며 무의식에 의한 '콤플렉스'[2]를 발견하였다. 이 일로 인해 프로이트와 접촉하게 되었으며 서신교환을 주고받았다. 프로이트는 융을 국제정신분석학회에서 융을 자신의 수제자로 치켜세웠다. 그에게 가장 영향을 끼친 사람은 단연 프로이트였다. 그러나 프로이트의 이론에 몇 가지 중대한 의문을 품은 융은 1912년 『무의식의 심리학』이라는 책을 통해 프로이트와의 결별을 선언하고 자신만의 분석심리학을 세상에 발표하였다.

융은 프로이트와 결별하고 나서 혼란과 내적인 불안정으로 정신병적 수준에까지 이르렀다. 1913년에는 대학 강의를 사직하였고 1914년에는 국제정신분석학회 회장직을 사임하였다. 그러나 결국 자신이 연구한 무의식에 자신을 내맡기면서 자리를 잡아가기 시작했다. 융은 자기 자신의 무의식과 원시종족의 심성과 여러 문화권에 속한 많은 사람들의 심리분석작업을 통해 얻은 방대한 경험자료를 근거로 하여[3] 인간의 심성에는 자아의식과 개인적 특성을 가진 무의식 너머에 정신활동의 원천이며 인류 보편의 원초적 행동 유형인 많은 원형(原型)들로 이루어진 집단적 무의식 층이 있음을 확인하였다. 그의 이론은 인간의 병리적 현상에 대한 이해와 치료뿐 아니라 건강한 사람의 인성을 보다 깊고 넓게 이해하고 모든 인간의 자기통찰을 돕는 데 이바지하고 있다(한재희, 2002). 융은 1961년에 크스나흐트에서 86세의 나이로 사망하였으며, 그의 대표적인 저서로는 『영혼을 추구하는 현대인』(1933), 『분석심리학 소론』(1953), 『기억, 꿈, 반영』(1963) 등이 있다.

2) 단어연상검사는 환자에게 일련의 단어를 보여주고 머리에 떠오르는 최초의 단어를 대답하도록 하는 것이다. 이때 바로 대답하지 못하고 망설이게 되면 그 단어에 콤플렉스가 있다고 판단하였다.

3) 융은 아프리카와 이집트, 사막을 여행하였으며 원주민의 정신세계에 대한 집단 무의식을 연구하였다.

2) 성격의 구조

융학파에서는 정신(psyche)을 '전체로서의 인격'이라고 보았다. '정신'(psyche)은 최초에 라틴어에서 탄생하였다. 혼(soul), 영(spirit)이라고도 불리며 현대에 와서는 '마음'(mind)로 이해되고 있다. 인간(또는 인격)은 본래부터 하나의 전체였다. 경험이나 학습을 통해 얻어진 조각의 내용들이 모여 인간의 구조를 이루어 나가는 것이 아니라 태어날 때부터 인격이 완전한 하나로서 태어나는 것이다.

융은 무의식에 관심을 집중하였지만 성격 기능의 다양한 체계를 아우르는 성격이론을 발달시켰다. 융 이론의 주요한 개념으로는 자아, 개인적 무의식, 집단 무의식, 페르소나, 음영, 아니마와 아니무스 등이 있다.

(1) 자아

자아(ego)는 자각하고 있는 지각, 생각, 감정, 기억으로 구성되어 있다. 자아는 정신의 일부분인 의식적인 마음이다. 이때의 의식은 자신에 대한 의식과 외부세계에 대한 의식을 포함한다. 자아는 전체 정신에서 차지하는 비중은 작지만 아주 중요한 기능을 담당한다. 자아는 의식을 지키는 수문장과 같다고 보면 된다. 우리는 날마다 아주 많은, 셀 수 없이 많은 다양한 경험들을 한다. 그러나 이것들이 의식의 수준에 이르기 전에 자아가 없애버린다. 그렇기 때문에 우리는 수없이 많은 경험을 하지만 정작 돌아보면 기억되는 것이 별로 없다. 자아는 정신의 수문장으로서 뇌로 들어오는 재료들을 취사 선택하여 가려낸다. 그럼으로써 개인의 인격에 대한 일관성을 유지할 수 있게 해 준다. 자아는 인간에게 노출된 자극의 일부를 의식적인 지각으로 받아들이는데, 이것은 우리가 자신의 세계를 지각하는 방법에 있어서 연속성과 일관성 그리고 정체성을 제공한다(Schultz & Schultz, 1994 : 81).

(2) 페르소나

페르소나(persona)는 무대에서 배우가 쓰는 가면을 뜻하는 라틴어이며 자아의 가면이라 불린다. 페르소나는 인격의 외면(外面)이며 정신이 세상으로 향하여 보여주는 얼굴이다. 첫 번째 원형으로 사회의 인정을 받고 좋은 인상을 심어주려는 의도를 포함하는 순응(conformity)의 원형이다. 페르소나는 사회에서 생존하기 위해 또는 사회에 적응하여 살아가기 위해 어느 정도 필요하다고 인정하고 있다. 개인이 학교나 직장 또는 동료관계에서 다양한 사람과 살아가기 위해서는 많은 역할들을 해야 한다. 자신이 싫어하는 스타일의 사람일지라도 그와 함께 웃으며 차를 마실 수 있어야 한다. 회사에서는 회사적인 페르소나를 써야 하고 친구를 만날 땐 회사적 페르소나를 벗고 우정의 페르소나를 써야 한다. 회사적 페르소나는 거짓 아양이나 아첨이 아니라 성실함, 책임감, 신뢰 따위이다. 우정의 페르소나는 사랑, 친밀감, 참됨, 자유함이다. 한 남자가 사업가로서 직장에서 보여주는 이미지와 아버지로서 자식에게 주는 이미지는 다를 수 있다.

성격의 깊은 내면을 도외시하고 외면으로 드러나는 페르소나만 발달시킬 경우, 양을 잡아먹기 위해 양의 탈을 쓰고 양 우리에 들어갔다가 영영 그 가죽을 벗어버리지 못하고 양으로 살아가는 이리처럼, 내면의 본질적인 모습을 잃어버릴 수도 있다. 융의 환자들은 대부분 팽창된 페르소나를 가진 환자들이었다. 팽창된 페르소나는 양의 가죽을 쓴 이리처럼 자아가 페르소나와 동일시되어 버린 것을 말한다. 자신을 잃어버리고 페르소나로 살아가다 보면 인생의 어느 시점에 갑자기 인생이 허무해지고 공허하며 무의미함을 발견한다. 특히 오랜 시간 자신의 진정한 자아를 묻어 놓고 가족을 위해 헌신해 온 주부들에게 그런 경우가 많이 나타난다.

(3) 아니마와 아니무스

아니마(anima)는 무의식 속에 남아 있는 남성의 여성적인 측면이며, 아니무스(animus)는 무의식 속에 남아 있는 여성의 남성적인 측면이다. 페르소나가 정신의 외면(外面)이었다면 아니마와 아니무스는 정신의 내면(內面)이다. 아니마는 남자의 내면이며 아니무스는 여자의 내면이다. 인간은 생물학적으로 남자와 여자로 구분되며 서로 유전적인 특징을 가지고 있다. 이러한 유전적 특징은 사회화 또는 학습화의 결과로 더욱 극명한 차이를 가지도록 만든다. 그 결과 남성에게는 여성적인 측면이 무시되며, 여성에게는 남성적인 측면이 무시되고 있다. 가령 여자는 바지를 입거나 머리를 짧게 자르면 남성답게 느껴진다. 느껴진다는 것은 사회가 그렇게 느끼도록 종용하는 것이다. 남자는 분홍색 물건을 사기를 꺼려한다. 분홍색은 여자들이 좋아하는 색깔이라거나, 남자가 분홍색 물건을 고르면 여성스럽다고 생각하기 때문이다. 그래서 여자이면서 공 차는 것을 좋아한다든지, 남자이면서 발레를 좋아하는 빌리 엘리어트 같은 사람은 어린 시절 부모로부터 그러한 생각이나 표현을 억압당하며 성장한다.[4] 사회는 아니마와 아니무스보다 페르소나를 더 발달시키며 살기 원한다. 그러나 억압이나 무시로 인해 무의식 속에서 완전히 사라지지는 않는다. 페르소나의 발달로 아주 여성적으로 비쳐지는 여자이지만 화가 나거나 무의식이 돌출할 때는 고집이 세고 완강한 성격으로 돌변한다. 겉으로는 강하고 남성적인 남자이지만 내면적으로는 고분고분하며 상처를 잘 받는 남성이기도 하다. 그러나 아니마와 아니무스를 적절한 통제없이 지나치게 강화시키면 남자이면서 여자와 동일시하거나 여자이면서 남자와 동일시하여 동성연애자가 되거나 성전환 수술을 받아 완전한 반대의 성으로 옮기기도 한다. 아니마와 아니무스는 반대의 성에 대한 본질을 이해할 수 있으며 인간의 생존과 적응에 도움을 준다.

---

4) 영화 '빌리 엘리어트'에는 강력한 남자의 상징인 권투에서 이기기를 원하는 아버지를 속이며 발레에 빠진 한 소년의 이야기가 나온다.

(4) 그림자

그림자(또는 음영, shadow)는 성격의 가장 어두운 부분이다. 그림자는 햇살을 받아야만 생기는 것이지만 그 자체는 그늘이며 응달이다. 그림자는 실체를 보여주는 이미지이지만 참 실체는 아니다. 그림자는 숨어 있는 듯 보이지만 가장 강력하며 생활의 활력과 추진력이 되어준다. 자아는 정밀한 저울질을 통해 본능이 뛰쳐나가지 못하도록 자기 내면의 동물적인 충동을 억제하며 역할에 맞는 페르소나를 발달시킨다. 그러나 자아가 그림자를 지나치게 억압할 경우 삶의 활력이 사라지기 때문에 자아는 적절한 선에서 통제와 허용을 저울질해야 한다.

음영은 의식의 영역에서는 부정적인 자아상을 가지지만 무의식의 영역에서는 반대의 긍정적인 자아상을 추구한다. 가령, 자신이 못 생겼다고 생각하는 사람은 멋진 자신의 모습을 꿈꾼다. 그 사람의 꿈 속에 나타나는 멋진 사람은 사실 자신이 소망하는 바로 그 자기 자신일 수 있다.

공통 사회에서 일원이 되려면 그림자의 다양한 징후들을 적절히 억압함으로써 페르소나를 발달시킬 수 있다. 그러나 그림자는 쉽게 사라지지 않는다. 억압해도 쉽게 굴복하지 않는다. 다만 컬러에서 흑백으로 바꿔 잠시 나무 뒤에 숨을 뿐이다. 개인이 삶의 위기에 직면하면 그림자는 그 기회를 이용하여 다시 세상 밖으로 뛰쳐나온다. 자아를 통제하려고 한다. 가령 치료받아 건강해진 예전의 알코올 중독자가 상처를 받아 괴로워할 때 그림자는 다시 술을 마시도록 본능을 부추긴다. 자아가 강력하지 못하면 아무 저항없이 그림자가 다시 활개를 칠 것이다. 자아와 그림자가 서로 사이좋게 조화를 이루어야 삶의 공간이 충만해지고 활기를 띤다.

(5) 무의식

융은 인간의 무의식이 개인적 무의식(personal unconsciousness)과 집단무의식(collective unconsciousness)의 두 가지 수준으로 이루어져 있다고 보았다. 융에 따르면 개인적 무의식은 높고 피상적인 수준이며, 집단무의식은 더 깊고 심오하며 영향력 있는 수준을 나타낸다(이근홍, 2008 : 197).

개인적 무의식은 자아가 제거했던 경험들이 저장되어 있는 창고와 같다. 개인이 억압하거나 잃어버렸지만 언젠가 의식했던 것으로서 프로이트의 전의식의 개념과 비슷하다. 우리는 많은 친구들의 이름을 알고 있지만 그 이름을 항상 의식에 담아두고 있지는 않는다. 우리는 그 친구가 필요하면 기억 저장소에서 끄집어내어 이름과 얼굴을 떠올린다. 그림자의 대부분은 개인적 무의식에 담겨져 있다. 아니마와 아니무스의 부분들도 여기에 머물러 있다.

집단무의식은 심리학 역사의 획기적인 사건으로 인정받는 이론으로 모든 인류 개인의 정신이 공통으로 가지고 있는, 개인의 경험과는 상관없이 조상이나 종족 전체의 경험 또는 생각이 무리지어진 원시적 감정이나 공포, 생각 등이 포함된 무의식이다. 집단무의식은 모든 인류에게 공통적으로 유전되어 온 것으로 정신의 아주 깊은 곳에 자리하고 있다. 가령 뱀에 대한 적대감 또는 공포감은 먼 옛날부터 무수한 세대에 걸쳐 선조들이 경험하면서 내려온 집단무의식이다. 우리가 어머니에 대한 집단무의식의 이미지가 있기에 아이들은 어머니라 가르쳐 주지 않아도 태어나자마자 즉시 어머니를 지각하고 반응하며 표현한다.

(6) 원형

원형(archetypes)은 집단무의식을 구성하는 것으로 시간, 공간, 인종, 문화의 차이와 상관없이 보편적으로 존재하는 인류의 가장 원초적인 행동유형을 말한다. 융은 원형을 가리켜 어떤 것이 만들어지게 되는 기본 모형이라고 하였다. 이 기본 모형은 나중에 만들어지는 심상(이미지)에 대한 모델이나 본보기가 된다고 보았다. 즉 공장에서 어떤 상품을 대량으로 만들어낼 때 처음 틀을 부어 만들어보는 프로토타입(proto-type)이라고 볼 수 있다. 다른 동류의 것이 만들어지게 되는 근본의 모델이다. 원형은 인간의 집단무의식 속에 존재하는 경향성으로 인간에게 영향을 끼치지만 정작 인간은 그 원형을 알아차리지 못한다. 대표적인 원형으로는 페르소나, 아니마, 아니무스, 그림자 등이 있다. 융은 말년의 4년 동안을 원형 연구에 시간을 바쳤는데, 출생, 죽음, 권력, 마법, 영웅, 어린이, 사기꾼, 신, 악마, 현자, 거인, 자연계, 어머니인 대지 등의 원형들을 발굴하였다. 원형은 조합될 수도 있는데 영웅의 원형과 악마의 원형이 조합되면 무자비한 지도자 유형이 되는데 네로나 히틀러 같은 인간을 예로 들 수 있다.

(7) 자기

자기(self)는 성격 전체의 일관성, 통합성, 조화를 이루려는 무의식적인 갈망이다. 중심성, 전체성, 의미를 무의식적으로 추구하는 원형이며 성격의 반대되는 측면을 서로 균형있고 조화롭게 만드는 역할을 한다.

자기는 집단무의식 안에 존재하는 핵심 원형으로서 콤플렉스와 원형을 끌어들여서 성격을 조화롭게 하고 통일시키며, 의식과 무의식의 주인으로서 본래적이고 선험적인 '나'이다. 자기는 성격이 개성화를 통해 충분히 발달할 때까지, 즉 중년이 될 때까지 거의 드러나지 않는다. 자아(ego)는 의식 세계의 중심이며, 자기(self)는 의식과 무의식을 아우르는 전체의 인격과 정신의 중심이다.

(8) 개성화

개성화(individuation)는 개별화라고도 하며 고유한 자기 자신이 되는 것을 말한다. 개성화는 무의식적인 내용들을 의식화하고 통합해 나가는 과정이며, 개인의 의식이 타인으로부터 분화해나가는 과정이기도 하다. 자기(self)가 중년이 될 때까지 거의 표면화되지 않는데, 자기가 어느 정도 드러나려면 성격이 개성화를 통해 충분하게 발달되어 있어야 한다. 성격의 발달은 개성화의 과정을 거쳐 만들어지는 자기실현이다. 개성화는 가능한 자기 자신을 완전히 아는 '자기인식'을 목표로 한다. 융은 이 자기실현 달성을 아주 중요하게 여겼으며, 융학파의 치료는 문제해결보다는 개성화의 과정을 통한 자기실현에 있다.

(9) 심리적 유형

융은 심리적 유형으로 '자아의 태도'와 '정신기능'의 두 기준으로 성격 유형을 나누었다. 자아의 태도에 따라서는 외향형과 내향형이 있고, 정신기능에 따라서는 감각형, 직관형, 사고형, 감정형이 있다. 이 둘을 서로 조합하면 외향적 감각형, 외향적 직관형, 외향적 사고형, 외향적 감정형, 내향적 감각형, 내향적 직관형, 내향적 사고형, 내향적 감정형의 여덟 가지 성격유형으로 나누어진다.

자아의 태도는 태어날 때부터 결정된다. 자아의 태도에 따른 성격 유형은 다음의 두 가지로 나눌 수 있다.

① **외향적 성격** : 외향형(extraversion)은 외부 세상에 지향하는 방향이 능동적인 경우의 성향으로 정신에너지인 리비도[5]가 객관적인 세계로 지향할 때를 말한다. 성격이 외향적인 사람은 대인관계를 폭 넓게 하며, 사교적이고 정열적이며 활동적이다.

② **내향적 성격** : 내향형(introversion)은 외부 세상에 지향하는 방향이 수동적인 경우의 성향으로 정신에너지인 리비도가 주관적 세계를 지향한다. 성격이 내향적인 사람은 넓이보다는 깊이 있는 대인관계를 추구하며 조용하고 신중하게 이해한 다음 경험한다.

정신기능은 외부세계와 내면세계를 지각하고 이해하기 위해 사용하는 생각, 감정, 직관을 말한다. 정신기능에 의한 네 가지 성격 유형은

5) 리비도는 모든 활동에 에너지를 제공하는 생명력이다. 프로이트는 성적인 관점에서 보았으나 융은 모든 지각, 사고, 감정, 충동의 원천이 되는 기본 에너지로 간주하여 리비도의 개념을 보다 확대하였다.

다음과 같다.

ⓐ 감각형 : 감각형(sensing)은 손으로 만지고, 눈으로 보고, 귀로 듣고, 입으로 맛보고, 코로 냄새 맡음으로써 판단하고 결정한다. 오감에 의존하기 때문에 실제 경험하는 것을 소중히 여기며, 현재에 초점을 맞춘다. 감각형은 정확한 걸 좋아하고 철저하게 일을 처리하려고 한다. 물론 다른 사람이 그러지 못한 것에 대해서는 분노 또는 정의로운 비판을 가한다.

ⓑ 직관형 : 직관형(intuition)은 미래 또는 내면을 꿰뚫어보는 듯한 육감이나 영감으로 일을 처리한다. 미래지향적이고 가능성과 의미를 추구하며 신속하고 비약적으로 일을 처리한다.

ⓒ 생각형 : 생각형(thinking)은 행동보다는 머리가 먼저 움직이는 형이다. 진실과 사실에 초점을 맞추어 분석하고 논리적이며 객관적으로 일을 처리한다.

ⓓ 감성형 : 감성형(feeling)은 생각보다는 감정에 이끌리어 일을 처리하는 형이다. 사람과의 관계에 관심을 가지고 있으며 상황적이며 정상을 참작한 설명을 한다. 때론 감정에 이끌리어 정확한 객관성을 확보하지 않은 상태에서 일을 처리하는 경우가 있다.

3) 융의 발달단계

융은 인간의 성격발달을 아동기, 청년기 및 성년초기, 중년기, 노년기의 4단계로 나누었다. 그는 프로이트가 유아기 때 성격의 대부분이 결정된다고 본 이론에 반해 유아기는 자아가 형성되지 않으므로 이 시기가 성격을 형성하는 데 미치는 영향은 지극히 작아 크게 중요하지 않다고 보았다. 융의 분석심리이론은 중년기에 초점을 맞추고 있으며 개성화를 통한 자기실현을 중요하게 보아 성격발달 자체의 중요성은 크게 다루지 않고 있다.

(1) 아동기

융의 성격발달의 첫 단계는 아동기로 출생 후 사춘기까지의 시기를 함께 묶었다. 융에 의하면 아동기는 자아가 아직 형성되지 않는 시기여서 본능에 의한 지배를 받으므로 의식적인 자아가 존재함으로써 생기는 심리적인 문제나 발달상의 위기는 없다고 보았다.

(2) 청년 및 성인초기

융의 성격발달의 두 번째 단계는 사춘기부터 약 40세를 전후하는 중년기가 되기 전의 시기로 생의 전반기로 보았다. 이 시기는 신체적으로 성장하고 발달하는 시기이며, 성숙함에 따라 자아가 발달하고 외부의 세계에 대처하는 능력이 길러진다.

청년 시기에는 다른 사람들과의 만남을 통해 가능한 한 사회의 보상을 많이 얻으려고 노력하며 이성교제와 결혼을 통해 가정을 꾸리게 된다. 남자는 사회에서 경력을 쌓고 성공을 위해 노력하며 남성적 측면을 발달시키고, 여자는 가정에서 자녀를 양육하며 여성적 측면을 발달시킨다.

이 시기의 발달 과업은 외적인 환경요구에 확실하게 대처하는 것이다. 따라서 융에 의한 심리적 유형에 따르면 내향적인 사람보다는 외향적인 사람이 더 순조롭게 이 시기를 보낸다고 볼 수 있다.

(3) 중년기

융은 중년기를 가장 중요한 발달단계로 보았다. 중년기는 40세부터 65세에 이르는 인생의 가장 안정적인 시기를 가리킨다. 이 때에는 사회가 요구하는 것들에 어느 정도 적응을 하였고 가정에서도 안정을 찾아 심리적으로 경제적으로 만족감을 얻는 시기이다. 그러나 이 시기에 중년들은 자기정체성을 다시 확인하는 과정을 거치며 잃어버린 자아를 찾기 위해 방황하게 된다. 따라서 이 시기를 지혜롭게 이겨내지 못하면 절망과 비참함 속에서 삶의 위기를 맞아 좌초할 수 있다.

① 중년기의 문제 원인

삶의 기반이 마련되고 안정된 40대가 되면 삶의 매너리즘에 빠지면서 더 이상 도전의 의미와 목표를 찾지 못하게 된다. 청년 시절 꿈꾸었던 비전, 야망에의 의미를 잃게 되어 우울감, 침체감을 경험하게 된다. 청소년이 사춘기라면 중년기는 사추기로 삶의 공허감을 어찌할지 몰라 헤매게 된다. 사춘기의 자녀들과 더 이상 대화가 힘들어지게 되고, 부부도 갱년기를 맞이하면서 의사소통의 한계에 부딪쳐 가족 구성원들은 저마다 고독감에 빠지게 된다. 고독한 중년들은 그 동안 외부세계에 쏟았던 에너지를 자기 내면으로 돌려 지나온 삶을 되돌아보게 되고, 내면의 자아와 마주하게 된다. 주부들인 경우에는 가정 속에서, 엄마로, 아내로, 며느리로 수많은 페르소나를 가지고 살아오다 문득 '나는 누구인가?' 하는 자아정체감의 혼란으로 괴로워하게 된다. 이러한 중년기의 심리정서적 변화는 가정생활에 다양한 문제를 일으킬 수 있다.

② 중년기의 개성화

개성화란 중년기에 자아를 외적 차원과 물질적 차원으로부터 내적 차원과 정신적 차원으로 바꾸는 것을 뜻한다. 개성화의 성공을 위해서는 자기(self)의 자신을 인식하고 진정한 자기가 되는 것이 필요하다. 나아가 내면의 깊숙한 곳에 숨어 있는 무의식이 내뱉는 숨소리에 귀를 기울이며 세상적 성공을 위해 달려 왔던 청년기의 성격 특성을 버리는 것이 필요하다. 개성화를 통해 중년에는 인생 후반전의 자기실현을 성취할 수 있다.

(4) 노년기

노년기는 65세부터 세상과 이별하기까지의 삶을 가리킨다. 노년기에 접어들면 죽음에 대하여 더 깊이 생각하게 되고 삶의 본질을 이해하는 지혜가 충만해지고 자신이 살아온 과거 삶에 대한 명상과 회고의 시간이 길어지게 된다. 조급한 마음이 사라지고 인생을 관조하며 내면적 이미지에 심취하게 된다. 만약 노년기에 죽음 이후의 삶에 대한 이미지가 없다면 건강한 방법으로 죽음을 맞이하기가 어렵다. 종교적 의미의 내세관이 있음으로써 융은 사후의 삶도 삶 그 자체로 존재에 대한 물음을 이어갈 수 있다고 하였다.

4) 사회복지실천과의 관계

융의 분석심리이론은 특히 중년기에 관한 연구에서 많은 지침들을 제시해준다. 중년기는 노년기를 앞에 두고 있어 심리적 불안감이 커지기 시작하는 시기이다. 또한 호르몬의 남녀 분비가 바뀌면서 남자는 여성적인 성격으로, 여자는 남성적인 성격으로 변화가 일어나 자아정체감에 대한 혼란이 일어나기 시작한다. 융은 중년기 때에 무의식적으로 남아 있던 성장을 위해 잠재력을 개발한다고 하였다. 인생의 후반전을 절망과 허망함으로 보내는 것이 아니라 적극적 긍정으로 새로운 이익과 가치를 개발하고 국가와 사회를 위해 능동적으로 헌신할 수 있다. 따라서 사회복지사는 중년기 위기를 맞는 사람들에게 과거와 환경에 얽매여 좌절하지 않고 자신의 삶을 극복하여 보다 성공적인 노년기로 건너갈 수 있도록 도움을 주어야 한다. 융의 분석심리학적 개입은 지적인 통찰과 삶의 성취를 이루려는 사람들에게는 효과적일 수 있으나 그렇지 못한 사람에게는 적합하지 않을 수 있다. 단기간에 문제를 해결하려는 사람을 위한 개입에는 많은 한계를 지니고 있다.

또한 융의 이론들은 지나치게 어려워 모든 이론과 특정들을 이해하기가 쉽지 않다. 이론들간의 연결성도 명료하지 않으며 체계적이지 않다. 특히 많은 부분들은 초신비적인 요소들을 담고 있다. 나아가 융의 이론은 프로이트와 마찬가지로 환자들을 치료하는 과정에서 얻어진 경험적 연구를 기초로 함으로써 과학적인 토대가 약하다는 점 등이 비판을 받고 있다.

4. 아들러의 개인심리이론

개인심리이론(individual psychology theory)은 알프레드 아들러(Alfred Adler)에 의해 형성된 이론이다. 현대심리치료의 아버지라 불리는 아들러는 프로이트를 따르는 빈의 정신분석학자였지만 처음으로 프로이트와 결별하며 자신만의 이론을 내세웠다. 그의 이론은 기본적으로 정신역동적인 기반을 가지고 있지만 인간주의적 이론과 인지행동적 이론적 기틀을 포함하고 있다. 에릭 프롬, 칼 로저스, 아브라함 매슬로, 빅터 프랭클 등 많은 심리학자에게 직접 혹은 간접적으로 영향을 주었다.

1) 아들러의 생애

아들러(1870~1937)

아들러는 1870년 2월 7일 오스트리아의 빈 근교의 작은 마을에서 태어났다. 유태인 곡물상인이었던 아버지 레오폴드 파우친의 6남매 중 둘째로 태어났다. 그는 유태인이었지만 빈 문화에 더 많은 영향을 받았고 1904년에는 개신교로 개종하였다.

아들러의 가정은 대체로 편안한 삶을 살았는데 그는 어린 시절을 불행하다고 말한다. 그 당시 질병과 죽음의 끊임없는 공포 속에서 살아야 했는데 이로 인해 오히려 의학을 공부하게 되는 계기가 되었다. 그러나 선생님은 아들러가 열등하여 다른 직업은 맞지 않고 구두제조업자가 좋다고 말하였다. 자극을 받은 아들러는 열심히 공부하여 우수한 학생이 되었는데 이러한 어린 시절의 경험이 후일 다양한 경험을 쌓은 뒤에 정신과 의사로서 열등감은 모든 인간의 동기적 기초로 자신의 열등성을 극복하려는 노력의 결과로 인간은 진보하고 성장하며 발달하는 것으로 이해하였다.

그는 어린 시절 몸이 약했는데 동생이 태어나기 전까지는 어머니를 독차지했으나 동생들이 태어나면서 어머니의 사랑을 빼앗겨버렸다. 그러나 아버지의 격려로 어머니보다 아버지와 훨씬 더 친밀한 관계를 가지게 되었다. 이런 어린 시절의 경험으로 인해 아들러는 프로이트의 오이디푸스 콤플렉스를 거부하게 되었다. 그는 1910년 빈 정신분석학회 회장으로 뽑혔지만 스스로 프로이트의 제자라고 하지 않았고, 오히려 성 본능을 정면으로 부정함으로써 프로이트와 결별하는 관계가 되었다. 아들러는 1912년 빈 정신분석학회를 탈회하고 동료 7명과 함께 개인심리학협회(the Society for Individual Psychology)를 설립하였다.

그는 정신병리 환자보다는 일반적인 사람에게 관심을 많이 가졌다. 1차세계대전이 끝난 뒤에는 빈 공립학교에 아동지도 임상센터를 세워 교사, 사회복지사, 의사 등의 전문직 종사자들에 대한 교육을 실시하였다. 아들러는 일을 많이 하였고 과도하게 강연을 하였다. 나치의 유태인 추방정책으로 1934년 미국에 영구 이주하여 콜럼비아 대학과 롱아일랜드 의과대학에서 임상심리학 교수로 재직하였다. 그는 재치있고 영감있는 강연으로 청중들을 매료시켰으며 1937년 5월 28일 순회강연 도중 심장마비로 사망하였다.

2) 주요 이론

아들러는 인간을 사회적이며 목적론적인 존재로 보았고 인간을 이런 측면에서 이해하려고 하였다. 그는 모든 사람들이 심리적으로 건강할 수 있도록 성격형성의 주요한 요인들에 대하여 설명하였다. 그의 개념들은 정신건강을 증진할 수 있는 실천원리로 볼 수 있다. 그는 상담을 통해 잘못된 생활양식을 긍정적인 관점으로 바꾸고 사회적인 관심을 발달시키면서 좀더 나은 생활방식을 개발하고 적용할 것을 강조했다.

그는 인간이 성적인 만족보다는 우월감을 추구한다고 보았으며 이러한 사실은 타인에 대한 열등감에서 나타난다고 생각했다. 아들러는 열등감과 보상에 대한 개념, 초기발달에 대한 이론적인 개념, 출생순위에 따른 가족 내 위치에 대한 개념, 생활양식에 대한 개념, 삶의 과제에 대한 개념 등에 관심을 가지고 연구했으며 이러한 개념들은 사회복지 실천에 있어서 가족상담이나 가족치료 등에 이론적인 기반을 제공한 것으로 평가되고 있다.

(1) 인간관

아들러는 인간을 개인이라는 총체적인 존재로 보았다. 그는 인간에 대하여 생물학적인 시각으로 접근하는 것을 배제하고 인간에 대한 전인적인 이해를 시도하였다. 그는 인간에 대한 이해에서 총체론적인 존재, 성장지향적인 존재, 창조적인 존재로 이해하였다.

① 총체론적 존재 : 아들러는 인간행동에 관하여 전인적이며 총체적인 존재로 통일적이며 자아가 일치된 유기체로 보았다. 그는 인간을 분리할 수 없으며 개인 그 자체로서 완전하고 통일된 전체로 보았다. 이렇게 통합된 개인의 성격구조를 개인의 '생활양식'으로 불렀다. 그는 프로이트가 인간을 원초아, 자아, 초자아 등으로 해부하여 보는 것을 인간을 비인격적인 시스템으로 환원시킬 위험이 있다고 생각하였다.

② 성장지향적 존재 : 아들러에 의하면 총체적인 개인인 인간은 가상적인 목표와 완성을 향해 앞으로 끊임없이 나아가고 움직이며 잠재력을 실현시켜 나간다. 따라서 총체적인 개인의 모든 행동은 미완성을 극복하고 완성에 보다 가까이 도달하려는 성장지향적인 힘에 의해 동기화된다. 이러한 성장지향적인 관점은 인간에게 있는 기본적인 열등감과 보상이라는 개념에 맞물려 있다. 아들러는 인간을 보는 시각에 있어서 프로이트의 성적충동에 의한 갈등적 존재에 비해 훨씬 더 낙관적이고 긍정적이며 미래지향적인 존재로 생각하였다.

③ 창조적 존재 : 아들러는 인간에게 창조적인 능력이 있어서 인생

의 목표를 바라보며 이를 성취하기 위해 자신의 독특한 방식을 선택할 수 있다고 보았다. 본성적인 선한 자와 악한 자가 아니라 자신의 선택에 의해 선한 사람이 되거나 악한 사람이 될 수 있다고 생각했다. 아들러는 성격 형성에 있어서 유전과 환경도 중요하지만 그보다는 각 개인이 지닌 창조성이 인간의 성격을 이루는 데 더 중요하다고 여겼다.

④ 사회적 존재 : 아들러는 인간의 모든 행동은 사회적인 관계 속에서 일어나며 인간 본질의 핵심은 사회적인 관계의 맥락을 이해함으로써 파악될 수 있다고 보았다. 프로이트의 성적인 동기보다 사회적인 동기에 의해서 행동적인 동기가 이루어진다고 생각하였다. 인간은 고립된 존재로 살 수 없다고 보았으며 소속감에 대한 욕구가 인간 행동의 기본이 된다고 생각하였다.

(2) 열등감과 보상

아들러는 열등감이야말로 행동적인 동기를 만들어주는 추진력이며 모든 노력 행위의 원천이라고 생각하였다. 그는 자신의 환자들 가운데 말을 더듬는 사람이 유창한 웅변가로 바뀌고, 줄타기 곡예사 환자들이 자신의 어린 시절 때 그 부분에 부족한 점이 많아 이를 극복하기 위해 능력을 개발한 것임을 알게 되었다. 자신의 부족한 부분에 대하여 열등감을 느끼게 된다. 그리고 그 열등감을 극복하려는 행동적인 동기가 발생하고 그로 인해 열심히 노력하는 행위가 일어나며 열심히 노력을 한 대가로 자신의 목표를 성취하게 된다. 모든 인간은 완전하지 못하며 완전을 향한 열망으로 열등감을 가지게 된다.

열등감은 이를 어떻게 대처하는가에 따라 크게 우월 콤플렉스와 열등 콤플렉스로 나눌 수 있다. 열등감을 긍정적으로 이겨내거나 극복하지 못하면 병적인 열등감 증상을 보이는데 이것이 열등 콤플렉스이다. 열등 콤플렉스는 삶의 문제들을 해결하지 못하는 것을 말한다. 열등 콤플렉스가 생기는 주요한 원인으로는 신체적인 허약 또는 결함으로 인한 어린 시절의 열등감, 자신의 노력없이 타인들이 채워주는 욕구충족의 환경에 의한 과잉보호, 세상이 자신을 수용해 주지 않아 사회는 적으로 가득 차 있다고 생각하는 무관심 등이 있다.

반면 우월 콤플렉스는 정상적으로 생긴 열등감을 개인이 과잉 반응하여 보상하고자 할 때 발생하는 현상이다. 이러한 병적 우월감을 가진 사람들은 자신의 약점들은 과장하여 보여주거나 거짓으로 포장하여 보여주는데, 자기 수용력이 없어 타인을 무시하고 업신여김으로써 자신이 중요한 사람처럼 행동하고 자기중심의 성향을 드러낸다.

(3) 생활양식(Life Style)

개인의 생활양식이란 아들러의 역동적인 성격이론을 가장 잘 보여주는 개념으로, 인간이 유아기를 지나 4세에서 5세경에 형성하게 되는 자아 개념과 가치, 태도를 포함하는 자신의 유일한 독특성을 말한다. 아들러는 많은 시간을 아동들과 함께 보냈는데, 이러한 관찰을 통해 인간의 초기 발달단계에서는 부모의 충분한 사랑과 관심이 건강한 성격을 발달하게 하는 필수적인 요인이라고 확신하게 되었다.

생활양식은 열등감과 보상을 기초로 하여 아동기까지 발달하는데 그 뒤로는 거의 발달하지 않으며 저절로 변하는 일은 거의 일어나지 않는 것으로 본다. 이것은 프로이트의 결정론에 많은 영향을 받았다. 아들러는 인생초기의 기억(early recollection), 꿈(dream), 가족 내 출생순위(family constellation)가 개인의 생활양식을 이해하는 좋은 자료로 보았다. 그는 초기의 기억을 통하여 개인의 행동과 삶의 목표에 영향을 미치고 있는 기본적인 오류와 자기발달의 근거로 삼은 내용을 알 수 있다고 하였으며, 그 기억들의 정확성보다는 그것이 어떻게 기억되고 있는가 하는 것이 더 중요하다고 보았다. 아들러는 꿈에 대하여 프로이트와 같이 꿈의 가치를 인정하였지만 해석하는 면에서는 꿈의 내면을 갈등표출이라고 하는 프로이트와 다른 입장을 취하였다. 아들러는 꿈이 미래를 지향하고 있으므로 꿈을 통해 더 큰 목표를 향해 나아가는 방향과 생활양식에 접근할 수 있다고 하였다. 그는 꿈은 삶의 문제에 대한 현재의 정서적 상태를 드러내준다고 생각하였다.

생활양식이 곧 성격유형으로서 사회적인 관심과 활동 수준에 따라 지배형, 획득형, 회피형, 사회적으로 유용한 형으로 나눈다.

① 지배형(rulling type) : 지배형의 생활양식으로 살아가는 사람은 독단적이고 공격적이다. 사회적으로는 활동성이 크지만 사회적인 인식이나 관심은 거의 가지지 않는다. 인생과업에 있어서는 반 사회적이며 다른 사람의 안녕에 대해서는 배려하지 않고 자신의 기준으로 행동한다.

② 획득형(getting type) : 획득형의 생활양식으로 살아가는 사람은 무언가를 얻기 위해 타인을 이용하여 살아간다. 그들은 기생적인 방법으로 외부 세계와 관계를 맺고 다른 사람에게 의존하여 욕구의 대부분을 충족하려고 한다.

③ 회피형(avoiding type) : 회피형의 생활양식으로 살아가는 사람은 사회와 자신으로부터 도망가려고 한다. 사회적 문제나 이슈에 일체의 관심이 없으며 자신 또는 타인의 인생에 참여하지 않는다. 문제가 생기면 언제나 회피하거나 숨기려고 하고 한 치의 실패가능성에 대해서도 직면하지 않고 모면하려고만 한다.

④ 사회적으로 유용한 유형(socially useful type) : 사회적으로 유용한 생활양식으로 살아가는 사람은 심리정서적으로 언제나 건강하다. 사회적인 관심이 많으며 타인의 아픔과 고통을 외면하지 않으며 다른 사람과의 협동을 통해 자신의 인생과업을 완성한다.

(4) 출생순위

아들러는 가족 구성원의 각 개인은 가족 안에서 각자의 위치에 따라 특별한 환경을 갖게 된다고 생각하였다. 그 중에서도 특별히 형제간의 서열이 중요한 의미가 있는 것으로 보았는데 가족 내에서의 출생순위가 개인의 성격형성에 매우 중요한 영향을 미치며 개인의 생활양식을 형성하는 요인이 된다고 생각하였다. 개인심리학적 접근에서는 전형적으로 네 가지의 출생순위를 설명하고 있다.

① 첫째 아이 : 첫째 아이는 둘째가 태어나기 전까지 부모님의 사랑을 독차지한다. 그러나 동생이 태어나면서 부모의 관심은 사라지고 만다. 따라서 첫째 아이는 다시 그 사랑을 회복하고 지키기 위해 부단한 노력을 하게 된다. 첫째 아이는 권위를 가지며 본래 가지고 있던 것을 지키려는 강한 보수적인 성향을 가지게 된다. 또 부모와 사회가 요구하는 기대에 부응하려는 노력을 기울인다.

② 둘째와 중간 아이 : 이들은 이미 태어날 때부터 자신보다 키도 크고 사랑도 받고 있는 형을 갖고 있다. 외롭진 않으며 언제나 자신의 인생을 미리 살아주는 역할 모델이기도 하다. 그러나 어떤 면에서는 사랑과 소유를 위해 경쟁을 해야 한다. 한편으로는 뒤로 동생들이 태어나면서 추격을 받게 된다. 따라서 이들은 책임감이 약하며 중간에서 자신의 입지를 세우려고 하는 독립심이 강하다. 어떤 경우에는 최고가 되려는 야망을 가지고 투쟁하기도 한다.

③ 막내 아이 : 막내는 태어나면서부터 온 가족의 관심과 사랑을 받게 된다. 이미 많은 형들이 있어 경험으로 인한 성공과 실패의 교훈이 있어 쉽게 앞만 보고 나아갈 수 있다. 모험심이 많으며 높은 야망을 보이는 경향이 있다. 그러나 막내라는 이유로 어리광을 부리며 과잉보호를 받게 되면 자립하지 못하고 문제아가 될 가능성도 있다.

④ 외동 아이 : 혼자 태어난 아이는 언제나 함께 할 형제가 없기 때문에 공동체적 소속감이나 형제애가 생기지 않는다. 늘 관심의 중심에서 있어서 사회적인 상호관계를 쉽게 배우지 못하고 누군가에게 무언가를 받는 것을 자연스럽고 당연하게 생각한다. 가까운 경쟁자로 인한 압력을 제외하고는 첫째 아이와 비슷한 특성을 가진다.

3) 치료방법

개인심리이론에 의한 치료는 성장 모델(growth model)에 기초하고 있다. 이 방법은 환자를 치료한다는 개념보다는 건강한 개인과 사회를 위해 개인의 삶의 목표와 생활양식을 재구성하여 긍정적인 인간이 되도록 돕는 데 있다. 치료의 목표는 다음과 같다.

① 클라이언트의 무의식 속에 있는 열등 콤플렉스와 생활양식의 발달과정을 통찰한다.

② 현재의 생활양식 안에서 행동 변화가 일어나도록 열등감을 감소시킨다.

③ 생활양식을 바꾸고 사회적인 관심을 재개발하여 목표지향적이며 긍정적이고 창조적인 인간이 되도록 한다.

개인심리이론에 의한 치료에서는 치료자가 인지적인 측면에서 클라이언트가 가지고 있는 잘못된 신념, 부적절한 생활양식을 발견하여 바꿀 수 있도록 돕는 역할을 한다. 치료자 또는 상담자가 하는 역할은 다음과 같다.

첫째, 클라이언트가 열등감을 이기고 신념과 소망을 가질 수 있도록 지지한다.

둘째, 클라이언트가 자신의 문제를 적극적으로 직면할 수 있도록 용기를 북돋운다.

셋째, 클라이언트가 원하는 생활방식을 선택할 수 있도록 돕는다.

넷째, 클라이언트의 생활양식과 잘못된 가설이 현재의 생활에 미치는 영향을 조사하고 분석한다.

다섯째, 분석 결과를 토대로 클라이언트의 삶에 새로운 조망을 얻을 수 있도록 돕는다.

아들러 이론을 중심으로 한 개인심리학적 상담자나 치료자는 클라이언트가 잘못된 신념과 목표 때문에 행동이 비효율적이며 정서적으로 침체되어 있다고 여긴다. 클라이언트의 치료를 위해 인지적인 면에 초점을 맞추지만 한편으로는 다양한 기법들을 사용하고 있다. 상담 초기에 쓰이는 주요 기법은 관계를 형성하기 위한 경청, 공감, 구체화 등의 기본기법을 사용하지만 그 밖에도 다양한 기법들을 사용한다.

① 직면 : 치료자는 클라이언트를 수동적인 존재로 보지 않기 때문에 클라이언트의 잘못된 신념이나 상상, 태도, 주관적인 견해, 자기 파괴적인 행동, 감추어진 거부 감정에 대해 직면시킨다.

② 역설적 의도 : 역설적 의도는 의미요법의 창시자 빅터 프랭클(V. E. Frankl) 박사가 창안한 기법으로 클라이언트가 두려워하는 바로 그 행동을 더욱 의도적으로 하도록 하여 유머화시키는 방법이다.

③ 단추 누르기 : 클라이언트에게 눈을 감게 하고 자신의 경험 또는 그 순간의 느낌을 기억하게 한다. 이 때 어떤 감정이 일어나면 단추를 누르게 한다. 이 방법은 클라이언트에게 자신이 정서의 희생자가 아니라 정서를 만들어내는 사람임을 알아차리도록 해준다.

④ 타인을 즐겁게 하기 : 아들러는 우울증 환자에게 하루에 착한 일을 한 가지씩 하도록 함으로써 치료한 경험이 있다. 이 방법은 클라이언트에게 일반 생활 속에서 타인을 즐겁게 하도록 시켜 사회적인 관심을 발달시키고자 한다.

⑤ 클라이언트의 스프에 침 뱉기 : 이 방법은 치료자가 클라이언트의 열등감 및 자기 패배적인 행동 뒤에 감추어진 동기를 밝혀내어 클라이언트에게 공개하고 직면시키는 것이다. 그 이후 클라이언트가 같은 행동을 하려고 할 때 치료자가 밝힌 사실이 생각나서 그 행동을 할 수 없게 되는 것으로, 자신이 먹을 스프에 침을 뱉어 놓은 것과 같은 이치이다.

⑥ 마치 ~처럼(as if) 행동하기 : 이 기법은 클라이언트가 마치 자신이 그런 상황에 있는 것처럼 상상하고 행동하도록 하는 역할극 기법이다. 클라이언트가 '만약 내가 ~만 할 수 있다면'이라고 말하면, 치료

자는 내담자에게 최소한 1주일 정도는 그 일이 실제 일어난 것처럼 생각하고 행동하도록 격려한다.

4) 사회복지실천과의 관계

아들러는 경험들이 열등감을 낳기 때문에 인간은 누구나 이를 보상하고 싶어한다고 보았다. 심리적으로 건강한 개인은 용기를 가지고 문제에 직면하지만 건강하지 못한 개인은 문제를 회피하거나 부정한다. 건강한 사람은 삶을 현실적으로 바라보며 다른 사람의 행복과 안녕에도 기여하려는 의지를 갖는다. 반면 심리적인 장애와 행동장애를 가진 사람은 잘못된 생활양식을 갖거나 잘못된 가정이라고 보았다. 이들은 잘못된 인생목표를 가지고 사회적인 관심이 부족한 사람들이다. 또 부적응적인 사람은 자신과 이상적인 목표 사이에 거리를 두고 자신의 이익에만 몰두한다. 다른 사람의 안녕과 복지에는 관심이 없으며, 회피형, 지배형, 획득형의 생활양식을 갖는다.

아들러의 개인심리이론에서는 클라이언트의 사고, 감정, 행동에 책임을 질 수 있도록 도와주는 것을 치료의 목표로 삼는다. 나아가 클라이언트는 무기력한 희생자가 아니며 삶을 창조해내는 존재로서 과거보다 미래를 바라보고 나아갈 수 있도록 도와주어야 한다. 개인심리이론에 입각한 치료는 클라이언트의 사회적인 관심, 즉 잘못 가지고 있는 사회에 대한 가치를 바꾸는 데 있다. 증상의 경감이나 제거보다는 기본적인 삶의 전제를 수정하고 비틀어진 삶의 동기를 변화시키는 데 목적을 둔다.

아들러의 개인심리이론은 가족상담에 유용한 지식 기반을 제공한다. 아들러가 중요하게 여기는 것들은 가족분위기, 가족형태, 가족구성원의 생활양식 등이다. 따라서 사회복지실천에 있어서 사회복지사들은 가족치료와 가족상담 장면에 아들러의 개인심리이론을 적용하여 볼 수 있을 것이다. 또 잘못된 생활양식을 바꾸는 개념은 집단사회사업에서 유용하게 활용할 수 있다.

제 2 장

행동주의 성격이론

1. 행동주의의 인간 이해

행동주의(Behaviorism)는 인간 행동의 대부분이 학습에 의한 것이며, 따라서 인간의 모든 행동은 재학습 과정을 통하여 변화시킬 수 있다고 주장한다. 따라서 행동주의 성격이론은 학습이론(Learning theory)으로도 불리고 있다. 행동주의는 행동으로 나타나지 않는 것은 문제로 인식하지 않는다. 인간의 생각은 너무 복잡하여 알 수 없기 때문에 검증이 불가능하다고 보았으며, 겉으로 드러나지 않는 행동은 아무런 의미가 없다고 판단하였다. 행동주의는 인간의 뇌를 검은 상자(black box)로 이해했으며 연구 대상에서 제외시켰다. 즉 인간의 인지, 감각, 의지, 본능 같은 개념들은 내성적인 부분이고 관념적인 부분이어서 과학적으로 연구할 수 있는 대상이 아니라고 본 것이다. 따라서 연구의 대상은 자극과 반응에 의하여 학습되고 수정됨으로써 직접적으로 관찰이 가능한 인간행동만이 연구의 초점이 되어야 한다고 주장한다. 이로 인해 행동주의는 예방적인 개념이 다소 부족해졌으며 이를 심리검사 등으로 보충하였다.

이 이론은 미국의 심리학자 왓슨(J. B. Watson)의 실험에서 그 기원을 찾아볼 수 있다. 그는 흰 쥐와 털이 있는 대상물에 대한 공포반응을 일으킨 알버트 실험(little Albert experiment) 논문을 발표하면서 심리학의 유일한 주제는 오직 행동뿐이어야 한다고 주장했다. 행동주의자들은 과학은 추론이 아니라 사실에 입각해야 하며, 인간의 행동 역시 실험을 통해 사실이 증명된 것만 이론으로 인정된다고 하였다.

프로이트의 정신분석 이론이 너무 강력하게 심리학계를 지배하던 때, 행동주의는 과학적 심리학으로 반기를 들며 1950년대 후반 들어 조금씩 그 대열에서 빠져나오기 시작하였다. 그들은 파블로프(Ivan P. Pavlov)의 고전적 조건형성이론과 스키너(B. F. Skinner)의 조작적 조건형성이론을 통하여 클라이언트들의 행동을 변화시키는 데 초점을 두었다. 행동주의자들은 모든 행동을 변화시킬 수 있다고 믿었으며 실제로 정신이상자들의 행동까지도 바꾸는 결과를 만들어내어 교육계에 파란을 일으켰다. 그 뒤 1970년대에 들어와서는 반두라(A. Bandura)에 의한 관찰학습 또는 모델링 이론으로 행동주의 이론을 확장시키고 발전시켰다. 행동주의 이론은 모든 아동을 자신이 원하는 인간의 형태로 만들 수 있다고 주장함으로써 비인간적이라는 비판을 받았지만, 행동 수정을 위한 교육계에 끼친 영향은 결코 무시할 수 없다.

행동주의이론은 무의식과 같은 인간 내면의 심층적인 정신은 고려하지 않는다. 정신적 작용이란 과학적 또는 실험적으로 증명될 수 있는 것이 아니며 과학적인 근거가 없는 상상에 따른 것이다. 따라서 행동주의이론에서는 무의식과 같은 정신기능을 상담이나 치료의 대상으로 인정하지 않는다.

행동주의에서는 인간의 본성에 대하여 선과 악을 구분짓지 않는다. 본디 선하거나 악한 것이 아니라 주위 환경과의 상호작용 결과에 따라 선하게도 될 수 있으며 악하게도 될 수 있다고 보았다. 1950년대까지 스키너를 포함한 행동주의의 주류를 이룬 것은 급진적 행동주의(radical behaviorism)라 불렀는데, 특히 행동주의의 창시자인 왓슨은 건강한 어린이라면 누구라도 환경의 형성을 통하여 자신이 원하는 어떠한 인간의 형태라도 만들 수 있다고 주장하였다. 부적응적인 행동이 잘못된 학습으로 얻어졌으므로 정상적인 행동 역시 동일한 행동 학습으로 취득될 수 있다고 여겼다.

행동주의는 정신과 육체가 서로 별개의 차원이 아니라 한 차원이며, 마음과 행동 역시 동시적 과정으로 이해한다. 가령 관념론적 이원론에서는 기쁜 마음 때문에 웃는 행동이 나오지만, 행동주의에서는 기쁜 마음과 웃는 행위는 분리되지 않으며 하나의 통합된 과정이라고 본다. 즉 기쁜 마음으로 웃게 만든 어떤 외적인 사건이 존재하며 그것으로 인해 마음과 행동이 같이 일어난다고 보는 것이다.

행동주의는 인간의 행동이 자극과 반응의 법칙에 따른 것으로 가정한다. 따라서 인간은 어떤 특정한 행동을 자극의 통제에 의한 학습과 재학습으로 의도적으로 만들어 낼 수 있다고 보았다. 또 행동주의는 정신적 작용에 대한 철저한 배격을 시도했다. 행동은 통제할 수 있으며 예측할 수도 있는 과학이며, 정신은 과학적으로 증명되지 않은 것이다.

2. 파블로프의 고전적 조건형성이론

파블로프(1849~1936)

파블로프(Ivan P. Pavolv)는 1849년 러시아에서 태어나 1936년 87세의 나이로 사망했다. 그는 1904년 소화계통에 관한 연구로 노벨상을 받았다. 그는 21세부터 과학적인 일에 흥미를 가져 생리적인 연구에 전념하였으며, 노벨상을 받기 전인 50세에 개의 침분비의 본질에 관한 우연한 발견으로 인해 조건반응에 대한 연구를 시작하게 되었다.
파블로프는 개가 입안으로 음식이 들어가지 않아도 그 전에 이미 침을 흘린다는 사실을 발견하였다. 가령 개들은 음식이 오는 것을 보거나,

음식을 가져오는 사람의 발걸음 소리만 들어도 침을 분비하여 흘리기 시작하였다. 이를 알아차린 파블로프는 전에는 반응을 일으키지 않았던 자극이 새롭게 조건형성을 하여 반응을 일으키게 한다는 사실을 발견하였다. 이로 인해 그는 고전적 조건형성의 뿌리를 세우게 되었으며, 행동주의 학습이론을 확고하게 과학적인 기틀로 자리잡도록 하였다.

러시아의 생리학자인 이반 파블로프(Ivan P. Pavolv)에 의해 정립된 고전적 조건형성(classical conditioning) 이론은 여러 가지 새로운 행동의 학습을 설명하는 학습법칙이다. 파블로프는 개의 소화에 관한 연구를 하였는데 개가 침을 흘리는 데 있어서 일정하게 어떤 법칙을 따르는 것을 발견하게 되었다. 개는 음식물을 보면 무조건적으로 침을 흘리지만, 실험자가 다가올 때나 어떤 소리에도 침을 흘리는 반응이 일어나는 것을 알아차렸다. 파블로프는 개에게 음식물을 줄 때마다 종을 치고 나서 고기를 주었다. 그러자 얼마 뒤에는 종소리만 들어도 개가 침을 흘린다는 것을 알았다. 파블로프는 이러한 과정을 학습이론으로 체계화시켰으며 이를 고전적 조건화 또는 반사조건화(respondent conditioning)라고 하였다.

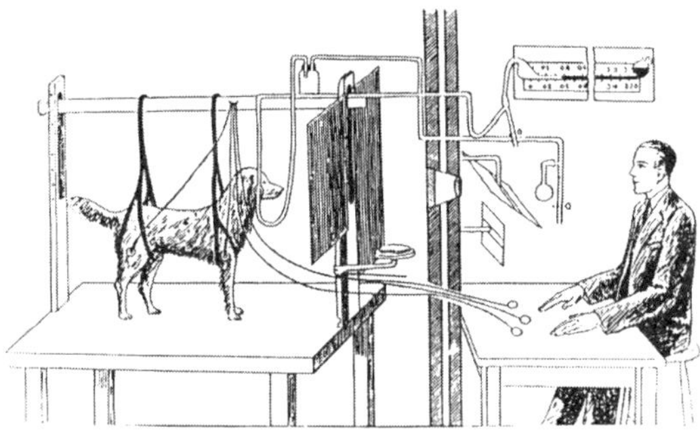

〈그림 2-1〉 파블로프의 고전적 실험방법

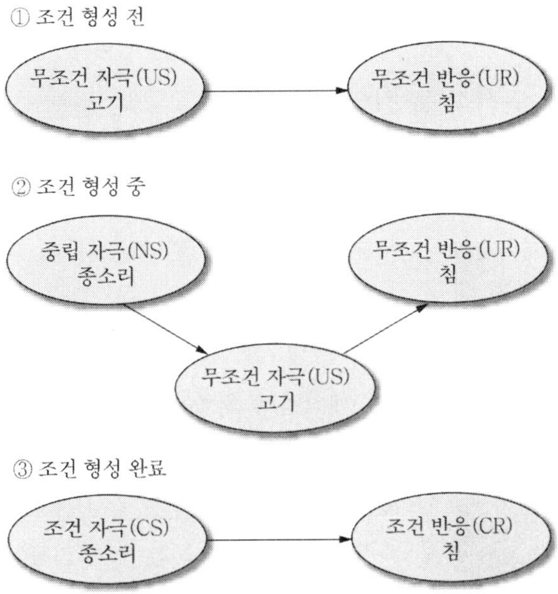

〈그림 2-2〉 파블로프가 실험한 조건형성과정

개는 고기를 보면 생리적으로 자연스럽게 침을 흘리게 된다. 이때 고기는 무조건 자극(unconditioned stimulus : US)이 되고, 침은 무조건 반응(unconditioned response : UR)이 된다. 고기를 주기 전에 처음 종을 울리게 되면 개는 침을 흘리지 않고 단지 고개만 종소리가 나는 쪽으로 돌리게 된다. 이 때의 종소리는 중립자극(neutral stimulus : NS)이며 개의 반응은 정향반응이 된다. 그러나 파블로프는 여기에서 무조건 자극을 종소리라는 중립자극과 연합을 시켜 종소리를 조건자극(conditioned stimulus : CS)으로 만들었다. 그 결과 종소리의 조건자극은 더 이상 무조건 자극인 고기가 없어도 개로 하여금 침을 흘리도록 만들었다. 이 때 개가 흘리는 침은 고기로 인해 흘리는 무조건적인 반응이 아니라 조건화된 자극으로 인한 반응(conditioned response : CR)이다. 이처럼 조건화된 자극에 조건화된 반응이 나타나도록 하는 조건화된 행동방식을 고전적 조건형성이라고 한다.

3. 왓슨의 고전적 조건형성이론

왓슨(1878~1958)

왓슨(John Watson)은 1878년 미국 남부의 캐롤라이나의 그린빌에서 태어났다. 그는 시카고대학에서 동물을 대상으로 한 심리학 연구로 박사학위를 받았으며, 존 홉킨스 대학교 교수로 재직하며 활발하게 연구하였다. 찰스 다윈의 진화론적 영향을 받은 그는 1913년 '행동주의 입장에서 본 심리학'이라는 선언문을 발표하면서 처음으로 '행동주의'라는 용어를 제창하였다. 책에서 그는 '심리학이 마음의 과학이 되어서는 안 되며, 행동의 과학이 되어야 한다'고 주장하면서 인간과 동물의 행동을 연구의 대상으로 삼았다. 그는 1958년 80세로 사망하기 전까지 활발한 연구활동을 하였으며 인간발달 문제에 학습원리를 적용시킨 최초의 심리학자로 인정받고 있다. 그는 심리학이 과학으로 인정받으려면 자극과 반응 그리고 습관형성만 연구해야 된다고 주장하였다.

왓슨은 파블로프의 고전적 조건형성을 기초삼아 인간에게도 이 원리를 적용시켰다. 그는 영아의 정서적인 반응이 태어날 때부터 갖고 나오는 것이 아니라 자극과 반응에 의한 학습임을 증명하고자 했다.

조건의 일반화는 조건자극이 완전히 동일시되지 않더라도 어느 정도 일반화되어 조건반응을 일으킬 수 있게 되는 것을 말한다. 왓슨의 실험에서 이를 잘 설명해 주고 있다. 왓슨은 알버트(Albert)라는 11개월 된 어린아이에게 흰쥐에게 공포를 갖도록 조건형성을 하여 학습하는 실험을 하였다. 처음 흰쥐를 보여주었을 때 아이는 전혀 흰쥐를 무서워하지 않았으며 가까이 접근해서 만지기까지 했다. 이 때의 흰쥐는 중립자극(NS)이다. 그러자 다음부터는 흰쥐를 보여주면서 쇠막대를 세게 쳐서 놀랄 정도의 큰소리를 내어 아이를 놀라게 하였다. 이때의 큰소리는 무조건자극(US)이다. 이러한 실험을 몇 차례 반복하자 아이는 흰쥐를 두려워하여 흰쥐를 보여주기만 해도 울면서 공포에 빠졌다. 나중에는 흰쥐는 물론이고 산타할아버지 등 털이 달린 대상만 부면 두려워하는 공포반응을 일으켰다. 흰쥐는 처음에는 중립자극(NS)이었지만 나중에는 큰소리와 함께 조건자극(CS)이 되었고, 이로 인해 나타나는 공포반응은 조건반응(CR)이다. 이와 같이 어린아이가 흰쥐와 큰소리의 연합을 학습하게 되면서 흰쥐에 대한 조건형성이 이루어져 흰쥐와 비슷한 다른 자극(털달린 옷, 털 많은 동물 등)에 대해서도 같은 공포반응을 보이게 되는 것을 **조건의 일반화**라고 한다. 우리나라 속담에 '자라보고 놀란 가슴 솥뚜껑보고 놀란다'는 표현이 있다. 왓슨의 고전적 조건형성은 연상학습(associational learning)을 연상시킨다. 특정한 하나의 상징이 어떤 이미지, 정서적인 반응 또는 어떤 대상과 연결되어질 때 그 상징은 전혀 다른 새롭고 특별한 의미를 갖게 된다. 알버트가 쥐를 회피하게 된 것처럼 물, 종이 등 어떠한 대상도 체계적으로 회피할 수 있도록 이끌 수 있게 된다. 또 이러한 행동은 보다 확대될 수 있는데, 가령 아동기 때 자신의 성기를 만지는 것이 나쁜 행동이라고 심하게 처벌받을 경우 아동은 심한 성적 수치심과 죄의식으로 인해 성인이 되어서도 정상적인 성적 호기심을 과도하게 억제하고 성기능 장애를 가져올 수 있다. 왓슨은 아이들이 자라면서 정서반응의 많은 부분을 고전적 조건형성을 통해 학습한다고 관찰하였다. 또한 그는 동물을 무서워하는 공포에 대하여 그것을 조금씩 감소시킴으로써 완전히 공포를 소거시킬 수 있다고 하였으며 직접 이를 공포증 치료에 사용하기도 하였다.

4. 스키너의 조작적 조건형성이론

조작적 조건형성(Operant Contitioning) 이론은 일군의 행동이 만족스러운 결과를 만들어내면 계속해서 같은 행동이 일어날 확률이 지속적으로 증가한다는 학습법칙으로, 손다이크(Thondike)에 의해 기초가 만들어졌고, 스키너(B. F. Skinner)에 의해 기틀이 다져졌다. 언뜻 보면 자율행동처럼 보이지만 실제로는 자극에 의해 행동이 유도되었음을 실험으로 증명해보였다. 즉 체계적이고 선택적인 반응을 강화시키면 그 반응이 다시 일어날 확률이 높아지는 것이다. 가령 어머니가 외출했을 때 자발적으로 집안 청소를 하고 집에 돌아온 어머니로부터 칭찬을 듣게 되면, 아이는 더 열심히 집안 청소를 하고 더 깨끗하게 하려고 노력하는 것과 같은 현상이다. 이 이론은 교육현장에서 아주 유용한 것으로, 수업 시간에 시낭송을 하고 선생님과 친구들로부터 박수를 받고, 시낭송 실력이 아주 뛰어나다는 칭찬을 받고 나면, 아이는 집에서 더 열심히 시낭송을 연습하고 다음 수업시간에도 더 멋지게 발표하려고 시도하는 것이다. 이러한 것은 학창시절에 아이들에게 꿈과 비전을 심어주고 할 수 있다는 용기를 심어주는 긍정적인 방법이다.

스키너는 행동주의의 일련의 성공으로 어떤 어린이든지 시간과 돈만 가져오면 부모가 원하는 사람으로 만들어 줄 수 있다고 하였다. 그의 자신감은 인간에 대하여 개인적인 특성을 무시하고, 강화를 통한 훈련으로 모든 인간을 변화시킬 수 있다고 생각한 것에서 비롯한다. 스키너는 인간에 대하여 복잡한 고등동물일 뿐, 그 이상도 이하도 아니라고 주장하였다. 따라서 행동주의 이론을 도입하는 실천관계에서는 치료자(상담자)-내담자의 관계는 없으며, 훈련자-훈련받는 자의 관계만 남게 된다. 그러나 그의 조작적 조건형성 이론은 교육학에 큰 영향을 미쳤다.

1) 스키너의 생애

스키너(B. F. Skinner)는 1904년 미국 펜실베니아에서 태어났다. 안정되고 화목한 가정적인 분위기에서 자라나 학교생활을 좋아하였다. 스키너는 고등학교를 졸업한 뒤에는 뉴욕의 해밀턴 대학에 진학하여 영문학을 전공하였으며 소설가가 되는 것이 꿈이었다. 그는 1년 6개월간

스키너(1904~1990)

다락방에 틀어박혀 서정소설만을 쓰며 시간을 보내기도 했다. 그러나 23세가 되던 해에 뉴욕타임즈에 실린 H.G.웰스의 컬럼을 읽고 심리학에 관심을 가지기 시작했다.[6] 스키너는 이때 다락방에서 파블로프와 왓슨의 책을 밤새워서 읽으며 행동주의 이론에 푹 빠졌다. 세계1차대전이 끝난 지 10년이 지났지만 탄환충격에서 벗어나지 못한 군인들은 환각과 우울증에 시달렸고 보호시설은 넘쳐났다. 스키너는 1928년 하버드대학교 대학원에 입학하여 심리학을 공부하였으며 1931년에 박사학위를 받았다. 그 당시만 하더라도 심리학과 치료 프로그램은 정신분석에 치중되어 있었다. 스키너는 그 이후 1936년까지 하버드대학교에서 연구하였고, 1936년부터 1945년까지는 미네소타대학교에서 강의와 연구를 하였다. 이 기간 동안 자신을 행동주의 학습이론의 선구자적 위치로 발돋움한 스키너는 1945년부터는 인디아나대학교의 심리학과 교수로 재직한 뒤 1947년에 하버드대학교 심리학과 교수가 되었다.

그는 생리학 수업시간에 개구리 반사작용 연구의 생리학 수업을 통하여 다양한 원리들을 체계화시켰으며 이를 인간에게 적용하기 위해 노력했다. 그는 '스키너 상자(skinner box)'로 알려진 장치를 통하여 동물의 조작적인 행동을 연구하였으며 이를 통해 자신의 이론을 확립시켰다. 대학원 졸업생에게서 쥐를 얻어 상자에 넣어 음식 보상에 대한 실험을 하였다. 그 뒤 그는 모든 동물을 훈련시킬 수 있다고 생각하였고 실제로 '피아노치는 고양이', '숨바꼭질하는 강아지' 등 다양한 실험을 성공시켰다. 스키너는 자신의 자녀를 상자에 넣어 실험하였는데 그 때문에 많은 사람들이 그를 냉혈인간으로 치부했다. 그러나 알려진 바로는 자녀를 위한 상자는 아주 인체공학적이며 오히려 외부 환경의 위

6) 웰스는 컬럼에서 이반 파블로프와 조지 버나드 쇼 중의 한 명을 구할 수 있다면 이반 파블로프를 구하겠다라고 했는데, 그 까닭은 예술보다 과학이 더 큰 구원이기 때문이라고 하였다.

험으로부터 안전하게 지키는 역할을 한 것으로 나타났다. 스키너는 주부들이 보는 생활월간지에 상품으로 온도가 조절되는 유아용 상자를 광고하기도 했다.[7] 그러나 그는 딸을 학대하였고 딸은 그로 인해 자살했다는 나쁜 소문에 시달렸는데 밝혀진 바에 따르면 소문은 소문에 불과했으며 자녀들은 아버지 스키너를 존경했고, 아버지에 대해서는 재미있고 자녀와 함께 놀아주는 유희적인 아버지로 기억하고 있었다.[8]

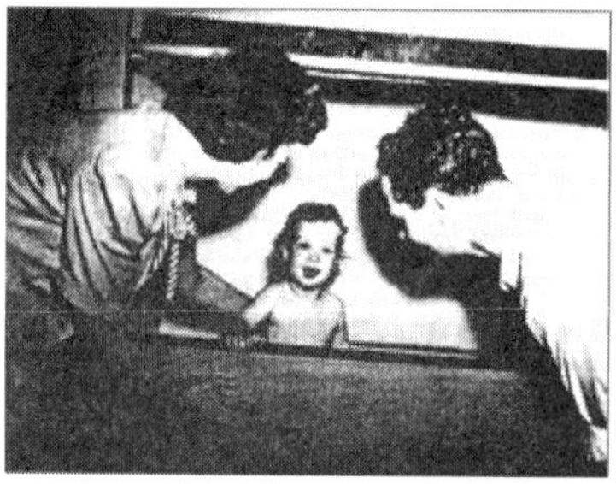

〈그림 2-3〉 스키너부부가 딸 Debbie를 상자에서 들여다보고 있다.
(자료 : www.sntp.net/behaviorism/skinner.htm)

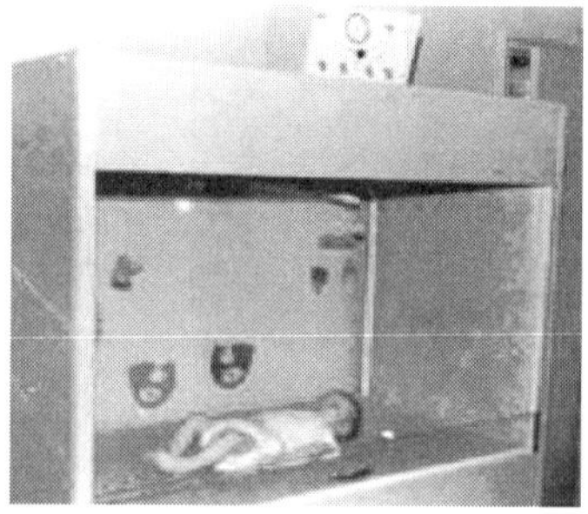

〈그림 2-4〉 스키너의 유아용 온도조절상자

스키너는 1948년 '웰던 투'라는 행동공학 저서를 펴냈으며 이 책에서 심리학적 원칙을 적용한 유토피아적 사회를 건설하자고 제안했다. 그는 나치와 은밀한 관계를 가졌으며, 도구와 상자, 버튼으로 사람의 행동을 엄격히 강화하여 새로운 사회를 만들 수 있다고 생각했다. 그는 1971년 타임지로부터 현존하는 가장 영향력 있는 심리학자에 뽑혔으며 1975년

7) 실제 상자는 그의 딸 데보라가 하루 몇 시간 놀며 지낸 어린이 놀이터를 발전시킨 발명품이었다. 상자에는 자동온도 조절장치가 달려 있어 기저귀 발진이나 코막힘 증상이 생기지 않고, 담요도 필요하지 않았다(로렌 슬레이터, 『스키너의 심리상자 열기』, 38쪽).

8) '스키너의 심리상자 열기'의 저자는 상장 속에서 키워진 스키너의 딸 '데보라 스키너'가 자살했다는 소문을 확인하기 위해 이름을 전화번호부에서 찾아 일일이 전화를 걸었다. 저자는 '데보라 스키너'의 언니를 찾아 통화를 하였으며 동생은 예술가로 영국에서 살고 있다는 답변을 들었다. 스키너는 자녀들에게 인기가 많았으며 매우 훌륭한 분으로 기억되고 있었다. 스키너는 어떠한 처벌도 믿지 않았으며, 자녀들에게도 그 원칙은 적용되었다(로렌 슬레이터, 『스키너의 심리상자 열기』, 39-45쪽 정리).

의 여론조사에서는 가장 유명한 과학자로 선정되었으며 1990년 86세의 일기로 사망하였다.

대표 저서로는 『월든 투(*Walden Two*)』(1948), 『유기체의 행동』(1938), 『과학과 인간행동』(1953), 『강화계획』(1957), 『자유와 존엄을 넘어서(*Beyond Freedom and Dignity*)』(1971), 『행동주의에 관하여』(1974) 등이 있다.

2) 조작적 조건형성

(1) 반응행동과 조작행동

스키너는 행동에 대하여 반응행동과 조작행동으로 구분하였다. 반응행동은 구체적인 자극에 의해 일어나는 구체적인 행동이며, 조작행동은 환경을 조작함으로써 어떤 결과가 일어나는 행동이다. 반응행동은 파블로프의 고전적 조건형성이 대표적이다. 이미 알려진 자극에 의해 자동적으로 일어나는 반사적인 반응은 언제나 자극이 먼저 존재해야 한다. 스키너는 파블로프의 구체적 조작행동에 대하여 인정하면서도 한 차원 높은 행동에 대하여 생각하였다. 반응행동은 고기가 주어지는 무조건자극이든, 종소리가 나는 조건자극이든지 어떤 자극이 있어야만 행동이 일어나는 것에 대하여 의문을 가졌다. 자극에 의한 수동적인 유기체가 아니라 능동적이고 적극적인 유기체가 될 수 있는 행동을 생각하였다. 가령 옆으로 재주를 넘거나 거꾸로 걸어가거나 하는 것처럼 아무런 의미가 없는 것에도 지속적인 보상을 해 줄 경우 그 조작적인 행동이 습관이 되어 그러한 행동을 되풀이하지 않을까 하는 것이었다. 조작행동은 보상이 주어지는 환경에 의해 그러한 결과의 행동이 지속적으로 반복되어 습득됨으로써 안정적으로 일어나는 행동을 말한다. 조작행동은 자극에 의해 일어나는 것이 아니라 스스로에 의해 방출되는 행동이다. 행동주의자들에 의하면 우리가 일상생활에서 하는 대부분의 중요한 행동들은 조작행동의 일부이다.

(2) 조작적 조건형성

조작적 조건형성이란 고전적 조건형성과 달리 유기체가 원하는 결과를 얻기 위하여 자발적이며 능동적으로 실행하는 반응을 말한다. 조작한다는 것은 유기체가 자신이 원하는 것을 얻기 위해 선택적으로 환경에 작용하는 것을 말한다. 스키너는 최초로 '스키너 상자'를 만들어 실험함으로써 자신의 조작적 조건형성 이론을 증명하였다.

'스키너 상자'[9]는 페달을 밟으면 먹이가 떨어지도록 한 지렛대와 먹이접시 그리고 빨간불과 녹색불이 들어오도록 전기배선망이 설치된 실험장치이다. 스키너는 처음에 그 상자 안에 쥐를 넣어 실험을 하였다. 쥐는 이리저리 돌아다니다 우연히 페달을 밟게 되었고 지렛대 원리에 의해 접시 안으로 먹이가 떨어지는 것을 발견하였다. 몇 번의 우연이 더 일어나면서 쥐는 지렛대 페달을 밟으면 먹이가 떨어지는 것 사이의 연관성을 알게 되었고 배가 고플 때마다 반복적으로 페달을 밟아 먹이를 먹을 수 있게 되었다.

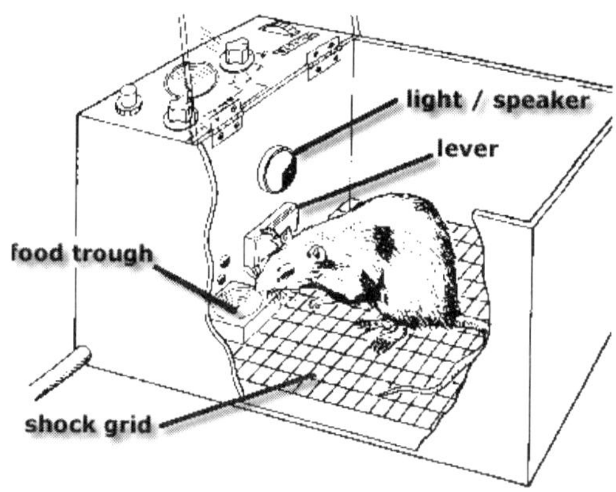

〈그림 2-5〉 스키너 상자(자료 http://www.flyfishingdevon.co.uk)

9) 스키너가 실제 실험에 사용한 상자의 일부는 현재 하버드 대학의 윌리엄 제임스 홀 지하에 보관되어 있다.

스키너는 인간의 행동학습은 어떤 강화가 없으면 일어나지 않는다고 보았다. 스키너는 조작적 조건형성의 개념을 활용하여 인간의 행동을 수정하는 다양한 행동적 기법을 개발하였다. 특히 그는 정신병동에 수용되어 있는 정신질환자들의 행동수정에 성공함으로써 큰 주목을 받았다.

(3) 강화와 소거

스키너는 이 실험장치에서 페달을 밟는 횟수를 증가시키고 스스로 학습할 수 있도록 음식물이라는 보상물을 제공하였는데 이를 '강화'(reinforcement)라고 명명하였다. 강화는 보상을 제공함으로써 행동에 대한 반응을 아주 강력하게 만드는 것이다. 만약 유기체가 어떤 특정한 행동을 자주 할 경우, 이러한 특정한 행동의 빈도를 계속 유지하는 것이 바로 강화이다. 강화는 행동의 횟수를 증가시키는 보상적 매개체이며 조작적 조건형성이론의 중요한 개념 중 하나이다. 특정 행동은 특정한 선행조건이 있으며, 행동의 결과로써 그 행동을 자주 유지하도록 만든다. 이때 보상에 의한 강화물은 반응을 증가시키거나 행동을 강화시킴으로써 미래에 그 행동을 다시 할 가능성을 높인다. 강화는 크게 즐거운 결과를 만들어 줌으로써 특정 행동을 계속 유지하도록 하는 긍정적인 강화와, 혐오스러운 자극을 없앰으로써 바람직한 행동이 되도록 이끄는 부정적 강화가 있다.

정적강화(positive reinforcement)는 반응의 비율을 높이기 위해 자극을 제공하는 것으로 즐거운 결과를 부여한다. 가령 아이에게 현관의 신발을 잘 정리해 놓으면 과자를 준다고 하면 아이는 과자를 먹고 싶은 욕망으로 인해 현관의 신발을 잘 정리해 놓을 것이다.

부적강화(negative reinforcement)는 불쾌하거나 혐오스런 자극을 제거하여 바람직한 행동이 나올 가능성을 높이는 것이다. 부적강화는 두 가지 중요한 측면이 있는데, 어떤 상황에서 무엇인가를 제거해야 하며, 다음으로는 그로 인해 원하는 특정 행동의 발생 빈도가 늘어나야 한다는 것이다. 가령 차량의 네비게이션에서 100킬로미터의 속도를 지켜야 하는 구간에서 과속을 할 경우, 계속 시끄러운 음성으로 '삑!' '삑!' 하고 나옴으로써 운전자로 하여금 속도를 줄이도록 유도한다. 이 소리는 속도가 100킬로미터 이내로 줄어들면 더 이상 나지 않으며, 이 소리는 정규속도를 지키도록 하는 부적강화물이다.

강화물에는 1차적 강화물과 2차적 강화물이 있다. 1차적 강화물은 다른 강화물과 연합하지 않은 보상 그 자체를 뜻한다. 1차적 강화물은 사람들이 귀중하게 생각하여 결과적인 행동을 이끌어내는 대상과 활동을 포함한다. 아이들에게는 사탕이나 음식 같은 것이 될 수 있다. 이에 반해 2차적 강화물은 가치를 포함한다. 2차적 강화물은 다른 강화물과 함께 학습된다. 즉 2차적 강화물은 강화물로서 학습이 이루어져야 진짜 강화물이 된다. 웃음, 칭찬, 돈, 점수, 스티커 등은 2차적 강화물이다. 이러한 2차적 강화물은 하나 이상의 1차적 강화물과 결합된다. 예를 들어, 돈은 신체적인 편안함, 음식, 옷 등과 연합된다. 관심이나 인정, 호의 같은 2차적 강화는 인간행동에 큰 영향을 미친다.

반면 어떤 행동에 대하여 지속하는 횟수를 감소시키거나 약화시키기 위한 방법으로는 소거와 처벌이 있다. 소거(extinction)는 강화된 조작행동에 대하여 강화를 위해 사용된 보상 매개물을 제거함으로써 조작행동이 소멸되게 한다(김남성, 1992). 만약 쥐가 페달을 아무리 밟아도 더 이상 음식물이 나오지 않게 된다면 쥐는 희망을 버리고 자연스럽게 페달을 누르지 않게 될 것이다.

처벌(punishment)은 조작된 행동의 제거를 위해 불쾌한 자극을 주어 행동이 소멸되도록 하는 것이다. 가령 꾸지람, 벌, 기합, 회초리, 격리, 타임아웃 등이 그것이다. 처벌의 결과는 특정한 행동의 횟수를 줄이는데 목적이 있다. 따라서 특정한 행동의 빈도를 높이기 위해 사용하는 부적강화와는 차이가 있다. 처벌을 정적 처벌로, 소거를 부적처벌로 설명하기도 한다.

(4) 강화계획

강화계획은 조작하는 행동이 학습되어 계속 유지될 수 있도록 강화물을 제시하는 간격과 빈도를 조절하는 규칙을 말한다. 강화계획은 크게 계속강화와 간헐강화가 있다.

계속강화(continuous reinforcement)는 일군의 행동을 할 때마다 계속적으로 강화를 제시해주는 것이다. 바람직하지 못한 행동을 수정할 때 사용된다. 계속강화는 실험실에서는 가능하지만 일상생활에서는 실천하기가 드문 강화이다. 이 방법은 초기에 어떤 행동을 시작하도록 할 때는 좋지만 곧바로 소거의 영향을 받을 수 있어 행동을 유지시키는 데는 어려움이 있다.

간헐강화(intermittent reinforcement)는 일군의 행동을 할 때마다 강화를 제시하지 않고 간헐적으로 제시하는 것이다. 이때 간헐적이라 함은 주기적인 시간 간격을 정해놓고 제시하거나 또는 특별한 주기 없이 가끔씩 강화물을 제시하는 것을 말하며 일상생활에서 계속강화보다 훨씬 더 흔하게 볼 수 있다. 간헐강화는 그 종류나 행동에 따라 다음의 네 가지로 나눌 수 있다.

① 고정간격 강화(정기강화) 계획

고정간격 강화계획(FI, fixed interval schedule)은 먼저 행해진 강화로부터 일정한 시간을 계산하여 그 뒤의 반응에 대하여 강화하는 것으로서 이 계획의 특징은 일정한 시간을 정해놓고 그 시간마다 강화를 제시하는 것이다. 가령 8시간 동안 시험공부를 하는 자녀에게 8번의 간식을 제공할 경우, 한 시간마다 일정하게 간식을 제공함으로써 1시간마다 강화를 주게 된다. 다른 예로는 중간고사, 기말고사처럼 일정한 시간을 정해놓고 학업의 성취도와 상관없이 시험을 치르는 것을 들 수 있다. 이러한 계획은 강화를 받은 직후 잠깐 반응이 정지하는 경향을 보이며, 그 뒤 다시 반응비율이 증가하여 다음의 강화시기에 가까워질수록 반응이 급격히 증가하게 된다.

② 가변간격 강화(부정기강화, 변수간격) 계획

가변간격 강화계획(VI, variable interval schedule)은 처음에는 강화를 일정한 시간 간격에 따라 제공하지만 그 뒤 점점 강화 사이의 간격을 불규칙하게 두어 제시하거나 평균적인 시간이 지난 뒤의 행동에 대하여 강화를 줌으로써 강화계획을 예측할 수 없도록 하는 강화이다. 이 계획은 강화를 시행하는 간격이 일정하지 않으며, 많은 경우 평균적으로 확인할 수 있는 시간의 간격이 훨씬 지난 뒤에 강화한다. 그러나 평균적인 강화횟수는 줄어들지 않는다. 가령 처음에는 강화를 2분 간격으로 제시했지만 그 다음에는 10분 만에 강화가 이루어지고, 또 그 다음에는 7분 만에 강화가 이루어지는 등 강화의 간격이 일정하지 않게 주어지는 것이다. 평균적으로는 5분에 한 번꼴로 강화가 이루어지는 셈이다. 이런 방법을 사용할 경우 가변간격으로 강화가 제시되더라도 강화가 사라지지 않기 때문에 반응은 계속해서 일어날 가능성이 많다. 가령 8시간 동안 시험공부를 하는 자녀에게 8번의 간식을 제공하기로 한 경우, 이를 한 시간마다 제공하지 않고 처음 두세 번은 30분마다 간식을 주다가, 그 다음에는 2시간 뒤에 주며, 그 다음에는 1시간 뒤에 주는 등 일정한 간격 없이 간식을 8번 제공할 수 있다. 또 학생들에게 언제나 공부를 하도록 유도하기 위하여 정해진 시기가 아닌, 불시에 시험을 치르는 것을 예로 들 수 있다. 가변간격강화는 강화를 받은 직후에라도 곧 강화가 나올 수 있기 때문에 유기체의 반응이 비교적 안정되어 있고 일관성이 있으며 천천히 소거된다.

③ 고정비율 강화(정률강화) 계획

고정비율 강화계획(FR, fixed ratio schedule)은 어떤 반응의 행동이 일정한 양이나 수만큼 일어났을 때 강화를 주는 것을 말한다. 가령 인형의 눈을 붙이는 아르바이트를 할 경우, 인형 100개를 완성할 때마다 정해진 금액을 지급할 수 있다. 그 외에도 논문을 한 편 쓸 때마다 연구비를 지급하거나, 보험을 한 건 계약할 때마다 성사료로 10만원씩 지급하는 것을 들 수 있다. 고정비율강화 계획은 반응이 많을수록 더 많은 보상이 주어지기 때문에 유기체의 반응은 아주 높게 나타난다. 강화를 받은 직후에는 잠시 반응이 정지될 수 있으나, 즉각 반응비율이 높아지는 경향을 보인다.

④ 가변비율 강화(부정률강화, 변수비율) 계획

가변비율 강화계획(VR, variable ratio schedule)은 강화가 일어나긴 하지만 강화를 받기 위해 필요한 반응의 횟수가 정해진 평균의 범위 안에서 가변적으로 변하는 것을 말한다. 이럴 경우 강화가 언제 일어날지 모르기 때문에 오히려 반응률이 더 높으며 지속적이 된다. 많은 도박이나 게임에서 이러한 법칙을 이용하고 있다. 슬롯머신이나 로또 같은 경우, 행운이 터지지만 언제 일어날지 모르기 때문에 그 주인공이 언젠가 자신이 될 거라 생각하며 중단하지 않게 된다. 즉 보상을 받기 위한 유기체의 반응은 아주 높으며, 학습된 행동의 소거는 아주 느리다. 따라서 행동을 유지시키는 데 아주 효과적인 방법으로 알려져 있다.

간헐적 강화계획은 가변비율 강화계획, 고정비율 강화계획, 가변간격 강화계획, 고정간격 강화계획 순으로 반응을 지속시킨다. 이러한 강화계획은 행동을 통제하거나 수정하는 데 있어서 효과적인 반응을 일으키기 때문에 임상현장이나 산업현장, 교육현장 등에서 폭넓게 사용되고 있다.

강화계획에서 특정 반응의 가능성을 증가시키거나 감소시키기 위하여 매개물로 사용하는 강화인자(reinforcer)로는 물질강화인자, 상징강화인자, 사회강화인자가 있다. 물질강화인자로는 돈, 옷, 음식, 상품권 등이 있으며, 상징강화인자로는 토큰, 막대기, 스티커 등이 있고, 사회강화인자로는 칭찬, 인정, 호의, 웃음 등이 있다.

(5) 행동의 ABC 패러다임

행동주의 이론은 인간의 특정한 행동(behavior)은 먼저 일어나는 선행하는 사건, 즉 선행요인(antecedents)과 뒤이어 일어나는 사건, 즉 선행요인에 의한 후속요인인 결과(consequences)에 의해 일어난다고 본다. 특히 행동주의 이론에서는 환경적 선행요인과 결과에 관심을 두고 있으며, 이를 선행요인-행동-결과의 약자를 따서 '행동의 ABC 패러다임'이라고 한다. 행동주의 이론에서는 결과적인 사건, 특히 강화나 벌이 특정한 행동을 다시 일어나게 하거나 일어나지 않게 하는 데 영향을 미친다고 보고 있다.

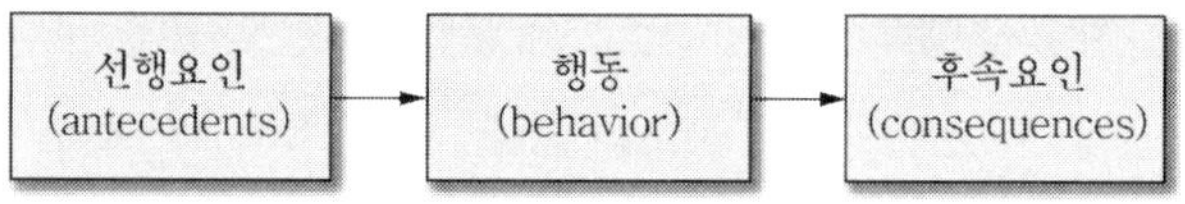

〈그림 2-6〉 스키너의 인간행동에 대한 패러다임

이와 같이 행동주의에서는 인간행동과 환경적 사건이 상호영향을 미치는 방식에 초점을 두고 있다. 즉 행동을 일으키는 선행조건에 어떤 반응이 뒤따르는가에 대한 기능적 분석을 통하여 행동의 원인과 결과를 발견하고, 원인이 되는 자극을 조정함으로써 결과인 반응, 즉 행동을 통제할 수 있다고 보는 것이다.

스키너는 모든 사람, 모든 동물에게도 행동을 통제할 수 있다고 생각하였다. 가령 쥐에게 지렛대를 누를 수 있게 할 수 있다면 비둘기에게 탁구나 볼링을 칠 수 있게 하지 않을까 하고 생각한 것이었다. 스키너는 이러한 궁금증을 머리로만 생각한 게 아니라 직접 실험을 하였는데, 토끼에게 동전을 들어올려서 돼지 저금통에 넣게 하고, 고양이에게는 피아노를 가르쳤으며, 돼지에게는 진공청소기를 밀게 하였다. 특히 1950년대와 1960년대에는 정신병동의 정신분열증 환자에게 지속적인 보상과 강화로 스스로 옷을 입게 하고 스스로 음식을 먹도록 하는 데 성공함으로써 많은 주목을 받았다.

3) 사회복지실천과의 관계

(1) 행동수정

행동주의 이론은 아동의 학습과 행동수정에 큰 영향을 미쳤다. 이 이론의 실천은 환경이 인간에게 큰 영향을 미치며 따라서 환경의 변화를 주는 것이 복지실천에 유익하다는 근거를 둔다. 사회복지사의 개입이 가능한 영역은 공포증, 긴장상태, 언어장애, 성장애 등 특수한 불안이나 제안된 문제에 개입하여 치료하는 데 적당하다. 그러나 원인을 다루기보다는 외형적으로 나타나는 증상들만 피상적으로 다루기에 소극적으로 문제를 해결하는 수준이다. 따라서 자아실현 등을 원하는 클라이언트에게는 부적당한 방법이라고 볼 수 있다. 사회복지실천에 있어서 잘못된 행동을 수정하는 것은 아주 중요하다.

행동수정(behavior modification)은 조작적 조건형성의 원리를 이용하여 행동이 변화되고 수정되도록 이끄는 응용된 기술이다. 문제가 되는 행동에 대하여 학습, 강화, 유지, 약화, 제거 등의 변화가 일어나도록 다양한 기법을 활용한다. 이를 위한 기법으로는 정적강화, 부적강화, 소거, 변별, 적응, 충만, 체계적 둔감화, 토큰경제 등이 있다.

적응(adaption)은 불안을 일으키는 자극을 조금씩 조금씩 나타냄으로써 불안자극에 대하여 점차 익숙해지도록 유도하는 기법이다.

충만(flooding)은 불안을 일으키는 자극을 한 순간에 갑자기 많이 제시하여 불안을 소멸시키는 기법이다.

체계적 둔감화(systematic desensitization)는 불안을 일으키는 가장 낮은 단계의 자극부터 시작하여 점점 높은 단계의 자극을 제시하여 심리적으로 불안이 생기지 않도록 하는 것이다.

토큰경제(token economy)는 개인이 적절한 행동을 할 때 상징강화인자로 토큰을 주고, 토큰이 일정한 수준으로 모였을 때 이를 개인이 원하는 다른 재화로 교환하여 심리적 보상을 해 주는 기법이다. 이러한 방법은 공동체 활동을 하는 상황 속에서 개인의 행동을 수정하거나 강화시킬 때 유효하다.

(2) 스키너 이론의 비판

스키너 이론은 행동주의 학습이론을 과학적으로 증명함으로써 인간행동의 발달에 관하여 유용한 지식을 제공한 것은 틀림없는 사실이다. 특히 그의 정적강화, 강화계획 등의 뛰어난 연구는 교육과 임상현장에서 그 효과와 가치가 크게 입증되었으며, 아직도 다양한 영역에서 활용되고 있다. 그러나 그럼에도 불구하고 그의 이론은 다음의 몇 가지 부분에서 비판을 면치 못하고 있다.

첫째, 스키너는 인간의 동기나 자발성, 창조성을 무시하였다. 그는 인간의 행동에 대하여 환경의 결정력을 지나치게 강조함으로써 인간의 행동에 영향을 미치는 다른 내적 요인이나 정신적인 특징을 완전히 배제하였다. 그러나 인간의 발달에 영향을 미치는 요인은 아주 다양하고 복잡하여 환경의 영향으로만 설명할 수 없다. 그 밖에 인간의 동기, 의지, 갈등, 감정, 창의성, 자발성 등의 다양한 내적 요인을 고려해야 한다.

둘째, 스키너의 행동주의는 지나치게 비인간적이다. 그는 정신병동에서 정신분열증 환자들의 행동을 수정하기 위해 행동 하나하나에 담배한 가치의 보상을 주었다. 이는 인간을 조작이 가능한 대상으로 취급함으로써 동물과 동일한 수준으로 비인격화시켰다. 그러나 인간은 자유와 존엄성을 가진 고유한 존재로서 설령 그러한 가치를 증명시킬 수 없는 단계에 있더라도 이를 무시해서는 안 된다.

셋째, 스키너는 모든 아이를 돈과 함께 데려다 주면 어떤 행동이든 부모가 원하는 행동을 할 수 있도록 만들어주겠다고 하였다. 이는 인간의 모든 행동을 조작을 통해서 변화시킬 수 있다고 봄으로써 인간을 단순화시키고 객관화, 과학화시키는 것이다. 인간의 행동은 나이와 개인적인 차이에 의해서 다르게 나타날 뿐더러 개인의 고유한 성격이나 가치관을 품고 있다. 그러나 그러한 모든 것을 무시한 채 인간의 행동을 객관화시킴으로써 인간의 복잡성과 독특성을 무시하는 한계를 가진다.

5. 반두라의 사회학습이론

사람은 누구나 다른 사람을 통해 무언가를 배운다. 가장 가까이는 부모님으로부터, 그리고 선생님으로부터 배운다. 공자는 '세 사람이 걸어가면 반드시 나의 스승이 있다'고 하였고, 에머슨은 '내가 만나는 사람은 누구나 그 어떤 면에서 나보다 더 낫다'고 하여 교육과 학습의 겸손함을 말하였다. 우리는 우리가 알게 모르게 다양한 사람들, 다양한 매체로부터 끊임없이 영향을 받으며 살아가고 있다. 사회학습이론은 반두라(Albert Bandura)에 의해 체계화된 이론으로 인간의 새로운 행동학습은 대부분 사회적 모방(modelling)에 의해 이루어진다는 원리이다. 앨버트 반두라는 대부분의 학습이 다른 사람의 행동을 관찰하고 모방하여 일어난다고 생각하였다.(Bandura & Walters, 1963) 반두라는 스키너의 조작적 조건형성이론이 교육계에 파란을 일으킬 때, 아이들이 다른 친구 또는 어른의 행동을 보고 같은 행동을 학습하는 것을 면밀히 관찰하였다. 그 결과 인간은 파블로프의 고전적인 조건형성이나 조작적인 조건형성 외에도 다른 사람의 경험이나 행동을 관찰하고 학습하여 배우고 행동으로 옮긴다는 것을 확인하였다. 가령 고양이를 전혀 쓰다듬어 보지 않은 여자아이가 고양이를 자연스럽게 쓰다듬는 오빠를 관찰하여 따라하였고, 어떤 아이는 선생님께 질문을 하여 칭찬 받는 것을 보고는 자신도 질문을 하였다. 사람은 자신이 어떠한 행동을 할 때 그 결과가 어떻게 되는지를 생각하고 행동 여부를 결정한다. 그 결정은 당연히 자신에게 해를 입히지 않을뿐더러 나아가 뭔가 이익이 생기게 되는 쪽으로 하게 된다. 고양이를 쓰다듬은 아이는 고양이와의 접촉을 통해 동물과 친해질 수 있는 기회를 만나게 되었고, 질문을 한 아이는 선생님으로부터 칭찬을 받게 되는 결과를 예상하였다.

반두라는 스키너의 주장에 반기를 들었는데 스키너의 행동주의 이론은 인간의 인지능력 즉, 사람은 스스로 어떤 계기를 만들며 자기강화를 강화하게 할 수 있는데 그걸 무시하였다고 하였다. 인간은 회상능력이 있어 어떤 행동에 대한 결과를 예상할 수 있으며, 이는 미래의 결과를 미리 예상함으로써 자신의 행동에 영향을 미치는 동기로 작용할 수 있다는 것이다. 스키너의 강화는 인간의 행동을 통제할 수 있지만 절대적이지는 않으며 강화의 효과는 오히려 인간의 의식에 의해 좌우된다고 보았다.

사회학습이론은 관찰된 학습과 이로 인한 대리 경험의 효과를 중요하게 여기며, 모델링에 의해 표현되는 행동의 효과를 강조한다. 관찰을 실시한 사람이 이를 행동으로 옮기기 위해서는 강화를 받아야 한다. 관찰이 행동과 동일시되기 위해서는 강화를 통해 수행될 때까지 잠복해 있다고 볼 수 있다. 잠복해 있는 동안 관찰자 내부에서는 학습과정이 진행되고 있음을 알 수 있다. 이러한 것은 사회학습이론이 다소 인지적인 경향이 있음을 알게 해 준다.

1) 반두라의 생애

반두라(1925~)

반두라는 1925년 캐나다 앨버타 주의 작은 농촌 먼다에서 폴란드계 농부인 아버지와 우크라이나 출신의 어머니 사이에서 6남매 중 막내이며 외동 아들로 태어났다. 그는 그 동네에서 교사 2명과 학생인 20명밖에 없는 유일한 학교에서 고등학교까지 다녔다. 그 후 그는 밴쿠버의 브리티시 콜롬비아 대학에 진학하여 학사학위를 받았다. 이후 아이오와대학의 대학원에 가서 심리학으로 석사와 박사 학위를 받았다. 그는 초기에 임상심리학에 관심을 가졌고 아동의 공격성과 심리치료과정 등을 연구하였다. 반두라는 밀러(Miller)와 돌라드(Dollard)가 쓴 『사회학습과 모방』이라는 책을 읽고 영향을 받은 것으로 알려져 있다. 그는 미국으로 이주하여 스탠퍼드 대학의 심리학과 교수로 재직하였다.

반두라는 1972년 미국심리학회로부터 심리학계에 끼친 공로로 우수 과학자상을 수상하였다. 또 1973년에는 미국심리학회 회장으로 선출되어 왕성한 활동을 펼쳤다.

2) 주요 개념

(1) 모델링 · 모방

모델링(modelling)은 다른 사람이 행동하는 것을 보고 들으면서 그 행동을 따라하는 것을 말한다. 흔히 이타적인 행동, 불쾌감을 주는 행동, 공격적인 행동이 관찰을 통해 학습된다. 반두라에 의하면 아이들은 위대하다고 생각하는 사람의 행동을 더 모방하고, 돈이 많거나 사회적 지위가 높은 사람의 행동을 더 모방하였으며, 나이나 지위가 자신과 비슷한 사람을 더 잘 모방하였으나 대신 벌을 받은 사람의 모델은 모방하지 않았다. 반두라는 모델링의 긍정적인 효과와 부정적인 효과를 연구하였는데 모델링의 행동은 그 결과가 벌이나 보상이냐에 따라 관찰자에게 서로 다른 영향을 미친다고 밝혔다. 모델링의 영향을 받는 조건들은 다음과 같다.

- 모델이 관찰자와 비슷할 때 관찰자는 모델을 더 모방한다(유사성).
- 모델이 관찰자보다 지위, 신분, 전문성이 높을 때 관찰자는 모델을 더 모방한다(전문성).
- 여러 모델이 같은 행동을 할 때 관찰자는 모델을 더 모방한다(다수성).

(2) 인지

관찰자가 학습한 내용을 수행할 것인가 말 것인가의 의지는 인지의 통제 아래 있게 된다. 따라서 사회적 학습은 인지적 학습이다. 타인을 관찰함으로써 얻게 되는 대리경험은 관찰자의 행동에 영향을 주게 되는데 이는 관찰자 내부에서 학습과정이 진행되고 있음을 암시한다. 따라서 스키너 등의 급진적인 행동주의에 비해 다소 인지적인 경향이 있는 이론임을 알 수 있다.

(3) 자기조절

자기조절(self-regulation)은 수행과정, 판단과정, 자기반응과정으로 이루어진다. 자기조절은 결과를 평가하는 개인적인 기준에 따라 좌우된다. 즉 수행되어 나타나는 행동은 여러 가지 보조적인 과정을 통하여 판단이 이루어지고, 이러한 판단과정을 거쳐 자기자신의 반응이 나타난다. 따라서 최종적으로 자신의 행동에 대한 보상 또는 처벌은 자신의 개인적이고 주관적이며 상대적인 기준을 따라 평가된다. 이때 중요한 것은 활동에 대한 가치이다. 사람은 누구나 자신이 높이 평가하는 가치를 따라 행동한다. 가령 외모에 높은 가치를 두지 않는다면 날마다 거울을 보며 속상해하는 행동은 따라하지 않을 것이다. 영혼을 풍성하게 해주는 것에 가치를 둔다면 부모님의 독서하는 모습을 보고 옆자리에 앉아서 책을 함께 읽을 것이다. 내적인 표준은 자신의 행동에 대한 중요한 타인들(가령 부모님 또는 선생님 등)이 부과한 보상이나 처벌을 통해 학습된다. 이때 타인들로부터 습득된 표준이 자기조절체계의 토대가 된다.

반두라는 내적 표준이 대리로도 습득될 수 있다고 보았다. 즉 인간은 보상이나 처벌에 의해서도 행동의 수정이 일어나지만, 스스로 정한 내적인 표준에 의해 자신의 행동을 조절하므로 인간의 행동이나 인지에 일관성을 갖게 된다는 것이다. 만약 인간이 오직 외적인 보상이나 처벌에 완전히 좌우된다면 이러한 일관성은 존재하지 않을 것이다. 의미요법의 창시자 프랭클 박사 역시 나치 수용소에서의 경험으로 동물적인 본능만 남을 것 같은 상황에서도 일부 사람들은 고귀한 정신의 가치를 더 높여 나갔다고 했다. 이러한 자기조절에서는 스스로 만족하는 결과에 대한 자기보상이나 자기칭찬이 훌륭한 동기가 될 수 있다.

(4) 자기강화와 자기효율성

자기강화(self-reinforcement)란 자기가 자신에게 칭찬과 보상을 줌으로써 자신을 통제하고 자신의 행동을 유지하거나 지속적으로 변화시키고 강화하는 과정이다. 스스로 성취하는 목표를 정하고 그 목표를 달성했을 때 그에 걸맞는 보상을 스스로에게 줌으로써 내적 성취를 이루어나가는 것이다. 가령 학기말 시험에서 평균 90점을 넘기면 옷을 한 벌 사 입겠다고 내적인 보상기준을 세운 뒤 열심히 공부하여 정말 그 목표가 달성되었을 때 자축하면서 보상을 실현시키는 것이다.

자기효율성(self-efficacy)은 내적 표준과 자기강화를 통하여 스스로 어떠한 행동을 수행해낼 수 있다는 신념을 말한다. 자기효율성은 특정한 상황에 대처할 수 있는 지각된 능력과 관련이 있는데 가령 어떤 문제에 부딪쳐 스스로 어떤 행동을 취해야 할 상황에 맞닥뜨렸을 때 결과적으로 사람은 이 문제를 헤쳐 나가든지 피하든지 선택해야 하는 순간에 놓이게 된다. 이때 자기효율성은 어떤 행동을 해야 하는지, 얼마나 노력해야 하는지, 얼마나 계속해야 하는지 등을 예측하거나 몰입하는 정서적 지각을 일으킨다. 자기효율성은 자기효능, 자아효능감이라고도 하는데, 높은 자기효율성을 가진 사람은 어떤 행동을 할 때 실패보다는 성공을 상상하며 긍정적인 접근을 시도하지만, 낮은 자기효율성을 가진 사람은 성공보다는 실패의 우려를 먼저 하며 실패한 뒤의 참담한 결과를 미리 생각함으로써 동기가 약화되고 결국 일을 그르치고 만다.

(5) 대리강화

반두라는 학습이 직접강화보다 대리 경험을 통해 이루어진다고 생각했다. 아동은 많은 연구에서 공격적이고 이타적인 모델들로부터 모방을 쉽게 한다고 나타났다. 또 아동들은 존경받는 모델, 자원을 통제하는 힘을 가진 모델, 칭찬 등의 보상을 받는 모델들을 모방하기 쉽다. 아동기에 대리경험의 한 형태인 위인전기를 많이 읽는 것은 그런 면에서 좋은 대리강화를 시켜 준다. 대리강화는 한 모델이 어떤 행동에 대하여 강화를 받는 것을 보고 관찰자에게도 그 강화가 영향을 미치는 것을 말한다. 가령 형이 아빠의 구두를 닦아주고 칭찬과 함께 용돈 받는 것을 보았다면 동생은 대리로 보상을 체험하게 된다. 벌도 마찬가지인데 가령 친구가 숙제를 해 가지 않아 선생님으로부터 벌 받는 것을 보게 되면, 친구의 처벌을 대리로 경험하여 뒤에 관찰자는 숙제를 잘 해가게 된다. 이러한 대리경험은 우리 인생에서 언제나 일어나며 교훈적 요소를 안겨준다.

(6) 상호결정론

상호결정론(reciprocal determinism)은 개인, 환경, 그 사람의 행동이 인간의 연속된 행동을 나타내기 위해 상호작용하는 것이다. 이 세 가지는 서로 분리되어 설명될 수 없다. 즉 행동은 인간과 환경에 영향을 미치고, 인간 역시 행동과 환경에 영향을 미친다. 이들이 서로 미치는 영향은 양방향적이다. 이는 삼원상호작용(three-way interation)으로 설명된다. P(Person)는 개인에 해당되는 것으로 인지적인 능력과 신체적인 능력 그리고 개인의 신념과 태도를 말한다. B(Behavior)는 그 개인의 행동이며 운동반응과 정서적인 반응 그리고 사회적인 상호작용이다. E(Environment)는 외부적인 환경으로 가족과 친구, 사회적인 환경, 물리적인 환경이다. 반두라는 인간 발달이 이렇게 능동적인 개인과 그 개인의 행동 그리고 그를 둘러싼 환경들이 상호작용함으로써 인간의 연속적인 행동으로 나타난다고 보았다. 인간은 단순히 환경 속에서 반응하는 것이 아니라 능동적으로, 적극적으로 자신의 환경을 창조하고 변화시키기 위해 노력한다.

(7) 성격발달

인간의 학습은 대부분 다른 사람을 관찰하고 모방함으로써 배우는 것으로 이러한 사회학습이 성격의 중요한 부분을 형성한다고 보았다. 관찰학습은 시행착오보다 훨씬 효과적이다. 물론 관찰학습을 통한다고 하여 시행착오가 없는 것은 아니지만 관찰학습은 가르치지 않아도 스스로 배운다는 장점이 있다. 특히 아이들은 어른이 수행하는 도덕적 가치를 포함한 모든 행동들을 관찰하고 모방함으로써 가족과 지역사회의 생활방식으로 사회화한다. 사회학습이론은 성격발달에 있어 특히 텔레비전이나 책 등의 상징적 환경을 강조한다. 아동기나 청소년기 때는 이들이 미치는 영향이 아주 크기 때문이다. 또 외부환경이 아이들에게 미치는 영향이 지대하며 어린시절의 환경이 성격발달에 영향을 주기 때문에 공부 열심히 하는 지역으로 이사 가는 부모들도 있다. 그러나 반드시 모방된 학습으로만 성격형성이 이루어지는 것은 아니며, 유전적 요인이나 보상과 벌 등도 성격에 영향을 미치는 것으로 이해하였다. 인간의 행동은 대부분 자기강화에 따라 결정되며, 자기효율성도 성격발달에 중요한 영향을 미친다. 관찰자는 모델을 관찰하면서 나름대로의 규칙과 행동기준을 익히고 배우게 된다. 또 관찰자가 어떤 사람으로부터 배우고 얼마나 많이 배우는지는 모델이 되는 사람의 지위나 영향력에 따라 달라질 수 있다. 이러한 행동패턴은 아동이 기계적으로 모방하거나 학습하지 않고 스스로 인지하고 통제하며 상황을 이해하고 해석한다는 인지성을 일깨워준다.

3) 관찰학습 과정

관찰학습이란 다른 사람의 행동을 자세히 관찰함으로써 내적 행동을 학습하는 것이다. 아이들은 부모님의 행동을 관찰하며 형이나 언니의 행동을 관찰하여 학습한다. 또 텔레비전이나 영상매체를 통해 노래와 춤을 익힌다. 살아 움직이는 사람을 통한 모델이 아니라 책, 텔레비전, 영화, 언어 등의 상징적 모델을 통하여서도 우리는 학습한다.

반두라는 사람들이 다른 사람의 행동을 관찰함으로 인해 더 빨리 학습한다고 주장하였다. 우리는 종종 형이 학습해나가는 진도보다 동생이 어깨너머로 형이 하는 것을 보고 따라 하면서 훨씬 쉽게 공부해나가는 경험들을 한다. 그런 면에서 형은 언제나 동생의 모델이 된다. 한글을 깨우치는 것이나 덧셈을 하는 것 등 학습의 모든 면에서 동생은 형의 수준을 앞지른다. 심부름 하는 것도 형이 하면 열심히 관찰한 뒤에 자기도 하겠노라 하며 열심히 따라한다. 반두라는 이러한 관찰학습을 주의집중과정 → 기억보존과정 → 재생과정 → 동기유발과정의 네 단계 과정으로 설명하였다.

(1) 주의집중과정(attention)

관찰을 통해 학습을 하려면 모델이 어떤 행동을 하는지 주의깊게 살펴보아야 한다. 세밀한 부분을 놓친 채 형식적인 행동만 관찰한다면 많은 것을 학습할 수가 없다. 중요하면서도 특징적인 행동들을 주의깊게 그리고 정확하게 지각하여야만 학습된 행동을 나타낼 수가 있다. 반두라는 어린 아동이 사회적 모델로 선택할 가능성이 높은 대상은 다정하게 보살펴주는 사람 또는 능력이 많으며 강력한 힘을 가진 사람이라고 하였다. 관찰자의 특성, 모방될 행동의 특성, 상호작용시 구조상 배치 등이 관찰을 경험함에 있어서 그 양과 유형을 결정할 수 있다.

(2) 기억보존과정(retention)

기억보존과정은 보유과정, 기억과정, 파지과정, 보존과정이라고도 하는데 기억한 정보가 소실되거나 상실되지 않도록 인지적으로 양호하게 저장하는 것을 말한다. 모델의 행동을 학습하여 다시 재생하려면 반드시 기억을 해야만 한다. 기억은 시간이 지나면 빛이 바래 희미해지거나 다른 행동과 섞여 혼란을 가져오거나 아예 사라지기도 한다. 따라서 학습을 위해서는 모델의 특정적인 행동들을 기억하고 보존하여 다시 회상하는 능력이 필수적이다. 이를 위해서는 모델의 반응유형을 상징적인 유형으로 기억 속에 각인시키는 것이 필요하다. 반두라는 이를 위해 두 가지 방식을 제시하였다. 첫째, 이미지의 표상체계가 다시 복원될 수 있도록 지각의 이미지를 형성한다. 이미지를 형성함으로써 모델에 관한 정보를 지속적으로 쉽게 꺼낼 수 있도록 한다. 이러한 이미지(심상)는 언어적인 기술이 미숙한 아동들의 관찰학습에서 특히 중요하다. 둘째, 언어의 표상체계가 필요하다. 모델의 행동들을 언어로 부호화시키고 필요할 때 꺼내 쓸 수 있어 큰 도움이 된다. 언어적 기호는 매우 융통성을 가지는데 가령 복잡한 형상을 단순히 이미지에만 의존하지 않고 이를 부호화된 언어로 변환시켜 기억함으로써 쉽게 습득할 수 있고 보다 정확하게 행동으로 수행할 수 있게 된다. 단어연상법과 유사하다.

(3) 재생과정(reproduction)

재생과정은 운동재생과정 또는 행동적 재현과정이라고도 부르며, 반응선택단계와 계속적인 접근단계로 구분된다. 반응선택단계는 행동의 유형을 분석하고 인지적으로 조직화하며 이를 수행할 능력이 있는지를 판단하는 단계이다. 계속적 접근단계는 재생하는 과정에서 자신이 관찰한 것과 다른 사람이 영향을 준 동기를 놓고 행동을 할 것인지 말 것인지, 한다면 어떻게 얼마나 할 것인지를 조정하는 단계이다.

재생과정은 앞 단계에서 기억한 내용을 정확하게 행동으로 바꾸는 것을 말한다. 이때 이루어지는 행동의 재현은 모방될 패턴의 내용에 따라 시각적인 반응과 공간적인 반응들이 상호 조직적으로 이루어져야 한다. 행동의 수행을 위해서는 반응의 인지적인 조직화, 실시, 실수에 대한 조정, 피드백의 단계를 거쳐 정교하게 훈련된다. 필요한 기술을 갖춘 학습자라면 연습 없이도 실수하지 않고 모델링한 행동을 재현할 수 있으나 한두 가지 반응만 결핍되어 있어도 관찰자는 행동을 재현하기가 어렵다. 따라서 행동을 정확하게 재생하려면 그에 필요한 운동 기술이 갖추어져야 함은 물론이다. 가령 아빠가 손으로 물이 담긴 컵을 잡아 입으로 가져와 물을 마시는 것을 본 아이가 똑같이 따라 하려고 손으로 컵을 잡으려 하였지만 컵은 미끄러져 물이 쏟아지고 만다. 아이에게는 적절한 힘으로 컵을 잡을 수 있는 기술이나 근육이 발달되어 있지 않다. 망치로 호두껍질을 깨는 것을 보고 학습하여 따라하여도 망치를 내리칠 때의 힘이 발달해 있지 않으면 같은 행동으로 같은 결과를 낼 수 없다. 관찰을 통해서 새로운 반응 패턴을 알 수는 있지만, 그렇다고 해서 새로운 신체적인 능력을 얻지는 못하며 이를 해결하기 위해서는 신체적인 성장과 연습이 필요하다.

(4) 동기유발과정(motivation)

동기유발과정은 동기과정 또는 자기강화의 과정이라고도 한다. 이는 관찰한 것을 적절하게 잘 수행할 수 있도록 동기유발을 시켜 행동을 조정하는 과정을 말한다. 관찰학습은 원칙적으로 강화가 없어도 행동으로의 전환이 가능하다. 관찰한 내용만으로도 관찰한 것을 재현할 수가 있다. 하지만 모든 관찰학습에 강화가 필요치 않는 것은 아니다. 동기는 대부분 강화에 의해 이루어진다. 관찰학습에 있어서의 동기는 관찰로 배운 것을 수행할 의지가 있느냐의 관점에서 필요한 부분이다. 반두라는 강화가 관찰학습에 필수적이지는 않으나 학습된 행동을 수행할 가능성을 증가시킨다고 하였다. 즉 강화는 행동이 관찰되어 학습된 후 그 행동의 수행의 결정 여부에 영향을 끼친다. 행동은 실제 주어지는 강화에 의해서도 결정되지만 예상된 강화에 의해서도 결정이 된다. 만약 어떤 모델의 행동을 모방할 때 강화받을 수 있다고 예상이 된다면 관찰자는 그 행동을 기억하려고 할 것이다. 그러나 만약 관찰 결과 아무런 강화를 받지 못한다고 예상되면 관찰자는 그 행동을 관찰하였지만 행동으로 전환시키지는 않을 것이다. 이런 점에서 강화는 행동의 동기를 높이는 역할을 한다.

어떤 면에서 보면 모델들에 주의를 기울이는 단계에서부터 동기의 영향을 받는다고 볼 수 있다. 관찰한 것을 행동으로 재현할지의 여부도 동기의 영향 아래 놓여 있다. 동기가 없다면 주의하고 보존하며 재생하는 과정들이 잘 진행되지 않을 것이다. 그러나 각 단계마다 동기가 결합된다면 복잡한 사회적인 학습이라도 수행이 쉬워질 것이다. 동기화를 촉진시키는 강화로는 외부강화, 대리강화, 자기강화가 있다. 반두라는 자기강화와 대리강화가 학습된 행동의 수행을 결정한다고 생각했다. 관찰학습은 그런 면에서 기계적인 모방이 아니라 스스로 판단하고 구성하는 과정이다.

4) 사회복지실천과의 관계

사회학습이론은 사회복지실천에도 많은 기여를 하였다. 사회학습이론은 사회복지사가 클라이언트의 행동을 정확하게 인지하고 그러한 행동이 서로 어떻게 연관되는지를 파악할 수 있도록 하였다. 반두라는 스키너와 달리 관찰학습에서 행동에 영향을 주는 자기강화와 자기효력의 인지적인 중요성을 받아들였고, 행동주의 학습이론을 한 단계 높은 수준으로 높여 놓았다. 그러나 반두라의 이론 역시 몇 가지 부분에서 비판을 받고 있다.

첫째, 반두라의 사회학습이론 역시 스키너와 같이 외부 환경의 중요성을 강조함으로써 인간 행동의 내적인 요인을 무시하고 있다. 인간행동은 동기, 욕구, 감정, 창조성 등에 의해 일어나고 발달할 수 있다.

둘째, 반두라의 관찰학습은 다양하고 복잡한 기능의 행동학습을 설명하기에는 부족한 면이 있다. 관찰학습은 단순한 행동이나 쉽게 학습할 수 있는 영역에서는 아주 뛰어난 반응을 보이는 장점이 있지만 인간의 행동은 그렇게 단순하지 않으며 대부분 많은 것들이 복합적으로 연관되어 일어난다.

셋째, 반두라의 관찰학습은 인간행동의 발달이 연령에 의한 다양한 인지적 요소에 영향을 받음을 간과하였다. 인간행동의 발달은 각 발달단계별로 다르게 나타나며 단계별로 뚜렷한 특징을 가지고 있다. 그러나 반두라의 사회학습이론은 학습과 관련한 인지적 요소를 전혀 고려하지 않는 한계를 가지고 있다.

사회학습이론은 어떤 행동이 있을 때와 없을 때 어떻게 다른지 관찰하는 사정평가(assessment)의 중요성을 강조하는데 사회복지사는 이를 통해 클라이언트의 행동에 대한 연관성을 이해할 수 있게 되었다. 또한 모델링을 통한 관찰과 모방이 클라이언트의 문제 행동을 없앨 수 있음이 임상적으로 증명되어 사회복지실천에 큰 영향을 끼쳤다. 사회복지실천에서 모델링은 아이를 적절하게 치료하는 데 사용할 수 있으며 이를 부모가 관찰할 수 있다. 또한 사회복지사는 모델링의 역할놀이를 통하여 자기통제에 어려움을 느끼는 클라이언트에게 대상의 역할을 흉내내게 함으로써 새로운 방식으로 학습할 수 있는 기회를 줄 수 있다. 가령 사회복지사는 막무가내로 떼를 쓰는 아이들이나 고집을 꺾지 않는 아동들을 통제하지 못해 애를 먹는 부모에게 아들의 행동을 흉내내도록 한다. 아들의 행동방식대로 행동하라는 지시를 받은 부모는 이를 그대로 행하게 된다. 이때 사회복지사는 아들에게 이러한 부모의 행동을 보고 어떻게 말을 하거나 행동하는 것이 효과가 있을지 행동하게 한다. 부모는 아들의 행동을 보고 모델을 삼을 수 있다.

제 3 장

인지발달 성격이론

1. 피아제의 인지발달이론

인지는 일반적으로 생각하는 능력을 뜻한다. 넓은 개념으로는 사고, 지각, 기억, 언어, 지능 등을 포함하는 일련의 정신과정 전체를 말한다. 따라서 인지는 지식, 의식, 생각, 상상, 창의, 추론, 문제해결, 개념, 분류, 상징, 학습, 지각 등 모든 정신적 과정을 아우르기 때문에 인간의 심리를 이해하는데 매우 중요하다. 피아제는 인식의 근원이 생물학적인 능력에 있다고 생각하였다. 장 피아제(Jean Piaget)는 생물학을 전공하였는데 연체동물과 인간의 유사성을 발견하면서 인지발달이론을 체계화하였다. 그는 큰 호수에 살던 연체동물을 작은 연못으로 옮겼는데 그 연체동물이 환경변화에 대하여 구조적으로 변화를 하여 적응하는 것을 발견하였다. 피아제는 이를 통해 연체동물이 어느 정도 환경에 적응할 수 있는 특성을 가지고 태어난다는 구조의 유연성을 깨달았다. 그는 아동이 나이가 들면서 사고과정에 유연성이 생기며 이를 통해 문제를 보다 잘 해결하게 된다는 것을 발견하였다. 이때의 인식이란 경험을 조직화하고 의미를 부여하는 과정을 말한다. 이는 말한 것을 잘게 쪼개어 해석하고, 문제를 풀어내며, 정보를 취합하고, 복잡한 과제를 분석하는 포괄적인 인지활동을 뜻한다.

1) 피아제의 생애

피아제(1896~1980)

피아제는 1896년 스위스 뉴채틀(Neuchatel)에서 중세역사학자인 아버지로부터 태어났다. 그는 매우 지적이고 학구적이었는데 10세 때 공원에서 관찰한 선천성 색소결핍증 참새에 대한 저서를 처음으로 발간하였다. 피아제는 15세 때 자신의 연구방향을 생물학으로 결정하였다. 1915년 18세가 되던 해 뉴채틀 대학에서 학사학위를 받았으며 3년 뒤인 21세에 생물학 박사 학위를 받았다.

그는 21세 때 25개의 생물학 논문을 발표하여 그 분야의 세계적인 전문가로 인정을 받았다. 논문의 대부분은 연체동물에 관한 것이었다. 그는 뉴채틀 주변의 호수에서 연체동물의 발달에 관한 연구를 많이 하였다. 특히 연체동물이 한 곳에서 다른 곳에 옮겨가서 어떻게 적응하는가에 관심을 두었는데, 그의 연구결과에 의하면 물살이 거세지거나 약해질 때 연체동물의 외피구조가 영향을 받는 것으로 나타났다. 그는 연구를 통해 생물학적인 발달이 성숙(유전을 포함하여)과 환경적인 요인에 영향을 받는다고 결론을 내렸다. 생물학적인 발달이란 환경에 적응하는 과정이라는 확신을 가졌다. 그는 이러한 생물학적인 발달에 대한 확신을 가지고 정신발달 역시 환경에 대한 적응과정이 일차적이라고 생각하였다. 단순히 성숙만 가지고는 발달을 논할 수 없다고 생각하였다.

그 후 피아제는 생물학에서 철학으로 그리고 심리학으로 관심영역을 넓혀 나갔다. 1919년 취리히로 가서 심리학을 공부하였으며 심리학적 연구에 몰두하였다. 그 후에는 프랑스 파리 소르본느에서 2년을 보냈는데 이 때 비네실험실에서 연구하며 몇몇 검사를 표준화하였다. 이 과정에서 피아제는 아동들의 지능검사를 하던 중 계속해서 같은 답을 틀리는 것을 보고 아동들에게는 어른과 다른 사고의 특성이 있다고 생각하게 되었다. 그는 아동의 반응에 대해 그 기저에 있는 추론과정을 검토하는 연구에 몰두하였다. 그는 아동지능의 발달에 대하여 실험을 통해 연구될 수 있다고 확신하고 2년 동안 계속해서 아동을 검사하며 연구하였다.

피아제는 1921년 제네바의 J. J. Rousseau연구소 소장으로 최적의 연구 장소를 보장받고 이후 60년에 걸쳐 이 부분에 대한 연구로 일생을 보내었다. 그는 지칠 줄 모르는 연구자였으며 제네바 대학에서 연구하며 가르쳤다. 그는 수백 편의 저서와 논문을 발표하였으며 1980년 84세의 일기로 제네바에서 사망하기 전까지 지속적으로 연구를 수행했다. 그는 학기가 끝나는 여름마다 홀로 알프스의 버려진 농가에 가서 홀로 쓰고 홀로 걷고 가족과 몇몇 친구에게만 편지연락을 취하며 연구하여 새로운 논문과 저서를 들고 훌륭하게 집으로 돌아왔다.

피아제는 특이하게 1925년과 1931년에 태어난 자신의 자녀를 연구의 원천으로 삼았다. 그는 수년에 걸쳐 자신의 아이들에 대한 행동에 대하여 거의 완벽할 정도로 꼼꼼하게 기술하여 출생부터 2세까지의 지적발달에 대한 중요한 결론을 이끌어 내었다. 이러한 연구는 표본크기도 작고 실험적이 아니었기 때문에 많은 학자들은 이러한 연구방식에 신뢰를 주지 않았을 뿐더러 신랄한 비판을 하였다. 그러나 이러한 연구는 한 피험자에 대한 종단연구로써 그 가치가 매우 높다 할 것이다. 피아제는 후기 연구들에서 1,500명의 피험자를 검사하여 『아동기부터 청소년기까지의 논리적 사고의 성장』(1958)이라는 책을 펴냈으며 「아동논리의 초기성장」(1964), 「지각의 기제들」(1969) 등의 논문은 상당히 큰 표본크기들을 보여주었다.

피아제는 아동이 얼마나 많이 아는가보다는 어떻게 생각하는가에 관심을 두고 연구하였으며 1980년 사망할 때까지 인지발달이론에 큰 업적을 남겼다. 그는 미국에서 아동심리학자와 교육자로 인정을 받았지만 정작 그는 아동학자도 아니고 심리학자도 아니다. 그는 스스로 심리학자라고 생각하지 않았으며 후에 스스로 인식론자(epistemologist)라고 하였다. 인식론은 지식(knowledge)에 관한 학문이며 이는 심리학보다도 그 역사가 오래되었다. 그의 연구들은 아동을 가르치는 방법과 직접적인 관련이 없으며 어떤 행동을 예측하는 것과도 직접적인 관련이 없다. 그의 연구는 인지를 통한 아동의 발달에 관한 연구이며 다만 그의 연구들이 아동학과 교육학에 지대한 영향을 끼쳤을 뿐이다.

2) 주요 개념

(1) 인지

인지(cognition)는 아는 것(knowing)에 관련된 모든 과정을 지칭하는 데 사용되는 일반적인 용어이다. 무언가를 인지한다는 것은 지각하고, 주의를 기울이며, 상상하고, 말하고, 문제를 해결하고 발달해 나가는 과정을 포함한다. 인지란 아는 것에 관련된 모든 정신적인 활동이나 상태를 말한다.

(2) 인지능력

인지능력(cognitive abilities)은 인류 전체의 통합된 특성으로 간주될 수도 있고, 한 개인이나 집단을 구별하는 특성으로서 구술능력이나 추론능력 등이 포함될 수 있다. 즉 인지능력이란 사람들에게 마음으로 무언가를 하도록 하는 인간의 모든 성격이나 특성을 가리킨다.

(3) 보존개념

보존개념(conservation conception)은 물질의 양이 차원의 변화에 관계없이 같다는 것을 개념화한 것이다. 보존개념에는 수 보존개념, 질량 보존개념, 면적 보존개념, 부피 보존개념, 무게 보존개념 등이 있다.

수 보존개념은 같은 수의 물질이 다른 차원(가령 길이 또는 위치)의 변화없이 같다는 것을 개념화한 것이다. 가령 일곱 개의 동전으로 일렬로 줄을 만든 뒤, 다시 그 동전 가운데 두 개를 줄에서 빼내어 멀리 이동시키더라도 동전의 수는 여전히 일곱 개다. '줄의 길이' 또는 '동전의 위치'라는 숫자와 상관 없는 차원에서 변화가 일어났을 때 동전의 숫자는 변하지 않는다. 또 다른 예로는 같은 수의 동전으로 한쪽은 붙여서 줄을 세우고 다른 쪽은 동전과 동전 사이를 벌려서 전체 길이가 길도록 보이게 한 경우이다. 이럴 때 4,5세 아동은 두 줄의 동전 숫자가 서로 다르다고 생각한다. 마찬가지로 일곱 개의 동전으로 적당한 길이로 배열한 뒤 같이 배열하라고 하면, 앞과 끝만 맞춰놓고 안에는 숫자와 상관없이 적당히 배열하고는 다 맞췄다고 한다. 그러나 5,6세 아동에게 같은 것을 시키면 숫자와 길이를 같이 맞춘다.

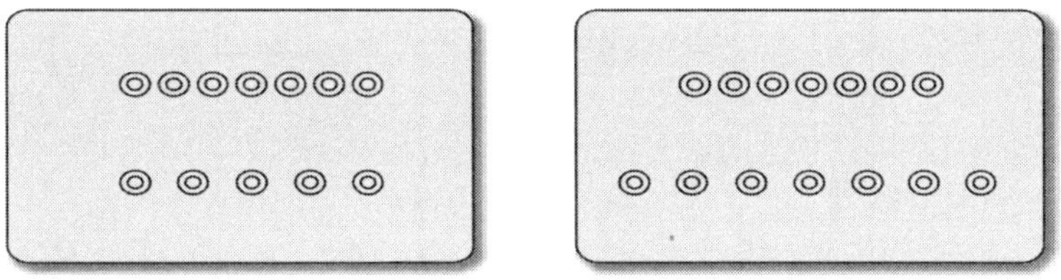

〈그림 3-1〉 수 보존개념

면적 보존개념은 같은 면적의 물질이 다른 차원(가령 위치)의 변화없이 같다는 것을 개념화한 것이다. 보존개념화가 되지 못한 아동은 위치의 변화 등으로 같은 면적으로 추론하지 못한다. 이것은 들판에 있는 소들이라는 문제에 의해 설명될 수 있다.

아동에게 그림 A를 보여주며 아동에게 소 한 마리씩 들판에 있고 각각 다른 위치에 소의 풀이 있는 헛간이 있다고 보여주며, 어느 소에게 먹을 풀이 더 많니?라고 물으면 두 소 모두 같은 양의 풀을 가졌다고 대답한다. 이렇게 일단 면적에 대한 시각적 등가가 형성된 상태에서 그림 B를 보여주며, 한쪽 소에게는 같은 면적의 헛간을 서로 떨어드려 놓고, 다른 소에게는 같은 면적의 헛간을 인접하여 붙여 놓고, 어느 소에게 먹을 풀이 더 많니, 라고 물으면, 면적 보존 개념이 없는 아동은 비록 헛간이 같은 크기로 보일지라도 대부분 두 번째 들판의 헛간이 서로 인접해 있는 곳에 위치한 소가 더 많은 풀을 먹을 수 있을 것이라고 대답한다. 그러나 면적을 보존할 수 있는 아동은 두 소가 같은 양의 풀을 가졌다고 대답한다. 보존자는 분명하게 헛간의 위치는 면적과 관계가 없다고 판단하며 위치가 아니라 수의 개념으로 면적을 계산한다. 면적 보존개념은 더 많은 헛간을 배치하여 봄으로써 보존 또는 비보존의 반응을 알아볼 수 있다. 보존개념이 없는 전 조작기 아동들은 오히려 지각반응으로 첫 번째 들판이 더 많은 건물이 있다고 생각한다. 두 번째 들판은 건물이 붙어 있어 오히려 하나로 보이기 때문이다. 아동들은 7~8세가 되어야 면적에 대한 보존을 할 수 있다.

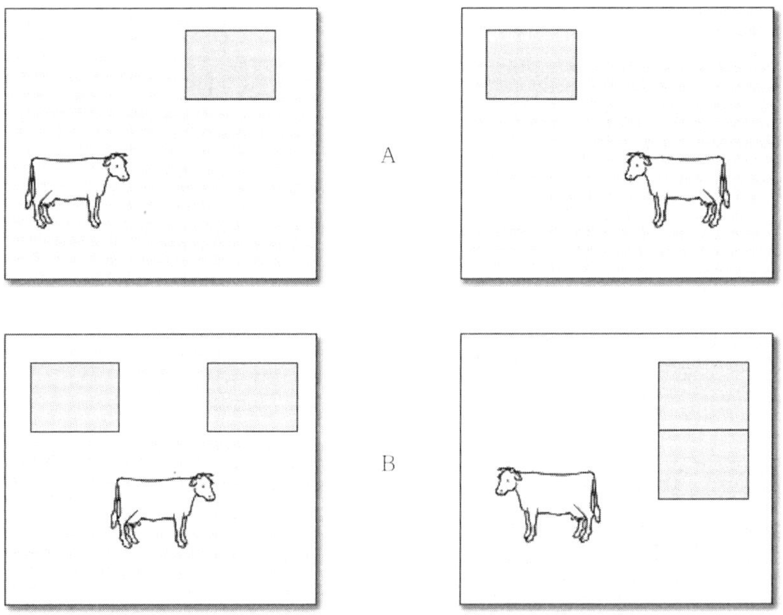

〈그림 3-2〉 면적 보존개념

부피(액체) 보존개념은 액체의 양이나 부피에 대한 보존개념으로 같은 부피의 액체가 다른 차원(가령 위치)의 변화없이 같다는 것을 개념화한 것이다. 부피 보존개념이 없는 아동들은 다음의 실험에서 파악이 된다. 먼저 크기와 모양이 같은 두 개의 용기를 보여주며 확인을 시킨다. 그 뒤 한 용기의 액체를 더 긴 용기나 짧고 넓은 용기에 붓고 아동에게 비교해보라고 한다. 비보존반응을 보이는 아동은 눈 앞에서 같은 용기의 액체를 부었음에도 다른 차원(용기의 모양)으로의 변화로 인해 액체의 부피가 다르다고 말한다. 이것 또는 저것이 더 많은 액체를 가졌다고 한다. 대부분은 긴 원통이 더 높아 보이기 때문에 그것에 더 많은 액체가 담겨 있다고 확신한다. 부피의 보존개념은 대개 7~8세 이후에 형성된다.

피아제의 연구에 의하면 대체적으로 보존개념이 형성되는 시기는 서로 다르다. 대부분은 순서적으로 이루어지는데 가령 수 보존은 다른 보존기능보다 먼저 이루어진다. 그리고 양 보존기능은 가장 나중에 형성된다. 구체적인 형성 시기는 다음과 같다.

보존 개념	형성 시기
수	5~6
질량	7~8
면적	7~8
액체의 양	7~8
무게	9~10
부피(고체)	11~12

(4) 도식

도식(schema)은 인지발달의 수준에 따라 아이디어와 개념을 생각하고 이를 조직화하는 방식을 말한다. 도식의 스키마(schema)는 어떤 계획이나 이론의 개요를 말하며 어원적으로는 형태를 뜻한다. 일반적으로는 사물이나 사건 또는 어떤 사실에 대한 전체적인 개념이나 윤곽을 말한다. 인간의 마음속에서 어떤 개념이나 사물의 가장 중요한 측면이나 특징을 인식하고 표현하는 능력을 도식이라 한다. 이는 어떤 대상에 대한 청사진이라 볼 수 있으며, 피아제는 개념보다는 도식이라고 표현하길 좋아했다. 피아제는 신체가 구조를 갖는 것처럼 정신도 구조를 갖는다고 생각했다. 모든 동물들이 위장이라는 구조를 통해 먹은 것을 소화해내는 것처럼, 사람들도 특정한 자극에 대하여 특정한 반응을 하는데, 이를 설명하기 위하여 도식이라는 용어를 사용하였다. 도식들(schemata)은 개인이 환경에 대해 지적으로 적응하고 조직하는 인지적 또는 정신적인 구조이다. 위장이라는 구조는 동물이 그들의 환경에 적응하기 위해 이용하는 생물학적인 구조이다. 위장은 실체적 구조이지만 도식은 실체가 아니지만 존재하는 것으로 추론되는 가설적 구성이다.

인간은 도식을 통해 환경에 적응한다. 도식은 자료나 정보가 입력될 때 일종의 준거틀로 작용한다. 피아제는 도식을 행동이 비슷한 상황 속에서 반복되면서 전승되거나 일반화되는 행동의 구조나 조직이라고 정의하였다.

도식을 가장 이해하기 쉽게 설명하면 컴퓨터에 한 대상에 대하여 처음 폴더를 만드는 것과 같다. 가령 '강아지'라는 폴더를 만들고 '네 발 달린 작은 짐승'을 입력하였다면 아동에게는 '강아지'는 '네 발 달린 작은 짐승'이라는 도식이 만들어져 있는 셈이다. 기본적인 도식을 갖고 태어난 아이는 조직화와 적응의 과정을 통하여 새로운 도식을 개발하고 기존의 것을 변화시킨다. 갓 태어났다면 아이들은 거의 폴더를 가지고 있지 않을 것이다. 그러나 아이들은 발달하면서 점점 폴더가 늘어나고 일반화되며 세분화될 것이다. 성인이 되면 아주 많은 도식들을 가지게 된다. 출생시의 도식은 반사이다. 아이들은 빨기, 쥐기 같은 단순한 반사운동적 활동만 한다. 출생 후 아이는 무조건 잡히는 것은 입으로 넣어 빨기를 시도한다. 이는 단지 유아에게는 빨기 도식만 존재하는 것을 의미한다. 그러나 이러한 도식은 끊임없이 변하고 수정되며 개발된다. 아동이 발달하면서 도식은 더 나누어지고, 덜 감각적이 되며, 더 많아진다. 그리고 그 조직망은 점점 더 복잡해지고 촘촘해진다.

(5) 동화

동화(assimilation)는 새로운 지각적, 운동적, 개념적 사건들을 기존의 도식이나 행동 패턴에 통합시키는 인지적인 과정을 말한다. 동화는 피아제가 자신의 생물학 전공에서 빌려온 용어이다. 가령 앞에서 강아지 도식을 가진 아이가 새롭게 '고양이'를 보았다면, 기존에 가진 '강아지' 도식에 고양이라는 새로운 사건이나 자극을 적용시키려고 할 것이다. 아동은 기존에 가진 도식의 개념 '네 발 달린 작은 짐승'에 고양이가 해당되었으므로 그 대상에게 '강아지'라는 결론을 내린다. 결국 그 자극(고양이)은 강아지 도식에 동화되었다. 즉 동화란 새로운 자극 사상들을 기존 도식으로 분류하는 인지과정이라고 볼 수 있다.

인간이 살아가는 한 새로운 자극은 계속해서 생길 것이고 그럴 때마다 동화의 과정은 계속 일어날 것이다. 동화는 도식의 변화를 가져오는 것이 아니라, 도식의 성장에 영향을 미치며 발달의 한 부분으로 이해할 수 있다. 동화는 도식이라는 풍선에 더 많은 공기를 넣는 것으로 비유할 수 있는데, 동화가 성장할 때는 풍선의 크기가 더욱 커지지만, 결코 풍선의 형태는 변하지 않는다. 피아제는 도식의 변화를 조절로 설명하였다.

(6) 조절

조절(accomodation)은 새로운 자극에 적응하기 위하여 구조 그 자체를 능동적으로 변화시키는 것을 말한다. 새로운 자극을 만나면 아이는 그것을 기존 도식과 비교하여 동화를 시도한다. 그러나 때때로 그 자극은 적용시킬 도식이 없어 동화될 수 없다. 따라서 아이는 자극을 적용시키기 위해 기존의 도식을 수정하거나 새로운 도식을 만들어 낸다. 이 두 가지 모두 조절에 해당된다. 즉 조절이란 새로운 도식을 창조해내거나 기존 도식을 수정하는 것이다. 그리고 일단 조절이 일어나면 아이는 다시 그 자극을 동화시킨다. 구조가 변화되었으므로 자극은 쉽게 동화될 수 있다. 동화는 언제나 마지막 산물이다. 동화와 조절의 경험으로 아이는 인지구조의 발달을 이룬다. 어떤 행동도 조절이거나 동화만은 아니다. 모든 행동은 동화와 조절의 결과인데, 어떤 행동에는 동화보다 조절이 더 많을 수 있고, 어떤 행동에서는 조절보다 동화가 더 많을 수 있다. 조절은 발달(질적 변화)을 설명하고, 동화는 성장(양적 변화)을 설명해 준다.

(7) 평형

평형은 동화의 조절 사이의 균형을 말한다. 동화와 조절은 인지적인 발달을 위해 반드시 필요한 과정이며 그 상대적인 양은 우열이 없다. 만약 동화만 있고 조절이 없다면 아이에게 고양이는 영원히 강아지로 남을 것이다. 또 조절만 있고 동화가 없다면 강아지 말티즈나 시츄도 모두 제각각의 도식을 가져야만 할 것이다. 그럴 경우 말티즈와 시츄에게서 강아지의 유사성은 찾지 못하고 모든 대상을 다르게 인지하는 비정상적인 인지발달이 이루어질 것이다.

평형상태는 동화와 조절 사이에 균형이 이루어진 상태이다. 불평형상태는 동화와 조절 사이에 불균형 상태에 놓인 것이다. 평형화는 불평형 상태에서 평형상태로 옮겨가는 과정을 말한다. 평형은 모든 외적인 경험들을 내적인 구조(도식들)로 통합되어지게 하고, 불평형은 아이가 평형을 찾는 동기가 된다. 모든 유기체는 일관되게 평형상태를 취하려고 애쓴다(Piaget, 1985). 유기체는 궁극적으로 모든 자극에 대하여 조절과 더불어 또는 조절없이 동화한다.

아이가 새로운 자극을 경험하면 그 자극을 자신이 가지고 있는 도식과 동화시키려고 한다. 이때 동화가 성공적으로 이루어지면 일시적인 평형이 이루어진다. 그러나 아이가 자극을 동화할 수 없다면, 아이는 도식을 고치거나 새로운 도식을 만듦으로써 조절을 시도한다. 이 시도가 성공할 때 자극의 동화가 일어나고 그 순간 평형에 이르게 된다.

3) 인지발달단계

피아제는 인간발달의 기본적인 요인으로 유전, 신체적인 경험, 사회교육, 평형을 내세웠다(Piaget, 1973). 유전이 발달을 촉진시키는 데 필요하지만 그것만으로는 충분하지 않다. 사람은 많은 경험을 통하여 논리나 지능이 발달한다. 새로운 도식들은 앞 단계에 대치되지 않으며 오히려 질적인 성장과 변화를 일으키면서 새롭게 통합된다. 만약 고양이를 강아지로 분류했던 아이가 나중에 '고양이'라고 부른다면 아이가 도식을 대치한 것이 아니라 새로운 도식을 만들어낸 것이며, 강아지 도식은 없어지지 않고 더 세밀하게 수정된다.

〈표 3-1〉 피아제의 인지발달단계

발달단계	연령 범위	특징	프로이트	에릭슨
감각운동기	0~2세	자극에 대한 반응, 감각적 경험에 기초한 지능, 직접적인 신체감각과 경험으로 환경 이해, 대상영속성 발달, 사회적 애착 확립	구강기 항문기	신뢰-불신
전조작기	2세~7세	자아중심성, 직관적 사고, 물활론, 상징적 기능, 타율적 도덕성, 중심화(집중성), 비가역적 사고, 대상영속성 획득, 보존개념, 복잡한 언어체계 시작, 자아중심적 추론	항문기 남근기	자율성-수치감 주도성-죄의식
구체적 조작기	7세~11세	경험에 기초한 생각, 논리적 생각, 보존개념 발달, 분류화, 서열화, 탈중심화, 가역적 사고, 자율적 도덕성	잠복기	근면성-열등감
형식적 조작기	11세~성인기	형식화, 가설검증, 추상적 생각, 연역적 추론, 지각에 한정되지 않는 생각	생식기	자아정체감-역할 혼란

피아제는 발달을 연속적인 과정으로 설명했다. 그러나 결코 비약적으로 이루어지지 않으며 점진적으로 구성되고 수정 또는 재구성된다. 피

아제는 지적인 발달을 4단계와 그 하위단계로 나누었다. 인간의 인지발달단계는 성취하는 나이에 따라서 개인별로 차이가 있으며, 모든 아이들은 발달단계를 지남에 있어 각 단계를 뛰어넘을 수 없다. 그러나 다음 단계로 이동하는 과도기에 있어서는 두 단계의 인지적인 특성이 함께 나타날 수 있다. 피아제가 인지의 성숙을 설명하기 위해 인지발달을 다음과 같이 구분하였다.

(1) 감각운동기

감각운동기(sensorimotor period)는 단순한 반사행동만 하고 기본적인 주변의 환경을 이해하는 시기이다. 감각운동은 유아의 행동이 자극에 대한 반응이기 때문에 붙여졌다. 유아의 발달은 유아가 태어나는 그 날, 그 시간부터 시작된다. 모든 지적인 발달의 근원은 초기의 감각-운동 행동에 있다. 피아제는 자신의 저서에 유아가 태어나서 2세가 되는 시기까지의 인지적인 발달에 대하여 세심하게 기술하였다.

유아는 대부분의 감각-운동 문제를 해결할 수 있다. 원하는 대상을 얻기 위해 또 다른 대상을 사용한다. 진짜 '감정'이나 분화된 정의적 반응은 출생 초기에는 없다. 피아제에 의하면 초기 정신발달은 심리적 발달의 전과정을 결정한다. 그러나 이 시기의 중요성이 과소평가되는 이유가 지능과 정서의 발달을 보여주는 단어들이 수반되지 않기 때문으로 보았다. 유아는 대부분 감각운동에 기초하여 경험한다. 만져보고, 움직여보며 학습한다. 외부세계에 대한 정보를 습득하기 위해 빨기, 쥐기, 때리기와 같은 반복적인 반사활동을 한다. 유아는 이 시기에 목적지향적인 행동을 한다. 유아는 우연히 간단한 반응을 나타내는 것이 아니라 단순하지만 분명한 목적을 달성하기 위해 여러 행동을 수행한다. 또 이 시기에 유아는 대상이 영원하다는 것을 이해하기 시작한다. 즉 어떤 대상이 눈에서 사라지거나 소리가 들리지 않더라도 대상이 사라진 것이 아니라 여전히 계속 존재한다고 믿기 시작한다.

피아제는 이 단계의 발달이 완만한 연속적인 과정이고 각 단계들은 이전 단계와 통합하면서 새로운 발달을 나타낸다고 보아 감각운동기를 다시 하위 6단계로 나누었다(표 3-2).

〈표 3-2〉 감각운동기에 나타나는 발달의 특징

시기	일반적 특징	대상개념	공간	인과성	정의
1. 반사 출생~ 1개월	· 쥐기, 빨기, 때리기, 차기와 같은 반사활동 · 가장 우세한 반사는 빨기	자기와 다른 대상을 구분하지 못함	자아중심적	자아중심적	본능적 충동과 선천적인 정의적 반응
2. 1차순환 반응 (1차 변별) 1~4개월	· 손-입의 협응: 빨기, 잡기를 통한 변별	사라진 대상에 대한 행동 보이지 않음-자기 움직임과 외부대상 변별 못함	조망에서의 변화를 대상에서 나타내는 변화로 봄	자신의 움직임과 외부대상간을 변별치 못함	· 처음 습득되는 감정-기쁨, 슬픔, 유쾌함, 불쾌함 · 활동과 연합된 만족과 불만족 느낌
3. 2차순환 반응(재현) 4~8개월	눈-손 협응: 흥미있는 사상을 재현함	움직이는 대상의 위치를 예측함	공간의 외재화: 대상에 대한 공간적 관계가 없음	자신을 모든 사상의 원인으로 봄	
4. 도식의 협응 8~12개월	도식의 협응: 이미 알고 있는 도식을 새로운 문제에 적용시킴, 예견함	대상영속성: 사라진 대상을 탐색-젖꼭지 찾기 위해 우유병을 거꾸로 돌림	대상의 크기와 형태에 대한 지각적 불변성	인과성에 대한 기본적인 외재화	활동과 의도적 활동에 관련된 정의, 성공과 실패에 대한 감정, 타인에게 정의적으로 관여함
5. 3차순환 반응(실험) 12개월~ 18개월	실험을 통해 새로운 수단을 발견함	사라진 대상을 탐색하면서 전위를 고려함	공간에서 대상간의 관계와 대상과 자기와의 관계를 인식함	자기를 대상사이의 하나의 대상으로 보고 활동을 일으키는 대상으로 봄	
6. 상징적 표상 18개월~ 24개월	표상화: 내재적 조합을 통해 새로운 수단을 창출함(행동하기 전에 먼저 머릿속에 생각함)	부재된 대상에 대한 이미지 전위에 대해 표상	지각하지 못함, 움직임을 인식함. 공간적 관계를 표상화함.(물컵을 들고 문을 열 때는 물컵을 내려놓고 문을 연다.)	표상적 인과성: 원인과 결과를 추론함	

자료 : Wadsworth, 1979:Piaget 1981 정리 및 보충

① 단계: 반사활동(출생 후~1개월)

태어나서부터 1개월에 해당하는 유아 초기의 반사활동기에 나타나는 유아들의 전형적인 행동은 미분화되었으며 학습되지 않은 반사적 행동이다. 가장 기본적인 반사로는 빨기, 쥐기, 울기, 큰소리에 반응하기 그리고 팔과 무릎, 머리의 움직임이다. 유아는 자극을 받으면 반사를 한다. 어떤 대상이든지 유아의 입으로 가면, 대상을 가리지 않고 빨며, 어떤 대상이든지 손바닥에 닿으면 붙잡는다. 반사행동을 함에 있어서는 대상을 가리거나 차별하지 않는다. 이 시기의 유아에게는 목적이 없다. 반복적으로 재생적 동화를 한다. 그러나 조절도 일어나는데, 젖을 빨면서 젖꼭지와 가슴을 구별하는 것 등이다. 생후 몇 주 안에 조절을 발견할 수 있는데, 유아는 젖꼭지가 제시되면 곧 빨기 시작하지만, 젖꼭지가 보이지 않게 되면 탐색을 시도하고 이로써 환경을 조절하기 시작한다. '탐색'은 반사가 아니며 태어날 때 존재하지 않는다. 적극적인 탐색은 유아의 반사행동에 있어서 하나의 변화이며 이는 조절이다.

이 시기의 특징은 크게 두 가지인데 하나는 자신과 외부세계와의 구분이 없는 것이고, 또 하나는 다양한 반사도식을 이용하여 경험을 쌓고 환경과의 상호작용을 통해 수정한다. 이로 인해 증가하는 환경의 요구에 더욱 잘 적응하게 된다. 이 시기에 대상에 대한 개념은 발달하기 시작하지만 선천적이지 않다. 대상은 영속적이고, 그것이 사라져도 없어지는 것이 아니라는 인식은 감각운동의 경험으로 조금씩 발달하는 것이다(Piaget, 1954). 유아는 아직 자신과 환경사이를 구분하지 못하며, 어떠한 대상도 단지 빨기, 쥐기, 보기 등을 위한 대상에 불과하다. 이 시기의 유아는 빨거나 울지만 '감정'은 없다. 모든 정의는 반사와 관련되어 있다. 모든 유아는 반사적으로 먹을 음식을 찾고 불편함을 없앨 뿐이다.

② 단계: 첫번째 변별(1차 순환반응;1개월~4개월)

감각운동 발달의 두 번째 단계는 이전 단계의 반사 행동들이 수정될 때 나타난다. 두 번째 단계에서는 여러 가지 새로운 행동들이 나타나는데 협응과 자극들 간의 변별이다. 이 시기를 1차 순환반응이라 하는 것은 유아들이 관심의 대상을 외부보다 자신의 신체에다 두기 때문이다. 순환반응이란 빨기, 잡기 등의 감각운동 행동을 반복적으로 하는 것을 말한다. 순환반응은 1단계에서 가지는 도식들에 대한 수정이 일어나며 이는 조절된다는 동화와 조절이 일어난다는 뜻이다. 유아가 젖을 원할 때 젖꼭지를 열심히 빨지만 다른 것들은 거부한다. 이러한 행동은 반사가 수정되고 있음을 보여준다. 유아는 환경을 조절하고 있는 것이다. 1단계가 분화되지 않은 1차적 빨기 도식이었다면 2단계는 분화가 이루어진 보다 세련된 도식이다. 1단계에서는 우연히 손가락이 입 속으로 들어갔지만 활동의 습관화로 2단계에서는 반복적인 활동이 일어나는 것이다.

순환반응으로 일어나는 습관적인 손가락 빨기는 이 시기에 나타나는 전형적인 행동인데 이는 손과 입의 협응을 필요로 한다. 이 단계에서는 다양한 협응이 일어난다. 가령 눈 협응은 눈이 움직이는 대상을 따라가는 행동이며, 눈-귀 협응은 소리나는 방향으로 머리가 움직이는 행동이다. 피아제는 자신의 연구에서 아이가 엄지손가락을 처음에는 우연히 입으로 가져갔지만 손과 입의 협응을 통해 아홉 번째와 열 번째의 지속적인 빨기를 시도한 끝에 체계적으로 빨게 되는 것을 관찰하였다. 그는 이를 획득된 조절이라고 하였다. 이러한 손과 입을 통해 엄지손가락을 빠는 협응은 유전적이 아니며 경험에 의한 것이라고 하였다. 또 생후 16일이 된 자클린은 20㎝ 떨어진 성냥불을 눈으로 쫓지 못했지만 24일이 되었을 때는 같은 조건에서 정확히 성냥불을 쫓았으며, 그 뒤 아이의 눈은 피아제의 손의 움직임과 움직이는 손수건 등을 쫓았다고 기술하였다.

이 시기에는 대상에 대한 인식이 생겨나며 시각과 청각의 협응이 일어난다. 눈 앞에서 대상이 사라지더라도 대상이 있었던 장소를 계속 주시하며 청각과의 협응을 이루어 시각적 추적을 획득한다. 대상이 사라지면 실망과 기대가 혼합된 표정을 짓는다. 피아제에 의하면 이 시기에는 지각하는 정서가 나타나는데 기쁨, 고통, 유쾌, 불쾌 같은 감정들이 경험에 의해 나타난다. 그리고 소망과 관심이 분화된다. 이는 만족, 실망과 같은 감정으로 다양한 지각과 연합되어진 것이 아니라, 총체적으로 활동과 연합된 것이다.

③ 단계: 흥미있는 사상의 재현(2차 순환반응:4개월~8개월)

3단계에서 유아는 자신의 신체 외에 다른 대상과 사상을 향해 간다. '2차'라는 용어 역시 외부의 사건과 대상에 열중하는 것을 가리킨다. 가령 유아는 손이 미치는 곳의 대상을 잡고 움직이며 시각과 촉각의 협응을 이루어낸다. 2단계까지의 유아의 행동은 자신을 위한 것이었다. 이 시기의 유아는 새로운 것을 발견하여 계속 연습하는 것처럼 보이는데 재생적 동화의 수준이다. 피아제는 유모차에 누워 있는 아이가 머리 위에 매달린 인형을 반복해서 발로 차서 인형을 흔드는 것을 사례로 들었다.

이 시기 유아의 또 다른 특징은 흥미를 끄는 사건이 생기면 이를 재현 또는 반복한다는 것이다. 가령, 머리 위의 벨에 붙어 있는 끈을 반복해서 잡아당긴다든지 움켜쥐거나 때리는 행동을 의도적으로 반복한다. 유아는 분명하게 같은 행동을 지속하고 반복하려고 시도한다. 피아제는 이러한 행동을 순환반응 또는 재현적 동화라고 설명하였다. 생후 3개월 29일된 로렌(Laurent)은 처음 본 종이칼을 움켜쥐었다. 한참을 바라보다 그것을 오른손을 잡고 휘둘렀고 이것이 우연히 요람을 스치면서 소리를 내게 되었다. 그러나 종이칼과 요람이 접촉해야 소리가 난다는 것을 이해하지 못한 피아제의 아들 로렌은 이를 재현하려고 시도하지만 잘 되지 않았다. 4개월 3일째, 5일째 우연히 같은 일이 일어나고 마침내 4개월 6일째 의도적으로 같은 동작을 하기에 이른다. 로렌은 종이칼을 보자마자 손으로 잡고 그것을 요람에 규칙적으로 문질렀다. 이 때 생기는 것은 감각운동기의 중요한 특징 중 하나인 의도성, 즉 목표지향으로 비의도적인 행동으로부터 의도적인 행동으로의 진전이다.

여기에서 의도성이란 행동의 시작부터 존재하므로 이전 행동의 단순한 반복이 아니라 의도적인 행위를 뜻한다. 3단계에서 유아는 대상개념에 있어서 대상영속성의 개념이 나타나기 시작한다. 유아는 대상이 움직일 때 그것이 지나갈 위치를 예상할 수 있게 된다. 5개월 때에는 성냥갑을 떨어뜨려도 전혀 반응을 보이지 않던 유아가 7개월 29일에는 어떤 물체가 자기 머리 위에서 떨어진다는 것을 지각한다면 즉시 그것이 어떤 것이든 바닥에서 찾으려고 한다. 8개월 째에는 그것이 떨어졌다고 예측되는 장소에서 대상을 찾았다.

④ 단계: 도식의 협응(8개월~12개월)

거의 한 살이 되는 유아의 이 시기는 분명한 지적 행동을 구성하는 것으로 보인다. 유아는 목표를 달성하기 위해 수단을 사용한다. 피아제는 유아들이 목표를 성취하기 위해 이전에 획득한 행동들을 조합시킬 능력을 갖고 있다고 보았다. 유아는 사건을 미리 파악하고 그에 대한 기초적인 계획을 세우기 시작한다. 대상에 대한 영속성 개념도 나타나며 사라지는 대상에 대해서는 찾기 시작한다.

피아제의 아들 로렌이 성냥갑을 잡으려고 할 때마다 피아제가 손으로 계속 가로막았다. 여러 차례 시도한 끝에 로렌은 피아제의 손을 먼저 치운 뒤 성냥갑을 잡는데 성공하게 된다. 로렌은 목적을 달성하기 위해 장애물 치우기와 대상 물건 잡기라는 분리된 도식을 협응시킨 것이다. 또 다른 사례로 그의 딸 자클린이 1년 1개월 10일째 찰과상을 입어 알코올로 소독을 했다. 아이는 알코올이 피부에 닿을 때 아파서 울었으며 다음 날 역시 알코올병을 보고는 자기를 위해 준비된 것임을 알고 울기 시작했다. 이틀이 지난 뒤 알코올병을 보자마자 병이 열리기도 전에 같은 행동을 보였다. 이러한 행동으로 보아 1년이 지난 유아들은 경험으로 인해 예측이나 예견을 할 수 있음을 알 수 있으며, 나아가 어떤 결과를 얻기 위해 의도적으로 행동을 취할 수 있다.

또 대상영속성에 대한 개념에 있어서도 그의 딸 자클린의 실험에 의하면 그녀는 사라진 대상에 대한 찾기를 시도하였다. 이를 통해 대상이 사라진 뒤에도 여전히 그 대상이 존재한다는 개념을 가졌음을 알 수 있다. 또한 4단계에서 유아는 자기 자신과 대상이 활동의 원인임을 알게 된다. 이전까지는 자신의 행동을 모든 것의 원인으로 생각했다.

⑤ 단계: 새로운 수단의 창출(3차 순환반응:12개월~18개월)

유아는 출생 후 1년이 지나면서 점점 주변환경을 통제하며 실험하기 시작한다. 이는 외부 환경에 어느 정도 적응이 되면서 활동성이 증가하게 되고 계속해서 새로운 경험을 할 기회가 많아지기 때문이다. 이미 유아는 3단계에서부터 다양한 사건과 자극에 반응할 시각과 촉각 도식 간의 협응을 발전시켜 왔다. 4단계에서는 이러한 도식의 협응을 통하여 새로운 문제들을 해결하는 데 사용할 수 있게 되었으며, 5단계에 와서는 보다 새로운 도식을 사용하여 문제들을 조작할 수 있게 된다. 이전까지는 습관적인 도식의 적용을 사용했지만 5단계에서는 자신의 직접적인 경험들을 가지고 목적에 도달하려는 다양한 수단들을 발전시킨다. 따라서 다양한 도식과 다양한 협응들이 나타나게 된다. 즉 기존의 도식만으로 해결이 힘든 문제에 봉착했을 때, 유아는 기꺼이 실험을 하고 여러 번의 시행착오를 거쳐 결국에는 새로운 도식을 발달시키게 된다. 유아는 실험을 통해 원인과 결과 사이의 관계에 대한 새로운 가설을 설정해 보는 3차 순환반응을 하는 것이다. 즉, 기존의 익숙한 방식으로 문제 해결을 시도하다가 기존의 도식으로 해결되지 않는다는 것을 알게 되고 다시 상황에 맞게 도식을 발달시키는 것이다. 피아제의 아들 로렌은 새로 사온 식탁에 흥미를 보여 주먹으로 식탁을 쳤고 이 때 주먹과 식탁이 부딪쳐 소리가 났는데 아이는 자기 행동이 만들어내는 서로 다른 소리를 듣기 위해 세게 또는 약하게 탁자를 쳐보았다. 피아제는 새로운 반응을 시도하는 시행착오의 학습과정을 3차 순환반응이라고 불렀다. 자클린은 1년 3개월 12일째 인형을 유아용 놀이틀 밖으로 던진 뒤 그것을 잡으려고 했다. 성공하지 못하자 놀이틀을 오른쪽으로 밀고 갔다. 이때 틀이 움직인다는 것을 알게 되었지만 오히려 인형과는 멀어지고 말았다. 그 뒤 계속 움직임을 바꾸면서 실험했고 결국 1년 3

개월 16일째 올리려는 대상쪽으로 놀이틀을 정확하게 밀 수 있었다.

생후 2년 동안 자라면서 유아는 정의적 발달에 있어서 세 가지의 발달을 이룬다. 첫 번째 유아는 감정이 목표를 결정하며, 목표 성취를 위해 사용될 수단을 결정하는데 중요한 역할을 한다. 즉 목표 성취에 유용한 것은 유아에게 가치가 높다. 두 번째, 유아는 성공과 실패를 경험하며 성공했다고 느끼는 행위에 더 매력을 느낀다. 성공이나 실패를 하는 행위와 관련된 감정들은 보존된다.

⑥ 단계: 상징적 표상(18개월~24개월)

상징적 표상 또는 정신적 표상이라고 하는 이 하위기간 동안에는 유아의 지능이 감각운동 수준에서 표상적 수준으로 옮겨 간다. 정신적으로 대상과 사건을 표상할 수 있다. 이는 직접적인 경험이나 실험이 없어도 대상이나 대상 간의 활동 또는 자극이나 사건들 사이의 관계를 이해하는 능력이 발달한다. 실험 없이도 인지적(표상) 활동으로 문제를 해결할 수 있게 된다. 5단계에서는 부단한 실험을 통해 새로운 문제들을 해결할 수 있었다. 6단계에서의 문제 해결방법은 새로운 수단을 통해서 하지만 결코 경험에 의존하지 않는다. 마음 속에서 정신의 내면적 활동으로 수단과 목적을 연결시키고 문제 해결을 위해 활동과 계획을 세운다. 가령 유아는 의자에 무릎을 대려고 하였다. 그러나 무릎이 의자에 닿자마다 의자는 뒤로 밀려갔다. 아이는 몸을 일으켜 의자를 잡아 쇼파쪽으로 옮겼다. 의자가 쇼파에 의해 고정되었을 때 아이는 어려움 없이 기대어 무릎을 의자에 대었다. 연습이나 훈련의 실험적 활동이 전혀 없는 상태에서 이루어진 결과이다.

이런 표상에 의한 발달은 대상개념에서도 변화를 보인다. 이전까지는 눈 앞에서 사라진 것에만 관심을 두고 찾았는데, 6단계에서는 가능성에 대한 표상으로 인해서 숨긴 것을 보지 못한 대상에 대해서도 찾거나 탐색을 할 수 있게 된다. 2세의 유아는 아직 도덕 개념은 형성되지 않았지만 좋아하고 싫어하는 것을 분명히 발달시킨다. 이러한 것은 도덕감 발달에 영향을 미치며 사회적 영역으로 들어가게 하는 자격을 만들어 준다.

(2) 전조작기

전조작기(preoperational period)는 2세에서 7세에 해당하는 아동들에게 해당된다. 이들은 점점 더 정신내적으로 생각(표상)하며 자신의 감각운동에 덜 의존하게 된다. 기능적으로는 감각운동 방식을 따르지만 동작을 통해 생각하던 단계에서 점점 더 개념적이며 표상적인 방식으로 기능하는 존재가 된다. 조작이란 변형된 경험이나 대상을 논리적인 규칙을 적용하여 원래의 모습으로 되돌릴 수 있는 활동을 말한다. 전조작기는 감각운동기와 조작기 단계의 중간에 해당되며, 전조작기 아동은 조작을 행하지 못한다. 즉 사건이나 물체의 순서를 반대로 재배열하지 못하며, 다양한 차원들간의 관계를 이해하지 못하기 때문에 한 차원의 변화와 무관하게 다른 차원들은 그대로 유지되는 것을 이해할 수 없다. 전조작기에는 표상적 기술의 발달과 행동의 사회화가 이루어진다.

사물과 생각을 표상하는 능력의 발달은 전조작기 아동의 아주 큰 특징이며 중요하다. 아이들은 지연모방, 상징놀이, 그림 그리기, 심상, 언어 발달 등의 순으로 표상 발달이 이루어진다. 이러한 표상은 2세쯤에 나타나기 시작한다.

지연모방

지연모방이란 얼마 동안 눈에 보이지 않았던 사물이나 생각에 대한 모방을 말한다. 아동은 전조작기에 이르러 부모님의 행동을 보고 모방하여 놀이를 하게 된다. 이것은 어떤 사물이나 사건을 기억하여 나중에 다시 재연하여 모방하는 것이다. 지연모방이 이루어지는 것은 아동들에게 기억 표상의 능력이 발달되고 있음을 알려준다. 표상이 없으면 지연모방은 불가능하다. 아동들이 이전의 행동을 정확하게 따라 하려고 하는 것은 조절에 가깝다.

상징놀이

상징놀이는 물리적으로 실제 존재하지 않는 대상을 아동의 정신적 표상으로 상상하여 놀이를 하는 것이다. 가령 두 팔을 벌려 새의 날개라고 하며 날아다니는 흉내를 내거나, 네모 지우개를 자동차처럼 생각하고 붕붕 소리를 내며 이쪽저쪽으로 이동시키며 노는 아이들을 찾아볼 수 있다. 긴 막대로는 총이라고 하며 서로 총싸움 놀이를 하기도 한다. 이러한 것은 5단계에서는 발견할 수 없는 것으로 가장놀이라고도 한다(Wadworth, 1978).

상징의 본질은 모방이며 일종의 자기표현이지만 이로 인해 의도된 청중은 자기 자신이다. 아동은 자동차로 지우개를 선택할 때 다른 사람의 의견을 묻지 않는다. 어떤 제약도 없이 자신이 표상하는 창작물을 만들어 낸다. 피아제에 의하면 아동은 상징놀이를 통하여 현실의 것을 자신이 원하는 것으로 전환시킴으로써 스스로 만족하게 한다. 피아제는 상징놀이가 아동들에게 단순한 오락이 아니며 아동이 언어를 유용하게 사용할 수 없거나 언어가 부적절할 때 창조적으로 상징을 만들어 해내는 경험의 표현이며 아동의 사상, 생각 그리고 관심의 총집합체라고 보았다.

그림

전조작기 아동은 그림을 그리기 시작하는데 초기에는 무슨 그림인지 알아보기 어렵거나 낙서처럼 보이기도 한다. 아동들은 색연필, 크레용, 연필, 붓 등 다양한 도구를 사용하여 그림을 그린다. 그러나 전조작기 과정을 거쳐 가면서 물체들을 표상하기 시작하며 그림을 조금씩 더 사실적으로 그리게 된다. 8세에서 9세 가량이 되면 그림은 사실적이긴 하지만 자기가 시각적으로 본 것보다는 머리 속으로 생각하는 것들을 상상하여 그리기 시작한다.

언어발달

특히 이 단계 아동의 가장 큰 특징은 언어를 사용하기 시작할 뿐더러 언어능력이 발달하게 된다는 것이다. 언어를 통해 사물 또는 사건을 표상할 수 있게 되고 보이지 않는 것을 기억할 수 있게 된다. 그러나 직접적으로 경험하지 않은 사건 또는 대상에 대해서까지 그 능력이 확대되지는 않는다. 언어는 구어체 중심이며 전조작기 초기에는 자아중심적으로 발달하게 된다. 그러나 9세 정도가 되면 의사소통적으로 언어가 바뀌며 타인에게 분명한 메시지를 들려주고자 한다. 많은 사람들은 언어획득이 선천적이고 본능적이라고 생각하였지만 피아제는 언어도 학습에 의해 발달한다고 생각했다.

물활론

또 이 시기의 아동들은 물활론(animism) 사고를 가지는데 모든 사물에 생명이 있다고 믿는 것이다. 그래서 인형에게 옷을 입혀주고 쓰다듬어 주며 잘 자라고 인사를 하거나, 돌멩이나 꽃에게도 말을 걸고 이야기를 나누기도 한다. 일반 사물에 어떤 위해가 가해지면 그 사물이 아플 것이라고 생각하며 위로를 한다.

보존개념

이 단계의 아동은 아직 보존개념이 확립되지 않는다. 따라서 동전의 길이와 개수의 차원에 대해 이해하지 못한다. 동전을 배열할 때 같은 동전 개수로 한쪽은 촘촘히 배열하고 다른 한쪽은 듬성듬성 배열하여 길이를 서로 다르게 할 경우, 전조작기 아동들은 개수와 상관없이 길이가 긴 쪽의 동전 개수가 더 많다고 생각한다. 수 보존뿐만 아니라, 질량 보존, 액체 보존에서도 모두 같은 결과를 나타낸다. 즉, 아동들은 눈에 보이는 것에 대한 믿음을 가지고 있다.

(3) 구체적 조작기

구체적 조작기(concrete operations)는 7세에서 11세에 해당하는 나이로써, 생각하고 추론하는 과정은 논리적이 되며 피아제는 이것을 '논리적 조작'이라고 하였다. 보존개념을 이해하고 특별한 조작을 할 수 있으며, 다양한 작업들을 수행할 수 있게 된다. 그러나 이러한 발달의 변화는 점진적이다. 어느날 갑자기 변화가 오듯 어제까지는 전조작기 행동을 하다가 다음날부터는 그 행동을 끊고 딱 구체적 조작기 행동으로 바뀌는 것이 아니다. 각 단계들간의 진행은 연속적이며 발달은 서서히 일어난다.

이 단계가 구체적이라는 것은 아동이 조작하는 대부분이 모두 스스로 구체적인 경험을 통해 이루어내기 때문이다. 그 이전에는 단순한 반사 도식이나 경험상으로 문제를 해결하고 조작하였지만 구체적 조작기에 이르면 사고의 논리체계가 형성되기 시작하기 때문에 이러한 일이 가능해진다. 피아제는 이를 논리적 조작이라고 하였으며 조작은 충분히 가역적인 행동의 내면화된 체계라고 하였다. 그러나 여전히 과거의 경험이 필요하며 지각의 한계를 가진다. 그렇지만 구체적 조작기 아동은 보존문제를 해결하고 올바른 추론을 생각하고 제시하는 데 있어 결코 어려움을 느끼지 않으며 지각의 경계에 머물러 있지 않는다. 또한 생각과 지각 사이의 불일치가 생길 때 아동은 인지적이고 논리적인 판단을 할 수 있으며 11세 가량이 되면 전조작기 아동의 지적활동을 제한하던 거의 대부분의 인지적 조작을 행할 수 있다.

보존개념

이 때에는 보존개념에 있어서도 동일성, 보상성, 역조작의 논리들을 이해한다. 가령 '아직 이쪽 컵의 물을 다 따르지 않았으니 두 액체의 양이 같다'(동일성)고 말할 수 있고, '이 컵은 넓고 저 컵은 길기 때문에 두 액체의 양이 같다'(보상성)고 생각하며, '이것을 이전 컵에 다시 부을 수 있기 때문에 두 액체는 양이 같다'(역조작)고 말할 수 있는 논리성을 가지게 된다. 조작(operation)은 한 방향 또는 반대 방향으로 일어날 수 있으며 지능성장의 결과로 나타나는 것이다. 그러나 이러한 논리적인 조작들은 전조작기 아동에 비해 발달하지만 가장 높은 수준에 이르지는 못한다.

언어발달

언어조작의 면에서는 전조작기 아동보다 더 사회적이 되고 덜 자아중심적이 된다. 언어는 자신의 욕구를 표현하기 위해 사용되기보다 타인과의 의사소통을 위해 주로 사용되며, 처음으로 진실한 사회적 존재가 된다.

탈자아중심성

전조작기의 아동은 자아중심성에 의해 지배되었지만 구체적 조작기 아동은 이 시기에 다른 사람의 생각이나 의견이 자신과 다르다는 판단을 하게 되고 그 가운데에서 자신의 생각에 대한 타당성을 찾으려고 시도한다. 자아중심성으로부터 자유로워지면서 아동은 또래와의 상호작용으로 입증되거나 부정된다. 이러한 일들은 완벽하게 기능발달이 이루어진 언어적 사용으로 진행된다. 아이들은 대화를 통해 정보를 얻거나 주게 되고 다른 사람의 입장에서 사건을 바라보는 지혜를 배운다.

탈중심화

전조작기 아동들이 중심화에 의해 특징지어졌다면 구체적 조작기 아동들은 탈중심화로 특징지을 수 있다. 전조작기 아동들처럼 외형의 길이에 중심화되지 않으며 제한된 현상에 중심화되는 현상들도 버리게 된다. 구체적인 사고는 탈중심화가 되며 이는 구체적인 문제들에 있어서 논리적인 해결이 일어나도록 한다.

서열화

서열화는 크기, 무게, 부피 등의 증감에 따라 정확하게 배열하는 능력을 말한다. 길이를 서열화하는 능력은 전조작기와 구체적 조작기 사이에 발달한다. 서로 다른 길이의 막대기를 배열하도록 지시했을 때, 4세의 아동들은 아무런 순서 없이 배열한다. 5세의 아이들은 단순하게 두 개씩 짧고 긴 것들을 묶어서 배열한다. 7세 정도에 이르면 과도기로서 막대의 윗부분을 정렬하지만 아랫부분을 정렬하지는 못한다. 8세에 이르면 아동은 정확하게 길이 순서로 배열을 할 수 있게 된다. 수 개념에 있어서 아동은 순서(서열화)와 집단성원(포섭, class inclusion)을 모두 포함하여 이해한다. 가령 '5'라는 숫자는 서열 안에서의 위치이며, 또한 1, 2, 3, 4 그리고 5를 포함하는 세트로서 이해한다.

유목화

유목화는 서로 유사한 것들을 대상에 따라 정신적으로 모아 군집화하는 것이다. 즉 이 시기의 아동들은 사물을 일정한 속성에 따라 분류할 수 있는 능력이 발달하게 된다. 분류를 함에 있어서 전체와 부분의 관계를 이해하게 되는데 가령 생물은 동물과 식물이라는 하위 유목으로 나뉘는 것을 이해한다. 아이들은 유목화에서 유사점뿐만 아니라 차이점도 고려하여 유목과 하위유목과의 관계를 추론할 수 있게 된다.

시간과 속도

이 시기에 아동들은 비로소 시간과 속도의 관계를 이해한다. 전조작기 아동들은 움직이는 대상이 다른 대상을 앞질러 간다면 그것이 다른 대상보다 더 빠르다고 생각한다. 두 대상의 속도를 생각할 때 출발점은 생각하지 않고 도착점만을 고려한다. 그러나 A에서 B로 가는 도로가 1번 도로는 휘어져 있고 2번 도로는 직선일 때 8세 아동들은 이들의 관계를 이해하기 시작한다. 구체적 조작기 아동들은 시간과 속도의 개념에 있어서 전조작기 아동들보다 개념적으로 정교하게 이해한다. 속도의 비율 개념도 정립하기 시작한다.

(4) 형식적 조작기

형식적 조작기(formal operations)는 대략 11세 또는 12세부터 시작하는 피아제의 최후 발달 단계에 해당한다. 16세경 완성되며 이후 성인기까지의 시기를 총칭하며 구체적 조작의 발달에 의존하지만 그 한계를 벗어나 확장되고 통합되어 완성된다. 충분히 발달하여 형식적 조작이 가능한 청소년은 인지적 능력에 있어서 성인의 인지적 능력과 동등

하다. 그러나 청소년의 사고가 반드시 성인 사고와 같은 것은 아니다. 인지적인 능력이 성인과 비교해서 똑같이 완성도가 있는 발달수준에 이르렀다는 뜻이다. 성인과 다른 결론을 내릴 수 있겠지만 이때의 청소년은 어떠한 종류의 문제라도 이를 능히 해결할 수 있는 논리와 추론을 충분히 발달시킨다. 직접적인 경험에 의한 사고들이 자유로워지며 이들의 사고 구조는 더욱 성숙해진다. 이들의 사고는 형식적 조작이 충분히 발달되었을 때 최고조에 이르며 그 이상의 구조적인 발달은 일어나지 않는다. 그러나 지능은 향상될 가능성이 있다. 생각하는 내용적인 측면이나 기능적인 측면에서는 세밀한 향상이나 종류적인 다양성이 일어날 수 있으며 이러한 것들이 성인과의 차이점을 만들어 낸다. 또한 모든 청소년이나 모든 성인들이 형식적 조작을 충분히 발달시키는 것은 아니다. 엘킨드 외 몇몇 연구자들은 미국 성인들의 1/2 정도만이 형식적 조작의 가능성을 발달시킨다고 분석하였다(Elkind 1962; Kohlberg & Mayer 1972; Kuhn et al., 1977). 즉 이 말은 그 밖의 많은 성인들은 계속 구체적 조작기 수준의 사고에 머물고 있음을 말해 준다.

형식적 조작은 구체적 조작과 기능적으로 유사하게 비쳐진다. 왜냐하면 둘 다 논리적인 조작을 사용하기 때문이다. 그러나 두 조작의 차이는 논리적인 조작을 적용시키는 사고의 적용 범위가 다르다는 것이다. 형식적 조작 사고가 훨씬 넓고 큰 것은 두말할 나위가 없다. 구체적 조작기 아동은 경험하였던 또는 경험할 수 있는 제한된 내용의 추론만 가능하다. 그들은 과거와 현재를 완전히 이해하지 못한다. 또한 미래와 관련된 복잡한 문제를 다룰 수 없으며 경험이 없는 가설적인 문제들도 다룰 수 없다. 구체적 조작기 아동들은 각각의 문제를 합칠 수 없으며 언제나 따로 다룬다. 따라서 추론은 협응할 수 없다. 그러나 형식적 조작이 충분히 발달한 아이들은 그러한 모든 문제들을 자유롭게 다룰 수 있다. 이들은 효과적으로 현재, 과거, 미래와 관련된 복잡한 언어적 문제뿐만 아니라 가설에 의해 만들어진 문제, 언어적으로 만들어낸 추론 등도 해결이 가능하다. 형식적 조작기 아이들은 이론과 가설을 통합하여 지적으로 체계화시켜 문제를 풀어나간다. 이들은 과학적인 추론을 하며 가설을 세우고 검증에 의해 문제를 푼다. 형식적 조작에 의한 사고는 가설-연역적, 과학-귀납적, 내성-추상적인 구조의 속성을 가진다.

가설-연역적 추론

구체적 조작기 아동은 문제를 해결하는 데 있어서 경험에 의한 방법, 하나씩 풀어나가는 방법, 실험의 반복을 통한 방법으로 인해 시간이 많이 걸린다. 그러나 형식적 조작기 아동들은 문제를 해결하기 위하여 경험하지 않은 일에 대해서도 한계를 넘어서 가설을 세우고 추론한다. 가설적 추론이란 지각과 기억을 넘어서서 자신이 직접 경험하지 못한, 알지 못했던 일에 대하여 가설을 세우며 추론하는 것을 말한다. 연역적 추론은 어떠한 전제로부터 최종 결론에 이르는 추론 또는 일반적인 것으로부터 특수한 것에 이르는 추론을 말한다. 따라서 가설-연역적 추론은 가설의 전제로부터 출발하여 연역적인 결론에 이르도록 하는 추론이다. 가령 "철수는 영희의 왼쪽에 있고, 영희는 기태의 왼쪽에 있다. 철수는 기태의 왼쪽에 있는가?" 하는 언어적 문제에 대해 형식적 조작기 아동은 가설 또는 전제로부터 연역적 추론을 통하여 문제를 맞힐 수 있다. 그러나 구체적 조작기 아동은 이런 연역적 추론 능력이 부족하여 문제를 해결하지 못한다.

또 다른 가설-연역적 추론의 유형은 잘못된 전제로 시작하는 가설에 의한 추론 능력이다. 이는 거짓 또는 비진실인 전제로부터 논리적인 결론에 이르는 능력을 말한다. 가령 아버지의 성(性)이 이씨인 자녀에게 "자네 아버지가 김씨라고 가정하자"라는 전제 또는 가설을 던진다면 구체적 조작기 아이는 아버지 이름은 이○○이기 때문에 이 문제는 받아들일 수 없는 문제이며 대답 또한 할 수 없는 것이 되고 만다. 그러나 형식적 조작기 아동은 기꺼이 잘못된 가정을 받아들이며 그 상태에서 문제를 추론할 수 있다.

과학-귀납적 추론(조합적 추론)

구체적 조작기의 아동은 문제를 풀기 위해 시행착오를 통한 해결을 시도한다. 몇 번의 실험과 시행착오를 거쳐 온전한 답을 찾아내며 그로 인해 경험들이 확장되고 축적된다. 그러나 형식적 조작기 아동은 문제를 풀기 위해 과학적인 추론과 귀납적인 추론을 이용한다. 귀납적 추론은 과학자들이 사용하는 추론과정으로 특수한 사실에서 일반적인 결론을 찾아내는 추론방법이다. 인헬더와 피아제는 형식적 조작기 아동들이 문제를 만났을 때 과학자들이 추론하는 방법과 비슷하게 추론하고 문제를 해결해나간다는 것을 발견하였다. 이들은 가설을 세우고 실험을 하였으며, 변인들을 통제하면서 세부적인 결과를 기록하였으며, 그 결과들로부터 최종적인 결론을 만들어 내었다.

과학적 추론의 특징은 조합적 추론이다. 이는 체계적으로 가능한 조합을 차례로 시도하여 결론에 도달하는 방법이다. 형식적인 추론이 가능한 아동은 서로 다른 변인을 같이 생각할 수 있으며 이들을 서로 협응할 수 있다.

내성-추상적 사고(반성적 추상)

형식적 조작기의 아동들은 사회적인 가치와 규범들을 이해하며 이를 지키려고 한다. 또한 삶의 의미를 생각하고 예술작품이 상징하는 것을 알며 이를 음미하고자 한다. 논리-수학적 지식은 사물을 물리적 또는 정신적 작용으로 조직하는 지식을 말한다. 반성적 추상은 관찰을 넘어서 정신적인 재조직을 일으킨다. 이는 사용할 수 있는 지식을 기초로 하되 내적 사고로 반영한다. 내적 반성은 새로운 지식으로 결과를 이끌어낸다.

4) 사회복지실천과의 관계

유아기 아동들에게 중요한 것은 감각과 지각의 발달이다. 아동들이 적절한 반응을 보이지 않아도 우리나라 부모들은 정확한 검사보다는 긍정적인 마음으로 아동의 인지발달 장애를 인정하지 않으려고 한다. '우리 아이가 어때서' 하는 심리가 있으며 이로 인해 많은 경우 뒤늦게 허둥지둥 할 때가 많다. 각 발달단계별로 이루어지는 인지발달이 이루어지지 않을 경우, 특히 유아기에는 세심한 관찰을 통해 자녀에 대한 정확한 진단과 치료가 필요하며, 부모로부터의 정서적인 지지가 지속적으로 제공되어야 한다.

인지발달이 적절하게 이루어지지 않을 경우 아동은 인지발달 장애를 나타낼 수 있다. 대부분 전조작기 아동들에게서 나타나는데, 지능이 평균보다 낮으며 이로 인한 적응 결함 때문에 대부분 18세 이전에 발생한다. 따라서 전조작기 아동들에게는 특별히 인지교육에 대한 중요성이 더욱 크다 할 것이다.

홀론과 벡(Hollon & Beck)에 의하면 인지치료란 '인지 또는 인지과정을 바꿈으로써 현재 존재하고 있는 또는 앞으로 예측되는 인지 왜곡을 수정하기 위한 시도에 대한 접근'이다. 따라서 적절한 발달이 이루어지지 않아 발생하는 인지발달 장애를 치료함에 있어서는 왜곡된 생각을 찾아내고 현실적으로 평가함으로써 이를 고치고 생활 속에 적용하여 지속적으로 반복하여 왜곡을 없애는 과정을 되풀이한다.

피아제는 아동의 학습이 어른에 의해 가르치는 대로 배우는 것이 아니라 스스로의 방식으로 학습을 하며 특히 아동의 사고체계가 어른과 다름을 일깨워줌으로써 인지발달에 대한 놀라운 시각을 각인시켜 주었다. 그의 지속적이고 끈질긴 아동관찰에 의한 연구에도 불구하고 그의 이론은 몇 가지 관점에서 비판을 받고 있다.

첫째, 피아제 이론에서의 인지과정은 자발적인 과정으로 어른의 지도 없이 스스로 인지구조가 발달된다고 보았다. 그러나 아동의 인지과정이 자발적인 과정으로 발달할 수도 있으나 훈련이나 연습 등에 의한 효과를 무시할 수는 없다. 많은 학자들은 훈련이나 연습을 무시한 것에 대하여 비판을 하고 있다.

둘째, 피아제는 인지발달의 각 단계에 도달하는 나이가 다소 유동적이라고 보았다. 그러나 유동적인 발달단계는 오히려 개인의 경험이나 문화에 따라 다르게 나타날 수 있다.

셋째, 피아제는 소수의 아동을 직접적인 관찰을 통하여 수집하였다. 이 방법은 다소 비과학적이며 전체의 대한 특징으로 보기 어려운 점이 있다. 물론 다른 연구자들이 이를 증명해 주기도 하였지만, 그의 도식, 적응, 평형과 같은 추상적인 개념들은 그것으로 발달과정을 증명하기 어려운 한계를 가진다.

제 4 장

인본주의 성격이론

1. 로저스의 현상학적 성격이론

1) 로저스의 생애

로저스(1902~1987)

칼 랜섬 로저스(Carl Ranson Rogers : 1902~1987)는 아브라함 매슬로와 함께 심리학의 '제3세력운동'으로 일컬어지는 인본주의를 대표하는 심리학자이다. 그는 인간중심 상담이론(person-centered counselling theory)을 체계화시켜 20세기 후반 이후 교육계와 상담학계에 매우 강력한 영향을 미치고 있다.

로저스는 1902년 1월 8일 미국 일리노이 주에서 종교적으로 엄격하고 윤리적인 청교도 집안에서 5남 1녀 가운데 네 번째로 태어났다. 그가 열두 살이 되었을 때 그의 부모는 농장으로 이사했는데 도시에서 멀리 떨어져 살아감으로써 자녀들에게 정직한 노동의 가치와 기독교적인 원리를 더 많이 키워줄 수 있을 것이라고 생각했다. 그는 가족 외에는 친구가 없어서 대부분의 시간을 집에서 책읽기와 사색으로 보냈으며 고독한 청소년기를 보내게 된다. 그의 고독은 고등학생 시절까지 이어졌다. 그러나 그 때 농장에서 얻은 과학적인 경작법은 젊은 청년에게 과학적 방법에 대한 지속적인 관심으로 발전하게 한다.

그 뒤 1919년 윈스콘신 대학에 입학하여 중세역사를 전공하였다. 그는 2학년이 되었을 때 부모님의 영향을 받아 목사가 되기로 결심하고 신학공부를 하게 된다. 대학에서도 종교활동에 깊이 관여하였는데 3학년 때 국제기독학생연합회에 12명의 미국 대표로 북경에 참석하여 6개월간 함께 생활하게 된다. 그러나 이 기간동안 그는 다양한 문화와 종교적 특성을 접하면서 그의 인생관과 종교관이 자유로워지고 보다 큰 가치관으로 바뀌어진다. 로저스는 이때 자신이 심리적인 독립을 성취했다고 생각했다. 1924년 사학과 졸업 후 비교적 자유로운 유니온 신학교에서 2년간 수학하였으며, 2학년 말 임상 및 교육심리학을 전공하기 위해 콜롬비아 대학에 진학하여 석사학위를 취득하였다. 1931년에는 콜럼비아대학교에서 '9~13세 아동의 성격적응 측정'이라는 논문으로 임상심리학 박사학위 취득하였다. 그는 1928년부터 10년 동안 뉴욕의 로체스터 '아동범죄 예방 모임 연구부'에서 심리학자로 있으면서 자신의 사상을 형성하였다. 이 연구부는 '로체스터 생활지도소'가 되었고 그는 그곳에서 1년 동안 연구소장으로 일하며 연구하게 된다. 그 후 1940년부터 1945년까지 오하이오 주립대학에서 심리학과 교수로 초빙되어 학생들을 가르쳤으며, 1945년에서 1957년까지는 시카고 대학에서 심리학과 정신의학 교수가 되어 풍부한 연구를 하였다.

1942년 『상담과 심리치료』를 저술하며 비지시적 상담방법을 개발하였다. 1951년에는 『내담자 중심치료』를 발간하였으며 '비지시적 상담'에서 '내담자 중심 상담'으로 개념과 명칭의 변화를 가져왔다. 1954년에는 『심리치료와 성격변화』라는 책의 발간을 통해 성격 이론을 확립시켰는데 이 책은 치료에서의 변화 요인들에 대한 다양한 연구보고서를 모아놓은 것이었다. 1957년 『치료적 변화와 필요충분조건』을 저술하며 심리치료의 이론을 완성하였다. 그 후 1964년에는 학교를 떠나 캘리포니아주의 라욜라 소재 연구소 'Center for Studies of the Person'에서 상담과 인간 본성에 대한 이론을 개발하고 실천하였다. 1968년에는 인간연구소를 설립하였고 1974년에는 '내담자 중심 상담'을 '인간 중심 상담'으 바꾸었다. 그러나 말년에는 동양적 종교에 심취하여 죽은 아내와의 심령적 만남을 시도하다가 비극적인 죽음을 맞이하였다. 그는 1987년 2월에 사망하였다.

2) 현상학이론의 특징

현상학이론(phenomenology theories)은 자기이론(self-theories)이라고도 하는데 각 개인에게 '현상이 나타나는 방식'과 각 개인이 그 현상을 어떻게 경험하고 느끼는지 관심을 둔다. 로저스는 '인간은 단순히 기계적인 특성을 가진 존재가 아니며 무의식적인 욕망의 포로도 아니다'고 하면서 인간에 대하여 '자신을 창조하는 과정 중에 있으며 삶의 의미를 창조하여 주관적인 자유를 실천해가는 존재'로 설명했다. 그는 인간의 성격에 대하여 본래부터 타고난다는 관점을 근본적으로 부정하여 프로이트와 반대 입장에 있다. 로저스는 인간이 태어날 때부터 특정한 성격유형을 갖고 태어나는 것이 아니며 다양한 주관적인 경험들을 통해 성격이 형성되는 것으로 보았다. 따라서 미리 정해진 성격 패턴은 없으며 각 개인이 가지는 삶의 경험에 따라 성격은 다르게 형성된다. 프로이트와 달리 로저스는 인간의 본질은 선하다고 보았다.

(1) 로저스의 인간관

프로이트를 중심으로 한 정통적인 심리이론에서는 인간에 대하여 본질적으로 비합리적이고 비사회적이며 자신과 타인을 파괴하고 공격하려는 존재라는 개념을 가지고 있다. 그러나 로저스의 인간중심의 관점은 인간을 합리적이고 사회적이며 발전적이고 현실적인 존재로 본다. 오히려 그 관점을 넘어서서 인간을 깊이 신뢰한다. 반사회적인 정서로 일컬어지는 질투나 적개심 등의 감정 역시 실재하지만 이는 통제되어야 하는 대상이 아니라 인간의 기본적인 욕구인 사랑, 소속감, 안정 등이 좌절되었을 때 나타나는 반응이다.

따라서 인간은 기본적으로 협조를 하며 건설적이고 진실하다. 인간은 방어하지 않을 때 긍정, 발전, 건설을 지향하는 사람이 된다. 그러므로 공격, 반사회적인 행동이나 충동을 통제하는 데 관심을 둘 필요가 없으며 건설적인 정서로 이끌어 주면 된다. 개인으로서 인간은 심리적인 부적응 요인들을 자각하는 능력이 있어서 자신의 부적응 상태에서 벗어나 심리적 안정 상태로 향하려는 능력이나 경향성을 가지고 있다. 그리고 이러한 경향성이나 능력은 치료 관계에서 치료자와 클라이언트 사이에서 길러진다. 따라서 로저스의 현상학적 이론에 의한 심리치료에서는 병리적인 문제를 해결하는 데 목적이 있는 것이 아니라 이미 개개인에게 존재하는 그 능력과 경향성을 찾아주고 활용하도록 하는 데 있다.

로저스의 '씨앗론'은 이러한 이론을 잘 설명해 준다. 개인의 씨앗이 성장할 수 있도록 물을 주는 합리적인 조건이 제공되면 씨앗은 성장하며 꽃을 활짝 피워 가능성을 발휘하게 되는 것이다. 치료자는 치료 과정에서 모든 것을 다 알아 해결사로 존재하는 권위주의자로 임하지 않으며, 내담자에게 치료의 진행에 대한 책임을 맡긴다. 따라서 내담자는 자신이 치료자의 지시에 따라가는 수동적인 존재라는 생각을 하지 않은 채 치료에 임할 수 있다. 로저스의 인간관은 다음과 같이 요약할 수 있다(Rogers, 1959, 1961; Hazler, 1995).

- 인간은 누구나 믿을 만한 존재이다.
- 모든 인간은 자기실현을 향하여 나아가는 경향성이 있다. 이것은 모든 인간에게 긍정적인 발전을 위한 내적 욕구가 있다는 것을 의미하는데, 자기실현 경향성은 다음과 같은 특성들을 보여준다(Mischel, 1994).

① 자기실현 경향성은 신체 전체의 생리적 과정에서 기인된다.

② 자기실현 경향성은 긴장 감소가 목적이 아니라 오히려 긴장을 증가시키기도 한다.

③ 자기실현 경향성은 모든 사람의 삶 속에서 그들의 경험이 평가되는 기준이 된다.

④ 자기실현은 완전한 최종단계가 아니라 좀더 능력 있는 사람이 되는 과정(on the becoming person)이다.

- 모든 개인은 자기실현의 동기와 욕구만이 아니라 자기실현을 위한 능력을 갖고 있다. 모든 인간은 각자의 계속적인 성장에 궁극적인 관심을 갖고 있으며, 자신의 자기개념과 태도를 변화시킬 수 있는 잠재능력을 가지고 있다.
- 인간은 개인마다 자신의 독특한 관점을 통해 세상을 이해한다. 모든 인간은 자기가 경험되고 지각되는 대로 반응하고 행동한다.
- 인간은 외부적 요인과 상호 작용하는 존재이다.
- 모든 인간은 끊임없이 성장해 나가는 존재이다.
- 모든 인간은 수동적인 과정이 아니라 능동적인 존재이다.
- 모든 인간은 자기가 중심이 되어 경험의 세계 속에서 살아간다. 인간의 행동은 목적지향적이다.

(2) 자기

자기(self)는 현재의 자신이 어떤 사람인가에 대한 개념을 말한다. 자신의 자아상을 말하며, '현재의 나'라는 존재의 인식과 '내가 할 수 있는 것'이라는 기능의 인식을 포함한다. 자기개념은 자신의 현재 모습에 대한 지각뿐만 아니라 이상적인 자기까지도 포함한다. 유아는 경험을 연속적으로 체험함으로써 자기를 인식하게 된다. 로저스는 자기를 개인의 현상적 또는 지각적 장인 경험의 전체성에서 분화된 부분이라고 보았다. 유아들은 처음부터 자기를 인식하지 못한다. 점점 부모나 자신을 알아보는 의미있는 사람들과 소통하고 상호작용을 하면서 자기 존재를 인식하게 된다. 그럼으로써 자기의 행동에 대한 다른 사람의 반응을 지각하고 이를 통해 일관성이 유지되는 자아상을 가지게 된다.

(3) 자기실현

로저스는 인간의 궁극적인 동기가 자기실현에 있다고 보았다(Rogers, 1959). 그에 따르면 인간은 누구나 유기체를 유지하며 향상시키려고 자신의 모든 잠재능력을 개발한다. 그러한 행동은 유기체가 가진 유일한 기본경향이다. 자기실현 경향성은 신체 전체의 생리적 과정에서 기인된다고 보았다. 인간은 태어나면서 무엇이 좋게 느껴지는지, 그렇지 않은지를 본능으로 구별하고 좋은 것을 취하고 개발하려고 노력한다. 사람은 누구나 자신을 밖으로 표현하고 인정받으려는 욕구와 잠재력을 가지고 있다. 자신만의 독특한 잠재력을 표출하고 실현하려는 경향성을 가진다.

3) 성격이론

로저스의 성격이론은 많은 임상연구와 경험으로 발전했다. 치료와 상담 과정에서 생긴 문제점과 의문들을 과학적으로 분석하고 검토하여 해결하고 이를 통해 이론을 종합하고 체계화하여 성격이론으로 발전시켰다. 인간중심치료는 성격이론 자체보다도 치료를 통해 인간의 성격이 어떻게 변화되는가에 더 많은 관심이 있다. 로저스는 인간의 성격에 대해 계속적인 성장과 실현의 가능성에 대해 이야기한다.

로저스는 성격발달이 자기(self)를 중심으로 이루어진다고 보았다. 그러나 성격발달 자체에는 큰 관심을 기울이지 않았으며 이로 인해 자기개념을 가지게 되는 구체적인 발달단계는 언급하지 않았다. 다만 유아기나 아동기에 다른 사람들로부터 어떤 평가를 받느냐에 따라 긍정적이거나 부정적인 자아상이 발달된다고 보았다. 인간에게 자기에 대한 의식이 생기면 다른 사람들로부터 수용, 존경, 사랑을 받고 싶은 욕구가 생기며 로저스는 이 욕구를 기본적인 욕구로 간주하였다(이혜성 역,

1982: 52). 긍정적인 관심을 받는 방법은 다른 사람들로부터 인정을 받는 것이고 이를 깨달은 아동은 다른 사람들에 의해 자기개념을 달리 가져간다. 이러한 긍정적 관심에 대한 욕구는 아동들에게 어떤 희생도 감수하도록 만든다.

로저스는 무조건적인 긍정적 관심(unconditional positive regard)은 인간이 건강한 성격을 발달시키는 데 있어 가장 중요한 요건이라고 보았다. 무조건적인 긍정적 관심은 어떤 경우에나 반드시 주어지는 완전하고 진실된 사랑과 존중을 뜻한다. 아동이 잘못을 저질렀거나 실수했거나와 상관없이 주어지는 긍정적인 관심이다. 어린 아이가 어떤 행동을 하더라도 어머니는 사랑과 애정을 기울인다. 그러나 그렇다고 해서 아이의 행동을 무조건 옹호해 주어야 한다는 것은 아니다. 다만 아이는 그러한 긍정적인 관심을 받을 때 유기체로서 자신의 욕구와 자기개념에 따라 행동하게 되어 자신을 가치있는 존재로 판단하며 성장하게 될 것이다.

(1) 성격구조

로저스는 인간의 성격의 핵심적인 요소로 크게 유기체, 현상적 장, 자아의 세 가지를 들었다. 먼저 유기체란 인간 전체를 말한다. 우리 인간은 경험에 대한 반응을 할 때 국소적으로 부분만 반응하는 것이 아니라 유기적으로 전체가 반응한다. 몸과 정신 전체가 함께 반응을 보여준다. 유기체(organism)는 개인이 가지고 있는 사상, 언어, 정신, 행동 그 밖의 신체적인 영역 모두를 포함하는 전체의 인격체로서의 개인을 이른다. 로저스는 인간에 대하여 출생할 때부터 자신만의 고유한 개성, 무한한 잠재력, 문제를 해결할 수 있는 지혜를 가지고 있다고 생각하였다. 이를 유기체의 내재적 지혜라고 한다. 두 번째의 현상적 장이란 인간이 경험하는 모든 것, 모든 세계를 가리킨다. 이 세계는 끊임없이 변화하는 세계이다. 개인의 외부 환경뿐만 아니라 내면적인 요인을 모두 포함하는 세계이다. 마지막으로 자아는 로저스가 성격이론 가운데 가장 중요하게 여기는 개념이다. 자아는 전체적인 현상적 장 또는 지각적 장에서 분화된 부분으로 나에 대해 스스로 부여하는 일련의 인식과 가치로 구성된다. 자아는 성격구조의 중심이고 성격 발전의 핵심 요소이다. 자아는 유기체의 행동이 일관되게 일어나도록 한다(Rogers, 1951).

(2) 충분히 기능하는 인간

사람은 누구나 자아실현을 위한 욕구를 가지고 있는데 로저스는 이러한 건강한 삶 또는 이상적인 삶을 살아가는 사람을 '충분히 기능하는 사람(the fully functioning person)'이라고 했다. 여기에서 말하는 건강한 삶 또는 이상적인 삶이란 고통과 시련 등 힘들고 어려운 문제가 닥치더라도 자아실현을 위해 이를 긍정적인 생각으로 적극적으로 극복해 나갈 수 있는 삶을 말한다. 충분히 기능하는 인간은 자신에 대해 속이지 않으며 가식하거나 숨김없이 사실을 말하는 사람이다. '충분히 기능하는 인간'은 스스로를 인정하고 자신의 잠재력과 재능을 발휘하여 더 좋은 방향으로, 더 발전하는 방향으로 나아가는 사람을 말한다. 충분히 기능하는 인간은 다음과 같은 특성을 가진다.

① 경험에 대한 개방성(an openness to experience)

건강한 사람은 자신에게 닥친 슬픔과 고통을 있는 그대로 받아들인다. 삶의 수레바퀴 속에서 자녀의 사망과 같은 감당하기 힘든 시련을 만나더라도 패닉(panic, 공포상태)에 빠지거나 삶을 체념하지 않고 겸허하게 자신에게 다가온 세상을 받아들인다. 그러나 자아실현의 욕구가 낮은 사람은 자신의 경험을 바로 보지 못하며 자신은 물론 타인까지도 신뢰하지 못하게 된다.

② 실존적인 삶(existential living)

건강한 사람은 자신에게 주어진 삶을 최대한 누리며 살아간다. 자신에게 주어진 경험을 소중하게 그리고 긍정적인 마음으로 받아들인다. 그러나 자기방어적인 사람들은 새롭게 다가오는 경험이나 자극들을 왜곡시킨다. 실존적인 삶은 건강한 사람의 본질적인 특징이다.

③ 자신의 유기체에 대한 신뢰(a trust in one's own organism)

건강한 사람은 최종적인 결정을 내리거나 선택해야 하는 상황이 오면 자신에게 축적된 경험들을 분석하여 접근한다. 그렇게 해서 내린 결정은 스스로 만족할 만하다. 로저스는 인간의 유기체적인 감각이 지성이나 지식보다 더 믿을만하다고 하였는데, 이는 자신의 경험을 신뢰하고, 경험의 신뢰는 결정을 신뢰하며, 결정의 신뢰는 자신의 전 유기체에 대한 신뢰로 이어진다.

④ 자유의식(a sense of freedom)

건강한 사람은 자신의 선택과 행동에 더 많은 자유함을 가진다. 건강하지 못한 사람은 타인을 의식하게 되어 자신의 행동에 제약을 가져온다. 내가 이렇게 하면 사람들이 어떻게 생각할까 하는 걱정으로 진정한 자신을 표현하지 못한다. 그런 사람들은 감정마저도 눈치를 보게 된다. 내가 운다면 사람들이 어떻게 생각할까 하며 차마 울지도 못하고 웃지도 못한다.

그러나 건강한 사람은 감정 표현도 자유를 누리며 자신의 삶에서 더 많은 선택의 기회를 가진다. 로저스는 인간은 자신의 삶과 선택에 책임을 지는 존재라고 하였다. 자유는 책임을 수반한다. 건강한 사람은 자신의 인생이 일시적인 상황이나 사건에 의해 결정되지 않는다고 믿기 때문에 자기 자신의 고유함으로 폭넓은 결정을 하게 된다.

⑤ 창조성(creativity)

건강한 사람은 매우 창조적이다. 창조적인 사람은 자신의 생활 주변에서 긍정적인 시각으로 변화와 자극을 발견하고 성공을 추구한다. 발전적인 삶을 위해 노력하며 예측하지 못한 상황에 대해서도 의연하게 대처한다. 로저스는 모든 경험에 개방적이고, 자신의 유기체에 대한 신념이 있으며, 자신의 결정과 행동에 융통성 있는 사람들이 창조적인 건강한 사람이라고 하였다.

4) 사회복지실천과의 관계

로저스는 클라이언트 중심의 시각으로 모든 문제를 바라보는 획기적이면서도 서회복지실천에 꼭 필요한 이론을 주장함으로써 사회복지는 물론이며 심리치료와 상담영역에서도 상당한 공헌을 하였다. 특히 그의 이론은 인간본성에 대하여 자기개념의 중요성을 강조하고 모든 관점이 긍정적이라는 측면에서 많은 치료자들로부터 공감을 받고 있다. 그러나 로저스의 이론은 다음의 몇 가지 측면에서 비판을 받고 있다.

첫째, 로저스 이론은 인간의 기본적인 본성에 있어서 선한 측면을 지나치게 강조하고 있다. 그러나 이러한 가정에는 여전히 의문이 많다. 인간의 악한 면과 부적응적인 인간에 대한 설명이 부족하다. 나아가 인간 행동은 인간의 본성에 의해서만 나타나지 않는다.

둘째, 로저스 이론은 클라이언트 중심의 시각으로 봄으로 인해 지나치게 클라이언트의 말에 의존한다. 그러나 클라이언트가 순전하며 무고하다고 볼 수 없으며 그의 신뢰도와 타당성을 의심할 수 있다.

셋째, 로저스 이론은 개인의 무의식적인 측면을 무시하는 경향이 있다. 로저스의 무조건적인 긍정적 관심, 공감적 이해가 중요하다면 그에 못지않게 개인의 상징화된 경험도 인식할 수 있어야 한다.

2. 매슬로의 인본주의적 성격이론

아브라함 매슬로(Abraham Maslow) 이론의 기본적인 전제 세 가지는 다음과 같다. 각 개인은 통합된 전체로 간주되어야 한다. 인간의 본성은 본질적으로 선하며, 인간의 악하고 파괴적인 요소는 나쁜 환경에서 비롯된 것이다. 창조성이 인간의 잠재적 본성이다(Maslow, 1970). 매슬로는 행동주의와 정신분석적 입장을 부정하였다. 정신분석에 대해서는 신경증적인 행동을 정신병리적으로만 강조하여 건강한 성격의 발달을 다루지 못했다고 보았으며, 행동주의에 대해서는 인간을 관찰 가능한 단순한 행동체계로만 취급하여 가치관이나 창조성 등의 인간적인 측면을 놓쳤다고 보았다(Maslow, 1968).

매슬로는 유전구조 속에 잠재적인 재능이나 흥미가 결정되어져 있으며, 이러한 유전적 토대를 바탕으로 주변 환경에 의해 자기실현을 이룬다고 보았다. 매슬로는 인간본성에 대하여 긍정적 견해를 가지고 있어 사회복지실천에 중요한 관점을 제공해주었으며, 매슬로의 욕구이론은 사회복지사가 클라이언트에게 욕구평가를 할 때 유용한 지침이 되어준다.

1) 매슬로의 생애

매슬로(1908~1970)

아브라함 매슬로(Abraham Maslow)는 1908년 4월 1일 뉴욕 브루클린에서 태어났다. 러시아에서 이민 온 교육받지 못한 유대인 부모의 7남매 가운데 장남으로 태어난 매슬로는 유대인 이웃이 없어 불행하게 자랐다. 아버지의 권유로 법학공부를 하였으나 2주 만에 그만 두고 왓슨(Watson)의 행동주의에 영향을 받아 1930년 위스콘신 대학에서 심리학 학사를 받았다. 1934년에는 심리학 박사학위를 받았다. 이후 1951년까지 부르클린 대학에서 교수로 재직했다. 매슬로의 학위논문은 행동주의에 토대를 둔 원숭이의 성적 특성과 지배 특성에 관한 것이었다. 그러나 그는 첫 딸이 태어난 뒤 아이의 복잡한 행동을 관찰하면서 행동주의는 사람보다 동물에게 더 적합하다고 믿게 되었다. 이후 제2차 세계대전을 경험하면서 인간에 대한 편견과 증오 등으로 인본주의 심리학으로 전환하였다. 매슬로는 1970년 6월 8일 62세의 나이로 심장마비로 사망하였다.

2) 욕구이론의 특징

(1) 기본 전제

매슬로의 욕구이론은 다음과 같은 기본 전제를 가지고 있다.

- 각 개인은 통합된 전체로 간주되어야 한다.
- 인간의 본성은 본질적으로 선하며, 인간의 악하고 파괴적인 요소는 나쁜 환경으로부터 나오는 것이다.
- 창조성이 인간의 잠재적 본성이다.

(2) 인간에 대한 관점

매슬로는 로저스와 같이 인본주의로서 인간에 대하여 본성이 선하고 자기실현을 긍정적인 과정으로 갈망한다고 보았다. 모든 인간은 태어날 때부터 자기실현을 이루고자 하는 경향이 있다. 또한 자신의 능력을 최대한 발휘하고 싶어하며 다른 사람에게 알리고 싶어한다. 인간은 자신의 능력을 스스로 개발하고 인격이 성숙되는 것을 기쁘게 여긴다. 인간은 받은 것을 다시 사회에 환원하는 존재이다. 기꺼이 그럴 수 있으며 오히려 그 속에서 보람을 찾는다.

인간은 자기실현을 위한 본능적인 욕구를 가지고 있다. 그러나 아주 소수의 사람들만 자기실현을 이루기 때문에 대부분의 사람들은 욕구를 충족하기 위한 갈망을 간직한 채 살아간다. 또 인간은 자기실현 외의 다른 본능적인 욕구들을 가진다. 이런 본능에 의한 욕구들은 스스로를 성장하고 성숙하게 하며 발달하게 한다. 또한 자기 자신을 실현시키고 성취시키며 성숙하게 하는 마중물이 된다.

인간은 잠재력과 창조성도 태어날 때부터 가지고 나온다. 따라서 본능의 욕구 외에도 창조성으로 인해 많은 일들을 수행할 수 있으며 특별한 자질이나 능력을 요구하지 않는다. 대신 잠재력은 개발할 수 있으며 열심히 노력하면 누구나 이상적인 실존적 경지에 도달할 수 있다고 본다.

(3) 발달적 관점

매슬로는 로저스와 마찬가지로 나이에 따른 발달단계를 언급하지 않았다. 자기실현을 이루려는 과정은 특별한 연령대를 가리지 않고 전 발달단계에 고루 퍼져있다. 다만 조금씩 나이를 먹을수록 상향적인 경향을 가지고 있다.

유아들은 생리적 욕구가 가장 높다. 그러나 그 뒤 안전에 대한 욕구가 생기고 그 다음에는 소속의 욕구, 애정의 욕구가 강해진다. 중년에 이르면 다양한 학습 경험이 있고 소득이 높기 때문에 자기실현에 대한 욕구 충족에 더욱 집중할 수 있다. 다만 실업 상태이거나 질병의 악화로 관계가 끊어질 경우에는 낮은 수준으로 욕구를 강조하기도 한다.

매슬로는 자기실현에 대하여 선천적인 욕구로 보았다. 다만 어린 시절에 경험한 많은 것들이 성인이 되어서 자기실현에 큰 영향을 끼친다고 보았다. 태어난 지 2년이 지난 아동은 적절한 사랑과 안전 그리고 존중이 필요하다. 이 시기에 이러한 욕구가 충족되지 않으면 자기실현으로의 성장은 매우 어려울 것이라며 생후 2년의 시기를 강조하였다.

(4) 자기실현 욕구를 충족한 사람의 특징

자기실현의 욕구를 충족한 사람들은 다음의 특징을 갖는다.

- 자발적이고 솔직하며 꾸밈이 없고 자연스럽다.
- 자기 자신, 다른 사람, 다른 사물 일반에 대하여 특별한 불만을 가지지 않으며 있는 그대로 수용한다.
- 주어진 현실 상황에 대하여 정확하고 완전하게 지각하며 편안한 상태를 유지한다.
- 사물을 바라보고 생각하는 정도가 늘 독창적이고 창의적이다.

- 독재적이지 않으며 민주적인 이상을 중요시한다.
- 자율성을 좋아하며 굴레와 억압에 얽매이는 것을 싫어하여 물리적이거나 사회적인 환경에 구애받지 않고 행동한다.
- 자신에 대하여 나쁘게 생각하지 않으며 혼자 생활하는 것에 대하여 불편해하지 않는다.
- 자기 자신 이외의 다른 사람, 다른 사물, 다른 환경에 대한 문제에 대하여도 집중한다. 자기 자신의 내부 문제에만 매달리지 않는다.
- 신비의 체험을 하며 절정의 경험을 느낀다.
- 깊은 인간관계를 형성하며 자기 자신을 존중하고 사랑한다.
- 수단과 목적을 구분하며 선과 악을 구별하여 합리적으로 사고하고 행동한다.
- 사회, 환경, 타인에 대한 적개심이 없으며 훌륭한 유머감각을 소유하고 있다.

3) 욕구체계

(1) 욕구체계의 개념

매슬로는 인간행동의 동기가 되는 욕구체계를 다섯 단계로 구분하여 설명하였다. 인간의 욕구는 강한 것으로부터 약한 것으로 보편적이며 선천적인 동기에 의해 일어나는데 강도의 순서에 따라 단계적으로 배열된다. 그 순서는 생리적 욕구 - 안전의 욕구 - 소속과 애정의 욕구 - 자기존중의 욕구 - 자기실현의 욕구의 체계로 되어 있다. 이러한 단계별 욕구는 가장 하위 계층의 기본적인 욕구가 충족되어야 다음 단계의 욕구를 갈망하게 되며 가장 최고 수준의 자기실현욕구에 이를 때까지 계속 갈망하게 된다.

매슬로는 다른 이론의 욕구 개념과 구별하기 위해 자신의 욕구개념을 두 가지 형태로 구별하였다. 제1형태 욕구는 기본적인 욕구 또는 결핍성의 욕구(deficiency need)라 하여 음식, 집, 물, 쾌적함, 신체적인 안전함, 사랑과 애정, 존경 등에 대한 욕구이다. 제2형태 욕구는 성장욕구(meta need) 또는 자기실현 욕구(selfactualization need)라 하여 잠재능력이나 재능, 창조성 등을 발휘하려는 욕구를 말한다(Maslow, 1968). 매슬로는 신경증 현상이 결핍성 질환이라고 생각하였다. 즉 기본적인 욕구가 만족되지 않을 때 신경증이 생긴다고 보았다. 신경증은 안전이나 소속, 애정, 친밀감, 존경, 위신 등에 대한 욕구가 충족되지 않은 것과 관련이 있다.

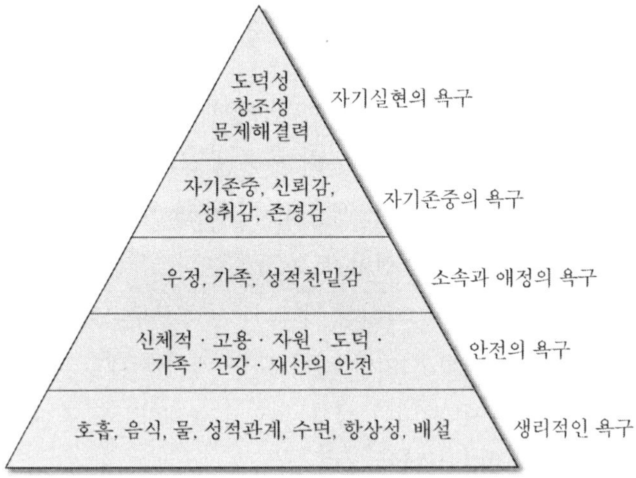

〈그림 4-1〉 매슬로의 욕구체계

매슬로에 의하면 제1형태 욕구는 일곱 가지의 특징을 가진다. 첫째, 욕구가 결핍되면 병이 생긴다. 둘째, 욕구가 충족되어 있는 상태면 병이 예방된다. 셋째, 욕구를 충족시켜 주면 병이 회복된다. 넷째, 만약 자유롭게 선택할 수 있는 상황이라면 욕구 충족이 결핍되어 있는 사람은 우선적으로 그 욕구를 먼저 충족시키려고 한다. 다섯째, 건전한 사람에게는 결핍성의 욕구가 기능적으로 존재하지 않는다. 여섯째, 욕구란 의식적이거나 또는 무의식적인 바람이다. 일곱째, 욕구를 느끼는 것은 그것에 대한 부족감이나 결핍감 때문이다.

(2) 욕구체계의 단계

① 생리적인 욕구(physiological needs)

음식, 물, 산소, 수면, 성, 배설 등에 관한 욕구를 말한다. 이러한 욕구는 생존과 직접적으로 연결되어 있는 욕구이며 유기체가 살아가는데 필수적으로 필요한 것들이다. 다음 단계의 욕구가 충족되려면 생리적인 욕구가 충족되어 있어야 한다. 생리적인 욕구는 모든 욕구 가운데 가장 강력하며 기본적이다. 만약 음식, 안전, 사랑, 존중이 결핍된 사람은 그 가운데 가장 먼저 배고픔을 해결해야만 한다.

② 안전에 대한 욕구(safety needs)

생리적인 욕구가 충족되고 나면 신체적인 안전, 재산에 대한 안전 등 안전에 대한 욕구가 생긴다. 이 때의 안전에는 신체적인 안전은 물로 심리 정서적인 안전이 모두 포함된다. 안전 욕구는 안전, 질서, 고통회피, 안정, 보호, 확실성, 불안과 공포로부터의 해방 등에 대한 욕구를 말하며 사회의 법이나 질서 또는 권위에 대한 위협이 있을 때 더 커지고 절박해진다. 이런 상황이 오면 독재나 군사지배를 더 쉽게 받아들이는 심리적인 상태가 온다.

③ 소속과 애정의 욕구(belonging and love needs)

생리적인 욕구와 안전에 대한 욕구가 충족되면 가족과 동반자 또는 파트너에 대한 욕구가 생겨난다. 어딘가에 소속되고 싶고 친밀한 애정으로 사랑을 나누고 싶어하는 욕구가 생겨난다. 집단의식이 개인의 중요한 목표가 되며 애정을 주기도 하고 받기도 하는 욕구가 필요해진다. 가족을 꾸리고 자녀를 낳고 지역사회와 직장에 소속되거나 동호회 활동 또는 인터넷 카페, 트위터, 페이스북 등의 소셜네트웍 등을 통해 끊임없이 소속되고 사랑을 나누려고 한다. 그러나 현대사회의 가변화는 이러한 욕구를 영구적으로 만족시키지 못한다. 그렇지만 건강한 사회가 되려면 애정욕구와 소속 욕구가 충족되어야 한다.

④ 자기존중에 대한 욕구(esteem needs)

줄여서 자존 욕구라고 하며 다른 사람으로부터 존경받고 싶은 욕구를 말한다. 이 욕구는 자기자신도 그 대상에 포함되며 스스로도 존중받고 싶어한다. 자기존중이라 함은 신뢰감, 성취감, 존경감, 적합성, 독립, 자유, 능력 등을 포함하며, 다른 사람에 의한 존중은 명성, 지위, 평판, 수용, 영광, 명예, 주목받음, 위신, 사회적인 성공을 말한다. 우선적인 욕구는 다른 사람으로부터의 존중이다. 다른 사람에게 인정받고 존중을 받을 때 자기 자신에 대한 신뢰가 생긴다.

⑤ 자기실현에 대한 욕구(self actualization needs)

위의 네 가지 욕구가 충분히 채워지면 자기실현에 대한 욕구가 생긴다. 이는 자신의 잠재력을 표현하고 성취하고 싶어하는 욕구이다. 자기실현은 인간의 모든 능력을 최대한 개발하여 사용하고, 모든 소질과 재능을 발휘하는 것이다. 그러나 이러한 자기실현의 구체적인 목표는 개인마다 가치관에 따라 달라진다. 가령 오지에 가서 가난한 아이들을 도우며 사는 것을 자기실현이라고 생각하는 사람은 모든 재산을 정리하고 아프리카로 날아갈 것이다. 어떤 사람은 학창시절 못다 이룬 바이올린 연주의 꿈을 성취하려는 자기실현도 있고, 중년의 나이에 미술공부를 하여 개인전시전을 열려고 하는 자기실현도 있다. 60이 넘어서 영어공부를 하여 해외 관광자들에게 자원봉사를 하는 자기실현과 자녀들을 모두 출가시키고 부부가 세계여행을 떠나는 자기실현도 있을 수 있다.

자기실현이 충분히 성취되면 정의와 진리, 질서와 조화, 아름다움을 추구하며 늘 감사하고 타인과 만족스러운 관계를 유지한다. 도덕적인 가치의 수준이 높아 물질적이고 외적이지 않고 내면의 가치를 높이고 창조적인 사람이 된다. 자신과 타인을 사랑하고 수용하며 문제 해결 능력이 있으며 자기 주도적인 삶을 살아간다. 만약 생리적 욕구나 기타 욕구들이 충족되더라도 자기실현의 욕구가 충족되지 않으면 좌절감, 열등감, 불안감 등을 느낄 수 있을 것이다.

사다리처럼 생긴 매슬로의 욕구체계는 차근차근 밟아 올라가는 사다리처럼 욕구 충족이 이루어진다. 다섯 욕구는 동시에 일어나지 않으며 어느 특정한 순간에 한 가지 욕구만이 강하게 나타나는데 이 때에는 이전 단계의 욕구가 만족되어 있어야 한다. 따라서 가장 강력한 욕구는 첫 번째의 생리적인 욕구이며 이 단계가 충족되어야 안전의 욕구가 일어난다. 가령 몇 끼를 먹지 못하면 눈 앞에 음식이 오락가락 지나다니는데 다른 것은 아무것도 보이지 않는다. 오직 먹을 생각만 뇌에 가득해진다. 이때에는 재산의 안전에 대한 생각이 욕구로 끼어들 틈이 생기지 않는다.

매슬로의 욕구단계는 비록 낮은 단계의 욕구가 충족되어야 다음 단계 욕구를 의식하거나 동기화 된다. 그러나 이는 다음 욕구를 위해 하위 단계의 욕구가 완전히 충족되어야 한다는 것을 뜻하는 것은 아니다. 많은 경우 대부분의 사람은 하위 단계의 욕구들을 100% 충족시키지 못한다. 가령 배고픔의 욕구가 100% 충족되지 않았다고 해서 가정의 안전에 대한 욕구가 생기지 않는 것은 아니다. 많은 경우 어떤 욕구는 충족되고 어떤 욕구는 충족되지 못한다. 생리적 욕구는 80%가 충족되고 안전 욕구는 50%, 소속과 애정 욕구는 30%, 자기존중 욕구는 20%, 자기실현의 욕구는 10%가 충족될 수 있다. 배가 고프고 벌어들이는 돈이 적더라도 끼니를 굶으면서 책을 사보거나 자기실현을 위해 돈과 시간을 투자하는 사람들이 있다. 또한 매슬로는 욕구의 단계 서열에 예외가 있음을 인정하였다. 단식하며 자신의 뜻을 주장하는 사람, 안전 욕구를 무시한 채 목숨을 내어 놓고 맡겨진 일을 완수하는 사람, 더 높은 이상을 위해 가족과 헤어지는 사람 등 많은 예외적인 경우가 존재하고 있다.

4) 사회복지실천과의 관계

매슬로는 인본주의 이론의 최종적인 틀을 만드는 데 기여했다. 그는 낙관주의를 가지고 정신역동이론이나 행동주의이론과 달리 인간의 창조성을 강조하였다. 그는 행동주의의 동물연구에 대하여 부적절성을 지적하였으며, 인간 행동 연구의 새로운 장을 개척하였다. 그러나 매슬로 이론은 몇 가지 측면에서 비판을 받고 있다.

첫째, 매슬로 이론에서 사용하는 개념들이 개념으로서의 명확성이 부족하다.

둘째, 매슬로는 나이에 따른 발달을 따로 설명하지 않았다. 그는 전 연령층에 걸쳐 다섯 단계의 욕구가 일어난다고 하였다. 그러나 발달은 나이의 증가에 따라 현저한 변화가 있다.

셋째, 매슬로는 다섯 단계의 욕구가 순차적으로 일어난다고 하였다. 그러나 인간욕구는 사람에 따라서 복잡성과 다양성을 가지고 있기 때문에 반드시 순차적인 욕구가 일어난다고 볼 수 없다.

넷째, 매슬로는 건전하고 창조적인 인간을 지나치게 강조함으로써 인간 행동에 영향을 미치는 환경과 내적인 측면의 영향을 무시하고 있다.

제3부

인간발달단계

발달(development)은 수정부터 사망하기까지 일어나는 체계적인 일련의 변화이다. 모든 인간은 남자의 정자와 여자의 난자가 만나 수정하면서 개인의 역사가 시작되고 마지막 호흡을 멈춤으로써 개인의 역사를 끝내는 동안 수없이 많은 발달 변화를 경험한다.

인간발달(human development)은 신체변화, 심리변화, 인지변화, 사회성발달, 대인관계, 가족관계, 자아정체감 확립 등 각 단계별 발달시기에 완성하는 발달과업에서의 변화를 뜻한다. 우리는 태어나서 죽는 그 순간까지 성장하고 발달한다.

적어도 인간발달에 대한 연구는 인간의 행동이 상향적으로 또는 지향적으로 변화될 때 발달이라고 할 수 있다. 여기서 상향적 변화란 변화의 방향이 바람직한 방향으로 변화되는 것을 의미하며, 양적으로 전보다 더 증대되기도 하고, 기능적으로도 전보다 더 유능해지고 세련화될 때 발달이라고 한다. 뿐만 아니라 신체의 구조나 신경구조 및 정신구조 등이 전보다 더 정밀해지는 변화가 될 때도 발달이라고 한다. 그러므로 어떤 사람의 행동 즉 신체적 정신적인 행동이 이전보다 더 다양화되고 다채로워지며 전보다 더 능숙해지고, 행동의 구조 역시 전보다 더 정밀해지며 정교해져 가는 변화를 보일 때 우리는 이를 발달이라고 할 수 있다.

성장(growth)은 신체적으로 키가 커지거나 몸무게가 늘어나는 등의 양적으로 변화하는 현상을 뜻한다. 성숙(maturity)은 신체적인 변화 중에서도 기기, 앉기, 서기 등과 같은 운동기능이라든가, 눈동자의 움직임이 활발해지는 등의 감각기능과 여러 가지 내분비선의 변화에 의해 생기는 신체기능이 유능하게 되는 것을 의미한다. 즉 성숙은 내적 매커니즘 또는 유전적 메커니즘에 의해 일어나는 신체적인 변화 또는 심리적인 변화를 뜻한다. 성장과 성숙은 발달의 배경과 원인이 될 수 있고, 발달을 도와주는 관계에 있지만, 발달의 개념과 동일시될 수 없다(권이종 외, 2007).

〈표 1-1〉 발달단계별 발달과제

특징 / 단계	신체 발달	심리 발달	사회 발달
태아기 (임신-출생)	-모태의 자궁에서 태반을 통해 필요 영양소 공급	-임산부의 신체적 건강상태와 정서상태가 태아에게 많은 영향 미침	-여성의 사회활동과 과도한 업무로 신체적 과로와 스트레스에 노출됨
영아기 (0-2세)	-신체적으로 성장함 -감각 및 운동기능이 성숙함	-감정이 분화됨 (감각운동지능, 즐거움, 분노 등)	-사회적 애착이 확립됨
유아기 (3-6세)	-감각기능 발달(미분화→세분화) -다양한 운동 가능	-호기심 증가 -직관적 사고능력 발달	-또래집단과 접촉으로 사회적 관계 습득 -친사회적 행동학습
아동기 (6-12세)	-성장과 발달의 원만한 진행 -신체의 체계 안정	-보존개념, 분류화, 서열화, 탈중심화 -근면성 발달	-또래관계에서 학교생활 적응 -대인관계 발달 -집단에 대한 소속감
청소년기 (12-24세)	-급격한 신체적 성숙	-정서변화 강함 -극단적 정서 경험 -질풍노도의 시기 -자아정체감의 기반형성	-부모의 통제를 거부하고 논리적으로 비판, 반항 -친구관계에서의 가치관을 가족관계에서 적용
성인초기/ 청년기 (24-40세)	-최상의 신체적 상태	-확고한 신념 발달 -자아정체감 형성	-직업적 요구사항 인식과 대처능력 -직장동료와 긍정적 상호관계 형성
성인중기/ 중년기 (40-65세)	-신체적 능력과 건강의 감퇴 -성인병 가능성 시작	-타인의 욕구 예측 -미래계획 제시 -부부간의 애정 재정립 -생산성 대 침체 -중년기 위기 극복	-가족성원의 성장 발전을 지원할 수 있는 환경 조성 -직업 활동에 몰두 -여가선용
노년기 (65세 이후)	-신체적 능력 쇠퇴 -노인성 치매 -평균 수명 연장	-자아정체감과 자아존중감 저하	-직업 은퇴로 사회관계 축소 -원만한 부부관계 -자녀와의 유대관계 중요 -여가시간 활용

제 1 장

태아기

인간의 위대한 역사는 정자와 난자가 공식적으로 만나는 그 순간부터 시작된다. 인간의 생명이 언제부터인지, 그 기원에 대한 논쟁은 오랜 세월 동안 진행되었다. 난자론자는 여성의 난소가 배아를 가지고 있으며 이 배아는 남성의 정자에 의해 활성화된다는 쪽이었고, 반대의 정자론자는 남성의 정자에 배아가 있어 자궁 안으로만 들어가면 자라난다는 쪽이었다. 그러나 배아가 미리 만들어져 존재한다는 오류는 독일 해부학자 울프(K. F. Wolff)에 의해 부모 두 사람 모두 새 생명의 시작에 기여하며, 이 생명은 미리 형성되어 있지 않고 남성세포와 여성세포가 합쳐져서 구성되는 단순세포로부터 성장되는 것임을 입증함으로써 역사의 뒤안길로 사라졌다.

인간의 성장은 정자(spermatozoon)와 난자(ovum)가 만나 이루어지는 수정으로부터 시작된다. 아기가 세상으로 나와 힘찬 울음을 터트리기 훨씬 이전부터 인간의 발달은 이루어진다. 어떤 정자와 어떤 난자가 어떻게 만나느냐 하는 것은 앞으로 태어날 어린아이의 출생, 즉 남성과 여성의 결정부터 성장하면서 어떤 모습으로 자라는지가 결정되는 아주 중요한 의미를 지닌다.

1. 수정

수정(fertilization)은 남성의 정자 한 개가 여성의 난자 한 개와 결합하여 하나의 세포를 형성할 때 일어난다. 난자와 정자는 배우체(gametes) 또는 성세포(sex cells)라고 불린다. 난자는 여성의 생식세포로서 인체 안에 있는 가장 큰 세포이며 직경은 0.14~0.2mm이다. 난자는 여성이 월경을 할 때 한 달에 하나씩 난소에서 배출된다. 정자는 난자의 약 40분의 1 크기이며 올챙이 모양으로 긴 꼬리를 가지고 자유롭게 움직인다.

수정은 월경 기간의 시작에서부터 대략 14일이 지나면 일어난다. 배란(ovulation)은 성적으로 성숙한 여성에게서 대략 28일마다 한 번씩 일어난다. 두 개의 난소 중에서 하나에 있는 한 개의 성숙한 난포(follicle)가 파열하여 한 개의 난자를 배출한다. 여성의 몸에서 배란이 일어날 때, 즉 난소에서 성숙한 난자가 나와 나팔관 끝을 통해 체강으로 들어가 있을 때, 그 곳에 남성의 정자가 질 안에 도착해 있어야 한다. 수정은 난자와 정자가 합해지는 바로 그 순간에 정확하게 일어나며 정자와 수정하지 못한 난자는 분해되어 자궁을 통과해 질을 통해 배출된다.

수정은 대체로 난소에서 가장 가까운 나팔관 3분의 1 가까운 지점에서 일어난다. 남성이 사정을 하면 정자는 난자를 만나기 위해 나팔관을 향해 질주한다. 꼬리를 가진 정자는 난자를 만나기 위한 2시간 가량의 힘겨운 여행을 한다. 대부분의 정자는 사정 후 12시간에서 48시간 동안 난자를 수정시킬 수 있는 생명력을 유지한다. 그러나 일부 정자는 72시간까지 생존하기도 한다. 수정이 일어나지 않으면 정자세포는 죽어 여성의 몸 안에서 백혈구 세포에 의해 잡아먹힌다. 수많은 정자들이 꼬리운동을 하여 나팔관으로 헤엄쳐 간다. 수정을 위해 사정된 정자 중 하나의 정자가 난막을 뚫고 들어간다. 정자의 꼬리는 떨어지고 머리 부분의 핵이 난자의 핵과 결합하여 수정란을 이루게 된다. 사정 때 나오는 정자의 수는 남성의 나이나 기타 개인적인 상태에 따라 몇 백만 개에서 몇 천만 개 또는 1억개 이상으로 다양하다. 최근의 연구에 의하면 1회 사정 때에 배출되는 남성들의 정자 숫자는 점점 줄어들고 있다.

2. 성의 결정

잉글랜드의 국왕인 헨리8세는 첫 번째 부인인 아라곤의 캐서린과 이혼하였는데 그 이유가 딸을 낳아서였다. 우리나라를 비롯하여 동서양 모두 아들을 선호하였고 단지 딸을 낳았다는 이유만으로 쫓겨나거나 이혼을 당해야 했던 여성들은 슬픈 역사의 희생양이었다.

수정되는 순간 모든 인간은 정자와 난자로부터 각각 23개씩 총 46개의 염색체를 받는다. 이들 염색체는 각각 쌍을 이루게 되는데 마지막 23번째 쌍은 성염색체로 태아의 성(性)을 결정한다. 모든 난자는 X성염색체를 가지지만 정자는 X염색체나 크기가 작은 Y염색체 중 하나를 가진다. X염색체를 가진 정자와 난자가 만나 XX가 되면 여성 아이가 태어나고, Y염색체인 정자와 난자가 만나 XY가 되면 남성 아이가 태어나게 된다.

3. 태내 발달

여성의 평균 임신기간은 266일이다. 보통 임신기간을 10개월이라고 말하는데 수정에서 출생까지의 기간은 266일로 약 9개월이다. 수정을 하게 되면 임신 1일이 아니라 이미 5주가 되어 한 달이 줄어든다. 그러나 모든 아이들이 9개월만에 자궁 밖으로 나오는 것은 아니다. 많은 경우 실제로 아이가 태어나는 날짜에는 많은 차이가 있다. 태내기는 결합된 수정란이 아기라는 이름으로 자궁 안에서 성장하는 기간이다. 따라서 태내 발달은 그 어떤 시기보다 주위의 환경, 특히 엄마의 환경과 건강에 영향을 크게 받으며 치명적인 결과들을 가져올 수 있다.

태내발달이 이루어지는 태아기는 크게 3단계로 구분한다. 9개월 가량되는 임신 기간 동안을 약 3개월 가량씩 끊어서 구분하며 임신초기, 임신중기, 임신말기로 나눈다.

1) 제1단계(임신초기)

임신초기의 제1단계는 임신 후 3개월까지의 기간을 가리킨다. 이 첫 번째 3개월이 가장 중요한 때이다. 배아는 빠른 속도로 세포분열을 하여 분화하며 조직을 발달시킨다. 따라서 이 시기의 배아는 임산부의 영양상태와 약물복용에 가장 민감한 반응을 보인다. 임신 1개월 때에는 원시적인 형태의 심장과 소화기관이 발달하며 두뇌와 신경계통의 발달도 함께 이루어진다. 대개 발달은 머리에서부터 발 아래까지 몸 전체로 내려가면서 이루어지며 그런 면에서 발이 가장 늦게 발달한다. 임신 1개월은 배아의 각 기관이 분화를 시작하는 시기이다.

임신 2개월이 되면 태아는 서서히 사람의 모습을 갖추기 시작한다. 눈, 코, 입을 비롯한 얼굴 전체의 모습이 만들어지며 복잡한 내부 기관을 형성한다. 몸무게는 약 20g 정도가 된다. 임신 3개월이 되면 팔, 다리, 손, 발 등의 형태가 나타난다. 손톱과 모낭, 눈꺼풀도 발달하며 연골이 뼈로 바뀌기 시작한다. 완전히 발달하는 것은 아니지만 모든 기관은 가장 기본적인 형태를 갖추어 나간다. 이때 즈음에는 태아의 움직임이 느껴지기 시작한다.

이 기간 동안 어머니는 다양한 증상으로 힘들어 하는데 가령 극심한 피로감, 잦은 소변 욕구, 식욕의 증가, 메스꺼움 등이다. 이는 대부분

몸에서 분비하는 호르몬이 급격하게 늘어나기 때문인 것으로 알려져 있다.

2) 제2단계(임신중기)

임신중기의 제2단계는 임신 후 4개월부터 6개월까지의 기간을 가리킨다. 아직 태아는 계속 성장하고 발달해야 하는 시기이다. 이 기간 동안 손가락, 발가락, 지문, 머리털, 피부 등이 만들어진다. 심장 박동이 규칙적으로 일어나며 정해진 시간에 잠을 자고 일어난다. 어머니는 확실하게 태아가 뱃속에서 발을 차는 행동을 느낄 수 있다. 임신중기에는 태아의 반사활동이 시작되는데 엄지손가락을 입에 넣는 행동을 보이기도 한다.

이 기간 동안에는 어머니가 초기에 느꼈던 힘든 증상들은 대부분 사라진다. 태아가 커감에 따라 배가 부풀어 오르고, 부종으로 얼굴이나 손, 발 등이 부어오를 수가 있다. 6개월 때 태아가 자궁 밖에서 생존한 사실은 있지만 일반적인 상황은 아니며 아직 발달이 완전하지 않은 상태이다.

3) 제3단계(임신말기)

임신말기의 제3단계는 임신 후 7개월부터 태아가 세상 밖으로 나오는 9개월까지의 기간을 가리킨다. 태아는 이 기간 동안 발달을 완성하며 자궁 밖에서 험난한 세상을 살아갈 준비를 마친다. 이 기간 동안에 태아는 두뇌와 신경계의 발달이 거의 완성되어진다. 이 때 태아에게 가장 중요한 것은 세상에서의 생존 능력이다. 6개월 때 태아가 세상으로 나와서 생존한 사실이 있다고 모든 태아가 생존할 수 있는 것은 아니다. 그러나 7개월 이상이 되면 인큐베이터에 들어가더라도 생존할 확률은 매우 높아진다. 이때의 생존능력이란 태아가 어머니로부터 분리되어 자신의 힘으로 생존하는 것을 말한다.

어머니에게는 이 시기가 매우 불편한 시기이다. 배가 많이 불러서 움직이기가 힘들어진다. 앉고 일어설 때도 균형을 잡을 수 있는 도구가 필요하고 몸무게의 증가로 근육과 골격에 무리를 줄 수 있어 통증이나 근육경련이 일어날 수 있다. 자궁이 커져 주변의 장기들이 압박을 받을 수 있으며 이로 인한 불편감을 느낄 수 있다.

어머니의 몸무게는 임신기간 동안 11㎏~16㎏가량 늘어난다. 몸무게가 줄어드는 것은 오히려 위험하며 적정한 수준의 몸무게 증가는 사산이나 저체중아 출산 또는 조산의 가능성을 줄여줄 뿐 아니라 태아에게도 좋은 영향을 미친다.

〈표 1-2〉 월별 배아와 태아의 발달

1개월	• 첫 1개월 동안의 새 생명은 일생 중 어느 다른 때보다 더 빨리 성장해서 접합체보다 1만배 더 큰 크기가 된다. 즉 길이가 0.6cm 내지 1.3cm 가량 된다. • 혈액이 미세한 정맥과 동맥을 통해 흐르고 있다. 심장박동률은 1분에 65번 정도이다. 이미 뇌, 콩팥, 간장 그리고 소화기관의 초기 형태를 갖추고 있다. 모체와의 생명선인 탯줄이 작동하고 있다. 현미경을 통해 아주 자세히 보면 머리 위에 불룩하게 부푼 곳이 있는데 이곳이 눈, 귀, 그리고 코가 될 부분이다. 아직 성(sex)을 구별할 수는 없다.
2개월	• 이제 배아(embryo)는 균형이 잘 잡힌 축소된 아기와 같이 보인다. 길이는 2.5cm이하이며 무게는 2.2g밖에 나가지 않고 머리가 전체 몸 길이의 절반을 차지한다. 얼굴 부위가 확실히 발달되어 혀와 이의 싹이 돋아있다. 팔에는 손, 손가락과 엄지손가락이 생기고, 다리에는 무릎, 발목, 발가락이 생긴다. 피부가 얇게 덮고 있어서 손바닥 자국과 발바닥 자국조차 남길 수 있다. • 태아의 뇌 충동은 뇌기관 계통의 기능을 조정한다. 성(sex) 기관이 발달하고 있고 심장고동은 일정하다. 위에서 소화액이 만들어지고, 간에서 혈액세포가 만들어진다. 콩팥은 혈액에서 요산을 제거한다. 피부는 이제 촉각적 자극에 반응을 보일 만큼 민감하다. 유산된 8주의 태아를 만지면 몸체를 구부리거나, 머리를 늘리고, 팔을 뒤로 움직이면서 반응한다.
3개월	• 태아(fetus)는 이제 몸무게가 28.4g, 약 7.6cm 정도의 키를 가진 발달하는 인간이다. 손톱, 입술, 그리고 돌출한 코가 생겨 있다. 머리는 전체 몸 길이의 약 3분의 1로서 여전히 크고, 이마가 넓다. 이제는 성(sex)을 쉽게 판정할 수 있다. • 기관의 체제들이 기능함으로써, 태아는 숨을 쉬고, 폐 안팎으로 양수를 받아들이고 내뱉고, 가끔씩 소변을 본다. 갈비뼈와 등뼈가 연골로 바뀌고 내부 생식기관에 초보적 난자 또는 정자 세포를 갖고 있다.

	• 태아는 이제 여러 가지 전문화된 반응을 할 수 있다. 다리도 움직일 수 있고, 발, 엄지손가락과 머리를 움직일 수 있으며, 입은 열고 다물 수 있으며 마실 수도 있다. 눈꺼풀에 무엇이 닿으면 눈을 가늘게 뜨고 보며, 손바닥을 건드리면 주먹을 쥐고, 입술을 건드리면 빨고, 발바닥을 건드리면 발가락을 펼친다. 이러한 반사행동은 출생 직후에까지 나타나지만, 출생 후 1개월 사이에 사라진다.
4개월	• 몸 크기가 머리 크기만큼 커지면서 머리 크기가 전체 몸 길이의 4분의 1밖에 되지 않는다. 이 비율은 출생시까지 유지된다. 탯줄은 태아만큼 길고 태아와 함께 계속 자라게 될 것이다. 태반은 이제 완전히 발달되어 있다. • 어머니는 태동(quickening)으로 알려진, 태아가 발로 차는 동작을 느낄 수 있다. 3개월 경에 나타났던 반사활동은 근육 발달의 증가로 더 활발하게 이루어진다.
5개월	• 태아의 몸무게는 약 340g 내지 453g 정도이고, 신장은 약 30.5㎝ 정도이며, 태아는 개인력 성격의 조짐을 보이기 시작한다. 분명한 잠자고-깨기 습관이 있으며, 자궁 내에서 좋아하는 자세가 있고, 더욱 활동적이 되어 차기, 뻗기, 꿈틀거리기를 하며 심지어는 딸꾹질도 한다. 어머니의 배에 귀를 대면 태아의 심장고동을 들을 수 있다. 호흡계통은 아직 자궁 밖의 생활을 지탱할 만큼 충분하지 않아서 이때 태어난 아기는 생존할 희망이 없다. • 눈썹과 속눈썹이 자라기 시작하고, 머리에는 가는 머리카락이 자라며, 복슬복슬한 솜털이 온 몸을 덮고 있으나, 이 털은 출생시 또는 출생직후에 곧 없어진다.
6개월	• 태아의 성장속도가 다소 늦춰져서, 크기는 약 35.6㎝이고, 무게는 567g 정도이다. 피부 아래 지방질이 쌓이기 시작하고, 눈은 감고, 뜨고, 모든 방향을 쳐다볼 수 있을 만큼 완전하다. 하루 24시간 동안 규칙적인 호흡을 유지할 수 있으며, 울기도 하고 강하게 손바닥을 꼭 쥘 수 있다. • 태아가 지금 태어난다면 아직 호흡기관이 매우 미성숙하기 때문에 생존할 가능성이 희박하지만 이 연령의 태아가 자궁 밖에서 생존한 예는 있다.
7개월	• 40.6㎝ 키에, 1.4㎏ 내지 2.3㎏ 몸무게를 가진 태아는 반사 유형을 완전하게 발달시킨다. 태아는 울고, 숨쉬고, 들이마시고, 엄지손가락을 빨 수도 있다. 온 몸에 덮인 솜털이 지금쯤 없어지는 경우도 있고, 출생 직후까지 남아있을 수도 있다. 머리카락은 계속 자란다. 적어도 1.6㎏되는 신생아는 특수한 의학적인 보호를 받는다면 생존할 가능성이 상당히 높다. 물론 몸무게가 2.3㎏ 정도 될 때까지는 인큐베이터 안에 있어야 할 것이다.
8개월	• 45.7㎝에서 50.8㎝의 태아는 몸무게가 2.3㎏에서 3.2㎏ 사이이고, 생활반경에 비해 훨씬 빨리 커간다. 제한된 환경 때문에 동작은 줄어든다. 이 시기와 다음 한 달 동안은, 지방층이 태아 몸 전체에 발달하여 자궁 밖의 변화하는 온도에 적응할 수 있게 된다.
9개월	• 출생 약 1주일 전, 아기의 평균 몸무게는 3.2㎏, 신장은 약 50.8㎝에 도달하며 성장은 중단된다. 남아가 여아보다 더 크고 무거운 게 보통이다. 지방층의 형성은 계속되고, 기관계통이 더 효율적으로 작동하며, 심장 속도가 빨라지고, 노폐물이 더 많이 배출된다. 피부의 붉은색이 점차 흐려진다. 임신 연령은 어머니의 마지막 월경기에서부터 계산하므로 대개 280일로 추정되지만, 출생일까지 태아는 약 266일 동안 자궁 내에 있는 셈이 된다.

자료 : 이영 · 조영순의 『아동의 세계』, 105-107쪽에서 추려냄.

학자에 따라 태내기를 발아기, 배아기, 태아기로 구분하기도 한다. 발아기는 수정부터 2주 사이를, 배아기는 2주부터 8주까지를, 태아기는 9주부터 출산까지를 말한다.

① 발아기

발아기(germinal stage)는 수정부터 2주 사이의 기간을 말한다. 수정란이 자궁에 착상하여 어머니와 의존관계를 확립하는 기간이다. 이 기간 동안 수정된 난자는 빠른 속도로 세포분열을 시작하여 수정 후 72시간 뒤에는 32개의 세포로 분열된다. 수정된 난자는 분열을 계속하여 3일 또는 4일이 지난 뒤에는 자궁에 도착하여 액체로 가득한 공모양으로 바뀌어 자궁 안에서 자유롭게 떠다니다 자궁벽에 착상한다. 자궁에 착상한 세포 덩어리는 배아(embryo)라고 부른다.

발아기 동안에 양막과 양수가 만들어지고 태반, 탯줄이 형성된다. 이러한 조직들은 태내 생활을 하는 태아를 키우고 보호하는 역할을 한다. 신비로운 태반은 탯줄로 태아와 연결되어 어머니로부터 산소와 영양을 전달해 주고 태아의 신체 노폐물을 흡수한다. 또한 태반은 내부 감염에 대항하며 질병에 대한 면역을 높인다. 임신을 유지시키는 호르몬을 생성하며 어머니의 유방을 수유할 수 있도록 준비시키고 태아를 모체 밖으로 내보도록 하기 위한 자궁수축을 촉진시킨다. 그러나 어머니는 이러한 변화를 느끼지 못한다.

② 배아기

배아기(embryonic stage)는 수정란이 자궁에 착상한 때부터 임신 8주까지의 기간을 말한다. 이 기간에는 중요한 신체의 기관과 조직들이 만들어지고 빠르게 성장과 분화를 한다. 이로써 구조적인 변화가 상당히 급속히 이루어지며 배아기가 끝나는 8주 정도에는 사람의 모습이 갖추어진다. 배아기 때는 빠른 성장과 발달로 인해 태내 환경이 가장 민감하게 영향을 주는 시기이다. 많은 장애의 유형들이 결정적인 3개월 동안 일어난다. 결함의 정도가 심한 배아는 대부분 이 기간을 넘기지 못하고 자연 유산이 되기도 한다(Garn, 1966). 따라서 이 시기에 어머니가 질병이나 영양부족 또는 약물 등의 영향을 받게 되면 태아 발달에 있어 회복이 힘든 상태가 될 수도 있다.

배아의 세포는 분열하여 외배엽, 중배엽, 내배엽으로 분화된다. 외배엽은 머리카락, 손톱, 발톱, 이빨, 피부 외층, 신경세포 등의 피부 바깥 부분이 되고, 중배엽은 근육, 골격, 순환기관, 배설기관 등 피부의 안쪽 부분을 이룬다. 내배엽은 소화기관이나 호흡기관을 형성한다. 배아의 모습을 관찰하면 꼬리와 아가미를 닮은 원시적인 구조를 보이지만 아가미는 결국 턱, 볼, 귀가 된다.

③ 태아기

태아기(fetal stage)는 임신 후 8주 이후부터 출생 시까지의 긴 기간을 가리킨다. 임신 후 약 8주가 되면 뼈 세포가 처음 나타나며 배아(embryo)는 태아(fetus)가 된다. 마지막 출생할 때까지 모든 신체 부위에 마지막 손질이 이루어지고, 각 신체 영역이 각기 다른 속도로 성장하여 키도 약 20배로 커진다. 이 기간 동안 모든 기관은 구조가 정교해지며 기능은 원활해진다. 성적 구별이 일어나며 생존능력도 향상된다. 적어도 모든 신체 조직이 초보적인 기능을 발휘할 수 있도록 발달한다. 12주경에는 팔다리가 모두 형성되며 16주 가량부터는 어머니가 아이의 태동을 느낄 수 있게 되고, 13주에서 24주 사이에는 태아의 키가 약 30㎝, 몸무게가 약 0.8㎏ 정도가 된다.

4. 태내발달에 영향을 미치는 것

태내발달은 어머니의 뱃속에서 이루어지기 때문에 눈에 잘 보이지 않아 그 중요성이 간과되기 쉽다. 그러나 태내기는 발달이 시작되는 그 첫 정점에 있어 어느 시기보다 발달에 미치는 영향이 크고 중요하며 치명적이다. 따라서 인간발달을 이해함에 있어서는 태내 발달에 영향을 미치는 요인을 알아보는 것은 매우 중요한 일이다.

1) 유전요인

우리 몸은 수십만 개 이상의 세포로 구성되어 있다. 각 세포에는 핵과 세포질이 있으며 핵은 염색체라 부르는 가는 막대기 모양의 물질로 되어 있다. 이러한 염색체에는 많은 유전인자를 갖고 있다. 유전인자란 세포의 컴퓨터 프로그램 같은 역할을 한다. 즉 유전인자는 세포에게 언제, 무엇을 하여야 하는가를 지시한다. 예를 들면 유전인자는 서양인의 눈의 색깔을 파랗게, 동양인은 까맣게 결정하는 역할을 하며, 머리 색깔도 금발인가 혹은 흑발인가를 결정하며, 키 등의 신체발달에도 관여한다. 일부 학자는 성격까지도 유전인자에 의해 결정되어진다고 말한다. 염색체에 의하여 전달되는 유전인자는 엄마와 아빠로부터 자녀에게 전달되어 특성화되는 기질이다.

난자와 정자는 각각 23개씩의 염색체를 가지고 있는데 이는 형질적으로 동일한 22쌍의 상염색체와 1쌍의 성염색체로 구성되어 총 46개의 염색체가 있는 셈이다. 나머지 단 하나의 염색체는 성염색체로 남자와 여자의 성을 결정하는 역할을 한다. 그러나 난자는 오직 X성 염색체만을 가져 사실상 성 결정권에서 비켜나 있다. 정자는 X성 또는 Y성 염색체를 가지며 수정이 이루어질 때 X성 염색체를 가진 정자가 난자의 X성 염색체와가 결합하면 XX가 되어 여자가 되고, Y성 염색체를 가진 정자가 난자와 결합하면 XY 염색체가 되어 남자가 된다. 성염색체는 X염색체가 Y염색체 혹은 X염색체 결합에 따라 성을 결정시키는 이외에 성기와 신체적 모습을 나타내게 하며 또한 키의 크기를 결정하는 인자가 포함되어 있다.

유전적 결함으로는 다운증후군, 터너증후군, 클라인펠터 증후군 등이 있는데 이는 나선형의 층계 모양을 이루는 DNA 고리가 수정시 결함이 생길 경우 나타날 수 있는 장애들이다. 다운증후군은 몽고증이라고도 불리며 가장 대표적인 유전 결함으로 인한 장애이다.

터너증후군은 여성의 성 염색체가 XX가 되어야 하는데 X 염색체가 하나밖에 없을 때 나타난다. 이 증후군을 앓게 되면 사춘기가 되어도 여자에게 2차 성징이 나타나지 않고 어린아이의 모습을 유지한다. 임신을 하지 못하는 경우가 대부분이다. 클라인펠터 증후군은 남성 염색체 XX에 X염색체가 하나 더 붙어 있는 경우로, 남성 생식기관이 있으나 불임이며 유방이 발달하고 엉덩이가 둥근 여성의 특징이 나타난다.

2) 환경요인

(1) 영양

태아 상태로 있을 때 가장 중요한 것이 영양 공급이다. 임산부는 이 때문에 두 사람을 위한 음식을 먹어야 한다. 태아에게는 칼로리와 단백질 섭취가 중요하다. 태아는 여러 가지 영양의 결핍으로 인해 영양실조에 걸릴 수 있다. 적절한 영양 공급은 임산부의 영양 상태로 결정된다. 영양 섭취가 원활하게 이루어지지 않을 경우, 사산아, 저체중아의 출산이 생길 수 있으며, 신생아 사망률과도 연관이 있다(Hamilton, 1991; Kail & Cavanaugh, 1996).

또한 출생 후에도 지적 결함, 뇌성마비, 허약 증세를 나타낼 가능성이 높다. 따라서 임산부는 음식의 양 뿐만 아니라 영양이 높은 음식을 섭취하는 데 깊은 관심을 기울여야 한다. 임산부는 자신뿐만 아니라 태아에게 적절한 영양분을 공급하기 위해 하루에 약 30㎉를 더 섭취해야 하며 특히 단백질과 철분, 칼슘, 비타민 A, B_6, C, D, E, 폴산[1] 등을 충분히 섭취해야 한다(Carroll & Wolpe, 1996; Hyde & DeLamater,

1) 영문으로는 follic acid이며 우리나라에서는 엽산(葉酸)으로 불리는 비타민의 일종으로, 비타민 B_9 또는 비타민 M이라고도 불린다. 태아의 신경과 혈관 발달에 중요하기 때문에, 임신전과 임신 초기인 임신부에게 권장되기도 한다. 과일에 풍부하게 존재한다.

2000; Papalia, Olds & Feldman, 1998).

〈표 1-3〉 영양결핍증의 위험부담이 높은 임산부

1. 청소년, 특히 미혼모
2. 임신 전 체중이 저체중인 여성
3. 임신한 동안 체중 증가가 부족한 여성
4. 소득 수준이 낮거나 식품 구입이 경제적으로 어려운 여성
5. 잦은 임신경험이 있는 여성
6. 체중 미달아를 출생한 적이 있는 여성
7. 영양 상태에 영향을 끼치는 질병을 가진 여성-당뇨병, 결핵, 빈혈, 약물중독, 우울증
8. 식도락가이거나 인스턴트 음식을 지나치게 좋아하는 여성

출처 : Christakis, 1973.

(2) 약물

많은 경우 임신한 사실을 모른 채 두통약 등을 먹는 경우로 인해 걱정을 하는 임산부들이 많다. 아직 어떤 약물이 태아에게 좋지 않은지, 얼마나 나쁜 영향을 미치는지에 대해서는 명확하지 않다. 따라서 임산부는 임신한 사실을 알았을 경우 어떤 약이든 신중을 기해야 한다. 일반적으로 임산부가 먹는 약물은 태아에게 전달되어 영향을 미친다. 특히 신경안정제, 항생제, 피임약, 환각제 등은 치명적이다.

약물은 태반을 거쳐서 태아의 혈류를 통해 태아의 몸에 직접 들어가기 때문에 반드시 의사의 자문을 받고 약을 복용해야 한다. 특히 임신 1개월에서 3개월 사이는 태아가 약물에 가장 취약한 기간이다. 실제로 1960년대 초 신경안정제인 탈리도마이드를 복용한 여성이 손이 작고 팔길이가 짧거나 아예 팔다리가 없는 아이를 출산한 사례들이 있다.

여러 약물은 기형아를 출산할 가능성이 높다. 항생제를 장기 복용할 경우에도 그러하다. 항생제의 일종인 테트라사이클린(tetracycline)을 복용하면 이가 누렇게 되고 뼈조직이 변하는 기형을 초래할 수 있다. 따라서 현명한 임산부는 임신 기간 동안 가능하면 약물을 복용하지 않거나 약물치료를 피해야 한다. 임신 중에는 약국에 가서 임의로 약을 사 먹어서는 안 되며 이미 처방된 안전한 약일지라도 임신한 사실을 의사에게 알리지 않은 경우에는 반드시 자문을 구하고 복용해야 한다.

약물이 아닌 경우에도 다량의 카페인과 아스피린을 섭취하는 것은 위험하다(Lefrancois, 1999). 아직 카페인 섭취가 태아에게 어떤 영향을 미치는지는 논란이 되고 있지만 하루 3잔 이상의 카페인을 마실 경우 기형아를 출산할 가능성은 적지만 저체중아를 출산하거나 조산의 위험은 존재하는 것으로 알려져 있다. 또 다른 연구에서는 날마다 커피를 1잔 반에서 3잔 정도 마신 경우에는 유산 가능성이 2배로 높아지며 하루에 3잔 이상 마신 경우에는 그 위험에 세 배에 이른다는 보고도 있다. 카페인은 녹차, 커피, 탄산음료 등에 들어있는데 이러한 음료에는 탄닌성분이 있어 철분의 흡수를 막기 때문에 빈혈을 일으킬 가능성이 높다. 따라서 카페인의 영향에 대해서는 확신하거나 단정할 수 없으며 조심하는 것이 필요하다.

(3) 음주

임산부의 알코올 섭취는 태아에게 심각한 영향을 미친다. 대표적인 것이 태아알코올증후군(fetal alcohol syndrome: FAS)으로 Strong과 DeVault(1997)는 임신 기간 중에 알코올을 많이 섭취한 임산부에게서 태어난 아이는 특이한 얼굴, 작은 머리, 작은 몸, 선천적인 심장질환, 관절상의 결함, 정신능력의 저하, 이상한 행동패턴을 보인다고 하였다. 또 하루 1잔에서 2잔 정도의 적은 양을 마시더라도 태아에게는 성장지체, 지적 능력의 장애, 가벼운 선천적인 결함 등을 나타낼 수 있다. 미국 질병통제 예방센터에 따르면 미국에서는 한 해 동안 8천 명 이상의 아이들이 임신 중의 음주로 인한 영향을 받는다고 보고하였다(Strong & DeVault, 1997). 만약 임산부가 알코올 중독이라면 태아도 알코올 중독인 상태로 태어날 가능성이 많다. 이런 아기는 안면, 내장, 팔다리에 결함이 있으며, 약 20퍼센트는 지적 능력의 장애를 가지며,

많은 경우 성격이 불안정하고 지나친 행동과 민감한 반응을 보인다. 따라서 알코올 중독인 임산부는 완전히 치료하고 나서 임신하는 것이 좋다. 또 다른 연구에서는 남성의 지속적인 음주가 정자 상태에 나쁜 영향을 미치고 후세대에까지 전달될 가능성이 높은 것으로 나타났다. 따라서 임신을 계획하고 있다면 여자뿐만 아니라 남자도 술을 마시지 않는 것이 좋다.

(4) 흡연

상습적인 흡연자는 흡연을 전혀 하지 않는 임산부보다 조산아를 낳을 확률이 두 배나 높다. 많은 연구에서 흡연은 저체중아의 출산, 임신 기간의 단축, 자연유산의 증가, 출생시 사망 등의 문제가 있으며, 임신 중에 흡연을 할 경우 간접흡연으로 태아에게도 위험하다(Masters et al., 1995; Healy, 1998). 연구에 따르면 임신 기간 중에 흡연을 했던 임산부의 4세 된 아이를 비흡연자의 아이와 비교했을 때 상대적으로 언어발달, 인지발달에서 상당한 어려움이 있는 것으로 나타났다. 또한 임신 이후 매일 한 갑의 담배를 피운 어머니의 아이는 비흡연자의 아이에 비해 불안, 불순종, 과잉행동 등의 문제 행동을 최소 2배 이상 보였다(Fried & Watkinson, 1990; Weitzman, Gortmaker & Sobol, 1992, Papalia et al., 1998).

(5) 나이

일반적으로 임산부의 나이는 태아와 임산부에게 영향을 미친다. 건강한 아이를 낳을 확률은 20세에서 35세 사이가 가장 높다. 임산부의 나이가 10대일 경우에는 자궁의 발달이 완전하게 이루어지지 않아서 저체중아, 지체아를 낳을 수 있으며, 출산시 결함을 입을 가능성이 높다. 임산부의 나이가 45세 이상인 경우에는 20세 전후의 임산부에 비해 다운증후군 아이를 출생할 확률이 40배나 높다. 임산부의 나이가 많을 경우에는 생산기능이 약화되어 미숙아, 정신지체아, 신경학적인 문제, 선천적인 심장기형, 성장 기형과 관련한 다양한 증후군의 아이를 출산할 가능성도 더 높다.

(6) 정서상태

임산부의 정서상태 역시 태아에게 영향을 미친다. 만약 임산부가 늘 불안과 초조, 긴장감으로 시달린다면 자율신경계를 자극하여 아드레날린의 분비가 늘어나 태아의 신체발육에 영향을 미칠 수 있다. 이렇게 출생한 아이는 작은 소리에도 예민하게 반응하여 잘 울거나 놀라고 잠을 잘 자지 않는 정서불안을 보인다. 따라서 임신 기간 중에는 동거하는 가족의 정서적 지원이 중요하며 편안한 상태로 안정을 취할 수 있도록 도와주어야 한다. 그 밖에 경제적인 수입의 많고 적음과 사회경제적인 지위의 높고 낮음도 태아와 임산부의 건강에 위협적인 것으로 알려지고 있다(Newman & Newman, 1999).

(7) 질병

임산부의 질병은 태아에게 치명적인 영향을 미친다. 풍진으로 알려진 루벨라(Rubella), 임질, 매독, 에이즈, 당뇨 등은 태아에게 시각장애, 청각장애, 심장질환을 일으킬 수 있으며, 사산, 유산을 초래할 가능성이 높다. 특히 후천성면역결핍증인 에이즈(AIDS)는 자궁 내 또는 출생과정에서 임산부의 혈액과 태아의 혈액이 섞이면서 전염이 된다. 나아가 임신 중에 암치료나 건강진단을 위해 또는 직업상 방사선을 쬐일 경우, 태아에게 위험한 상황이 생길 가능성이 높은 것으로 보고되었으며, 임산부가 수은에 오염된 물고기나 납이 함유된 농산물을 먹을 경우에도 태아에게 신체적 기형, 뇌 신경계 발육 장애 등의 문제가 생기는 것으로 나타났다.

(8) 남성

아버지인 남성의 건강상태나 중독 상태는 태아에게 영향을 미친다. 남성의 고환은 매우 민감하여 거의 모든 종류의 유독한 화학물들의 영향을 받는다. 남성이 납, 마리화나, 담배연기, 알코올, 방사선, 특정 살충제 등에 노출되었을 때에는 비정상적인 정자가 만들어질 수 있다. 정자의 수나 형태 그리고 운동성 등이 비정상적인 정액을 생산할 수 있으며 정액 세포에서 유전적인 이상을 일으킬 수 있는 것으로 나타났다(Brody, 1981). 다운증후군 신생아의 4분의 1일은 아버지의 나이가 중요한 영향을 미쳤으며(Abroms & Bennett, 1979), 연골발육부전증(achondroplastic dwarfism), 마르팡(Marfan)증후군 등 많은 희귀상태의 출생은 아버지의 나이가 30대 후반이었다(Evans, 1976).

5. 태아기 검사

1) 초음파 검사

초음파 검사는 태아의 형상을 스크린으로 보기 위해 사용하는 것으로 태아를 진단하는 가장 일반적인 검사 방법이다. 이 검사로 태아의 성별, 자궁 안에서의 자세, 그 밖의 다양한 신체의 이상유무를 탐지할 수 있으나, 임신 4주 또는 5주에 시행할 수 있다.

2) 양수검사

양수검사(amniocentesis)는 태아의 성별, 염색체 이상 등을 알아볼 수 있는데, 임산부의 복강을 통해 자궁에 바늘을 넣어 양수를 채취하여 검사를 한다. 양수에는 태아 세포가 포함되어 있어서 다운증후군, 근육영양장애, 선천성 기형 등을 알아볼 수 있다.

3) 융모생체표본검사

융모생체표본검사(CVC, Chronic Villi Sampling)는 가느다란 플라스틱 관을 질을 통해 넣거나 복강을 통해 바늘을 자궁에 삽입하여 시행하는 검사이다. 태아를 감싸고 있는 융모막 위에 있는 가느다랗게 생긴 융기를 채취하여 태아의 유전적인 이상에 대한 가능성을 분석하는 선천성 기형 진단 방법이다.

4) 산모 혈액검사

산모 혈액검사는 임신 15주에서 20주 사이에 시행할 수 있는데, 이 검사를 통해 AFP(alpa-feto protein)의 양을 측정한다. AFP의 수준이 높을 경우 두뇌와 척수에 이상이 있음을 예측할 수 있다.

6. 태아기의 발달장애

1) 클라인펠터 증후군

클라인펠터 증후군(Klinefelter Syndrome)은 Dr. Harry Klienfelter에 의해 1942년 보고된 것으로 남성 X염색체를 하나 더 가지고 태어난 경우를 말한다. 남자에게서만 나타나는 것으로 일반적으로 남자는 X 염색체 하나와 Y 염색체 하나를 가진다. 그러나 클라인펠터 증후군의 남자는 다른 X 염색체 하나를 더 가지고 있어 XXY를 이루어 총 47개의 염색체가 된다.

남성 500명 중 1명에서 1,000명 중 1명 수준의 빈도로 발생한다.

XXY 염색체를 가진 남자는 많지만 모두 해당 증상을 나타내지는 않는다. 음모가 생기지 않으며 체형이 둥글고 체중도 많이 나가며 부모 형제보다 키가 크고 손과 발도 크다. 간혹 언어장애도 생기며 말하고 읽고 쓰기를 배우는 것이 느리다. 이러한 문제로 아동기 때 심리적인 문제에 빠질 수 있다. 약 25% 정도가 학습이 느리거나 지능이 낮아 저능아의 가능성이 있으며 정신지체도 발생한다. 금방 들은 것을 잘 기억하지 못하며 상황을 설명하는 기술도 부족하다. 사물을 분류하고 통합하는 능력이 부족하며 자기 자신을 잘 표현하지 못한다. 개방성 답을 요구하기보다는 선택형 답을 찾는 문제를 제시하는 것이 학습에 도움이 된다.

사춘기에 접어들면 여자처럼 가슴이 커져서 많은 학생들이 병원을 찾게 된다. XXY 학생 가운데 3분의 1 정도가 사춘기 초기에 가슴이 커진다. 일부는 수술을 통해 문제를 해결하기도 한다. 대부분 사춘기에 접어들어 증상을 발견하게 되면 호르몬 주사로 테스토스테론 주사를 맞아 증상을 완화시킨다. 이 주사는 평생 맞아야 하는 불편함이 있다. 간혹 유방암 또는 유방 이상비대증으로 발전하는 사례도 있다. 민감한 시기여서 자아존중감이 낮아지고 학교에서 학우들에게 따돌림을 당하는 등 심각한 문제들이 생길 수 있다. 따라서 이럴 때에는 충분히 상담을 받고 학습능력 및 신체상태에 대한 전반적인 치료도 함께 진행해야 한다.

성인기에는 불임 검사 통해 발견되곤 한다. 고환이 작아 정자가 생산되지 않는다. 성욕이 적지만 호르몬 주사를 맞아 효과를 볼 수 있다. 정기적으로 맞게 되면 힘이 증가하고 얼굴과 신체의 모발 생성이 촉진된다. 이로 인한 심리적인 효과도 무시할 수 없다. 또 많은 경우 갑자기 화를 내는 정서적인 문제도 사라진다. 수면이 줄어들고 집중력이 증가하여 대인관계도 좋아질 수 있다. 대부분 정자가 생산되지 않아 불임이 되지만 아주 간혹 아이를 낳는 아버지가 되기도 하므로 반드시 검사를 받는 것이 좋다.

특이하게 XXXY 또는 XXXXY 등으로 부가적인 염색체를 가진 환자들이 보고되기도 하며, 이들에게서는 지능이 아주 낮은 등 증상이 더욱 악화되어 나타난다.

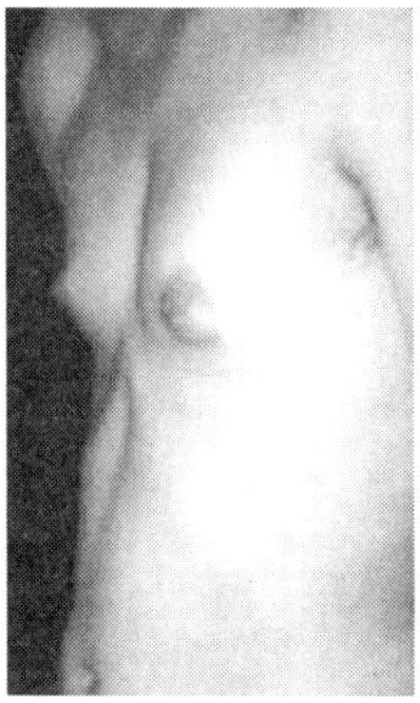

〈그림 1-1〉 가슴이 나온 클라인펠트 증후군 사례

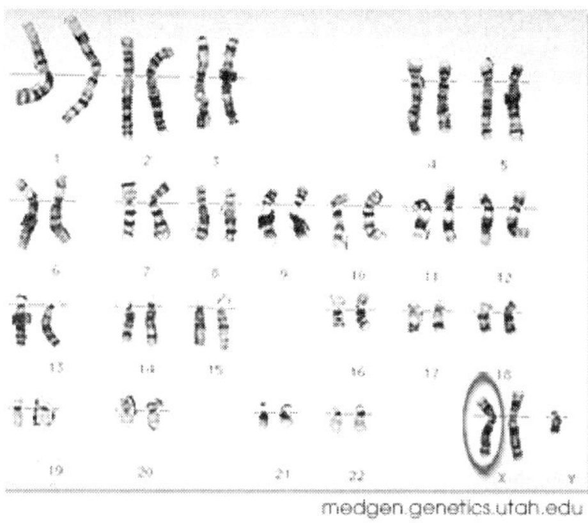

〈그림 1-2〉 클라인펠트 증후군 염색체(자료 : medgen.genetics.utah.edu)

2) 터너증후군

터너증후군(Turner Syndrome)은 1938년 터너(Henry Turner)라는 의사에 의해 키가 작고, 성적발달이 되지 않고, 목이 짧고, 외반주(팔이

팔꿈치 부위에서 몸통에서 멀어져 있음)가 있으며 뒷머리가 정상보다 많이 내려와 있는 여아 7명을 처음으로 Endocrinology 저널에 발표함으로써 알려졌다. 터너 박사는 그 원인이 무엇인가를 몰랐으며 단지 이러한 증상을 나타내는 병이 있다는 것을 알렸다. 그 후 이러한 증상들을 나타내는 경우를 터너증후군이라 부르게 되었다. 21년 후에 포드(C. E. Ford) 박사는 터너증후군의 원인이 성염색체의 이상으로 초래된다는 사실을 알게 되었는데, 정상 여자의 성염색체는 XX 2개로 구성되어 있는데 터너증후군의 환자들은 X 염색체가 한 개만 있거나 두 개가 있더라도 한 개가 부분 결손이 있는 것을 알게 되었다. 터너증후군은 여자 2,000~2,500명 중 1명이 발생되는 것으로 비교적 흔한 유전질환이다. 그러나 터너증후군은 적절히 치료를 받음으로써 건강하고, 생산적이며 행복한 생활이 가능하다((사)한국터너협회 사이트 http://tssk.or.kr).

터너증후군에서는 여성으로서 임신이 될 때 X염색체가 한 개가 완전히 없어졌거나 혹은 일부분이 떨어져 나간 상태로 서로 결합되어 XX 대신에 XO형을 이룬다. 터너증후군 환자 50%에서는 X염색체가 완전히 없어진 경우로 45개 염색체 밖에 없어 성염색체가 한 개 뿐이므로 45X로 표시한다. 그러나 20%에서는 46개 염색체가 있으며 나머지 30%에서는 성 염색체가 2개가 있어 전체 염색체는 46개이나 성염색체 한 개가 부분적으로 떨어져 나갔거나 변형되어 있는 상태에 있다.

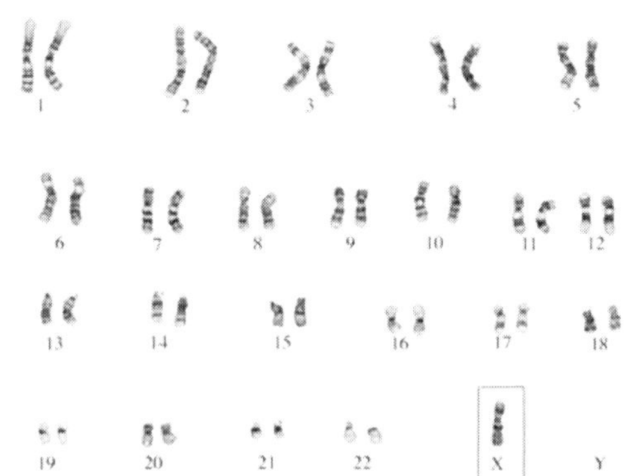

〈그림 1-3〉 45x만 가진 터너증후군 염색체(자료 : www.atril.tk)

터너증후군에서 나타나는 임상양상은 상당히 다양하다. 한 환자에서 이러한 임상양상이 전부 다 나타나는 것은 상당히 드물며 대부분에서는 증상 중 일부만 갖고 있다. 모자이크 형의 염색체를 갖고 있는 환자에서는 45X형에 비해서 특징적인 소견이 별로 나타나지 않는 경우도 있다.

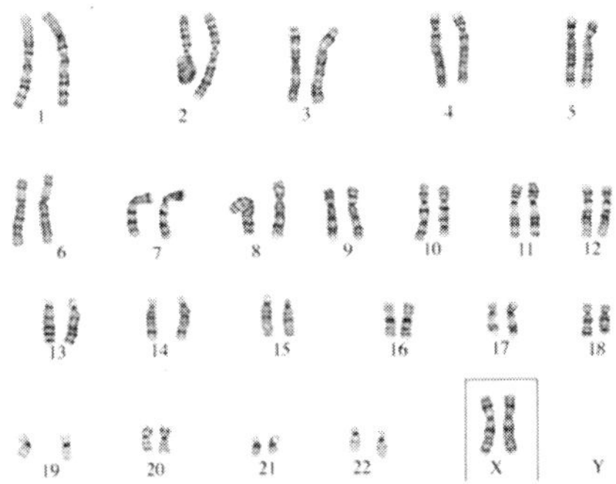

〈그림 1-4〉 46xx를 가지는 정상 염색체(자료 : www.atril.tk)

왜소증은 터너증후군의 가장 흔한 임상이다. 태어났을 때 신장은 47cm로 정상인의 50~51cm보다 조금 적다고 느낀다. 그 후 2~3세까지는 정상속도로 성장을 하며 3세 이후에는 성장 속도가 다소 떨어져 다른 여아에 비해 키가 작음을 느낄 수 있게 된다. 키가 늦게 크겠지 하면서 기다리다 보면 사춘기 연령에 도달하여도 유방이 생기지 않으며 사춘기 신체적 발달이 거의 나타나지 않는다. 나이가 들어감에 따라 피하지방의 증가로 신장에 비해 체중이 많이 증가되어 비만증으로 나타날 수도 있다. 치료하지 않았을 경우 어른이 되었을 때 키는 평균 142cm로 상당히 작다. 성인이 되었을 때 키는 부모의 키가 상당히 영향을 미친다. 즉 부모의 키가 큰 경우는 작은 경우에 비해 성인예상 신장치가 크며 작을 경우 성인예상 신장치가 작다.

사춘기가 되어도 유방발달이나 월경이 없는 등 2차 성 특징이 나타나지 않는데 이는 난소가 충분히 발달하지 않기 때문이다. 통계에 의하면 1%에서만이 월경이 있을 수 있으며 1% 미만에서 임신한 보고도 있다. 그러나 체모나 겨드랑이 부위에 털은 부신호르몬 분비와 관계가 있으므로 정상적으로 나타난다. 만약 여성 호르몬으로 치료할 경우 생식기가 정상으로 발달되어 정상적인 부부생활을 할 수 있다. 유방 발달도 여성호르몬과 관계가 있으므로 여성호르몬을 투여하면 정상적으로 발달된다.

터너증후군을 갖고 있는 사람 중 많은 수에서는 특징적인 신체적 소견을 갖고 있으나 어떤 사람에서는 특징적인 신체적 소견을 전혀 갖고 있지 않는 경우도 있어 신체적 소견이 상당히 다양하다. 신체적인 특징으로는 출생 시 손등과 발등이 포동포동하고 가슴이 넓으며 양쪽 유방이 비교적 멀리 떨어져 있으며 유두가 들어가 있다. 목이 짧고 뒷머리가 아래까지 내려와 있고, 턱이 작으며 입천장이 좁고 높게 굽어져 있어 발음이 부정확할 수 있다.

외반주(팔꿈치 부위가 몸통에서 멀어져 있음)가 있으며 4번째 5번째 손가락이 짧아져 있으며 손톱 발톱이 얇고 상부로 향해 있고, 색소모반이 군데군데 있다.

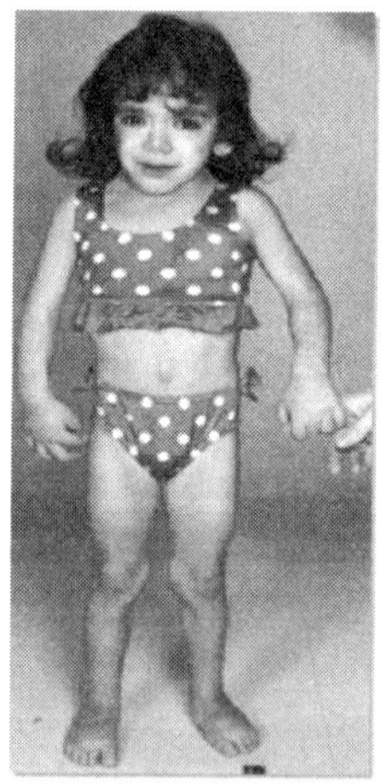

〈그림 1-5〉 터너증후군 소녀
(자료 : learn.genetics.utah.edu/content/disorders/whataregd/turner)

터너증후군의 진단은 왜소증, 성적 발달 장애, 기타 신체적 이상 소견이 있을 때 혈액을 채취하여 성염색체의 수와 형을 관찰한다. 임상적으로 의심이 가나 혈액 검사상 애매할 경우 피부조직을 떼어 배양하여 염색체 검사를 하기도 한다. 염색체 검사로 터너증후군으로 진단을 내린 후 초기 평가를 시행하여야 한다. 전신사진을 찍어 두는 것이 편리한 점이 많으며 시력과 청력을 측정한다. 내부기관의 이상을 평가하는 것이 중요하다.

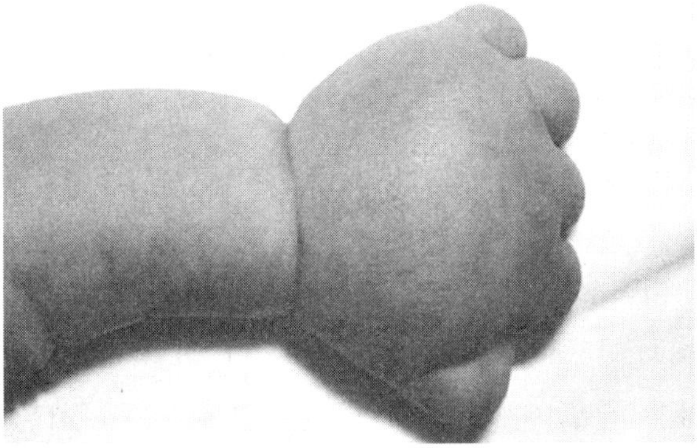

〈그림 1-6〉 손등이 포동포동한 사례(자료 : mdconsult.com)

터너증후군의 치료로는 신체적인 이상에 대한 수술이나 호르몬 요법에 의한 성적 발달 치료 등이 있다. 신체 이상에 대한 치료로 목 양옆으로 물갈퀴 같이 붙어있는 익상경처럼 형태가 이상하여 기능장애가 있을 경우 수술을 한다. 성장장애를 치료하기 위해서는 성장호르몬제재, 동화작용스테로이드 제재, 여성호르몬 제재 등을 사용한다. 정상적인 여성으로 성적발달을 하기 위해서는 여성호르몬이 반드시 필요하다. 12세 이전에는 여성호르몬을 투여할 필요가 없으며 처음에 성인에서 사용되는 용량의 1/6~1/4 정도로 시작하여 6개월마다 서서히 증량시켜 2-3년에 성인용량만큼 되도록 한다. 여성호르몬을 복용함으로써 유방발달과 함께 자궁을 발달시키며 골다공증을 예방하는데 도움이 된다.

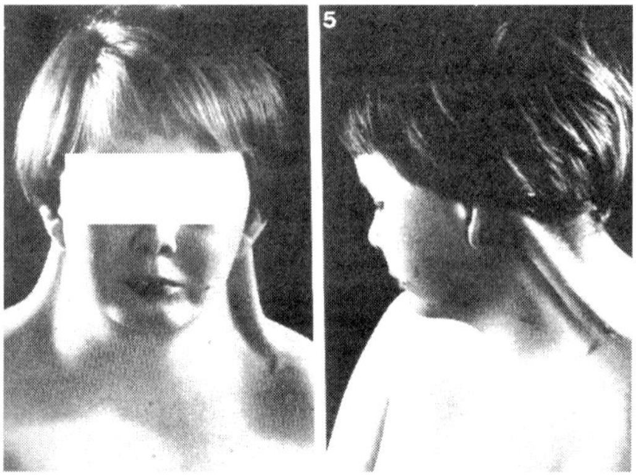

〈그림 1-7〉 익상경 터너 환자(자료 : www.crm.atril.tk)

3) 다운증후군

다운증후군(Down Syndrome)은 1866년 영국 물리학자인 John Langdon Down이 묘사한 뒤에 이름지어졌다. 21번 염색체가 하나 더 있어 3염색체를 가질 경우 나타나며 총 염색체 수는 47개가 된다. 특징은 얼굴과 코가 납작해지고, 눈초리가 위쪽으로 비스듬히 치켜 올라간다. 얼굴은 대체로 둥글어지고 머리가 작으며 손과 발이 짧고 다섯째 손가락은 안으로 굽어져 있으며 첫째 발가락과 둘째 발가락 사이가 넓게 벌어져 있다. 운동신경의 지체가 있으며 질병에 대한 저항력이 약하며 정신지체를 가지고 있다. 성장하면 정상적인 아이들이 갖는 지능지수 IQ가 100인데 비해 50 정도의 평균 지능을 보여준다. 그러나 모든 아이들이 낮은 지능을 갖지 않으며, 박사 학위까지 받는 사례도 있다. 신생아 800명에서 1,000명 중의 한 명꼴로 나타나며 나이가 많은 부모에게서 태어나는 신생아에서 나타날 확률이 높다.

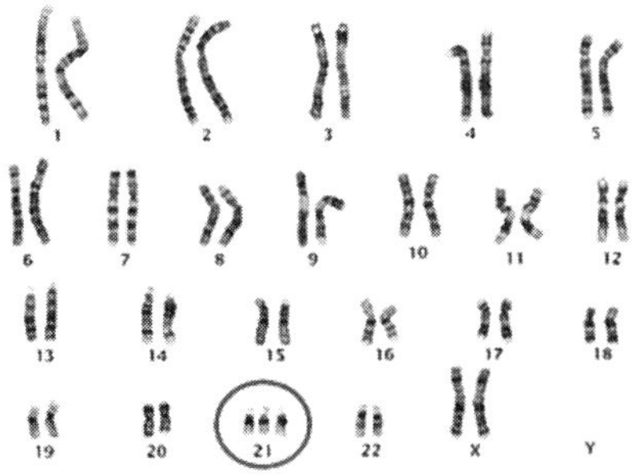

〈그림 1-8〉 다운증후군 21번 3염색체성(trisomy)(자료 : ndscoalition.org)

〈그림 1-9〉 다운증후군 주인공영화. 유럽 최초로 박사학위를 받은 '파블로 피네다'를 모델로 영화화했다.

4) 야콥증후군

야콥증후군(Jacob's Syndrome)은 드물게 나타나는 염색체 이상 증상이며 남성에게 영향을 미친다. 정상적인 남자는 하나의 X염색체와 하나의 Y염색체로 구성되는데 야콥증후군은 여분의 Y염색체에 의해 만들어진다. 일반적인 야콥증후군 염색체는 하나의 X염색체와 2개의 Y염색체로 구성된다. 남성 1,000명에서 2,000명에 한 명꼴로 나타난다. 대부분은 특이한 증상없이 지낼 수 있으나 일부는 남성호르몬 과다로 고통을 받는다.

신생아의 혈액으로 염색체 검사를 통하여 확인이 가능하다. 야콥증후군은 유전되는 것이 아니며 정자가 만들어질 때 우발적으로 발생하는 것으로 알려져 있다. 감수분열을 할 때 비분리현상(nondisjunction)이라는 염색체 분리 과오로 Y염색체가 하나 더 많아진다. 아버지의 이런 정자가 수정 후 태아를 만들 때 개입되면 태어나는 아기의 염색체는 47XYY가 된다.

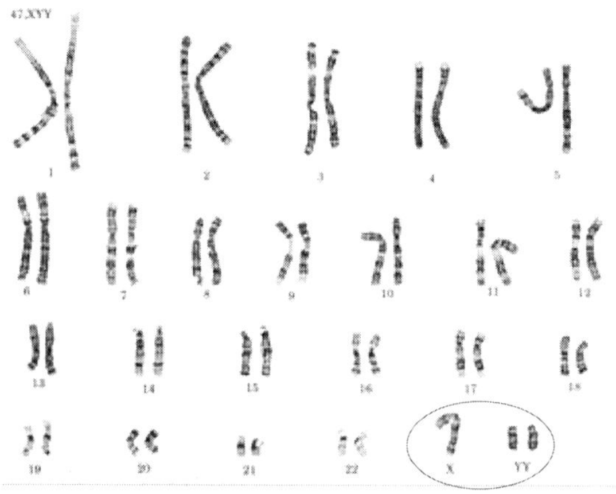

〈그림 1-10〉 야콥증후군의 47XYY염색체
(자료 : home.earthlink.net/~heinabilene/karyotypes/trixyy.htm)

일반적인 증상으로는 학교에서의 학습장애, 정서적 성숙의 지연 등을 들 수 있다. 그러나 2004년 미국 질병관리센터(CDC)에서 전국적으로 시행한 조사에서는 야콥증후군의 10% 정도에서만 학습장애를 보여 공통적인 증상으로 보기 어렵다는 견해도 있다. 신체적인 증상으로는 키가 크고, 여드름을 가지며, 말하거나 읽는 데에 문제를 보인다. 전체적으로는 특별한 이상 없이 평생 지내며 특별한 치료도 필요로 하지 않아 증후군이라고 부르는 것에 회의를 느끼는 유전학자들이 있다. 아주 드문 경우로 야콥증후군 남자가 클라인펠터 증후군을 갖기도 한다. 야콥증후군 남성은 정상적인 성관계를 할 수 있으며 임신에도 문제가 없다.

7. 태아기의 사회복지실천

태아기의 발달과 관련하여 사회복지실천 측면에서는 임산부에 대한 심리사회적인 개입이 필요하다. 조산의 우려가 있거나 저체중아의 출산 위험이 있는 여성을 발견한 경우 의료, 영양 등에 대한 정보를 제공하고 임신의 결과에 대하여 긍정적인 심리정서적 상태를 유지할 수 있도록 다양한 역할을 수행해야 한다. 사회복지사는 다음의 사항들을 수행할 수 있다.

사회복지사는 임산부가 첫 출산인 경우 복잡한 보건관리체계를 잘 이용할 수 있도록 도와야 하며 이용 가능한 보험이나 의료서비스를 받을 수 있도록 해야 한다. 사회복지사는 임산부의 욕구를 반영하여 보건소나 진료소 내부 환경 또는 서비스의 환경과 질이 개선될 수 있도록 옹호자의 역할을 해야 한다. 사회복지사는 정보의 흐름이 차단된 임산부인 경우 지속적인 만남을 통하여 정기적인 진료, 검사, 임산부 교육 등에 참여하여 태아에게 영향이 최소화되도록 도와야 한다. 사회복지사는 취약한 계층이나 높은 위험에 처한 임산부를 스크리닝하여 전화나 문자 기타 다양한 방법으로 다음 진료일을 알려주고 직접 방문하여 원활히 진행되도록 하여야 한다. 사회복지사는 원치 않는 임신을 한 여성이나 미혼모, 불임부부 등을 도울 때, 조력자, 교육자, 중개자, 옹호자, 분석가, 중재자 등의 역할을 해야 한다. 사회복지사는 태아 또는 임산부의 건강을 위협하는 조건이 존재하는 경우 철저한 의료진단과 그에 따른 복지적인 개입을 해야 한다. 사회복지사는 임산부가 임신에 관련한 전력에 어떤 문제가 있었는지를 파악해야 한다. 또 출산에 영향을 주는 유전적 질병의 유무, 만성질환, 약물사용과 중독에 대한 정보를 파악해야 한다. 임산부의 연령이 너무 많거나 너무 작을 경우 임신에 관련된 문제에 대해 전력을 다해야 한다.

사회복지사는 임신이나 출산에 대한 지식이 거의 없는 임산부인 경우 또는 부모가 될 준비가 되어 있지 않은 경우, 부모가 되는 것에 대한 책임을 받아들이지 못하는 경우, 정서적인 지지와 함께 지지적인 관계망을 활성화시키고 긍정적인 부모가 될 수 있도록 이끌어야 한다.

사회복지사는 임산부가 미혼모이거나 극도의 빈곤으로 임산부가 필요한 영양을 제대로 공급받지 못하거나 의료적 돌봄을 받지 못할 경우, 다양한 경로를 통하여 이러한 문제들이 해결되어 건강한 태아를 출산할 수 있도록 도와야 한다.

제 2 장

영아기

영아기는 출생한 뒤부터 만 2세까지의 아이를 말한다. 특히 생후 한 달까지의 아이는 신생아라고 한다. 이 시기는 프로이트의 구강기, 에릭슨의 유아기, 피아제의 감각운동기에 해당하는 기간이다. 주 양육자인 어머니와의 관계에서 사회관계의 신뢰와 불신을 형성한다. 이 시기 동안 발달과업을 충실히 수행할 경우 건강한 신체와 정신뿐만 아니라 정서적인 안정이 이루어져 건강한 인격체로 성장하고 발달하는 기초가 된다.

1. 신체발달

1) 신체발달의 특징

신생아는 대체로 2.4㎏~4.5㎏의 몸무게를 가지며 키는 45㎝~55㎝가 된다. 그러나 여자 아이는 남자에 비해 몸무게나 키에서 조금씩 작은 경향이 있다. 영아는 초기에 사람의 얼굴을 구별하기 시작하며 차츰 부모의 얼굴을 알아보기 시작한다. 발달은 머리에서 아래로 내려가 발가락으로 진행되며 머리가 전체 몸크기의 4분의 1에 해당할 만큼 크다. 신체도 다리보다는 머리, 팔 같은 상체를 먼저 사용하기 시작하며, 몸통부터 시작하여 점점 몸의 끝인 사지를 통제하는 것을 배운다. 신생아는 대부분의 시간을 잠자는 데 보내며 빨기, 깨물기, 침뱉기, 삼키기 등의 반사행동을 한다. 이는 생후 6, 7개월 경부터 나오기 시작하며 2년 6개월이 지나면 20개의 젖니가 모두 나온다.

2) 신생아의 반사행동

(1) 빨기반사(sucking response)

빨기반사는 음식물을 섭취하기 위한 것으로 영아기의 가장 중요한 반사운동 가운데 하나이다. 빨기반사는 입에 닿는 것은 무엇이든 일단 빨기부터 하는 것을 말한다. 신생아는 빨기반사를 통하여 음식을 받아먹을 수 있는 능력을 높이게 되며 생존의 능력을 촉진하게 된다.

(2) 탐색반사(rooting reflex)

탐색반사는 젖찾기 반사라고도 하며 입술이나 입 근처의 볼에 무엇이라도 닿기만 하면 그쪽으로 자동적으로 머리를 돌려 찾는 것을 말한다. 신생아는 뺨이나 입술 근처에 손가락이나 젖꼭지를 갖다 대면 자극이 있는 쪽으로 입을 돌려 대상을 찾아낸다.

(3) 모로반사(Moro's reflex)

독일의 모로 박사가 발견한 것으로 갑자기 큰 소리를 듣거나 아래로 떨어지게 되면 자동적으로 팔, 다리, 손가락을 쫙 펴는 반사운동이다. 모로반사 발달을 알아보는 방법으로는 검사자의 한 손을 아기의 머리를 아래에서 받치고, 다른 한 손으로는 아기의 등 중앙을 받친 다음 갑자기 머리를 20cm 정도 밑으로 떨어뜨려 손과 팔을 관찰한다. 정상적인 반사운동을 하는 아이는 팔이 펴지면서 손가락이 펴진 다음 나중에 마치 포옹하는 것 같은 자세를 취한다. 그렇지 못한 아이는 반사가 없거나 비대칭적인 자세를 취한다. 비대칭적 자세는 상지 신경총 마비나 쇄골 골절 등을 의심하고, 반응이 없으면 중추 신경계의 심한 장애를 의심할 수 있다. 모로반사는 생후 1주 정도에서 나타나기 시작하다가 3개월이 되면 자연스럽게 사라진다.

(4) 걷기반사(step reflex)

걷기반사는 어른이 중심을 잡아주고 아이의 발을 바닥에 닿게 하면 아이가 자연스럽게 한쪽 다리를 들어올려 걷는 것 같은 행동을 하려는 경향을 말한다. 이것은 초보적인 걷기 모습과 비슷하다.

(5) 잡기반사(grasp reflex)

쥐기반사 또는 손바닥반사라고도 하며 아이의 손바닥에 무엇을 올려놓거나 손가락에 갖다대면 막대기나 손가락을 쥐는 것과 같은 반응을 보이는 것을 말한다.

(6) 바빈스키반사(Babinski's reflex)

1896년 프랑스의 바빈스키(J.F.F. Babinski)에 의해 보고된 반사이다. 바늘이나 해머 등으로 발바닥 바깥쪽을 문지르거나, 발꿈치에서 발가락쪽 방향으로 문지르면 엄지발가락은 등쪽으로 굽고, 다른 발가락들은 부챗살처럼 펼쳐지는 현상(fanning sign)을 말한다. 이는 병적 반사로서 대뇌피질에서 시작되는 운동의지를 신속하게 전신근육에 전달하는 기능을 가지는 피질척수로인 추체로(錐體路) 장애가 있을 때 나타난다. 일반적으로 신생아의 발바닥을 간질이는 등 가벼운 촉각 자극을 주면 발바닥을 아래쪽으로 오므리는 동작을 보이는 반사(발바닥 파악 반사, planter flexion)를 한다. 바빈스키반사는 발바닥 파악 반사의 병리적인 개념이며 뇌종양, 뇌졸중, 척수염 등에서 나타난다. 병원 응급실에 신생아가 의식을 잃고 실려올 경우 간단한 바빈스키 반사 검사로 영아의 뇌손상 여부를 추측할 수 있다. 일반적으로 12개월 정도가 되면 이 검사를 할 수 있지만 신경발달이 완전하지 않은 경우에는 흔하게 이런 증상이 나타날 수 있다. 중추신경계의 발달이 완전히 이루어지면 이 증상은 자연스럽게 사라진다.

2. 인지발달

1) 감각기관

이 시기는 피아제의 감각운동기에 해당되어 모든 영아들은 감각운동기의 특징들을 나타낸다. 따라서 영아들이 세상을 인지하고 교통하는 것은 오직 감각기관과 운동기능을 통해서만 가능하다. 자신의 경험을 조직하는 데 있어서 아직 언어를 사용하지 못하며, 환경과 직관의 직접적인 탐색을 통해서만 사물과 환경의 개념을 이해하고 형성한다. 결국 영아들은 자신이 직접 보고, 듣고, 만지고, 느끼고, 행동하는 것에 의존하여 모든 것을 이해하고 기억한다. 따라서 이 시기에는 감각기관을 통해 받아들이는 정보가 인지발달을 이끄는 중요한 내용이 된다.

2) 목적지향적 행동

시간이 지나면서 영아는 자신의 행동과 그로 인한 행동의 결과를 예측할 수 있게 된다. 따라서 영아는 자신의 욕구를 충족시키기 위하여 의도적인 행동, 즉 목적을 가지는 행동을 시도하게 되며 그것이 충족되도록 의도적이고 반복적인 수단으로 사용한다. 이때는 두 도식의 협응이 일어난다. 가령 아이가 장난감을 잡으려고 할 때 엄마가 이를 손으로 막으면 아이는 엄마의 손을 치우고 장난감을 잡는다. 이 사실은 영아가 방해물 치우기와 장난감 잡기의 두 분리된 도식을 협응하여 사용한 것이다.

3) 대상영속성

대상영속성은 어떠한 대상이 자신의 시야에서 사라져도 그것이 계속 존재하고 있다는 사실을 믿는 것이다. 물론 시각적인 대상뿐만 아니라 청각적인 대상도 마찬가지이다. 영아들에게는 이 개념이 생후 9개월 가량되면 나타난다. 만약 대상영속성이 없다면 좋아하는 장난감이 눈에서 보이지 않는 순간 그 대상을 잊어버리게 된다. 그러나 대상영속성의 개념을 가지게 되면 눈에 보이지 않아도 그 개념을 형상화하거나 떠올려서 문제들을 해결할 수 있게 된다. 이때 분리불안이 나타나는데 대상영속성 개념과 연관이 있음을 알 수 있다. 즉 눈에 보이지 않는 양육자를 잊지 않고 계속 생각하며 찾기 때문에 분리불안을 보인다고 볼 수 있다. 그렇지만 분리불안 역시 대상영속성이 완전히 확립되면 사라진다.

4) 정신적(상징적) 표상

영아들은 정신적 또는 상징적으로 대상을 표상하기 시작한다. 즉 눈앞에 없는 대상이나 사건들을 상징적으로 그려내며 행동을 시작하기 전에 먼저 생각을 해 보고 행동을 한다. 이러한 정신적 표상은 자연모방으로 이어진다. 자연모방은 어떤 행동을 목격한 뒤에 그 행동을 그 자리에서 곧장 모방하지 않고 일정한 시간이 지난 뒤에 재현하는 것을 말한다. 즉 어떤 사건이 정신적으로 표상되어 잊혀지지 않고 기억되는 것이다. 자연모방은 시간이 지나도 그것을 정확하게 표현할 수 있는 능력이 있어야 가능하다. 그러나 그 이전에 먼저 행동을 정신적 또는 상징적으로 표상할 수 있어야 한다.

3. 언어발달

1) 언어 이전 시기

영아는 언어로 말을 하기 전에 먼저 울음으로 의사소통을 한다. 출생 후 약 1개월까지는 분화되지 않은 단편적이고 반사적인 울음을 운다. 그 뒤 조금씩 이유를 알 수 있는 울음으로 분화된다. 언어발달의 획기적인 변화는 4개월에서 5개월 사이에 시작되는 옹알이이다. 옹알이는 영아에게 놀이의 기능도 하지만 모국어를 습득하는 중요한 기제로 작용한다. 옹알이는 그냥 들으면 무슨 말인지 알아들을 수 없지만 엄마는 자궁에서부터 연결되어 온 내적 감정으로 간혹 옹알이를 알아듣고 욕구를 충족시켜 주기도 한다. 영아는 생후 1년이 지나면서 분명하게 이해할 수 있는 말을 사용하기 시작한다.

2) 언어시기(생후 9개월~24개월)

영아가 분화된 말을 하기 시작한 뒤 생후 1년 반이 지나면 두 단어를 결합하여 말을 하기 시작하며 자신의 의사를 표현할 수 있게 된다. 생후 2년 가량이 되면 표현할 수 있는 어휘가 늘어나고 250개~300개 수준의 단어를 이해할 수 있게 된다. 의사표현도 단어식 표현에서 명사, 동사 외에 형용사로도 의사 또는 감정을 표현할 수 있게 된다. 더 나아가 하나의 문장을 구사하기 위해 여러 개의 단어를 합치기도 한다.

4. 사회정서발달

1) 정서발달

신생아의 경우에도 기쁨 또는 슬픔과 같은 정서를 가지고 있다. 그러나 이러한 정서는 분화가 완전하지 않으며 연령이 증가하면서 조금씩 더 분화되어 그 정서가 명료해진다. 특히 영아의 정서발달은 성인 이후의 성격을 결정짓는 중요한 뿌리가 된다. 영아가 만 2세경이 되면 성인이 나타내는 거의 모든 정서를 나타낸다고 본다. 영아기 초기에는 기쁨, 슬픔, 놀람, 공포 따위의 1차적인 정서가 나타나며, 1년이 지나면서 수치, 죄책감, 부러움 등의 2차적 정서가 나타난다. 또 생후 6개월이 지나는 시점에서는 정서를 구분할 수 있게 되고 다른 사람들의 정서를 인식하며, 정서를 스스로 제어하는 능력도 발달하게 된다.

영아는 울음을 터뜨림으로써 화남, 고통, 좌절, 배고픔을 나타낸다. 영아는 대개 4개월 즈음에 웃기 시작하는데 이 웃음은 반사적 웃음, 사회적 웃음 등을 나타낸다. 반사적인 웃음은 출생 직후부터 보이는데 중추신경계가 발달함으로써 나타나는 자동적인 웃음이다. 특히 잠잘 때 잘 보여준다. 사회적 웃음은 반응을 하면서 웃는 것인데 출생 후 4주가 경과하면서 나타나기 시작한다. 자신이 직접 본 것이나 듣는 사람에게 반응을 보이며 웃음을 짓는다. 선택적인 사회적 단계는 3개월 반 경에 시작하며 자신이 인식하는 사람과 소리에 대하여 반응을 하면서 웃음을 짓는다.

2) 애착

애착(attachment)은 영아와 양육자(대개는 어머니) 사이에 만들어지는 애정으로 결속되는 유대관계이다. 애착은 사랑이나 애정과 같은 수준의 긍정적인 정서이다. 영아기에 성장하는 사회적인 발달 가운데 가장 중요한 발달이다. 영아가 특정인물에 대하여 애착을 형성하게 되면 그 사람과 함께 있을 때 안정과 기쁨을 느낀다. 또 환경적으로 불안한 상황이 연출될 때에는 애착이 형성된 사람과 함께 있음으로써 안정과 위안을 얻게 된다.

영아기 때 만들어지는 애착은 향후 인지발달, 정서발달, 사회성발달에 큰 영향을 미친다. 일반적으로 부모와 긍정적이며 안정된 애착관계를 형성한 영아는 유아기 때 자신감, 호기심, 다른 사람과의 관계에서 긍정적인 면을 보인다.

애착발달에 대하여 애인스워드(Ainsworth, 1979)는 4단계로, 뉴만 & 뉴만(Newman & Newman, 1999)은 5단계로 구분하여 설명하였다.

〈표 2-1〉 뉴만 & 뉴만의 애착발달 5단계

단계	내용
제1단계 (출생~3개월)	빨기, 젖 찾기, 쥐기, 웃기, 쳐다보기, 껴안기, 눈으로 따라하기 등을 사용하여 주요 양육제공자와 가까워짐을 유지하려고 한다.
제2단계 (3개월~6개월)	낯선 사람보다는 친밀한 사람들에게 더 반응을 보인다. 낯가림이 시작되며 애착이 형성되는 시기이다.
제3단계 (6개월~9개월)	애착 대상에게 접근하여 신체 접촉을 하려고 한다.
제4단계 (9개월~12개월)	애착 대상에 대하여 내부적인 표상(representation)을 만든다.
제5단계 (12개월 이후)	안전과 친밀감을 채우기 위하여 애착 대상에게 영향을 미치도록 다양한 행동을 한다.

〈표 2-2〉 애인스워드의 애착발달 4단계

단계	내용
제1단계 (출생~3개월)	생후 첫 3개월 동안 영아는 울음, 발성, 웃음, 응시 및 시각적 추적으로 양육자와 접촉을 시도하고, 양육자를 자신의 곁에 머무르게 하려고 노력한다. 이 시기에 영아는 감각적 접촉에 의해 양육자의 독특한 특성을 인지한다.
제2단계 (4~6개월)	영아의 반응은 몇몇 친숙한 성인에게 한정된다. 영아는 1차적인 양육자는 물론이고 한두 사람의 다른 성인도 구별할 수 있다. 친숙한 사람이 나타나면 웃음을 보이며 좋아하고 떠나가면 싫어하는 표정을 짓는다.
제3단계 (7~24개월)	양육자에 대한 분명한 애착을 형성하며, 다른 가족에 대해서도 애착행동을 나타낸다. 애착대상에게 능동적으로 접근하고 접촉을 시도한다.
제4단계 (24개월 이후)	영아와 양육자는 협력자 관계를 형성한다. 아동의 인지능력의 증대와 함께 다른 사람의 소망이나 목표를 탐지하고 예상할 수 있으며, 사회적인 관계에 대해나 기본적인 이해를 획득한다. 따라서 양육자가 외출할 때 따라간다고 떼를 쓰기도 하지만, 돌아올 때까지 기다릴 수도 있다.

애인스워드에 의하면 영아는 어머니와의 기본적인 애착을 대략 생후 7개월 경에 형성하며, 애착을 형성하는 민감기는 생후 1개월에서 생후 2년 정도까지이다. 2세를 넘어가면 애착을 형성할 수는 있지만 대단히 어렵다고 한다.

3) 낯가림

영아가 애착대상을 찾고 애착 관계를 만들게 되면 애착대상에게는 안정감과 친밀감을 가지게 되지만 그에 대한 반작용으로 낯선 사람에게서는 불안감을 나타내게 된다. 영아가 낯선 사람에 대하여 불안반응을 보이는 현상을 낯가림이라고 한다.

가령 낯선 사람이 다가오거나 부모가 영아를 낯선 사람에게 안겨주거나 하면 아이는 큰 소리로 울음을 터뜨린다. 이는 대개 생후 5개월에서 15개월 사이에 나타나는 행동이다. 그러나 이러한 낯가림은 12개월을 전후로 하여 사라진다. 낯가림은 특정인에 대한 애착이 형성되었음을 알려준다.

4) 분리불안

낯가림이 영아가 애착관계를 형성하고 나타나는 현상인 것처럼 분리불안 역시 같은 이유로 생기는 현상이다. 분리불안은 영아가 애착관계를 형성한 대상에서 신체적이거나 물리적인 분리가 있을 때 느끼는 불안 반응이다. 정상적으로 애착유대를 만든 영아들은 애착대상(주로 어머니)과 분리되면 슬퍼하고 불안해하며 심한 울음을 터뜨리며 울음반응을 나타낸다. 분리불안은 애착대상과의 애착이 형성된 기간이나 분리되어 있는 기간 등에 영향을 받는다. 그러나 일반적으로 안정적이고 건강한 애착관계를 형성한 영아는 불안정한 애착을 형성한 영아보다 분리불안 반응을 덜 보이는 경향이 있다. 분리불안은 생후 9개월 경에 나타나기 시작하여 첫돌이나 15개월 경에 절정을 이루고 그 이후에는 조금씩 사라져서 24개월 경에는 거의 사라진다.

5. 영아기의 사회복지실천

영아기는 발달을 시작하는 단계에 있다. 영아에게는 감각발달과 지각발달 그리고 신체발달 등 모든 것이 발달되는 시작시점에 놓여 있다. 따라서 영아에 대한 정상적이고 건강한 발달 이정표를 이해함으로써 잠재적인 발달상의 문제를 조기에 발견할 수 있다. 사회복지사는 영아기의 발달을 이해하고 사정하여 미래에 발생할 어려움을 최소화하며 예방할 수 있다. 사회복지사는 영아 뿐만 아니라 영아를 양육하는 부모 또는 가르치는 선생님과 지속적인 유대관계를 형성해야 하며 이를 통해 다양한 각도에서 영아의 발달을 사정할 수 있다.

이 시기의 아이들은 시각, 청각, 촉각 등의 감각기관을 통하여 외부

대상과의 접촉을 시도하기 때문에 신체발달은 향후 일어날 모든 발달에 중요한 영향을 미친다. 영아가 적절한 반응을 보이지 않을 때에는 아이에 대하여 정확한 진단이 필요하며 정확한 정보의 전달과 함께 부모에 대한 정서적인 지지와 심리적인 치료가 함께 병행되어야 한다. 특히 인지발달 장애의 증상이 있는 아동에게는 조기치료를 제공하고 부모에게 지지와 상담이 제공되어야 한다.

특히 맞벌이 부부의 증가로 인해 영아기 때부터 적절한 애착관계가 형성되지 않고 영아의 분리문제가 발생할 수 있다. 또한 보육시설에 대한 서비스 및 정보가 필요할 수 있다. 사회복지사는 양질의 보육서비스가 이루어지도록 옹호자의 역할과 맞벌이 부부에게 애착관계나 양육기술에 대한 교육자의 역할도 감당해야 한다.

1) 신체적 측면의 문제

Craig(1999)에 의하면 영아가 선천적으로 기능이 불완전하게 태어나거나 기형으로 태어날 때에는 생존하기 위한 기본적인 활동수행에 어려움을 겪을 수 있으며, 부모와의 상호작용에서도 제약을 받게 된다고 한다. 특히 뇌 결함 또는 심장 결함 등 신체의 내부기관의 결함을 안은 채 태어나거나 선천적인 질병을 가진 경우와 신체의 장애를 가지고 태어난 영아들은 더욱 그렇다. 이러한 영아들은 의학적인 처치가 필수적으로 필요하고 이를 통하여 어느 정도 신체적 결함들은 교정이 가능하지만 부모와의 신뢰를 형성하는 상호 유대형성에 있어서는 많은 지장이 생길 수밖에 없다.

가령 시각장애 영아는 어머니의 얼굴표정을 살필 수 없고 음성에 의한 청각으로만 상호 유대를 형성할 수 있기 때문에 어머니의 동작이나 얼굴표정으로 반응을 형성하는 시각적인 정보를 놓치게 된다. 따라서 영아는 적절한 반응을 하지 못하게 되고 이로 인해 부모는 심리적인 고통을 느끼게 되어 영아를 회피하기도 한다. 사회복지사는 장애 영아의 부모에게 지지적 상담을 해주고 장애 영아들의 행동에 대한 설명과 함께 그에 따른 다른 방법의 의사소통 유형을 개발해야 됨을 알려주어야 한다. 또 각각의 장애에 따른 영아의 발달을 최대한 높이기 위한 상담도 이루어져야 한다.

2) 인지적 측면의 문제

영아들이 같은 연령의 영아보다 느린 속도로 개념이나 기능을 이해하거나 인지하지 못할 때 정신적인 발달이 지체되었다고 말할 수 있다. 정신지체 영아가 태어나면 부모는 영아를 회피하거나 거부하며 정서적인 충격으로 우울증에 걸리기도 한다. 사회복지사는 긴장된 부부관계나 가족관계를 완화시키고 다른 자녀들의 심리적 상태를 점검하며, 장애아동의 발달을 지원해 줄 특수기관의 사회적 지지망을 구축하고 가족에게 연결해주며 가족에게 지지적 서비스를 제공해 주어야 한다.

제 3 장

유아기

유아기(infancy)는 3세에서 6세까지의 시기를 말하며 신체적인 발달과 더불어 운동기술이 함께 발달하는 시기이다. 일부 학자들은 이를 걸음마기(3세~4세)와 학령전기(5세~6세)로 나누기도 한다(권중돈 · 김동배, 2009).

▶ 유아기 발달특성(Hurlock, 1972)

- 발달은 선천적인 유전 요인과 환경과의 상호작용을 통해 이루어진다. 부모로부터 물려받은 유전인자는 환경 요인의 영향을 받아 그 잠재력을 발휘할 수 있으며 환경 또한 유전 인자가 제한하는 범위 내에서만 영향을 미친다(이숙재 · 이봉성, 1999).
- 발달은 총체적으로 이루어진다. 발달은 신체, 인지, 언어, 정서, 사회성 발달이 각기 분리되어 이루어지는 것이 아니라 서로 연결되어 총체적으로 진행되어 전인적 발달을 도모한다(김재은, 1997).
- 발달은 일정한 순서에 따라 이루어진다. 발달은 머리 부분에서 하체 부분으로, 몸 중심에서 바깥 부분으로 신체발달이 이루어지며, 전체 운동에서 부분 운동으로 발달한다.
- 발달은 일생 동안 계속적으로 이루어지나 그 속도는 일정하지 않게 이루어진다.
- 발달은 개인차가 존재하며, 각 개인의 발달 특성과 속도는 각각 다

르게 나타난다. 즉, 각 개인에 따라 창의성이 발달된 어린이, 언어 능력이 발달한 어린이, 운동 능력이 발달한 어린이, 사교성이 발달한 어린이 등 개인 차이가 크다. 발달 속도에 있어서도 개인적인 차이를 보여 빠르게 발달이 이루어지는 어린이, 느리게 발달이 이루어지는 어린이가 있으며, 초기에 빠른 발달을 보이다가 후기에 발달이 느려지는 어린이, 초기에 느린 발달을 보이다가 후기에 빠른 발달을 보이는 어린이가 있다.

- 발달에는 누적성의 원리가 적용된다. 유아기의 초기 발달은 후기 발달에 영향을 준다(박성연 · 도영심, 1999). 예를 들면 언어 발달에 있어서 유아의 활발한 옹알이 활동은 단어 발달을 유도하고 이를 통해 빠른 언어발달을 가져온다.
- 발달에는 결정적인 시기가 있다.

1. 신체발달

유아기는 영아기에 비해서는 다소 둔화된 성장을 보여주지만 전체적으로는 신체발달이 균형적으로 이루어지는 시기이다. 유아의 신체발달은 첫째, 목 근육의 발달에 따른 머리 들기와 가누기, 둘째, 허리 근육의 발달에 따른 앉기, 셋째, 다리 근육의 발달에 따른 서거나 걷기의 기본 원리에 따라 이루어진다. 유아의 신체는 몸의 중심에서 말초 방향으로 발달하는데 이 원리에 따라서 첫째, 배밀이 동작으로 기기와 걷기 발달 둘째, 물건을 잡을 때 팔 전체로 잡는 행동을 먼저 한 다음에 손바닥, 손가락으로 잡는 등의 말초 부분 행동 발달이 이루어진다. 또한 미분화된 운동기능에서 점차 부분적인 특수 운동 기능으로 발전하며 분화된 단순기능은 다시 복잡항 운동기능으로 통합된다(김영주, 2005).

유아기 신체기관의 발달은 각각 다른 속도와 비율로 발달한다. 인간의 신장, 체중, 근육 및 호흡기관의 성장은 만 2세 전인 영아기 때 급속한 성장을 나타내고, 유아기와 아동기에는 완만한 성장곡선을 나타내며 사춘기에 다시 급속한 성장을 한다. 키는 3세 이후에 해마다 평균 6.8㎝ 가량씩 자란다. 3세에서 4세 사이에 7.2㎝ 가량 자라며 그 뒤로는 신장률이 조금씩 낮아진다. 평균적으로는 여자아이의 평균 신장 성장이 6.86㎝로 남자아이들의 6.83㎝보다 더 높다. 그러나 전체적으로 남자아이의 키가 여자아이보다 1.12㎝가량 더 크다. 출생시 50㎝의 신장이 6세가 되면 113㎝가 되어 2배가 넘게 된다. 몸무게는 3세 이후 해마다 평균 2㎏ 가량 증가하며 출생시 3.4㎏의 몸무게가 6세가 되면 평균 20㎏ 가량이 되어 6배 이상으로 늘어난다.

신체의 균형을 보면 영아기 때는 머리가 전체 몸의 4분의 1을 차지할 만큼 컸었는데 유아기에 이르면 성인과 비슷한 비율로 균형을 찾게 된다. 턱이 커지고 목, 몸통, 팔다리가 길어지고 복부근육도 발달한다.

〈표 3-1〉 한국 유아의 신체발육 표준

구분	남자 아이		여자 아이	
	키(㎝)	몸무게(㎏)	키(㎝)	몸무게(㎏)
3세~3.5세	96.70	14.92	95.56	14.32
3.5세~4세	100.30	15.91	99.20	15.28
4세~4.5세	103.80	16.97	102.73	16.30
4.5세~5세	107.20	18.07	106.14	17.35
5세~5.5세	110.47	19.22	109.40	18.44
5.5세~6세	113.62	20.39	112.51	19.57

자료 : 질병관리본부(2007)

치아는 2세~3세가 되면 젖니(milk teeth)라 부르는 유치 20개가 완전히 자라나 음식을 먹을 수 있게 된다. 5세 경부터는 젖니가 영구치로 바뀌기 시작한다. 젖니는 나중에 빠져 영구치가 된다는 생각으로 관리를 소홀히 할 수 있으나 이때부터 제대로 된 관리를 해 주어야 치아의 씹는 힘(저작능력)이 길러지고 영양섭취와 신체발달에 문제가 생기지 않을 수 있다. 모유를 먹는다고 하여 충치가 생기지 않는 것이 아니며, 젖병을 물고 자는 등의 나쁜 습관을 그대로 두거나 양치질을 소홀히 할 경우 결국 영구치에 악영향을 미치며 영양 불균형은 물론이거니와 언어발달에도 영향을 미칠 수 있다.

유아기에는 신체발달을 위하여 충분한 영양이 공급되어야 한다. 세 끼 식사는 물론이거니와 간식 등으로 꾸준히 영양을 섭취할 수 있도록 해야 한다. 또한 이 시기에는 수면시간이 조금씩 줄어들어 5세가 되면 평균 9시간의 잠을 잔다. 가능하면 점심식사를 하고난 뒤 적당한 수면이나 휴식을 취하게 하여야 하며 규칙적인 생활습관을 가지도록 신경을 써야 한다. 또 가구의 배치나 뾰족한 물건들을 치우고 보완하는 등의 노력으로 아이들이 다치지 않고 안전하게 뛰어놀 수 있도록 해주어야 한다.

2. 운동발달

유아기에는 신경계통의 성장과 대소근육의 발달로 운동능력이 세밀해지고 운동기술이 발달한다. 유아기 운동발달의 특징은 신체의 각 부분을 효율적으로 움직일 수 있고 균형을 유지할 수 있는 능력, 걷기나 뛰기를 통한 이동능력의 발달, 여러 가지 사물을 접하면서 각각의 특성에 따라 다양한 조절방법을 배우게 됨으로써 조작적 능력이 발달하게 되는 것이다(김태련 외, 2004). 유아기 운동발달은 유아가 자발적으로 자신의 움직임을 통제할 수 있게 되는 것을 말하며, 운동지능의 발달은 중추신경계, 골격 및 근육의 발달 정도와 환경에 의해 영향을 받는다(최보가 외, 2000).

이 기간 동안 유아는 손이나 발을 자유롭게 사용한다. 옷을 스스로 입게 되고 기어오르거나 뒤로 달리기 등도 할 수 있다. 3세 경에는 달릴 수 있게 되지만 방향을 바꾸지는 못한다. 뛰면서 속도를 조절할 수 있으며 발을 바꾸어가며 계단을 올라갈 수 있다. 세발자전거 타기를 시도한다. 또 엄지와 검지를 이용하여 숟가락을 사용할 수 있게 되지만 서투르다. 연필이나 크레파스를 사용하여 동그라미, 세모, 네모 등의 단순한 도형을 그리기 시작한다. 3세 이후가 되면 옷을 혼자 벗기 시작하며 괄약근도 발달하게 되어 대소변 훈련을 시킬 수 있게 된다.

4세가 되면 계단이나 난간 등에서 뛰어내리기를 하게 되며, 운동량이 아주 많아진다. 팔과 어깨를 이용해 공을 던질 수 있게 되며 손이나 가슴으로 공을 잡거나 받는다. 세발자전거 타기를 좋아하며 수영을 배우거나 구부러진 길도 걸어갈 수 있다. 옷을 혼자서 입을 수 있게 되고 단추를 벗기거나 끼울 수 있게 된다. 이 때에는 왼손잡이인지 오른손잡이인지가 거의 결정되며 가위로 모양을 오릴 수 있게 된다.

5세 이상이 되면 모든 근육의 기능이 아주 높은 수준까지 발달한다. 따라서 다양한 운동이 가능해지는데 이 시기에는 장난감을 이용하기보다는 자신의 몸을 이용한 달리기, 줄넘기, 축구, 자전거 등의 운동을 좋아한다. 5세가 되면 두발 자전거 타기를 시도하며 한 발로도 균형을 잡는다. 직선을 따라 걸으며 달리면서 방향을 바꿀 수 있게 된다. 또 달리다가 갑자기 멈추어도 넘어지지 않으며 발을 바꾸며 계단을 오르내릴 수 있다. 또한 신발을 신거나 벗을 수 있게 된다.

6세가 넘으면 두발 자전거를 탈 수 있게 되며 혼자서 식사를 할 수 있게 된다. 한 발 뛰기나 뛰어넘기, 오르기 등의 발을 이용한 운동을 좋아한다. 젓가락으로 음식을 먹을 수 있게 되고 간단한 도형을 그리던 수준에서 얼굴이나 집 등의 사물을 그릴 수 있게 된다. 작은 공은 던지거나 받을 수 있으며 혼자서 옷을 입을 수 있다. 6세가 넘어가면 신발 끈을 묶을 수 있으며 단추나 지퍼 등을 쉽게 이용할 수 있게 된다. 이 시기에는 유아기에 습득한 모든 운동기능을 정교하게 발달시킨다.

3. 인지발달

인지(cognition)란 어떤 사실을 인정하고 알아가는 것인데, 이를 위해서는 외부의 자극을 내부의 감각기관으로 받아들여 저장하고 조직하고 해석하는 과정으로 이루어지며 이를 지각(perception)이라 한다. 따라서 인지발달이 이루어지기 위해서는 지각발달이 먼저 이루어져야 한다. 지각은 눈, 귀 등의 감각기관을 통해 들어오는 색깔, 소리 등의 외부 자극을 인지하는 정신적인 과정이다. 여러 자극들을 통합하고 이전의 경험과 관련시켜 해석하는 과정을 거친다. 유아기의 모든 자발적인 움직임은 여러 형태의 지각능력에 의해 이루어지며 이러한 지각능력은 환경과 자신의 신체와의 관계 속에서 이루어지는 움직임에 의해 형성된다(Gallahue, 1983).

시지각은 눈을 통해 들어온 시각 정보가 망막에 도착한 뒤 시신경 회로를 거쳐 후두엽의 시각피질에 도착함으로써 투사된 정보를 통합하여 부호화하고 저장하게 되는데, 이러한 기본기능은 생후 1년 이내에 발달하지만 성인 수준의 시력발달은 5세 정도가 되어야 한다. 엘킨드(Elkind, 1974)는 실험을 통해 유아 초기에는 부분적 형태에만 관심을 기울임으로써 형태 판별에 오류를 범한다고 밝혔다.[1] 유아는 대개 주의력과 집중력이 떨어진다. 그러나 4세경에는 집중하는 시간은 짧지만 부분적으로는 주의를 집중한다. 6세경이 되면 집중력이 매우 좋아지며 이후 아동기와 청소년기로 갈수록 높아진다. 유아 말기로 갈수록 자극에 대한 부분적인 지각에서 벗어나 시각지각, 공간지각, 형태지각 등의 모든 지각능력이 전체 지각으로 발달한다.

이 시기는 피아제의 직관적 사고단계에 해당한다. 이 단계의 유아의 사고는 자기중심성, 불가역성, 중심화경향, 불완전한 분류능력 등이 특징적이다. 이 시기의 유아는 수와 종류는 알지만 상위개념과 하위개념을 완전히 구분하지 못한다.

1) 엘킨드의 실험에서 당근, 배, 오렌지로 만든 새를 본 유아는 각각 당근, 배, 오렌지로 지각하여, 부분지각만 발달하고 전체에 대한 지각능력이 발달되지 않았음을 보여 주었다(Elkind, 1974, 김동배 외, 재인용).

4. 사회성발달

유아는 사회적 상호작용에 의해 신념이나 행동기준 및 가치 등을 학습하게 되며 이를 토대로 자아개념을 형성시킨다(변영신 · 김영주, 2001). 이러한 자아 개념의 발달은 자신을 환경과 구분할 수 있을 때부터 시작되며, 이때부터 유아는 자신만의 독특한 존재를 점차 깨닫게 되며, 성장함에 따라 유아의 자아개념은 현재 속해 있거나 속하기 원하는 사회적 역할과 집단으로 확대된다. 유아는 사회화 과정에 있어서 자신과 유사한 타인의 행동을 비교하는 사회적 비교를 통해 자신이 어떤 종류의 사람인지를 결정한다(최보가 외, 2000).

사회화(socialization)는 유아들이 자신이 속해있는 사회가 적절하다고 생각하는 가치, 행동, 신념 등을 구축해 가는 과정이다. 유아들은 이러한 사회화를 통해 자신을 스스로 통제하고 책임감을 가지며 사회의 구성원으로 당당하게 자라날 수 있다. 유아들은 부모, 형제자매, 또래집단과의 상호작용에서 영향을 받으며 이를 통해 사회화를 형성한다. 특히 부모에게서 받는 상벌은 사회화의 중요한 기제이며 유아의 바람직한 행동을 강화시키고 그렇지 못한 행동을 소멸시키는 역할을 한다. 둘 다 중요한 기제이지만 벌보다는 상을 통한 훈육이 더욱 효과적이며 긍정적이다. 상벌을 통해 사회화를 확립시킬 때에는 감정에 따라 기준이 변하지 않아야 하며 일관성 있게, 차별없이 이루어져야 한다. 많은 경우에는 부모와의 동일시, 모방학습, 관찰을 통해 사회화가 이루어지므로 부모들은 말과 행동에 특히 신경을 써야 한다. 그러나 나이가 증가하면서 또래 친구들을 모방하게 되므로 이때의 양육태도도 큰 영향을 미치게 된다.

1) 언어발달

사회성이란 개인이 집단 내에서 구성원들과의 관계를 형성하고 유지해 나가는 것이다(백남희, 2003). 사회성이 발달하기 위해서는 기본적으로 언어발달이 필수적이다. 유아기가 되면 어휘수의 급격한 발달로 성인과의 기본적인 대화가 가능해진다. 6세 가량 되면 6,7개의 단어로 구성된 문장을 사용할 수 있게 된다. 이 시기에는 호기심이 왕성해지고 자신이 말한 내용을 다시 확인하는 질문이 많아진다. 그러나 유아기의 언어는 다양한 요인에 의해 개인적인 차이가 크게 존재한다. 가장 큰 영향을 미치는 것은 언어를 서로 자주 사용하는가의 여부인데 어머니나 가족의 언어 상호작용 기회가 많으면 언어발달은 빨리 이루어진다.

2) 정서발달

사회성발달에는 정서발달이 민감하게 영향을 미친다. 정서는 생리적, 신체적, 인지적, 성격적 요소를 포함하는 포괄적인 개념이다(박성연·도현심, 1999). 유아의 정서발달은 성격형성의 중요한 요인이며 개인의 성격형성은 사회성을 발달시키는 기초가 된다. 인간은 주어진 환경 안에서 내부 또는 외부의 자극에 대하여 다양한 행동양상을 보이게 된다.

유아기에는 정서의 분화가 두드러지며 5세 가량이 되면 거의 성인 수준의 정서 발달이 이루어진다. 그 대신 유아는 정서에 몰입하는 지속시간이 짧은 특징을 가진다. 가령 유아들은 부모님께 꾸중을 들어 두려움의 정서를 느꼈어도, 조금 뒤에 과자를 들고 가면 조금 전에 혼난 것은 잊어버리고 헤헤거리며 즐거워한다. 이는 그때그때 상황에 따라 자신의 정서를 외적인 동작에 남기지 않고 쏟아내기 때문이다. 유아의 정서는 변화가 빠르다. 친구들과 사이좋게 잘 놀다가도 금방 화를 내고 싸우며 돌아선다. 그러다 또 언제 그랬냐는 듯이 사이좋게 지낸다.

유아의 정서는 강하고 폭발적이다. 기쁜 일이 있으면 아주 즐거워하지만 화가 나면 때와 장소를 가리지 않고 발버둥을 치면서 울어 부모를 난감케 하기도 한다. 그러나 점점 나이를 먹음에 따라 정서를 기억하는 시간이 길어지며 상대적으로 자제력도 가지게 된다.

유아는 사랑, 분노, 공포, 좌절감 등의 여러 가지 감정을 다루고 표현한다. 특히 이 시기에는 다양한 호기심으로 많은 것에 대한 질문을 끊임없이 하게 되는데 부모가 이를 억압하거나 대답을 회피하면 자신이 잘못을 저지른 줄 알고 죄책감을 느끼게 된다. 이러한 죄책감은 특정한 대상 또는 특정한 상황에 대하여 불합리한 공포로 발전되기도 한다.

3) 대인관계발달

유아가 최초로 관계를 맺게 되는 대상은 특별한 경우를 제외하고 대체적으로 부모일 가능성이 많다. 따라서 부모님은 유아의 사회성 발달에 가장 큰 영향을 미친다. 부모님이 어떤 성격을 가지고 있으며 어떤 양육 가치관을 가지고 있느냐에 따라 유아의 성격 역시 상대적으로 고착된다. 가령 부모가 권위적이고 강압적인 태도를 지닌다면 유아는 자신의 감정을 자유롭게 나타내지 못하며 외형적으로 순응하는 모습을 보일 수 있다. 그러나 그렇게 형성된 성격은 자신감의 결여와 다른 사람과의 관계에서 폐쇄된 모습을 보일 가능성이 많다. 그러나 부모가 수용적이고 인자한 태도로 양육을 한다면 유아는 자신에 대한 수용과 더불어 자신의 행동에 대한 자신감을 갖게 되고 타인과의 관계도 개방적이 되며 정서 개방에 자유로워진다.

4) 놀이발달

4세 이상이 되면 부모보다도 형제자매 그리고 또래와의 접촉이 잦아지며 이들과의 놀이 시간을 통해 사회성을 발달시킨다. 형제자매와의 관계에서는 갈등, 협동, 경쟁을 배우게 되는데 이는 유아가 몇 번째 태어난 자녀인가에 따라 서로 다른 양상을 나타낸다. 파튼(M. Parten)은 유아의 놀이를 6단계로 구분하였는데, 다른 사람을 무심히 지켜보는 한가한 놀이(unoccupied play), 또래와의 상호작용이 이루어지지 않고 혼자서 장난감이나 모래를 가지고 노는 혼자 놀이(solitary play), 다른 유아의 옆에서 비슷한 장난감을 가지고 따로 노는 병렬놀이(평행선놀이, parallel play), 유아들이 장난감을 서로 나눠 갖고 놀지만 다른 유아의 기분이나 욕구를 생각하지 않는 연합놀이(associative play), 같은 놀이 목표를 가지고 서로 다른 역할을 하면서 함께 공동의 목표를 위해 규칙을 지키며 통합적으로 노는 협동놀이(cooperative play)가 있으며, 마지막의 협동놀이가 증가할수록 사회성발달은 더욱 빨라진다고 하였다.

5. 유아기의 사회복지실천

유아기의 신체발달에서는 영양결핍에 따른 질병과 성장 지연, 운동능력의 뒤처짐으로 인한 상대적 고립 등을 들 수 있다. 빈곤한 가정의 유아들은 그렇지 않은 유아들에 비해 상대적으로 건강문제를 가지고 있으며 빈곤으로 인해 영양결핍과 질병이 결합되는 양상을 보인다. 발육부진과 무기력증, 지적발달 지체와 운동능력 발달 지체를 보일 수 있다. 사회복지사는 뇌염이나 근이완증 등의 직접적인 신체발달 문제뿐만 아니라 영양결핍에 따른 전체적인 관점의 질병문제에 대하여 대처할 수 있는 능력을 키우고 정보를 제공하고 자원을 지원해야 한다. 문제가 발생하기 이전에 질병을 예방하고 치료할 수 있는 환경을 갖추는 것도 중요하다. 따라서 보육시설이나 육아시설에 거주하는 유아에 대하여 정기적으로 진단을 하고 신체적인 발달상태를 확인하여 질병의 조기치료에 관심을 기울여야 한다.

운동발달에서는 주의력 결핍, 과잉행동, 공격성 등의 문제를 보일 수 있다. 인지발달에서는 시각장애, 청각장애, 자폐증 등이 나타날 수 있으며, 사회성발달에서 나타날 수 있는 문제는 언어장애, 수면장애, 눌어증, 야뇨증 등을 들 수 있다.

빈곤가정의 유아들은 사회성을 키우며 안전하게 놀 수 있는 장소가 부족하여 심리적인 문제와 사회적인 발달의 지연이나 문제가 발생할 수 있다. 특히 부모가 맞벌이로 바쁘거나 양육기술의 부족으로 유아와 충분한 대화가 이루어지지 않을 경우 언어발달에도 문제가 생길 수 있다.

유아들은 부모의 보살핌을 떠나 유치원이나 어린이집, 선교원 같은 보육시설에서 집단적으로 돌봄을 받는 경우가 많다. 이럴 경우 집단 속에서 안전사고의 위험에 노출된다. 뾰족한 것들의 위험성을 모르는 유아들은 친구들과의 놀이를 하면서 상대 친구에게 씻지 못할 상처를 안기기도 한다. 또 많은 경우에는 유아를 태우고 내리는 교통환경을 통해서도 자동차 사고가 일어나기도 한다. 유아를 보호하는 사회복지기관이나 놀이시설, 생활시설에서는 안전사고가 일어나지 않도록 철저히 관리하고 점검하여야 할 것이다.

부모들은 유아들을 유치원이나 보육시설에 보내어 인지교육을 받으려고 한다. 그러나 경제적인 이유나 시설부족 등의 원인으로 적절한 교육의 기회를 갖지 못하는 유아들도 상당수 있다. 따라서 사회복지 기관에서는 소외된 곳에서 혜택을 받지 못하는 유아들에 대한 조사와 함께 보육시설이 지역별로 충분하게 갖추어져 모든 유아들이 차별없이 교육을 받을 수 있도록 해야 한다.

사회성발달에 있어서 유아는 성역할 기준을 가장 민감하게 습득할 때이다. 따라서 사회복지사는 사회적 관념에 의한 성역할을 강압적으로 강요하지 않아야 하며 남녀의 차이에 따른 정확한 성역할 기준으로 유아를 이해시킬 수 있어야 한다. 유아 시기에는 부모와의 관계에서 상처나 억압을 받는 경우가 많으므로 사회복지사는 가족치료나 놀이치료에 대한 이론과 기술을 익히는 것이 좋다. 부모에 의한 억압이나 학대가 의심될 때에는 놀이치료나 미술치료를 통하여 정서를 표현하도록 유도하고, K-CAT 같은 투사적 심리검사를 통하여 자연스럽게 유아의 상태를 파악하고 대처할 수 있으면 좋다.

제 4 장

아동기

아동기(childhood)는 아동으로 있는 상태 또는 유아기(infancy)와 청소년기(puberty) 사이에 위치하는 발달단계에 놓인 기간을 뜻한다. 아동기의 주체는 아동(child)이지만 아동에 대한 기준은 다양하다. 유엔아동권리협약에서는 아동을 18세 미만의 모든 사람으로 규정하며, 국내 교육법에서는 만 6세에서 만 12세까지를 학령아동으로 규정한다. 유아기에서 아동기로 넘어가면 생활의 중심 역시 가정에서 학교로 넘어간다. 이 시기에는 의무교육인 초등학교 교육을 통하여 사회가 요구하는 다양한 기술과 사회성 및 도덕성을 습득하는 발달단계이다.

아동기가 청소년기, 성인기와 다르게 구분되는 것은 아동이 청소년이나 성인과는 질적으로 다른 발달 특성이 있기 때문이다. 아동은 성인과 다르게 사고하고 기능하며 그럼으로 인해 가정이나 학교에서 성인과는 다르게 이해되어져야 함을 의미한다. 아동과 아동기의 특성은 다음과 같다(장인협 · 오정수, 2000).

- 의존 : 아동의 생존, 그리고 신체적 · 지적 · 사회적 발달은 타인들의 사랑과 관심 또는 보호에 의존하게 된다.
- 성숙 : 미성숙한 단계에서 성숙한 단계로 나아가는 과정이 바로 아동기이다. 이때 아동은 자신의 개인적 수준에 따라 각 성장단계에 적절하게 자신의 생활상황에 대처하면서 필요한 이해력, 기능

또는 능력을 발전시켜 나가게 된다. 그러므로 아동은 주변의 격려와 지도를 필요로 하며, 자기 수준에 맞는 지식, 기술, 행동방식 및 가치 등에 관한 학습의 기회를 필요로 한다.

- 욕구 : 아동에게는 인간본능의 생리적 욕구 뿐만 아니라 인격적 욕구(가정과 사회 내에서 인간다운 사랑을 얻고 싶어 하며, 새로운 경험을 얻고자 하는 욕구)의 충족을 강하게 갈망하는 존재라고 할 수 있다.
- 민감성 : 아동기는 감정이 매우 예민하고 강렬한 시기이다. 아동은 그의 욕구나 열망에 대한 만족을 즉각적으로 얻기 원하며, 느슨하게 참고 기다릴 줄 모른다. 지역사회의 분위기나 그의 친구들과의 관계에도 민감하다.
- 적응 : 아동은 자기 스스로의 힘으로는 환경에 잘 적응할 수 없다. 인간은 출생과 동시에 사회집단 속에 속하게 된다. 그 사회집단의 출발은 가정이며, 점차 또래집단, 학교, 지역사회, 직업집단과 같은 사회공동체에 소속하여 사회적 인간으로서 성장하여 가는 것이다. 따라서 아동이 성장하기 위해서는 이러한 여러 집단에서의 지속적이고 단계적인 보호와 양육을 절대적으로 필요로 한다.

이 시기의 아동은 공식적인 학습이 시작되어 학습이라는 중대한 과업을 시작함으로써 학동기(學童期)라 부르며, 또 학교라는 같은 공간을 통해 만나는 또래끼리 어울려 많은 시간을 보내기 시작함으로써 도당기(徒黨期, gang age)라 불리지만 영유아기나 청소년기에 비해서는 비교적 조용한 발달이 이루어진다 하여 잠복기(潛伏期)라 불리기도 한다.

1. 신체 · 운동발달

1) 신체발달

발달은 어떤 개체가 그 발생부터 성숙하게 될 때 일어나는 구조와 형태의 변화를 말한다. 따라서 발달은 유기체의 생활 중에 일어나는 모든 변화에 따라 신체적인 변화, 기능적인 변화, 정신적인 변화까지를 모두 포함한다(김기웅, 1986). 아동은 자신의 신체를 다양하게 움직이는 방법을 배움으로 대 · 소근육을 발달시키고, 신체의 균형, 유지, 신체 각 부분간의 협응, 공간 · 지각 등의 기초적인 신체능력이 길러지게 된다. 아동기의 신체발달은 완만하지만 지속적인 성장이 이루어지고 전체적인 뼈대가 완성되고 안정되어진다.

이 시기 아동의 키는 남자 아동의 경우 7세에 119cm 가량에서 해마다 평균 5cm가량씩 신장되어 12세에 145cm 가량까지 이른다. 여자 아동은 7세에 118cm 가량에서 해마다 평균 6cm 가량 자라나 12세가 되면 147cm 가량이 된다. 흥미로운 사실은 7세에는 남자 아동의 키가 1.2cm 가량 더 컸는데 12세가 되면 오히려 남자 아동의 키가 여자 아동보다 1.5cm 가량 더 작다는 것이다. 신장률은 여자 아이가 10세가 되면서 남자 아이보다 높아지기 시작하면서 11세가 되면 신장 자체의 역전이 일어난다.

이 시기 아동의 몸무게는 남자 아동의 경우 7세에 23kg 가량에서 해마다 평균 3.5kg 가량 증가하여 12세가 되면 40kg 가량이 된다. 여자 아동은 7세에 22kg에서 해마다 평균 3.5kg 가량 증가하여 12세가 되면 39kg 가량이 된다. 아동기의 몸무게는 해를 거듭할수록 증가폭이 늘어나는데 7세에서 8세로 가는 데에는 2kg 못미치는 증가폭을 보이지만

11세에서 12세로 가는 데에는 남자 아동의 경우 6kg 가량으로 급속히 증가함을 알 수 있다.

〈표 4-1〉 한국 아동의 신체발육 표준

구분	남자 아이		여자 아이	
	키(cm)	몸무게(kg)	키(cm)	몸무게(kg)
6.5세~7세	119.54	22.85	118.31	21.95
7세~8세	123.71	24.84	122.39	23.92
8세~9세	129.05	27.81	127.76	26.93
9세~10세	134.21	31.32	133.49	30.52
10세~11세	139.43	35.50	139.90	34.69
11세~12세	145.26	40.30	146.71	39.24

자료 : 질병관리본부(2007)

이상에서 알 수 있듯이 초등학교에 입학할 때에는 남자 아동의 신체 성숙이 더 빠르지만 12세경이 되면 오히려 여자 아동의 신체 성숙이 더 우세해진다. 이런 현상은 사춘기를 맞이하는 시기가 여자 아이들이 남자보다 2년 정도 먼저 시작하는 데 기인한다.

아동기의 특징 가운데 하나는 젖니가 빠지고 영구치가 새로 난다는 것이다. 젖니는 아동기에 나타나는 통과의례와 같은데 초등학생의 웃는 얼굴을 보면 앞니 한두 개가 빠져 있는 모습들을 쉽게 발견할 수 있다. 젖니는 6세경에 빠지기 시작하여 1년에 약 4개 정도씩 영구치로 바뀐다. 대략 13세가 되면 거의 모든 젖니가 영구치로 바뀌게 된다.

아동기의 골격은 뇌 또는 척추 그리고 내장기관과 같은 조직을 보호하고 신체의 전반적인 뼈대를 구성한다. 뼈는 신체의 몸무게를 지지하며 골격근을 부착시킨다. 초등학생의 뼈는 길이나 넓이 등이 계속해서 자라며 변화하는 상태에 있다. 이러한 뼈의 성장은 성장점이 점점 연골로 바뀜에 따라 완전해지고 안정화된다. 어린이 뼈 조직은 부드럽고 유연하지만 상처나 충격에는 회복이 빠르다. 성장기 아동의 20% 가량은 성장통(growing pain)을 호소한다. 낮에는 건강하게 잘 놀던 아이들이 밤에 되면 팔이나 다리가 아프다면서 잠을 자지 못하고 깨어나는 수가 많다. 아직 확실히 원인이 밝혀진 것은 없으며 이럴 때에는 아픈 부위를 손으로 주물러 주거나 진통제로 통증을 가라앉게 하여 다시 잠을 자게 한다. 그러나 지속적으로 이런 현상이 이어지면 관절염 등 다른 원인이 있을 수 있으므로 병원 진료를 받는 게 좋다.

아동기의 신경계발달은 신경계통의 중추를 이루고 있는 대뇌(cerebrum)와 소뇌(cerebellum)의 발달로 나타난다. 대뇌는 정보기능을 통제하며 소뇌는 자세를 통제하거나 몸의 균형을 유지시킨다. 몸의 움직임은 직접적으로는 근육의 활동이지만 사실상 움직임을 제어하는 것은 눈에 보이지 않는 신경계가 이끄는 것이다. 이 신경의 중추가 대뇌이며 따라서 대뇌 세포의 성숙은 아동기 생활에 밀접한 관계가 있다. 대체적으로 8세경이면 뇌의 크기가 성인 수준에 이르며 12세경이면 뇌의 중량이 성인의 95% 정도에 이르러 아동의 인지발달을 뒷받침해 준다.

2) 운동발달

운동발달에 있어서의 신체는 일상생활의 환경에 따라 성장하면서 걷기, 뛰기 등의 운동기능이 일상생활을 불편하지 않도록 충실해지는 목적을 가지고 있다. 아동기에는 특별한 운동기능의 발달이 없지만 운동의 힘이 커지고 운동기술은 정교해진다. 허얼록(Elizabeth B. Hurlock, 1972)은 유아 및 아동기를 신체 기능의 학습을 위한 가장 이상적인 시기라고 하였는데 이는 아동의 신체가 유연하고, 모험심과 열의가 있으며, 실패에 대한 두려움이 적고, 호기심이 강하며 보다 충분한 시간을 가지기 때문으로 보았다.

이 시기의 아동은 많은 양의 운동기능을 습득하는데 운동의 속도, 정확성, 안정성, 호응성, 역량 등이 더욱 발달되고 정교해진다(강봉규, 1992). 안정성은 대근육 운동을 통해 운동의 기초 기능을 익히고, 공간 속에서 신체를 균형있게 움직이게 되는 것으로 이것을 위해서는 주로 혼자하는 운동, 굽히기, 돌기, 잡기, 비틀기 등의 비이동에 의한 운동

등이다. 이러한 안정성을 추구하는 운동 발달은 기초적인 이동능력을 높이고 신체를 효율적으로 움직이게 하고 바른 자세를 형성하도록 돕는다. 다음은 이동(locomotion) 운동으로 공간에서의 높이를 변화시키면서 몸을 자유롭게 조절할 수 있는 능력을 말한다(Gallahue, 1982). 이동운동으로는 걷기(walking), 달리기(running), 뛰어오르기(jumping), 미끄러지기(sliding) 등의 활동이 있다. 다음으로 운동발달을 위한 기본운동기능은 대근육 조작운동이다. 차기(kicking), 던지기(throwing), 잡기(catching) 등이 있으며 이러한 운동을 통하여 아동은 그들에게 있는 기구를 접하게 되고 조절하게 되어 더욱 안전하고 활동적인 운동으로 발전하게 된다.

이 시기의 아동들은 장난감을 가지고 노는 놀이보다는 자신의 신체를 이용한 놀이와 스포츠 등의 조직적인 단체놀이에 관심을 기울인다. 이러한 단체놀이의 상호작용을 통하여 신체의 성숙은 물론이고 심리적·정신적 성숙이 이루어지고 다양한 환경에서의 경험을 학습하게 된다. 신체적인 운동의 효과 외에도 친구들과 우정 관계를 쌓으며 게임의 규칙을 이해하고 이것을 지킨다. 아울러 팀원인 친구들과 협력하고 자신을 내세우기보다 팀원의 일원으로 활동함으로써 얻게 되는 즐거움을 누리게 된다. 아동기의 건강한 신체발달과 운동발달은 바람직한 사회 태도와 행동을 성취하도록 하며 아동의 현재는 물론이고 성인 이후의 미래 생활까지도 향상되고 윤택하게 하는 역할을 한다.

그러나 자칫 신체 및 운동기능의 비교를 하여 아동기에 자신감을 잃거나 소극적인 행동으로 심리사회적 발달에 영향을 미칠 수 있다. 이 시기의 신체발달과 운동기능의 비교는 아동기 자아존중감 형성의 중요한 뿌리가 된다. 운동능력이 떨어지면 체육시간을 싫어하게 되고 나아가 또래 친구들과 집단을 형성하여 노는 것을 멀리 하게 된다. 소심해지고 겁이 많아지며 내성적이고 의존적인 성격을 보일 수 있다.

반대로 운동능력이 뛰어난 아이들은 창조적이며 적극적이고 쾌활한 성격을 나타낸다. 또 유난히 운동신경이 뒤처지거나 이해력이 떨어져 함께 놀이집단에 포함되지 못할 경우 집단따돌림 등으로 심리적 고충을 안게 되고 자아개념과 사회적 관계 형성에도 영향을 받는다. 그러므로 아동기에는 모든 아동에게 적합한 운동을 할 수 있는 환경과 기회를 제공해주어야 하며, 개인의 발달 차이에 자신만의 운동기능 개발을 위한 노력도 게을리하지 않아야 한다. 모든 아동들이 신체와 운동 발달을 통해 자아존중감을 갖도록 노력해야 한다.

2. 인지발달

1) 지각발달

지각은 감각에 의존하여 대상을 알아가는 과정이다. 지각은 물리적인 대상을 만지고, 보고, 직접 접촉함으로써 얻을 수 있는 물리적인 대상에 대한 지식이다. 지각발달은 감각기관을 통해 지식을 얻는 과정이며 지적 발달과정이다. 가장 기본적인 지각은 자신을 제외한 외부 환경에 어떤 대상이 있다는 것을 아는 것이다. 지각이 이루어지기 위해서는 자극에너지를 받아들일 수 있는 감각기관이 발달해야 한다. 피아제는 지각을 감각의 동화와 도식의 조절로 일어나는 것이라고 보았다(Piaget, 1969).

아동기에는 유아기처럼 지각발달에 있어 큰 변화가 일어나지 않는다. 9세경까지 나타나는 지각발달은 그 후 큰 변화가 없으며 대신 탐색전략, 논리적 조직화, 탈중심화 등이 발달한다. 탐색전략은 특정한 문항을 찾기 위해 자극의 배열을 탐색하는 것을 말한다. 아동은 빠르고 정확하게 탐색전략을 사용한다. 이를 위해 전체와 부분을 조합하고 분석하며 조직화하는 능력도 사용하게 된다. 즉 아동기에 이르면 사물의 부분에 집착하지 않고 전체적인 시각으로 분석하고 이해할 수 있으며 다른 특징들도 발견할 수 있게 된다. 다면적 사고가 가능해짐으로써 자기중심적 사고에서 타인중심적 사고로 옮겨 지각하게 되고, 다른 사람의 감정, 생각 등을 추론하고 이해하게 된다.

음악을 들을 때 각 악기별로 나누어 들은 뒤 조합하는 것이 아니라, 오케스트라 전체의 화음으로 듣게 되는데 이것은 전체(total)이지 결코 분리된 사건이 아니다. 독일 형태심리학자(gestalt psychologist)는 아동들이 사물이 있는 그대로 정확하게 지각하지 않고, 다수 수정된 형태(modified form)로 지각하는 경향이 있다고 하였다(신명희, 1995). 아동들은 서로 가까이 있는 형태들은 함께 묶어서 분류하고(근접성의 원리), 비슷한 형태들을 함께 분류하는 경향이 있다(유사성의 원리). 또 자기가 기억하기 쉽도록 자기가 좋아하는 모양이나 단순한 형태로 변형시켜 기억하려는 경향이 있다(단순성의 원리). 그러나 이런 모든 지각 발달은 성장하는 문화적 환경에 따라 서로 다른 발달적 차이를 가져온다.

2) 지능 · 창의력 발달

아동기는 지능이 아주 중요한 역할을 한다. 공식적인 학습을 시작하는 시기에 들어가기 때문에 지능의 발달은 학습의 결과에 지대한 영향을 미친다. 대체적으로 지능은 유전과 환경의 영향을 받는 것으로 알려져 있다. 지능은 새로운 지식을 획득하고 적용하는 학습능력, 합리적이고 혁신적인 사고능력, 환경에 대한 적응능력 등으로 구성된 개인의 총체적 능력이라 할 수 있다(이근홍, 2008). 미국 심리학회에서는 다양한 학자들이 지능을 정의하였는데, 추상적 사고를 수행하는 능력, 좋은 반응을 하는 힘, 생활의 비교적 새로운 상황에 자신을 적절히 적응시키는 개인의 능력, 획득하는 능력, 감각 · 지각 · 연합 · 기억 · 상상 · 변별 · 판단 · 추리와 같은 전통적으로 정의하는 일군의 복잡한 정신과정, 지식을 획득하는 능력과 획득한 지식 등으로 정의하였다(최종윤, 1986).

지능발달에 대한 인지적인 접근은 심리 측정 검사에 대해 요소 분석을 기초로 정보처리의 인지 과정을 직접적으로 확인하려는 방법을 사용한다. 이러한 접근은 지능의 양적 발달을 의미하는 것으로서 IQ(Intelligence Quotient, 지능지수)의 수치로 표현할 수 있다. 지능지수는 역연령으로 정신연령을 나눈 수치인데, 100보다 크면 정신연령이 나이에 비해 높다는 뜻이며, 100보다 낮으면 정신연령이 나이에 비해 낮다는 뜻이다. 일반적으로 IQ가 70 미만일 경우 정신지체아라고 하고, 120 이상이면 수재, 140 이상이면 우수아동이라고 한다. 그러나 지능지수만으로 개인아동의 지능발달 수준을 논하는 것은 무리가 따른다. 아동의 지능발달은 가정환경, 학교환경, 문화환경 등에 크게 영향을 받는다. 프리맨(Freeman, 1967)은 일란성 쌍둥이이지만 가정환경이 다를 경우 지능지수인 IQ가 20 이상 차이가 있음을 입증하였다. 즉 풍부한 영양섭취, 육체적, 정신적 보호를 받으며 안정감있게 교육을 받을 경우 지능발달이 좋아지는 경향이 있다. 경제적으로 풍부한 환경보다는 정서적으로 안정적인 가정환경이 더 바람직한데 부모의 양육방법과 부모의 자녀에 대한 태도는 자녀들의 지능발달에 큰 영향을 미친다. 더 나아가 아동들의 지능발달을 위해서는 강압적인 환경이 아니라 스스로 움직이고 싶다는 동기부여가 주어지는 환경이 되어야 한다. 따라서 즐거운 환경, 자유롭게 뛰어놀 수 있는 환경도 충분히 보장되어야 한다.

지능의 질적발달은 아동이 문제를 해결하기 위해 어떤 식으로 생각하고 문제를 해결하느냐가 관심의 초점이다. 아동기는 피아제의 구체적 조작기에 해당하는 시기로서 이때는 동작을 위해 생각했던 문제를 머리로 생각하기 시작한다. 물건들을 나름대로의 도식을 가지고 배열하고 논리적인 사고를 한다. 아동기의 지능발달을 제대로 이해하려면 지능의 양적 발달과 질적발달의 측면을 모두 포함하여야 보다 완전해질 수 있다.

지능발달과 함께 지적발달의 중요한 요소가 창의력이다. 학자들의 연구에 의하면 정서발달, 인지발달, 신체발달 등의 다양한 발달이 창의력 발달과 관련이 있으며 영향을 준다고 보았다. 크랩(Crabbe)과 스테인버그(Steinberg)는 창의력 발달이 초등학교 저학년 때가 결정적인 시기라고 하였다(조성연, 1990). 유아 및 아동의 상상은 놀이적 활동에서 출발하지만 점점 인지기능의 발달로 상상은 좀더 상위수준의 의식과정으로 개발된다. 창의력은 과학적·예술적인 독창성은 물론 일상생활에서 당면하고 있는 여러 가지 문제를 새롭고 독특한 방법으로 해결하려는 고차원적인 정신능력이다(이근홍, 2008). 창의력은 네 가지 측면에서 지능과 차이점을 가지고 있다. 첫째, 창의력과 지능은 독립적이지 않다. 둘째, 창의력과 지능은 상호 하위개념으로 작용한다. 셋째, 창의력과 지능은 구별된 영역으로 제한된 관계를 갖는다. 넷째, 창의력과 지능은 단일한 기능을 하는 두 가지의 다른 양상으로 작용한다(이정식, 2004).

창의력이 발달하기 위해서는 아동기 아이들이 자유롭게 탐색하고 질문할 수 있는 환경이 주어져야 한다. 이러한 것이 어른들로부터 허용될 때 아이들은 문제해결을 위해 창의력을 사용할 수 있게 된다. 인지적 접근에서의 창의력은 지적 능력의 한 특성으로 간주되며 아이디어를 재구성하거나 여러 개의 아이디어를 조화시켜 새롭고 더 좋은 아이디어를 생산하는데 중점을 둔다. 창의력 개발을 위해서 부모나 교사는 다양한 문화를 경험할 수 있도록 해야 하며, 암기식 교육보다는 질문식 교육을 통해 아동의 사고를 확장시키고 유연화하여 고정관념에서 벗어나도록 하는 것이 중요하다.

3) 개념발달

아동기는 피아제의 구체적 조작기(concrete operations)에 해당하여 아동들이 직접 구체적으로 경험하며 조작함으로써 보존개념, 서열화, 분류화, 조합 등의 개념적 기술들이 발달하게 된다. 아동들은 사고를 통하여 논리체계를 형성하고 문제해결을 시도한다. 이제는 형태가 바뀌어도 양, 부피, 면적 등의 물리적 결과는 변하지 않는다는 개념을 체득하게 된다.

아동들은 보존개념을 가짐으로써 동일성, 보상성, 가역성의 논리를 이해하게 된다. 가역성은 역조작 논리로 볼 수 있는데, 어떤 상태 변화에 대하여 그 변화 과정에 대하여 역으로 과정을 다시 밟아 가면 원래의 상태로 되돌아갈 수 있다는 개념이다. 가역성(reveribility)은 '이 컵의 물을 다시 이전의 컵에 부을 수 있기 때문에 두 액체의 양은 같다.'는 논리를 이해하게 한다. 보상성(compensation)은 면적이 넓은 컵의 물을 길이가 긴 컵의 물에 옮겨 부을 경우, 면적의 감소가 길이의 보상으로 인해 같아진다는 것을 이해할 수 있게 되는 것이다. 만약 같은 양의 주스를 유아기 동생에게는 넓은 컵에 따라 주고 아동기 형에게는 긴 컵에 따라줄 경우, 동생은 보상성을 이해하지 못하여 자기 우유가 더 적다고 울 수도 있지만, 아동기 형은 두 컵의 양이 같은 걸 알기 때문에 자기 것이 더 적다고 하지 않는다. 동일성(identity)은 어떤 방법으로든지 더하거나 빼지 않은 상태에서는 이전의 상태와 같다는 개념을 갖는 것이다. 그러나 이러한 개념들은 청소년기 아동에 비해 높은 수준에 이른 것은 아니며 인지적인 성숙이 먼저 선행되어야 보존개념의 기술 습득이 가능하다.

아동기가 되면 대상의 공통점이나 차이점을 이해할 수 있게 되어 대상물의 속성에 따라 분류하고 배열하는 능력이 생긴다. 아동기에는 사물의 관계가 규칙이 있음을 알게 되고, 이러한 규칙에 따라 사물을 분류하고 이를 다시 배열할 수 있게 된다. 가령 도형을 보고 삼각형끼리 나누거나 원이 많은 도형부터 배열을 한다든지, 친구들을 키 큰 순서로 줄을 서게 하는 행동에서 이러한 기술을 엿볼 수 있다.

조합의 기술은 아동기 아이들이 더하기, 빼기, 곱하기, 나누기 등의 사칙연산을 할 수 있게 되는 것에서 기술습득을 쉽게 확인할 수 있다. 조합기술은 수를 조작하는 능력으로 일정한 수의 사물이 있으면 그 사물을 넓게 펼칠 수 있고, 모양을 바꿀 수 있고, 다시 모을 수 있다.

3. 정서발달

유아기가 끝나갈 무렵이면 대부분의 정서 표현은 가능하게 된다. 그렇다고 해서 아동기에 정서발달이 중단되는 것은 아니다. 유아기에 비해서 아동기에는 정서가 더 안정되며 기초적인 인격이 형성된다. 정서적인 혼란이나 흥분은 비교적 적으며, 스스로 통제와 분화가 가능해진다.

특히 사회적 행동과 관련이 깊은 정서로 공포가 많아진다. 공포는 일상생활에서 자신의 안정을 위협한다고 생각하는 대상으로부터 자신의 안전성을 지키려고 할 때 일어난다. 이미 유아기 때부터 무서워했던 사물, 상황, 동물이나 사람은 덜 무서워하게 되고 오히려 상상에 의한 가상적이고 비현실적이며 초자연적인 것에 대한 공포가 많아진다. 유령이나 귀신이 나오는 드라마를 보거나 죽음에 관한 상상을 하여 공포를 느끼는 경우가 많다.

불안은 공포와 비교해서 강렬하지 않지만 지속적으로 일어나는 기분이나 감정이다. 아동기에는 공포와 직접적으로 관련되어 나타나며 상상력이 발달함에 따라 불안을 느끼게 된다. 불안은 미래에 대한 위험을 예상할 때 생기는 약한 공포반응으로 가령 학교에서 나쁜 성적을 받았을 때 느끼는 불안, 친구와의 관계가 나빠졌을 때 느끼는 불안, 선생님이나 부모님의 지시를 어겼을 때 생기는 불안 등 기대를 충족시키지 못했을 때 따르는 질책이나 벌 또는 관계악화를 염려하여 불안을 느끼게 된다. 또 아동기에는 신체발달이나 운동발달에서 다른 친구들과 비교해서 발달이 늦을 때 불안을 크게 느끼며 이러한 불안이 커지면 등교거부나 학교공포증이 생길 수 있다.

아동기에 공포나 불안만큼 많이 나타나는 정서로 분노가 있다. 아동기에 들어오면서 친구들과의 관계가 넓어진다. 가정과 그 테두리 안에 있던 사회적인 관계 범위가 학교로 확대되어 다양한 친구들과 인간관계를 맺으면서, 놀림을 당하거나 방해를 받을 때, 무시를 당할 때, 부모님을 욕하는 소리를 들을 때 분노의 감정이 생기게 된다. 그러나 분노의 감정이 생긴다고 하여 모두 분노를 표출하는 것은 아니며 많은 경우 분노 감정을 잘 통제하며 다스린다.

아동기에는 관계범위가 가정에서 학교로 확대되면서 자연히 비교가 많아지게 된다. 그로 인해 유명 연예인의 행동을 잘 모방하여 인기를 얻거나 공부를 잘하는 것, 운동을 잘 하는 것 등에서 질투의 범위가 넓어진다. 형제나 자매가 있는 경우에는 집에서도 질투가 나타날 수 있다. 아동기에는 경쟁심이 높아져 질투가 쉽게 일어날 수 있다. 질투를 하게 되면 질투의 대상에게 나쁜 감정을 가지거나, 조롱하고 놀리거나 헐뜯는 말을 할 수가 있다. 따라서 아동기에는 부당한 질투를 하지 않도록 잘 지도할 필요가 있다.

아동기에는 애정이 약하게 표현된다. 그 대상이 가족성원에서 학교친구로 옮겨가게 된다. 이성친구보다는 동성친구에 대한 애정이 강하다. 또래집단을 통해 몇 명씩 짝을 이루게 되고 삼총사 등으로 불리며 우정을 과시하게 된다. 좋아하는 친구가 하는 것을 따라하게 되고 그를 도와주기 위해 무엇이든 해주려 한다. 그러나 자신의 애정을 방해하는 친구가 나타나면 질투심을 느낀다. 아동기의 애정은 자신이 그 대상이 될 수 있으며 서로가 서로에게 애정의 대상이 되어 소중한 감정을 체험하게 된다. 동성에 대한 애정은 사춘기에 접어들면서 이성에 대한 애정으로 범위를 넓혀가게 된다.

아동기에는 정서를 보다 효과적으로 다루게 되는데 가령 시험결과가 나와서 자신은 기분이 좋지만 친구는 결과가 좋지 않을 때 자신의 기쁨을 감추고 친구의 정서로 조절한다. 또 다른 사람의 감정을 추론하고 이해하여 감정이입을 할 수 있게 된다. 아동은 가까운 사람의 정서를 쉽게 그리고 구체적으로 느낄 수 있게 되어 정서이해에 대한 공감의 폭이 넓어진다.

4. 자아의 발달

자아는 한 시기에 갑자기 발달하는 것은 아니다. 아동기 자아발달은 인지발달이론에 근거를 둔 학자들을 중심으로 일정한 연령이 되면 보여지는 경향성으로 나타났다(Denzin, 1972). 초등학생들은 자신의 성격, 생각, 믿음 등의 심리적인 상태를 표현하는 데 집중하게 된다. 구체적 조작 사고가 발달함으로써 자아는 더욱 세분화되고 구체화되고 위계적인 유목범주를 따르게 되며 자신이 가진 특징을 다른 사람과 구분할 수 있는 능력이 생겨난다.

아동기의 자아개념은 신체적인 특성, 개인적인 기술, 가치관, 희망, 지위와 역할 등 개인이 자신의 것으로 동일시하는 개인적 특성에 대한 지각이나 느낌을 말한다. 이러한 자아개념은 자신이 독특하며 다른 사람과 구별되는 존재라는 사실을 인식하는 데에서 발달하기 시작한다. 이러한 자아개념은 나이가 들면서 자기이해가 증가하게 된다. 그러나 종종 자아는 자신이 스스로 느끼는 자아개념, 다른 사람이 어떻게 보느냐에 의한 자아개념, 자신이 어떤 사람이 되고 싶으냐 하는 자아개념 등으로 구분할 수 있다.

자아개념이 자아에 대한 인지적인 부분이라면 자아존중감은 자신에 대한 정서적인 부분이다. 자아는 자신의 존재에 대하여 인지적으로 형성된 개념이며, 자존감은 자기 존재에 대한 느낌이다. 자아존중감은 자기 자신에 대하여 갖고 있는 개인적인 가치나 긍정적 평가로, 자아개념을 구성하는 하위요인이다(김태련 · 장휘숙, 1998). 8세가 되면 다른 사람의 평가를 정확하게 반영하는 자아에 대한 평가를 하기 시작하며 자존감이 비교적 안정되게 표출되기 시작한다(Harter, 1990). 아동기의 자아존중감은 학업적 자아존중감, 사회적 자아존중감, 신체적 자아존중감으로 분화되어 간다(Harter, 1990).

아동기에는 학업적인 자아존중감이 중요한 측면을 차지한다. 학업적인 자아존중감은 국어, 수학 등의 학업능력과 관련된 자아개념이다. 아동기의 자아개념은 학교에서의 성공이나 실패경험이 중요한 영향을 미친다. 일반적으로 초등학교 2학년이 되면 아동들은 자신의 학업성적에 대한 성취도를 다른 아이들과 비교하고 그 결과를 자신의 능력으로 인정하기 시작한다(Smith, 1987). 사회적 자아존중감은 또래와의 관계 또는 부모와의 관계에서 형성되며, 신체적 자아존중감은 자신의 신체발달과 운동발달 등 신체적인 능력과 관련되어 형성된다.

아동기는 에릭슨(Erickson)의 근면성과 열등감의 발달과 관련이 있다. 즉, 아동이 새로운 학업 환경에 호기심을 갖고 공부를 하며 또래와의 건전한 관계를 이어나가면 자아존중감이 높은 수준으로 형성되지만, 성공보다는 실패를 더 경험하거나 부모나 교사 또는 또래집단으로부터 부정적인 평가를 더 많이 받게 되면 열등감과 함께 낮은 수준의 자아존중감을 가지게 된다. 근면성은 아동이 자기에게 새롭게 다가오는 외부의 도전을 스스로 이겨낼 수 있다는 생각과 자세에서 출발한다. 근면성은 자신의 능력에 대한 자신감, 이루어내고 말겠다는 성취동기, 그리고 다른 또래 아이들보다 앞서겠다는 경쟁심 등으로 강화된다. 근면성은 어떤 일을 했을 때 부모나 교사에게서 칭찬을 듣고 보상을 받거나 격려를 들을 때 더욱 발달한다.

자아존중감은 아동의 행동과 정서에 큰 영향을 끼칠 뿐만 아니라 자신의 미래를 결정하고 준비하는 데에도 지대한 영향을 미치게 된다. 자아존중감이 낮으면 우울감, 불안, 조바심, 공격성, 충동성 등이 높아진다. 그러나 자아존중감이 높은 아동은 자신에 대한 자신감을 가지며, 적절한 모험심과 안전감, 적절한 자기표현을 할 수 있다.

아동에게 높은 수준의 자아개념과 자아존중감을 가지도록 하기 위해서는 부모와 교사의 역할이 중요하다. 아이에게 비현실적인 학습목표를 설정하여 다그치거나, 계속해서 실패를 경험하게 하며, 실패할 때마다 자아존중감을 떨어뜨리는 언어적인 폭력을 행사할 경우, 아동은 열등감과 낮은 자존감으로 미래의 인생을 부정적으로 가져갈 것이다. 부모는 도덕적인 모범을 보여야 하며, 아이의 숨겨진 재능을 찾아내어 격려하고 칭찬하며 이끌어 주어야 한다. 가능하면 처벌적인 태도를 삼가고 수용하는 태도로 양육해야 하며, 학업의 성공을 아동기의 모든 것으로 치부하지 않아야 하며 아동의 의견을 존중하고, 조화로운 부부관계와 가족관계를 유지하여야 한다.

5. 사회성발달

아동기가 되면 가정을 벗어나 학교라는 보다 넓은 사회적 장이 만들어진다. 학교는 학습을 하는 곳이지만 아이들에게는 반드시 공부만 하는 곳은 아니다. 그곳에서 친구를 사귀고 사회관계를 형성하며 집단 속에서의 또래관계를 만들어간다. 아동은 또래 친구를 사귐으로써 사회적 상호작용에 필요한 기술과 규범을 배운다. 나아가 또래의 행동기준이나 태도, 가치관을 배우게 되고, 정서적 안정감과 함께 인지발달도 이루어 나간다.

학교라는 공간에서 만나게 되는 교사는 아동의 사회화과정에 매우 큰 영향을 미친다. 교사는 아이들에게 대리부모의 역할을 하며 나아가 훈육자, 불안제거자, 집단지도자, 자아옹호자, 판단자, 상담자, 애정대상자 등의 역할을 한다.

교사는 칭찬이나 처벌과 같은 사회적 강화를 사용하여 아이들의 사회화 능력을 발달시킨다. 아동들은 교사의 이러한 지도에 의해 사회적으로 바람직한 행동이나 규범을 익히게 되며 사회성을 발달시키게 된다. 이때 교사가 아동에게 긍정적이고 수용적이며 독립성을 강조하면 아동의 책임감, 융통성, 창의성 등이 높아지지만, 교사가 아동에게 권위적이고 엄격하며 배타적이면 아동은 어른과 학교에 대하여 부정적인 태도를 가지게 되고, 학교 수업에 흥미를 잃으며 공격성이 생기고 적응

곤란의 어려움을 겪을 수도 있다.

아동기에는 동성의 또래집단을 형성하기도 하지만 둘이서 죽고 못사는 단짝을 찾기도 한다. 주로 7,8세의 저학년인 경우에 단짝 짝궁이 형성되는 경우가 많다. 일단 단짝이 되면 둘만의 우정관계가 깊어지며 부모에 대한 애정이 친구에게로 옮겨간다. 일기를 교환하거나 개인의 비밀을 털어놓고 둘만이 알 수 있는 비밀기호를 만들어 의사소통하기도 한다(Berndt, 1982). 아동의 또래관계 발달은 학교생활 적응의 아주 중요한 변수이다. 아동은 또래와 어울림으로써 그들만의 의사소통 방법을 익히게 되며, 자신에 대한 새로운 지각을 하게 된다. 저학년에서는 집이 가깝거나, 학교에서 앉은 자리가 가까운 경우 단짝으로 맺어지는 경우가 많다. 그러나 학년이 올라가면 서로 성격이나 취미가 맞는 친구가 단짝이 되는 경향이 많다. 단짝 친구는 아동기 이후의 대인관계의 적응방식에도 영향을 미치며 성격발달에 중요한 의미를 갖는다(김경희, 2001).

아동들이 9세 이상이 되면 집단이 되어 함께 행동하려고 한다. 강한 연대감을 가지며 소속감으로 뭉친 조직적인 활동을 하게 된다. 또 함께 어울림으로써 집단에 참여하는 방법을 알게 되고 소속감도 키울 수 있게 된다. 그러나 이때 집단 참여의 기회를 박탈당하면 소외감을 갖게 된다. 또래집단에서는 외모, 성숙정도, 운동기술, 학업성적, 지도력 등에 따라서 무언의 서열이 정해진다. 또래 집단 활동은 집단에 참여함으로써 자기표현을 통한 성취감을 경험하게 되고, 상호의존적인 감정을 공유함으로써 우정을 키울 수 있으며, 자아중심성을 탈피하여 상호 협동하는 배려의 마음을 배우게 한다. 특히 중요한 것은 또래 집단 내에서의 인정이다. 또래로부터 인정을 받고 승인을 받음으로써 자아존중감이 발달하게 되는데 이러한 집단 속에서 용기, 인내, 정의, 지도력 같은 건강한 사회적인 태도가 자라게 된다. 그러나 또래 집단 내에서 따돌림을 당하게 되면 부정적인 자아개념이 자라게 되고, 낮은 자아존중감과 괴

롭힘을 당함으로 인해 학교에 가기 싫어하거나 대인공포증이 생기는 등 부정적인 행동을 보이게 된다.

미국 바이마이스터 교수의 연구에 의하면 따돌림(왕따)을 당하는 사람은 끈기가 없고 집중력이 떨어지며 공격적이고 무모한 행동을 하는 경우가 많다고 하였다. 아동기의 왕따로 피해를 입은 아이들은 이후 성장기를 지나 성인기에 이르러서도 자포자기를 하거나 자살을 하는 등 심각한 사회문제를 일으킬 수 있다고 보고 있다. 최근에는 이러한 일이 심각한 사회문제가 되고 있어 더욱 관심과 애정이 필요하다.

6. 아동기의 사회복지실천

발달심리학은 아동과 아동기를 과학적으로 이해하고 유용한 전문적 지식을 제공하였지만, 최근에 지나치게 '성장(growing up)'을 강조함에 따라 아동이 수동적으로 규칙이나 습관에 따르고 순종을 강요당해 왔으며, 이에 따라 자립심과 독립적인 사고에 오히려 부정적인 영향을 미치고 현대의 아동은 점차 말 잘 듣는 무기력한 존재가 되어 가고 있다는 비판을 받고 있다. 이는 오늘날의 아동이 지난 시기와는 다른, 일반적으로 아동이 충분히 정서적으로 준비되지 않은 상태에서 지나치게 빨리 성장할 것을 강요받는 심리적 충격에 노출되고 있음을 의미한다. 오늘날 많은 아동들은 성취과업을 모든 아동이 같은 기간 내에 무조건 이수해야 한다는 보이지 않는 성취에 대한 부담감, 스트레스, 학대, 불규칙한 식생활, 섭식장애(거식증, 과식증 등), 의기소침(우울, 신경쇠약), 그리고 자살이라는 극단적인 상황들과 싸워오고 있다. 아이들은 어린 나이에 세계의 실체, 직업, 가능한 많은 성취, 급변하는 사회에의 발 빠른 적응에 대해 배워야 한다. 얼마나 많은 것을 아동기에 이루어야 만족할 것인가? 아동에게 압력을 주기 보단 격려를 해주고, 아동과 함께 목표를 성취해 가려는 인식이 요구된다(이강안, 2009).

발달론적 측면에서의 아동기 개념 이해에 대한 유의미한 시사점은 아래와 같다(이강안, 2009).

첫째, 어린 아동의 신체적, 정신적, 사회적 그리고 정서적 기능들은 청소년이나 성인들과는 현저하게 다르다. 이는 아동기가 현저히 구별되는 발달의 양상(phase), 단계(stage), 이정표(miltstones)로 구성되어 있음을 의미한다.

둘째, 수많은 진보적인 변형이 생후 학교교육 기간까지 아동의 신체적, 정신적, 인지적, 그리고 사회·정서적 능력에 걸쳐 발생한다. 이러한 변형들은 상호연결 짓거나, 의사소통하거나, 학습하고 놀이하는 방식으로 기술과 능력을 습득하는 것으로 간주된다.

셋째, 아동기는 가장 안전한 시기로, 부모, 형제, 동료에 의존하는 인생의 기간이다. 이는 단지 생존만을 위한 것이 아니라, 아동의 정서적 안정, 사회적 통합, 그리고 인지적이고 문화적인 유능함을 위한 것이다.

넷째, 아동기의 발달은 특별히 어린 시절의 잘못된 양육에 대해 더욱 민감하다. 이를 트라우마와 관련지어 설명하는 경우도 있다.

다섯째, 아동의 기본적인 요구(needs)가 충족되지 않거나, 혹은 나쁜 아동기를 보내게 되면 그 영향은 아동기 내내 지속되고 이는 성인기까지 영향을 미친다.

여섯째, 아동기 발달이 보편적이고 일반적인 원리로 요약될 수 있을지 모르지만, 이는 사회적 맥락 속에서, 각 경험 속에서, 그리고 각각의 경로에서 매우 다양하게 나타난다. 특히 아동 개개인의 능력들과 특별한 요구, 그리고 성, 민족성, 그리고 경제적, 사회적, 문화적 환경과 연계하여 더욱 그러하다.

아동기 남자 아이들은 공격적 성향이 증가한다. 거의 모든 문화권에서 남자가 여자보다 더 공격적인 것으로 보고되고 있다. 이러한 사실은 남녀 차이에 의한 생물학적 요인에 의한 것으로 이해할 수도 있으나, 어떤 면에서는 폭력적이고 공격적 성향을 부추기는 텔레비전이나 영화 같은 대중매체에 의한 사회적 요인을 무시할 수 없다. 대중매체가 전파

하는 내용은 사회의 가치와 규범을 강화시킨다. 우려할 사실은 많은 텔레비전 프로그램에 폭력이 등장하며 최근에는 그 강도와 빈도가 더 증가하는 추세에 있다는 것이다. 연구에 따르면 텔레비전에서 방송되는 폭력장면들이 시청자의 공격성을 증가시키는데 특히 남자에게 더 큰 영향을 미치는 것으로 나타났다. 오늘날 텔레비전의 보급률과 시청률을 감안할 때 아동의 공격성에 미치는 영향이 얼마나 클지 쉽게 유추할 수 있다. 사회복지실천의 측면에서 텔레비전 등의 대중매체의 내용을 통제할 수는 없지만 아동의 행동문제를 일으키게 하거나 발달상에 부정적인 영향을 미치는 상황에 대하여서는 지속적인 관심을 가지고 아동에게 대중매체의 위험성을 알리는 작업을 해야 할 것이다.

아동기의 중요한 발달장애로 학습장애가 있다. 읽기, 쓰기, 셈하기 등의 기술을 익히는 데 장애를 느끼는 경우를 말한다. 이때 시각장애나 청각장애로 인한 읽기, 쓰기, 셈하기 능력의 결여는 학습장애에 포함되지 않는다. 학습장애는 불안, 가정환경, 급작스런 환경변화 등으로 인한 정서장애와도 구별된다. 정서장애는 일시적이며 일정한 시간이 지나면 회복되지만 학습장애는 뇌가 정보를 받아들이고 처리하여 사용하는 방식에 문제가 있어 발생하는 장애이다.

「학습장애」란, 미국 전 장애아 교육법(1975년)에 의하면, "children with specitic learning disabilities"라는 용어를 사용하여 다음과 같이 정의하고 있다.

「말하기와 읽기의 이해와 사용에 관여하는 기초적 심리과정에 있어서 하나 또는 그 이상의 장애(disorder)를 지닌 아동을 의미하고, 이 같은 장애는 듣기, 생각하기, 말하기, 읽기, 쓰기 또는 계산 능력의 불안전으로 나타난다. 지각의 장애(handicap), 뇌손상, 미세 뇌기능부전, 읽기 장애, 발달성 실어증 등의 상태를 포함한다. 일차적으로 시각, 청각 운동의 장애(handicap)의 결과, 정신지체, 정서장애의 결과, 또는 환경적, 문화적 또는 경제적으로 혜택받지 못한 결과로서 학습상의 문제를 갖는 아동은 포함하지 않음」이라고 규정하고 있다.

학습장애아의 지능은 보통에 가깝다. 학습장애는 선천적인 중추신경 기능상의 문제에 기인하는 것으로 추정된다. 학습장애아는 학습부진아와는 달리 몇 가지 독특한 특성을 가지고 있는데 주의집중을 제대로 하지 못하고 6을 9로 읽는 등 시지각에 문제가 있는 것이 보통이며 눈과 손이 함께 하지 못하여 글씨를 쓰지 못하거나 단추를 제대로 못 끼우는 경우도 있다.

학습장애의 원인으로는 유전적 소인, 뇌손상, 중독, 감염증, 방사선 그 외의 물리적요인, 알레르기, 영양장애, 환경장애의 부적성, 정서적 스트레스 등의 요인이 중복되어 발생하는 것으로 알려지고 있다. 이러한 학습장애로 인한 인지능력의 불균형을 갖는 아동이 존재하고 학습, 집단행동에 부적응 증상을 나타내고 있다. 등교거부(부등교), 집단 따돌림의 대상, 비행 등의 문제를 갖는 빈도가 높고 사회적으로 관심을 나타나고 있다. 그러나 일반적으로 「장애인」이라고는 이해하지 않는 경우가 많고, 본인의 태도나 성격의 문제로 오해되기 쉽다. 따라서 사회복지사는 조기에 학습장애 진단을 받을 수 있도록 관련 정보를 숙지하고 있어야 하며 아동들을 면밀히 관찰하여 부모나 교사에게 즉각 도움이 되도록 자원을 연결해 주어야 한다.

학습장애를 가진 아동에게는 강점강화와 긍정적인 정서적 지지로 이를 극복할 수 있도록 도와주어야 한다. 성인이 되면서 이를 극복하여 사회생활에 아무런 지장을 가지지 않고 살아가는 경우가 많으며 톰크루즈 등 유명인들도 이를 극복해 낸 사례가 많이 있다. 사회복지사는 학습장애 아동에게 다음과 같은 유의사항으로 지도하면 도움이 될 수 있다.

① 장점을 찾아 모두 인정해 준다.
② 자신감을 키운다.
③ 못하는 것이 아니라 습득에 시간이 걸린다.
④ 적절한 지원을 해준다.

⑤ 아이에게 자극적인 말을 하지 않는다.

⑥ 자율성을 키운다.

⑦ 가사일을 분담시킨다.

⑧ 창피를 주지 않는다.

⑨ 남과 비교하지 않는다.

⑩ 무리한 과제를 부여하지 않는다.

제 5 장

청소년기

청소년기(adolescence)라는 이름은 19세기 후반까지 문헌에 나타나지 않았다. 1904년 미국심리학회 스탠리 홀(G. Stanley Hall)에 의해 처음 사용되어 그 역사는 100년이 막 지난 수준이다. 뉴기니아 사모아에서는 어린이들이 십대 초반에 성인식을 거쳐 바로 성인의 지위를 가졌다. 따라서 청소년기의 스트레스나 서구 문화에 의한 긴장과 발달상의 장애도 일어나지 않았다. 즉 어린이와 어른만 존재하였다. 우리 사회도 가정이 하나의 통합적 경제단위 역할을 할 때에는 자녀들이 자연스럽게 가족 경제력의 한 부분으로 기능하면서 특별히 청소년기를 거치지 않았다. 그러나 산업화 사회로 이전하면서 가정의 역할을 학교와 사회가 나누어 가졌고 이로 인해 젊은이들이 어른의 삶을 빼앗기면서 청소년기 문화를 만들기 시작했다.

청소년기(adolescence)는 '성숙을 향해 성장하는 시기'를 뜻한다. 일반적으로 10대를 지칭하기도 하지만 20대 초반까지도 청소년기는 이어진다. 이 기간 동안 아이들은 신체적으로, 성적으로, 정서적으로, 지적으로, 사회적으로 성장하고 성숙해진다. 많은 어른들은 자신이 스스로 청소년기를 거쳐 왔지만 청소년기에 대해서 정확히 모르고 있다.

청소년기는 신체적으로, 심리적으로, 사회적으로 급격하고도 다양한 발달이 일어나는 시기이다. 나이로는 12세에서 24세 사이로 중학교에 들어가서부터 고등학교 및 대학교를 졸업하는 정도의 시기를 이른다. 그러나 청소년의 개념은 각 나라마다 다르고 학자들의 정의도 다르며, 법이 규정하는 기간도 다르다. 우리나라 청소년 관련 법규에서도 다양한 나이를 청소년으로 규정한다. 가령 청소년기본법에서는 9세에서 24세로 규정하여 폭넓게 청소년을 호칭하고 있다. 민법에서는 20세 미만을 미성년으로 표현하며, 아동복지법은 18세 미만을 요보호대상으로 나타낸다. 근로기준법에서는 근로소년을 18세 미만으로 하며, 소년법에서는 20세 미만을 범죄소년으로 규정한다. 심리학에서는 청소년을 14세경에서부터 23세 가령까지로 규정하며, 소년을 초등학생까지의 기간으로 설명한다. 또한 생물학에서는 청소년기를 육체적으로 균형있게 발달하는 시기로 보아 여자의 경우 12세~13세에 시작되고, 남자는 14세~15세에 시작된다고 본다. 신체의 발달은 여자는 18세~20세에, 남자는 20~22세에 끝난다고 보고 있다. 사회학자 셀스키(H. Schelsky)는 청소년을 14세에서 25세 사이로 규정하고 있다.[1)]

이 기간 동안에는 제2성장급등기(second growth spurt)라 할만큼 신체의 변화가 눈에 띄게 커지며 성적으로도 훨씬 성숙해지고 사춘기(puberty)를 거친다. 인지발달적인 측면에서도 형식적인 조작사고를 할 수 있게 되며, 질풍노도라 불리우는 것처럼 정서적인 변화도 크다. 이 시기에는 자아정체감이 세워지고, 동성 또는 이성과의 새로운 관계들을 형성하고, 성역할에 대한 정체감도 발달하게 된다. 독립적인 인격체로 대우받기를 원하며 부모로부터 심리정서적으로 독립하려는 심리적 이유기(psychological weaning)가 된다. 사회적인 면에서는 부모로부터 독립을 원하는 과정에서 부모나 어른의 권위에 도전하고 사회의 불의에 맞서며 갈등을 많이 일으키는 제2의 반항기(second opposition period)이며, 아직 어른도 아니고 그렇다고 어린이도 아닌 주변인(marginal

---

1) 독일 사회학자 셀스키는 자신의 '회의세대'에서 청소년을 다음과 같이 정의하였다. "청소년은 인간의 행동발달단계로서 아동의 역할행동은 더 이상 수행하지 않으나 성인의 역할과 행동을 수행하기에는 아직 이른 단계에 있는 자이다."(권이종 · 김용구, 2007, 재인용).

man)에 머무는 발달양상을 보인다. 문화적인 면에서는 영화배우나 연예인 등에 아주 민감하게 반응하며 팬이 되거나 코스프레 등으로 모방을 하려고 한다. 따라서 청소년기는 생물학적으로 시작해서 문화적으로 종결된다고도 한다.

1. 신체 · 운동발달

1) 신체발달

청소년기가 되면 내분비선에서 호르몬 분비를 증가함으로써 키와 몸무게가 급격하게 증가한다. 이 시기를 제2성장급등기(또는 제2의 신체 발육 급증기, second growth spurt)라 부른다. 제1성장급등기는 영아기에 일어나며 이후 만 2세경부터 줄어든 신체발달이 청소년기가 되면 급격하게 다시 성장하게 된다. 이런 신체급등은 개인적인 차이가 있지만 대체적으로 여자가 2년 정도 빠르게 나타난다. 여자아이는 10세~11세경에 나타나며, 남자아이는 12세~13세경에 나타나 약 2년에서 4년 정도 지속된다. 먼저 키가 급격히 커지고 나서 몸무게의 증가가 나타난다.

이러한 신장과 체중의 급격한 증가에는 개인차가 현격히 존재한다. 개인적인 영양상태, 가정환경, 유전적 요인, 사회환경, 생활양식 등에 따라 시작하는 시기나 끝나는 시기가 다르게 나타난다. 그러나 청소년기의 이러한 신체적인 급성장 사실을 부모나 청소년 자신이 잘 알지 못하고 있을 경우 신체적인 변화로 인해 남모를 고민과 걱정을 하게 된다. 성인과 같은 크기와 형태를 갖추는 부분은 머리와 손과 발이다. 팔과 다리의 길이가 어깨를 포함한 몸통이 넓어지기 전에 완전히 커버린다. 따라서 청소년기 아이들은 해가 바뀌면 바지 길이가 줄어 새 바지를 사야 하며, 발이 커 버려 새 신발을 사주어야 한다.

〈표 5-1〉 한국 청소년 신체발육 표준치

구분	남자 아이		여자 아이	
	키(㎝)	몸무게(㎏)	키(㎝)	몸무게(㎏)
12~13세	151.81	45.48	152.67	43.79
13~14세	159.03	50.66	156.60	47.84
14~15세	165.48	55.42	158.52	50.93
15~16세	169.69	59.40	159.42	52.82
16~17세	171.81	62.41	159.98	53.64
17~18세	172.80	64.46	160.42	53.87
18~19세	173.35	65.76	160.74	54.12

출처 : 한국질병관리본부(2007).

청소년기의 신체 특징은 성호르몬의 분비로 인해 남자는 어깨가 넓어지고 근육이 발달하면서 남성다운 체형을 갖추게 되고, 여자는 골반이 넓어지고 피하지방이 발달하며 허리는 가늘고 어깨폭이 좁고 둥근 외모의 여성다운 체형을 갖추게 된다. 체격의 미묘한 변화가 일어나는데 이마가 길어지고 넓어지며, 입도 넓어지며 입술은 도톰해지며 턱은 앞으로 나온다. 아동기에 상대적으로 크게 보였던 머리의 크기는 청소년기에 이르러 균형잡힌 비율을 보이게 된다. 대신 팔이나 다리가 어색하게 긴 것은 아닌지 고민하게 만들기도 한다. 근육도 빠르게 성장하는데 대부분 남자 아이가 여자들보다 빠르게 증가한다. 지방은 오히려 감소하기 시작하는데 키가 최고 지점에 다다랐을 때 지방의 감소율도 최대에 이른다.

청소년기에는 신체 내부기관인 뇌, 심장, 간장, 폐활량, 소화기능 등도 현저하게 발달하고 특히 내분비선이 발달하여 지방의 과다로 여드름이 나는 청소년이 많다. 청소년기에는 신체발달에 예민해져서 자신의 신체로 고민하는 경우가 많아진다. 표준 체형에 이르지 못하거나 발달이 늦을 경우 자아존중감이 낮아진다. 그러나 발달의 정도와 상관없이 자신의 신체에 대하여 긍정적인 이미지를 형성할 경우 자신감을 가지며 자신을 가치있게 여기고, 자신의 신체에 못마땅한 부분이 있어도 수용하고 받아들인다.

2) 운동발달

청소년기가 되면 신체발달과 함께 운동발달도 급격하게 증가한다. 운동발달은 근육과 신경계의 발달과 밀접한 관련이 있는데, 청소년기에는 근육조직이 현저하게 증가하여 근육의 힘도 강해지고 이로 인해 체력이 좋아진다. 남자 아이들의 경우 평균적으로 키와 체중의 성장이 최고점에 이르고 나서 약 1년 뒤에 힘이 가장 증가한다. 사춘기 시절까지는 남자와 여자가 큰 차이없이 힘의 증가를 나타내지만 그 이후는 남자 아이의 발달이 훨씬 빠르고 강하다. 이러한 이유로 인해 일반적으로 여자 청소년은 운동이나 스포츠에 대한 흥미가 낮다. 남자들은 민첩성, 균형, 속도, 던지기, 뛰기 등의 전신운동 기술이 계속적으로 발달하는데 비해 여자들은 오히려 더 감소하는 경향이 있다. 이러한 차이는 체격이나 근육발달의 차이 외에도 심장이나 폐 등의 심폐기능의 차이, 신체에 대한 서로의 관심 차이, 사회적 인식, 관습 및 가치관의 차이, 월경으로 인한 신체 및 심리적 변화 등이 여자에게 영향을 미치기 때문이다.

운동발달은 청소년기의 성격발달에도 영향을 미치는 것으로 알려진다. 운동능력이 발달하면 또래집단에서 자신감을 가지고 행동하게 되고 활발한 성격을 보여준다. 반면 운동능력의 발달이 뒤처지면 발달에 대한 조바심, 긴장감, 열등감 등의 부정적인 정서를 경험하여 학교나 가정에서 부적응 행동을 보이는 경향이 있다. 따라서 청소년기에는 운동발달의 중요성을 인식하여 발달지연에 따른 부정적 행동이 나타나지 않도록 적절한 지도가 필요하다.

3) 성적 성숙

청소년기에 이르면 성호르몬 분비가 왕성해짐에 따라 성적 성숙이 일어난다. 청소년기를 사춘기(puberty)라 부르는데 사춘기는 생식기관의 발달에 초점을 두고 사용하는 용어이지만, 성적 성숙은 생식기관의 발달에 초점을 두는 사춘기라는 개념 위에 이로 인해 일어나는 모든 사회적, 심리적인 적응과정을 포함하는 용어로 사용한다. 성적 성숙은 1차성징(primary sex characteristics)과 2차성징(second sex characteristics)으로 나누어진다. 1차성징은 생식을 위해 필요한 여자의 난소, 나팔관, 자궁, 질과 남자의 음경, 고환, 정낭, 전립선 등을 말한다. 사춘기 기간 동안 1차성징의 여러 조직들은 양과 질에서 모두 성장한다. 2차성징은 여자의 경우 가슴과 골반이 발달한다. 남자의 경우에는 어깨가 넓어지고 목소리가 바뀌며 체모 등의 변화가 있다.

성적 성숙의 징후로는 여자는 초경(menarche)이 나타나며 남자는 몽정(nocturnal emission)을 하게 된다. 초경은 대개 12~13세에 시작하는데 개인적으로 훨씬 이른 나이에 시작하는 경우도 있으며, 청소년 후반기가 되어서야 나타나는 경우도 있다. 초경을 할 즈음이 되면 음모가 나오고 겨드랑이에 체모도 자라게 된다. 초경을 하게 되면 임신이 가능해져 어른이 되었다는 자부심을 갖게도 만들지만, 오히려 성인이 되는 것에 대한 불편함, 생리통 등의 부정적인 경험을 갖기도 한다. 최근에는 초경하는 나이가 점점 내려가 아동기에 시작하는 경우도 많다. 부모나 교사는 아이들이 초경으로 인해 당황하거나 부정적인 생각을 갖지 않도록 사전에 교육을 실시하고 준비를 시키는 것이 좋다.

성호르몬은 내분비선에서 나오는데 내분비선은 뇌하수체와 생식선 그리고 부신으로 이루어져 있다. 뇌하수체는 성장호르몬을 분비하고 생식선으로부터 성호르몬을 만들고 이를 바깥으로 내보내는 자극을 준다. 생식선은 몇 가지의 성호르몬을 분비하는데, 이전보다 더 많은 양을 분비하게 된다. 여자에게는 난소를 통해 에스트로겐을 분비하는데 이로 인해서 유방이 발달하고 음모가 성장한다. 나아가 자궁은 임신을 준비하게 하여 임신상태를 유지할 수 있도록 만든다. 남자에게는 고환에서 안드로겐을 분비하는데 이로 인해서 키가 커지고 정자를 만들며 성적 욕구를 가지게 만든다. 남자들은 몽정을 하게 되고 자연적으로 음경발기를 경험하게 되는데 이로 인해 성적 성숙에 대한 기대감과 불안을 동시에 갖게 된다. 자신의 신체에 문제가 있는 건 아닌지 걱정하게 되고 불안해한다. 일부 청소년은 성적 호기심이 커지고 통제가 되지 않아 힘들어 하는 경우도 있다. 그러나 남자에게는 안드로겐만, 여자에게는 에스트로겐만 분비되는 것이 아니라 이전보다 훨씬 더 많이 분비되어 성적 성숙을 이룬다는 것이다.

〈표 5-2〉 남자와 여자의 2차 성징 현상

남 자	여 자
▸몽정 현상	▸월경의 시작
▸가슴, 겨드랑이에 털이 나고 음모 발생	▸음모의 발생
▸턱수염 발생	
▸변성의 시작	▸음성이 낮아진다.
▸목이 굵어진다.	▸둔부가 커지고 여성다운 체격이 된다.
▸허리가 굵어지고 남성다운 체격이 된다.	▸유방의 발달
▸제2의 치아가 발생한다.	▸제2의 치아가 발생한다.

자료 : 박아정, 『청년과 아이덴티티』(서울:배영사, 1987), 9쪽 정리.

4) 신체발달의 영향

청소년기가 되어 갑자기 키와 체중이 늘어나고 성적인 성숙이 일어나면 청소년들은 자신과 타인에 대한 지각의 변화가 생기며 여러 가지 심리발달에 영향을 미친다. 처음에는 여자에게 발달이 더 빨리 일어나기 때문에 여자 아이들은 체중 증가로 인해 지나친 관심과 걱정으로 식사량을 줄이거나 식이요법, 다이어트 등의 행동을 하는 경우도 생긴다. 그러나 대부분의 경우는 성장기에 있어 늘 배가 고프다고 하며 식사와 간식을 챙겨 먹으려고 한다. 또 가슴이 커지고 생리가 시작됨으로 인해 여성이 되었다는 자부심을 가지고 자랑스러워 하지만 한편으로는 불편해지고 학습에 영향을 미치는 등 부정적인 이해를 할 수 있다.

그러나 신체발달과 성적 성숙이 너무 빠르거나 늦으면 적응상의 문제가 일어날 수 있다. 너무 빠르게 성숙이 일어나면 조숙한 외모로 인해 부끄러워하거나 부적응의 문제가 생길 수 있으며, 잘 적응한 경우에는 지도력을 발휘하며 문제해결을 더 유능하게 처리하기도 한다. 발달이 늦은 경우에는 집단에서의 인기와 좋은 평판을 얻을 수도 있지만 부적절감과 좌절감을 느끼거나 자아존중감이 낮아질 수 있다. 다른 아이들로부터 어린아이 취급을 받으면서 의존적인 욕구가 강해지기도 한다.

남자 아이는 음모가 자라고 음경발기와 몽정이 생기면서 성인 남자가 되었다는 자부심이나 만족감을 느끼지만 몽정으로 인한 수치심, 부모에게 들킬까봐 걱정하는 불안 등으로 위축되기도 한다. 신체적으로 빨리 성숙한 남자는 지도력을 나타내고, 안정적으로 학교생활을 하며, 인지능력이 좋아지고 사회적인 대처기술이 빨라지며 긍정적인 친구관계를 형성한다(김태련·장휘숙, 1998). 이와 반대로 성적 성숙이나 신체 발달이 늦게 일어나는 아이는 부정적인 자아가 형성되고 자존감이 낮아지고 공격적인 성향을 보일 수 있다. 또래친구들로부터 어린아이 취급을 받거나 발달이 늦은 아이로 인식되어 동생 같은 존재로 생활하게 되고 이를 수용하여 의존적 성향이 강해지며 이로 인해 심리적인 발달이 늦어지는 경우도 있다.

2. 인지발달

1) 형식적 조작사고

아동기를 거쳐 청소년기가 되면 사고의 단계가 달라진다. 성인과 거의 비슷한 수준의 사고를 하며 이를 피아제는 구체적 조작사고에서 형식적 조작사고로 전환하는 것이라 하였다. 이 시기의 가장 큰 변화는 아동의 사고가 '현실적인 것(the real)'에서 '가능한 것(the possible)'으로 옮겨가는 것이다. 구체적 조작기의 아동과 달리 '생각하는 자(thinking ruller)'를 가진 청소년은 할 수 있는 모든 상상을 통해 문제에 접근하고자 한다. 청소년기가 되면 자신의 경험이나 지각에 의한 사고보다는 논리적인 원리에 의한 사고를 하게 된다. 추상적인 사고(abstract thinking)가 가능해지고 직접 경험하지 못한 사건일지라도 가설을 세우고 미래를 예측하는 가설 연역적 사고(hypothetical-deductive reasoning)를 할 수 있다. 모든 관련 변인들을 조합하고 연결하여 생각할 수 있으며, 다차원적인 사고를 할 수 있다. 따라서 청소년은 하나의 문제에 부딪쳤을 때 해결 가능한 모든 방법을 논리적으로 생각하고 추론할 수 있어 결국은 문제를 풀어내는 조합적 사고를 할 수 있다.

그러나 형식적 조작의 사고는 문화적인 제한으로 발달하지 못할 수가 있다. 가령 터키를 비롯한 많은 농촌 인구의 나라에서는 같은 나라의 도시에서 교육을 받은 사람들에 비해서 형식적 조작기에 도달하지 못한 예가 많은 것으로 밝혀졌다.

청소년기가 되면 자신의 미래에 대한 꿈과 비전을 생각하고 많은 상상과 공상을 하게 된다. 또 청소년들은 미래의 사건을 미리 예측할 수 있는 능력의 발달로 진학, 취업, 결혼 등에 대하여 지나치게 걱정함으로써 과도한 불안을 느끼기도 한다. 이러한 추상적인 사고 능력의 발달은 사회적이고 이념적인 문제에 대해서도 논리적이고 진보적인 추론들을 할 수 있게 되고 이로 인해 완전하지 않은 현실 사회에 대하여 비판하거나 비관하는 모습을 보이기도 한다. 이럴 때 청소년의 사고 영역은 사회영역을 넘어서 정치, 철학, 종교 등으로 확장해 나간다.

실험집단을 8세~9세의 아동군과 13세~14세의 청소년군으로 나누고 두 집단에게 바퀴 있는 기구와 바퀴 없는 기구의 그림, 그리고 바퀴 달린 자동차와 바퀴 없는 자동차의 그림을 한 장씩 제시했다. 과제는 같은 모양의 짝을 찾는 것인데 바퀴 달린 대상물을 선택할 경우에는 빛이 들어오고, 바퀴가 없는 대상물을 선택할 경우에는 아무런 반응이 없도록 되어 있었다.

실험 결과 불과 과반수의 아동들이 72번의 시도 끝에 빛이 작동하는 것을 보고 바퀴 달린 대상물을 선택할 수 있었다. 반면 청소년들은 거의 모두가 단지 10번 만에 문제를 해결하였다

(Elkind의 실험, 권이종 외, 2007, 재인용).

청소년은 자기 내면을 들여다보며 자기성찰하는 시간을 갖기도 하는데 비판적인 사고가 지나치게 많아질 경우 자신감을 잃고 열등의식에 빠질 수가 있다. 자신의 외모에 지나치게 신경을 쓰거나 타인의 입장을 배려하지 않고 자아중심적인 사고에서 벗어나지 못하는 경우도 있다.

〈그림 5-1〉 촛불시위에 참가한 청소년들(자료 : www.cbs.co.kr)

2) 자아중심적 사고

청소년기에는 자아중심성이 발달하여 다른 사람을 배려하는 사회인지 발달을 방해한다. 사회인지는 나 외의 다른 사람이 어떤 생각을 하는지, 어떤 정서적 감정을 가지고 있는지 등 타인과 연결되는 사회적인 관계를 이해하는 것이다. 청소년기에는 자신과 사회관계를 이해하고 고려하며 상대방을 배려하는 능력이 발달한다. 즉 논리적인 사고와 함께 추론의 능력도 함께 발달하는데 추론의 능력이 타인에 대한 정서나 타인의 행동과 말의 의도를 추론할 수 있게 되는 것이다. 그러나 청소년기의 특징인 자아중심성이 크게 발달하면 이러한 사회인지의 발달과 충돌하게 된다.

청소년의 자아중심성은 자신만이 가장 특별한 사람이고, 자신을 제외한 모든 타인이 자신에게 관심을 쏟고 있으며 자신만이 모든 사람들의 관심을 받는 대상인 것으로 생각하여 자기 자신에 대한 강한 자의식에 빠져 있는 것을 말한다. 청소년은 자신이 특별한 존재라는 청소년 특유의 착각에 빠지게 되며, 자신이 우주의 중심이 된다고 믿을 만큼 강한 자의식을 보인다. 엘킨드(Elkind, 1978)는 이를 사회인지적 특성을 지닌 청소년기 자아중심성(adolescent egocentrism)이라고 불렀다. 자아중심성은 형식적 조작사고가 일어나기 시작하는 11세~12세경에 시작되며, 15세~16세경에 정점을 이루는 청소년기 발달 특성 중 하나이며 다양한 대인관계를 통해 자신과 타인의 관계를 이해하면서 서서히 사라지게 된다.

자아중심성이 높은 청소년은 자기에 대한 집착이 강하고, 부정적인 자아개념의 정도가 높다. 부모로부터 지나친 통제나 구속을 받고 있다고 느끼거나 방임상태로 버려져 있다고 생각하는 청소년은 자아중심성이 높으며, 비행집단 청소년의 자아중심성도 일반 집단에 비해 높은 것으로 나타나고 있다. 반면 부모와 애정적인 관계를 유지하고 인정과 사랑을 받고 있다고 지각하는 청소년은 자아중심성이 낮았다.

엘킨드는 청소년기 자아중심성이 나타나는 특성으로 다음의 두 가지를 설명하고 있다(Elkind, 1978).

(1) 상상적 청중

상상적 청중(imaginary audience)은 자아중심적 사고의 대표적인 사례이다. 상상적 청중은 청소년기의 과장된 자의식으로 인하여 자신이 다른 사람의 집중적인 관심과 주의의 대상이 되고 있다고 믿는 자아중심성의 한 형태이다. 즉 자신이 주인공이 되어 무대 위에 혼자 서 있는 것으로 생각하고 다른 사람은 모두 구경꾼으로 생각하는 것이다. 따라서 상상적 청중을 생각하는 청소년은 관심의 초점이 자기 자신에게 있다고 생각하여 상상의 청중을 즐겁게 하기 위하여 많은 노력을 기울인다.

약간의 실수를 하게 되면 그것이 아주 큰 일인 것처럼 걱정하고 고민에 빠진다. 또 상상의 청중의 위신을 손상시키는 행동이라고 생각하면 작은 지적에도 큰 분노를 느끼게 된다. 가령 요란한 옷차림을 상상의 청중을 즐겁게 해주기 위해 멋있다고 생각하여 입고 다니지만, 이를 마땅치 않게 여기는 부모님과 충돌을 일으키기도 한다. 청소년들은 스스로가 배우가 되기도 하지만 다른 주인공들을 살펴보는 관객이 되기도 한다.

상상적 청중척도(Imaginary Audience Scale)를 사용한 결과를 따르면 중학교 2학년 나이에서 가장 높은 상상적 청중의식이 나타나는 것으로 되어 있다. 다른 연구결과에 의하면 상상적 청중척도에서 높은 점수를 나타내는 청소년들은 부정적인 자아개념을 갖게 되며 자아존중감과 자아발달단계가 낮은 것으로 나타난다. 이성교제의 경험이 있는 청소년은 상상적 청중의 경향이 낮다는 흥미로운 보고도 있으며, 상상적 청중은 대인관계의 신경과민 등 사회성 기술부족도 원인이 되는 것으로 나타났다.

우리나라의 청소년은 청중적 상상경향이 청소년 중기 이후에도 계속 증가하며, 대학생 1학년 시기까지 높은 수준으로 지속된다. 이는 우리나라 청소년들이 중학교, 고등학교 시절에 적절한 대인관계 경험을 갖지 못하며, 자아정체성의 탐색이 불충분한 데서 기인하는 것으로 볼 수 있다.

(2) 개인적 우화

개인적 우화(personal fable)는 청소년 자신이 '특별하고 독특한 존재'이기 때문에 자신의 생각이나 감정 그리고 경험하는 세계가 아주 특별하고 독특하며 다른 사람들과는 근본적으로 다른 것이어서 타인은 절대로 이해하지 못할 것이라고 생각하는 것이다. 다른 사람이 경험하는 죽음이나 위험은 자신에게는 일어나지 않는다고 생각하거나, 위험한 놀이를 하면서도 자신은 결코 다치지 않을 거라고 생각한다. 자신은 누구도 경험하지 못한 숭고하고 아름다운 우정관계를 나누고 사랑을 하고 있으며 이는 다른 사람들이 결코 경험해 보지 못한 것이라고 생각한다. 그러나 개인적 우화는 청소년들이 자기중심적 사고에서 벗어나지 못해 나타나는 현상으로 비합리적이거나 허구적이다.

개인적인 우화를 가지고 있는 동안에는 자신감을 가질 수 있으나 과도해지면 자신이 영웅시되어 과격한 행동을 하게 될 위험이 있다. 청소년기의 개인적인 우화는 청소년들에게 자신감을 주기도 하고 심리적인 위안을 주기도 하지만 과도한 개인적 우화에 몰입하면 자신의 존재에 대한 불멸성과 영속성을 믿게 되어 자칫 과격한 행동에 빠지게 된다. 청소년들이 음주운전, 폭주, 마약, 성적 문란 등의 파괴적인 행동을 하는 것은 자신의 특별한 존재성에 대한 믿음과 그러한 행동이 가져다주는 부정적인 결과가 타인에게 해당되는 것이며 자신과는 상관이 없다는 개인적인 우화에 근거한다고 볼 수 있다. 반대로 이러한 개인적 우화를 빈곤퇴치나 환경운동 등에 적극적으로 활동하게 만들기도 하는데 자신들은 기성세대가 하지 못하는 일을 할 수 있다고 믿는 가능성에서 출발한다. 개인적 우화는 청소년에게 현실검증능력이 생기고 자신과 타인의 실체를 객관적으로 인식하여 타인과의 친밀한 관계를 세우게 되면 사라진다.

3. 자아정체성 발달

청소년기가 되면 스스로의 인격적 실존의 의미에 대하여 심각한 고민을 갖기 시작한다. 나는 누구인가, 나는 무엇을 느끼고 있는가, 나는 무엇이 되기를 원하는가? 같은 질문과 고민으로 심각해진다. 그러나 현실은 학업에 시달리고 지쳐 자아확립에 대한 시간적 여유를 주지 않는다. 그러나 청소년은 아동기와 성인기의 과도기에 놓여 있으며 제2차성징과도 같은 신체의 급격한 변화를 겪기 때문에 자신의 정체성에 대한 확립을 하려고 한다. 이 시기에 자기 자신을 탐색함으로써 자신의 삶에 대한 인식을 갖고 장래에 대한 전망과 아울러 자신의 역할을 결정하고자 한다.

에릭슨은 자아정체성(ego identity)이란 대인관계, 역할, 목표, 가치 및 이념 등에 있어서 자기가 지니는 고유성 즉 자기다움에 대한 자각과 이에 부합되는 자기통합성과 일관성을 견지해 나가려는 의식, 무의식적인 노력이라고 정의하였으며, 청소년기의 발달과업 가운데 가장 핵심적인 것이 자아정체성 형성이라고 하였다(서봉연 외, 1992; Erikson, 1968). 이때의 자아는 심리학에서 말하는 의식적인 자아만을 의미하지는 않으며 역할론적인 개념으로 이해하는 것이 필요하다. 즉 부모나 타인, 사회와의 관계 속에서 자각되고 평가되는 상호적인 자아(mutual self) 개념이다(박아정, 1995).

에릭슨은 청소년기를 삶의 의미와 되어야 할 자기모습을 찾기 위해 몸부림치는 정체성 위기의 시기로 진단하였다. 청소년들은 자신에게 일어나는 급격한 신체변화와 함께 찾아오는 심리적 변화를 수용하고, 자기 자신에 대한 정체성을 확립할 때 건강한 자아로 성장할 수 있다. 따라서 자아정체성 형성에 중요한 시기인 청소년기에 자아정체성을 건전하게 발달시켜, 자기 인식과 의미를 일관성있게 유지해가는 일은 전인적인 인격 형성에 매우 중요하다(김형태, 1989).

1) 에릭슨의 정체성 위기 이론

에릭슨에 의하면 정체성 위기는 '나는 누구인가(Who am I?)'라는 질문으로부터 시작한다. 이 질문에 대한 해답을 찾아가는 과정에서 일어나는 긍정적인 자기평가와 부정적인 자기평가 사이의 갈등 및 이를 극복해가는 과정이 곧 정체성 위기이다. 위기에는 보편적 위기와 우발적 위기가 있는데 청소년기에 맞는 위기는 보편적 위기로 대부분의 청소년들이 성장과정에서 겪게 되는 위기이다. 그러나 보편적인 위기라고 하여 가볍게 넘길 사안은 아니다. 보편적이든 우발적이든 위기는 자칫 잘못하면 구렁텅이로 떨어질 위험을 내포하고 있다.

청소년들은 생물학적인 변화로 인하여 본능적인 욕구들이 강화되면서 동시에 초자아도 강화되어 양극간의 갈등이 심화되고, 이를 중간에서 균형을 잡기 위하여 자신의 내면을 새롭게 정립하려는 욕구에서 일어난다. 청소년들은 수없이 많은 부분에서 자신의 가능성을 탐색하고 발견하면서 조금씩 자신의 자아정체성을 만들어 나가게 된다. 인간은 위기를 통해서 성장한다. 위기를 극복함으로써 모든 영향들에 대하여 자기 스스로를 책임질 수 있는 확고한 자기의 위치를 획득할 수 있다.

에릭슨은 청소년기를 심리적 유예기(psychological moratorium)라 부르는데 이는 청소년들이 정체성 탐색을 하면서 오히려 자기 자신에 대하여 희망을 발견하지 못하고 꿈과 비전을 품지 못한 채 절망하며 방황하기도 하기 때문이다.

에릭슨은 청소년 정체성 위기에 대하여 세 가지 목표를 달성함으로써 이를 극복할 수 있다고 하였다. 세 가지 목표는 ① 자신에 대한 인식의 연속성과 동질성의 확립, ② 서로 다르게 판단될 수 있는 자아의 여러 부분을 일관성 있게 하나의 자아체계로 통합하는 것, ③ 자신의 독특성에 대한 확립이다. 자아정체감은 자신의 독특성에 대한 비교적 안정된 느낌을 갖는 것으로, 행동이나 사고 혹은 정서의 변화에도 불구하고 변화하지 않는 부분이 무엇이며 자신이 누구인지를 아는 것이다. 이러한 개인의 자아정체감은 ① 각 개인이 인간이라는 느낌, 즉 인간성 차원, ② 남성 혹은 여성이라는 느낌, 즉 성별 차원, ③ 각 개인이 독특하고 특별하다는 인식, 즉 개별성 차원 그리고 ④ 시간경과에도 불구하고 동일한 사람이라는 인식, 즉 계속성 차원이라는 4가지 차원으로 구성되어 있다(김동배 · 권중돈, 2009).

2) 마르샤의 정체성 지위이론

청소년의 자아정체성에 관한 많은 연구는 마르샤(James E. Marcia)의 정체성 지위(identity statuses)에 관한 연구(Marcia, 1980)의 기초 위에서 시작되었다. 마르샤는 에릭슨이 정체성 혼란과 정체성 성취의 두 단계로 자아정체성 상태를 기술한 데 반해 둘 사이에 정체성 유실과 정체성 유예의 상태를 배치하여 후기 대학생들이 경험하는 네 가지 지위의 정체감 상태를 설명하였다. 마르샤는 청소년의 정체성 지위를 설명하기 위해 위기(crisis)와 전념(commitment)의 두 개 차원을 배합하여 정체성 지위를 두 개의 차원으로 설명하였다. 위기는 자신의 현재 상태와 역할에 대하여 의문을 제기하며 스스로 의사결정을 할 수 있는 능력을 말하며, 전념은 자신에게 주어진 역할이나 과업에 신념을 가지고 몰입하는 상태를 말하는데, 가령 직업활동이나 종교, 정치이념 등의 수행에 몰입하는 정도를 들 수 있다. 마르샤가 의미하는 정체성 확립은 직업의 목표를 구체적으로 설정하고 개인적이고 정치적인 가치관과 이념을 확립하는 것을 뜻한다.

〈표 5-2〉 마르샤의 자아정체성 유형 분류

전념	위기	
	예	아니오
예	자아정체성 성취 (위기 해결)	자아정체성 유실 (위기 경험 없음)
아니오	자아정체성 유예 (위기 진행 중)	자아정체성 혼란 (위기 경험 없음)

정체성 성취(identity achievement)는 정체성 위기들을 이미 경험하였다. 자신들의 직업이나 가치관 그리고 삶의 목표들에 대한 진지한 탐색작업이 끝났으며 확고한 자신만의 정체성을 가진다. 부모나 친구 등의 대인관계에 있어서도 현실을 직시하며 안정되고, 높은 자아존중감으로 스트레스에도 취약하지 않다. 정치적인 견해나 직업 그리고 자신만의 가치관과 신념에 대하여 스스로 의사결정을 할 수 있는 상태이다.

정체성 유예(identity moratorium)는 청소년들이 자신의 삶에 대하여, 미래에 대하여 고민하고 회의하고 정보를 수집하고 탐색하는 행동을 지속하는 상태에 있다. 하지만 여전히 불확실한 상태로 선택과 결정을 하지 못한 채 구체적인 과업에 몰입하지 못하는 상태를 말한다. 이 지위에 놓인 청소년들은 누구보다도 활발하게 적극적으로 자신의 정체성을 탐색한다. 이 지위의 청소년들은 겉으로 보기에 안정감이 없어 보이지만 시간이 지나면 점점 자신만의 정체성을 확립하게 된다. 특히 대학시절은 인위적으로 연장된 청소년기로 외부의 억업과 요구로부터 일시적으로 놓여진 상태이며 정체성 형성을 위해 여러 가지 실험과 탐색을 해볼 수 있는 시기이다. 이 때를 심리사회적 유예기간(psychological moratorium)이라고도 한다. 유예로 분류된 사람은 대부분 정체성 성취로 옮겨가지만 간혹 정체성 혼란으로 기울어지는 사람도 있다.

정체감 유실(identity foreclosure)은 정체성을 결정하되 진지하게 그리고 충분하게 자아정체성 탐색 없이 빨리 결정해버리는 상태를 말한다. 이 지위에 있는 청소년들은 특별한 정체성 위기 없이 자신의 꿈과 비전을 결정하고 그쪽으로 몰입해간다. 이들은 부모나 교사 등의 멘토가 제시한 삶의 과업을 별다른 검토없이 그대로 수용하여 쉽게 의사결정을 하지만 독립적으로 자신의 의사결정을 하지 못하는 상태이다.

부모의 사업을 물려받거나 일찍 결혼하여 가정을 꾸려나가는 청소년들에게서 가장 흔하게 발견되는 유형이다. 그러나 이들이 청소년기를 안정적으로 보내는 것 같으나 성인이 되어서 자아정체성의 혼란을 겪고 위기를 경험하는 경우도 있다. 정체감 유실의 특수한 상태로 부정적 정체감(negative identity)이 있는데, 이는 부모의 가치관이나 사회의 가치관과 정반대되는 자아개념이다. 개인적인 성공에 있어서 부모나 사회로부터 어떠한 지원도 받지 못할 때 일어나며 많은 경우 비행청소년에게서 잘 나타난다.

정체성 혼란(identity diffusion)은 자신의 정체성에 대한 탐색 자체가 이루어지지 않는 상태이며 자아에 대한 통합적인 견해를 갖는데 실패한 상태를 말한다. 이 지위의 청소년은 꿈과 비전, 삶의 가치관에 대한 의미를 찾지 못하며, 공부에 대한 의욕도 없으며 능동적이고 자발적인 행동이 이루어지지 않는다. 미래의 삶에 대한 기대도 없으며 미래를 위해 지금의 자신을 어떻게 가꾸고 개척해 나가야 하는지에 대한 관심이 없으며 자신의 능력에 대한 믿음도 없다.

이들은 부모로부터 거부당한 느낌 속에 놓여 있으며, 부모와의 애착관계가 약하거나 없다. 자아존중감이 낮고 멍한 상태로 있거나 혼동과 공허감에 빠져 지낸다. 이러한 지위는 청소년 초기에 주로 나타난다. 정체성 혼란은 정체성 탐색과정에 있어 가장 낮은 단계이며, 계속적으로 방치할 경우 부정적인 정체성으로 굳어질 위험이 있어 조심해야 한다.

이러한 정체성 유형은 나이와 관계가 있으며 청소년 초기에는 정체감 혼란이나 유실 상태에 있는 경우가 많고, 후기가 되면서 정체감 성취에 이른다. 그러나 네 가지의 발달단계가 일정한 순서로 진행되지는 않는다. 다만 온전한 자아정체성 확립을 위해서 유예상태는 반드시 필요하다고 말한다. 특히 우리나라는 대학입시라는 특수한 상황이 있어서 청소년이 시작되는 중고등학생 때는 자아정체성을 확립하기 위한 진지한 탐색이 잘 이루어지지 않는다. 대개 대학생이 되고 나서 정체성을 찾기 위한 노력을 기울여 외국에 비해 그 시기가 늦은 편이다. 유예상태의 진지한 탐색 없이 자아정체성을 형성한 경우에 외부 충격이 오게 되면 정체성 혼란을 겪게 된다.

4. 사회성발달

1) 또래 및 친구관계

청소년이 되면 가족보다도 자기 자신이나 친구를 더 선호하게 된다. 집단에 소속되려는 욕구가 많이 나타나며 관심도 자신과 비슷한 친구들에게로 향한다. 따라서 상대적으로 부모의 영향력은 감소하게 되며 또래집단의 영향력은 더 커진다(Berndt, 1997; 한미영, 2006). 청소년은 갈등이 생기거나 문제에 봉착했을 때 가족이나 학교 선생님보다는 친구와 의논하고 친구의 결정을 따르는 경우가 더 많다. 청소년기가 되어 신체의 변화와 심리적 변화는 가족관계에 상당히 큰 갈등을 일으킨다.

부모는 자녀가 청소년기에 해당될 때 중년기가 되어 사추기라 부르는 중년의 위기를 겪는다. 이럴 때 청소년 자녀의 또래애착은 부모와의 관계를 더 갈등관계로 이끌기도 한다. 또 청소년들은 새로운 학업환경에 맞닥뜨려지고 성인기를 앞두고 있어서 불안감이 증폭되며 자아존중감이 낮아진다(Wigfield et el., 1991). 청소년들은 이러한 불안감의 해소를 가족에게서가 아닌 또래집단으로부터 얻으려고 한다. 학생들에게 있어 학교가 중요한 이유는 공부가 아니라 또래친구들 때문이다(조성남 외, 2001).

또래관계가 점차 중요해지면서 청소년기의 또래관계는 청소년에게 정서적 지지를 줄 수 있다(장서연, 2004). 그러나 이 시기의 또래집단은 아동기의 또래에 비해 더 조직적이고 구성원들이 다양한 문화와 배경을 갖고 있는 이질적인 특징을 가지고 있다. 또래집단이 청소년에게 미치는 영향이 큰 것은 이들이 집에서 가족과 보내는 시간보다는 친구들과 지내는 시간이 훨씬 더 많기 때문이다. 그들은 친구들과의 관계를 소중하게 생각하며 그들의 말을 가족의 말보다 더 신뢰하는 경향이 있다. 청소년들은 일단 한 집단에 속하게 되면, 집단의 구성원들이 가지는 공부방법, 이성교제, 취미활동 등 삶의 다양한 영역에서 서로에게 영향을 미친다.

웨이즈(Weiss)와 로웬탈(Lowenthal, 1976)은 청소년이 이러한 또래집단을 선택하고 유지하는 데에는 ① 가치, 성격, 태도, 경험 등의 유사성(similarity), ② 이해하고, 수용하며, 도와주기, 서로 믿고 신뢰를 공유하는 것과 같은 호혜성(reciprocity), ③ 함께 있으면 즐겁고 편안한 조화성(compatibility), ④ 지리적으로 얼마나 가깝게 존재하는가 또는 사귀어 온 기간과 같은 구조적 요인(structure), ⑤ 친구의 우수한 자질을 존중하고 좋아하는 정도(role-modeling)의 다섯 가지 차원이 영향을 미친다고 보았다(이인정 · 최해경, 2010, 재인용).

청소년기의 친구관계는 긍정적인 측면뿐만 아니라 부정적인 측면도 동시에 가진다. 청소년들은 많은 경우 친구들을 통하여 술과 담배, 약물 등에 노출되며 집단으로 행동한다. 영웅적 심리에 의해 오토바이를 타려고 하거나, 오토바이를 타지 않으면 집단에서 우월성을 나타내지 못하기 때문에 부모와 갈등을 일으키기도 한다. 또 오토바이를 반대하는 부모에게서 독립하려는 심리로 오토바이를 직접 사기 위해 주유소 아르바이트를 하거나 가출하여 반항하는 등의 시기를 가지기도 한다.

청소년기 동안의 우정은 그 의미와 질이 끊임없이 변화한다. 청소년 초기의 우정은 개인적인 특성보다는 태도나 행동, 관심분야의 유사성에 기반을 두어 대부분 피상적이고 활동 중심이 되며 대부분 동성 친구로 또래를 형성한다. 청소년 중기에 가지는 우정은 정서적으로 아주 강한 유대를 형성하기 때문에 이때 형성된 신뢰에 금이 갈 때에는 정서적인 충격도 크다. 그러나 이 시기의 부모와 청소년기 자녀간의 정서적인 관계가 견고할 경우 지지적인 역할을 할 수 있다(신나나, 2000). 부모와의 애착이 낮은 대신 또래와의 애착이 높은 청소년들은 높은 우울감을 나타내었는데(장서연, 2004), 이는 또래와의 애착이 부모와의 애착에서 손실된 부분을 보상해주지 못함을 말해준다. 따라서 청소년기 자녀를 둔 부모들은 이 시기에도 끊임없이 자녀와 대화하며 정서적 지지를 견고하게 하는 것이 청소년 발달위기를 잘 넘길 수 있음을 인지하고 지속적인 대화와 신뢰를 형성해야 한다.

2) 컴퓨터, 인터넷, 휴대폰

정보화사회가 되면서 컴퓨터는 텔레비전과 같은 가정의 필수품이 되었다. 청소년들은 컴퓨터를 통해 컴퓨터 게임을 하고, 학교의 게시물을 읽고, 블로그나 미니홈피를 관리하며 사이버공간에서의 친구를 사귄다. 좋아하는 가수의 노래를 다운로드하고 휴대폰으로 옮긴다. 좋아하는 연예인의 팬카페에 들어가서 활동도 하고, 싫어하는 팬에게는 안티까페에 가입하기도 한다. 학교에서도 인터넷의 학교 홈페이지를 통해 학교의 정보들을 나누며, 반별로 커뮤니티를 형성하여 소통의 장을 만들기도 한다. 청소년들의 손은 한시도 쉬지 않고 휴대폰으로 친구들과 문자를 주고받는다. 이제 인터넷과 휴대폰은 청소년들에게 의사소통의 도구이며 정보수집, 취미와 여가생활의 필수적인 도구로 자리잡고 있다. 기성세대에 반대하며 집단적인 행동으로 나서는 기폭제도 컴퓨터와 인터넷 그리고 휴대폰이 담당하고 있다.

이러한 정보기기의 활용은 청소년기 발달에 다양한 영향을 미친다. 청소년들은 컴퓨터를 사용하여 필요한 정보를 얻으며, 학업에 필요한 내용을 습득하기도 한다. 때로는 인터넷 강의를 통하여 부족한 학업을 보충하기도 한다. 또 과다한 학업으로 인해 친구를 사귀지 못하는 경우에도 다양한 가상공간에서의 활동으로 보다 폭 넓은 영역에서 친구를 형성하기도 한다. 그러나 과도한 정보기기로의 몰입은 인간관계를 위축시켜 비인간화를 초래하기도 한다. 자신을 감추는 익명성으로 타인을 공격하기도 하고, 상처를 주는 악플을 달기도 한다. 오프라인 공간(현실공간)에서와는 다른 모습으로 온라인 공간(인터넷 사이버 공간)에서 대리만족을 느끼기도 한다. 또 컴퓨터 게임 중독, 인터넷 중독, 채팅 중독, 휴대폰 중독, 원조교제, 자살사이트 가입 등 잘못되고 나쁜 정보를 교환함으로써 불행한 결말로 이어지는 안타까운 일들도 일어난다. 또 19세 이상의 성인물이 여과없이 노출되어 성적 유혹을 받기도 하며, 과도한 컴퓨터와 휴대폰 사용으로 시력이 나빠지고 운동부족으로 인한 비만과 나쁜 자세로 인한 목디스크 등 건강에 나쁜 결과를 초래하기도 한다.

〈그림 5-2〉 문자 빨리 보내기 경연대회 우승자
(자료 : 경향신문, 2010. 1. 15. 한국 청소년 세계 최고 '엄지족')

5. 청소년기의 사회복지실천

청소년기가 되면 급격하게 신체의 변화가 찾아온다. 그래서 일시적으로 신체의 불균형을 경험하며 이 때문에 자신의 신체에 대한 부정적인 고정관념을 형성할 가능성이 있다. 사회복지사는 청소년기의 신체적 변화에 대한 개념을 이해하고 청소년들이 이로 인해 고민하거나 심리적인 문제를 가질 때 정확한 정보를 제공함으로써 긍정적 이미지가 되도록 해야 한다. 최근에는 텔레비전과 인터넷에서 몸짱, 얼짱 등으로 외형적인 아름다움만 추구하는 경향이 높아 민감한 청소년들이 무리하게 다이어트를 하거나 식사를 하지 않는 경우가 많다. 우리나라 청소년 가운데 13세에서 19세의 여자청소년은 46% 정도가 스스로 몸이 뚱뚱하다고 생각하고 있으나, 이들 중 63%는 모두 정상인 것으로 나타났다. 특히 음식섭취를 거부하는 거식증(신경성 식욕부진증)으로 사망하는 사례까지 발생하여 주변 사람들을 안타깝게 하고 있다.

특히 최근 청소년들의 주요 섭취 음식물로 라면이 주요 대상에 올라 영양섭취에 악영향을 주고 있는 것으로 나타났다. 부모님의 식단에서 벗어나 야간학습을 하면서 컵라면으로 끼니를 때우는 경우가 많기 때문으로 풀이된다. 식약청은 체형에 따른 잘못된 인식이 식품섭취량과 식습관에 나쁜 영향을 미칠 가능성이 높으므로 체형에 대한 올바른 인식을 심어주는 것이 좋다고 경고하고 있다. 사회복지기관이나 사회복지사는 보건소나 의료기관과 연계하여 청소년기의 신체변화의 이해를 돕는 프로그램을 개발하고, 몸매 관리나 무리한 다이어트의 피해를 줄이는 방법을 연구하며 청소년들을 도와야 한다.

자신이 뚱뚱하다는 생각에 사로잡혀 무리한 다이어트를 시도했던 16세 영국 소녀가 심장마비로 사망, 주위 사람들을 안타깝게 하고 있다. 28일(현지시간) 영국 대중지 데일리메일에 따르면 런던에 살던 고등학생 안나 우드는 뚱뚱한 체격이 아니었는데도 무분별한 다이어트를 감행하다 거식증에 걸렸고 결국 지난 5월 심장마비로 세상을 떠났다.

170cm 평범한 체격이었던 우드는 스스로 뚱뚱하다고 생각했고 지난해 5월부터 다이어트에 돌입했다. 지난해 8월 우드의 몸무게는 41kg까지 빠졌고 엉덩이뼈가 고스란히 드러날 정도로 앙상해졌다. 수영 코치는 우드의 건강에 이상이 있음을 집에 알렸으나 당시 부모는 건강했던 딸이 거식증에 걸렸다는 사실을 믿지 않았다고. 하지만 우드는 나중에 병원에 입원, 4개월 동안 섭식장애 치료를 받았다.

문제는 우드가 퇴원한 후 부모 몰래 다시 다이어트를 했다는 것이다. 그녀는 음식을 거부한 채 무리하게 운동했고 지난 2월 결국 우드는 집 앞에서 쓰러졌다. 그녀는 수술을 할 수 없을 정도로 몸이 약해졌고 한 달이 지난 3월쯤 심장마비로 사망했다. 현재 우드의 부모는 섭식장애에 대한 정보와 경각심을 알리는 인터넷 사이트를 열어둔 상태다. 이들 부부는 "딸이 거식증에 걸렸다는 걸 알았을 때는 이미 너무 늦었다"며 "안나의 안타까운 사연을 세상에 알려 10대의 섭식장애 위험성을 많은 부모에게 알리고 싶다"고 전했다.

(자료: 매일경제, 2010.9.29.)

청소년기가 되면 신체의 급격한 변화와 함께 찾아오는 것이 성적 발달이다. 음모가 생기고 성욕이 증가한다. 사회복지사는 성폭력상담소 또는 보건소 및 기타 기관과 연계하여 청소년들에게 성에 대한 올바른 이해와 가치관 형성을 위한 프로그램을 실시할 필요가 있다. 청소년을 위한 성교육에는 청소년기의 성적변화, 임신과정, 성에 대한 기초지식, 피임방법, 성병과 같은 성의 부정적인 결과도 함께 다루어져야 한다.

청소년 상담사이트에는 성적 욕구를 주체하지 못하는 학생의 호소글이 올라오기도 한다. 따라서 청소년 성교육에는 자신의 의지와 상관없이 일어나는 성적인 욕구를 적절히 조절할 수 있는 방법도 함께 다루어져야 한다.

사회복지사는 초경불안이나 자위행위, 몽정, 이성교제 등의 다양한 성적 성숙에 의한 문제들을 상담할 수 있어야 한다. 나아가 원치 않는 임신으로 힘들어하는 미혼모 문제와 무분별하게 일어나는 또래집단에 의한 성폭력, 가치관이 정립되지 않은 상태에서 일어나는 원조교제 등에 대한 문제에도 적극적인 개입이 필요하다.

미국은 십대 임신 발병률이 9% 정도이며 최근 우리나라의 한 조사에서도 청소년 표본의 0.5%가 십대임신율에 해당하는 것으로 확인되었다. 십대 임신은 심리적 문제뿐만 아니라 정신적인 질환, 학업실패, 낮은 자아존중감, 우울증 등 다양한 문제에 봉착할 수 있다. 또 대부분 청소년들은 이를 부끄러워하여 부모나 학교에 숨겨 의료적인 처치를 받지 못하는 등 건강에 위협을 주는 상황까지 가는 경향이 있다. 이들은 많은 경우 학업을 다 마치지 못하며 빈곤과 복지혜택에 의존함으로써 사회생활로 들어가는 초기부터 힘든 인생을 시작할 가능성이 많다. 만약 십대 임산부가 아이를 낳기로 결정할 경우 자녀양육을 위한 특별한 지원이 필요하다. 나아가 십대 미혼모의 아기 아버지 역시 80%가 십대로서 이들에 대한 관심도 필요하다. 그러나 십대 부모로부터 태어난 아기들은 지속적인 돌봄이 힘든 경우가 많아 아기와 산모의 건강이 위협받지 않도록 도와야 한다.

청소년 비행은 형법상 강력범, 폭력범, 재산범과 같이 직접적인 피해자가 있는 경우도 있고, 음주, 흡연, 가출, 불건전한 오락이나 이성교제, 자살, 약물 등 타인에게 직접 피해를 주지 않는 비행도 있다. 다양한 심리적 성향 가운데 우울은 학교중퇴와 약물남용의 선행조건이 되는 것으로 나타난다. 청소년기의 우울은 반항, 불안, 자학적 행동, 비행, 학교생활의 문제, 학습의 어려움, 과잉활동성, 공격적 행동, 신체적 고통

등의 외적인 다른 형태의 문제들로 표출된다.

청소년 비행의 중요한 원인은 부모갈등으로 인한 것이며, 이로 인해 부모가 자녀에 대한 통제기능을 적절하게 수행하지 못할 때 비행을 일으킬 가능성이 더 많다(송성자, 1996). 또 부부간 불화는 자녀로 하여금 비행청소년과 어울리게 하는 계기가 된다. 즉, 가정의 구조적인 결손보다는 부모 불화로 인한 적대적인 가정분위기가 가정의 기능적 결손을 초래하여 청소년들의 비행행동에 더 강한 영향을 미치는 것이다.

청소년기에는 정체감 유실, 부정적인 정체감 형성, 정체감의 혼란 등이 일어난다. 자신의 개인적인 신념이나 목적을 확고히 하지 않은 상태에서 부모 등이 자신에게 기대하는 역할로 들어가 버리는 정체감 유실(identity foreclosure)은 후일 정체감 확립과정에서 큰 혼동을 일으킬 수 있다. 자신의 신념이나 가치관에 대한 깊은 고민과 사유없이 주위의 기대에 따라 자신의 미래를 결정하는 것은 매우 위험하며 청소년기에 충분한 자기 가치관과 신념을 가질 수 있도록 도와주어야 한다. 또 청소년기에 일탈행위 등으로 낙인이 찍힐 경우 스스로 '실패자'라는 굴레를 씌워 더 이상 사회에 기여할 수 없다는 패배주의에 젖을 수 있음을 경계해야 한다. 따라서 자신의 성공에 회의를 느끼고 자신의 낙인을 받아들일 때, 사회복지사는 긍정적 강화로 청소년을 이끌며 패배주의에서 빠져나와 사회의 소중한 일원이 되도록 이끌어 주어야 한다. 더욱 문제가 되는 것은 정체감혼란으로서 자신이 직업결정이나 결혼 등의 선택에 있어서 아무런 결정을 내리지 못하고 자신이 진정 무엇을 원하는지도 모르는 상태에 놓일 수 있다. 사회나 가정에서의 역할혼란으로 스스로를 만족시킬만한 자아정체감을 전혀 가질 수 없는 것을 말한다. 따라서 사회복지사는 청소년기에 자아정체감의 혼란을 막고 자신만의 정체감을 형성하고 성취할 수 있도록 과거의 성공경험을 연결시켜 미래를 인식하고 바라보도록 이끌어주어야 한다.

제 6 장

성인기

성인기는 청소년기 이후부터 40세까지의 기간을 말한다. 청소년기 이후의 발달단계를 어떻게 구분하느냐는 다양한 견해가 있다. 18세~35세까지를 성인초기 또는 청년기, 35세~60세까지를 성인중기 또는 중년기, 60세 이후를 성인후기 또는 노년기로 분류하기도 한다. 파팔리아와 올즈는 20세~40세는 성년기, 40세~60세는 중년기, 60세 이상은 노년기로 구분하고 있다(Papalia & Olds, 1998). 유안진(1998)은 성인기(22세~40세), 중년기(40세~50세), 장년기(50세~60세), 노년기(60세 이후)로 구분하였고, 장휘숙(2000)은 청년후기(18세에서 결혼까지), 성인초기(청년후기~40세), 성인중기(45세~60세), 성인후기(65세 이후)로 구분하였다. 본 책에서는 24세에서 40세까지를 성인기, 40세에서 65세까지를 중년기, 65세 이후를 노년기로 구분하여 설명하고자 한다.

성인기에는 심리적으로 부모에게서 독립을 하고 직장을 구하여 사회활동을 시작한다. 경제적으로 독립을 하는 시기이며 이성과의 만남을 통해 배우자를 선택하고 결혼을 하여 가정을 꾸리고 아기를 낳아 부모역할을 시작하는 시기이다. 성인기는 신체적인 면, 지적인 면에서 모두 가장 정점에 있는 시기이다. 또 심리사회적으로는 다른 사람을 사랑하고 배려하며 보살피는 능력이 절정에 달하는 시기이다. 청소년기에 자아정체감을 확고히 한 사람은 다른 사람에 대한 배려는 물론이고 타인과의 관계에서 친밀하고 건강한 상호관계를 유지할 수 있다. 성인기는 어린아이와 같은 환상이나 잘못된 가정들을 버리고 자기신뢰와 자기수용을 선택하는 과정이다. 레빈슨은 성인초기에 해당하는 청년기에 대하여 다소 과장된 꿈이나 희망을 보다 명확하게 정의해야 하며, 자신의 경력에서 기술이나 지혜를 가르쳐주고 자신감을 심어주는 멘토를 발견해야 하며, 직업을 선택하여 경력을 쌓고 발전시켜 나가야 하며, 타인과 친밀한 관계를 형성해야 하는 발달과업을 성취해야 한다고 하였다 (Levinson, 1978).

1. 신체발달

성인기는 전 생애의 발달단계에 있어서 가장 뛰어난 신체의 건강을 유지하는 기간이다. 성인기는 상대적으로 질병률이 낮은데, 이러한 건강상태는 중년기로 접어들어 신체적 쇠퇴기에 들어갈 때까지 계속된다. 팔과 다리가 길어 어색해 보이는 모습도 성인초기가 되면 완전한 골격으로 자리잡게 된다. 25세에서 30세 사이의 초기에는 체력, 정력, 지구력 등이 최고에 이르며 이후부터 조금씩 쇠퇴하기 시작한다.

성인기는 심폐기능도 좋고 생식능력도 왕성하지만 면역기능은 청소년기에 비해 떨어진다. 피부 역시 청소년기 이후 탄력을 잃으면서 주름이 생기기 시작하며 머리카락도 감소하기 시작한다. 성인기의 신체 상태는 개인마다 차이가 있지만 스트레스, 가족력, 기후, 건강상태, 흡연 등에 의해 영향을 받을 수 있다. 과도한 음주나 흡연 그리고 약물사용은 성인의 신체에 해로운 결과를 초래하며, 나쁜 식습관과 운동부족 그리고 스트레스는 복부비만과 높은 콜레스테롤을 불러오며, 고지혈증, 당뇨병, 뇌졸중 등의 원인이 되므로 규칙적인 식사, 채식 위주의 식단, 일주일에 서너 번은 땀을 흘릴 정도의 30분 이상 운동을 하는 것이 성인기의 건강하고 균형있는 신체를 유지하는 데 도움이 된다.

2. 직업

직업은 성인기의 중요한 발달과업 가운데 하나이다. 개인적으로 사회생활을 시작하는 시기가 다를 수 있다. 어떤 사람은 고등학교를 졸업하고 바로 직업을 가지기도 한다. 그러나 최근에는 대학을 졸업하고도 직장을 구하지 못한 채 실업자로 전락해 사회적인 문제로 대두되고 있는 실정이다. 직업은 부모님의 지원을 받던 시기에서 스스로 경제적으로 독립하고 이로 인해 심리적으로도 독립하게 되는 진정한 자아실현의 시기가 된다. 직업을 통해 자신의 삶을 개척하고 계획하며 원대한 꿈을 성취하는 첫 발걸음을 시작하는 것이다. 직업은 가정생활과 학교생활에서 직장생활이라는 새로운 문화와 산업사회로 모든 관심이 옮겨지게 되고 일상생활의 거의 모든 것을 지배하게 한다. 가족보다도 더 많은 시간을 직장에서 보내게 된다. 직장생활을 통해서 타인과의 친밀감과 타인을 배려하는 능력이 더욱 발달하게 된다.

성인기에 속한 대부분의 사람들에게 있어서 직장생활은 중요한 의미를 지닌다. 직업을 선택하고 직장에 들어가서 그 직업이 요구하는 전문적인 기술, 직업에 존재하는 권위적인 관계, 독특한 요구나 위해(危害), 인간관계 등을 평가해야 한다. 이런 과정에서 자기 전문분야를 파악하고 자신의 고유한 직업 역할을 미래와 연결시켜 생각해야 한다(김희자, 2004).

직업선택은 성인기에 부과된 어려운 과제이다. 특히 오늘날과 같이 산업화, 정보화, 국제화로 인하여 직업의 종류가 상당히 다양해지고, 직업에 필요한 기술이 급속히 변화되는 시대에는 더욱 어려운 문제이다. 직업선택은 그동안 주로 남성의 몫이었으나, 오늘날은 여성도 직업에 대해 점점 더 많은 관심을 갖게 되었다(결혼 조건이 맞벌이도 있음).

직업선택은 개인적 요인과 환경적 요인에 의해 영향을 받게 된다. 직업선택에 영향을 미치는 개인적 요인으로는 능력, 적성, 관심, 흥미, 가치관, 학력, 성, 연령, 신체조건 등이 있다. 환경적 요인으로는 부모의 직업, 가정의 사회경제적 지위, 부모의 가치관과 직업관, 교사의 영향, 산업구조의 변화, 직업수요 등이 있다(이근홍, 2008).

3. 결혼과 가정

1) 결혼

대부분의 사람들에게 성인기 삶의 행복은 생활의 다른 어떤 영역보다도 만족스러운 결혼생활에 달려 있다. 결혼은 성인기에 친밀감이 성숙되고 상호관계의 원만함이 원숙해지면서 배우자를 선택하게 되고 새로운 가정을 꾸리게 된다. 결혼생활은 성인기 생활에서 사랑의 실현, 정서안정, 경제 안정, 성적 만족, 자녀 출산 등에 기여한다. 자녀를 낳고 기르는 것은 부부의 삶의 방식과 결혼생활을 바꾸어 놓는다. 결혼은 책임과 의무가 따르는 인생의 가장 중요한 결정사항이므로, 결혼을 하기 위해서는 마음의 준비가 먼저 되어야 하며, 사회적으로 경제적으로도 준비가 되어야 한다.

결혼을 하기 위해서는 결혼을 하게 될 상대방에 대하여 사랑하는 마음이 있어야 한다. 연애로 인한 결혼이든 중매로 인한 결혼이든 결혼을 결정하는 것은 상대방을 사랑하겠다는 자신과의 약속을 하는 것이다. 온정과 애정이 있어야 하며, 친밀감을 나누고, 상대방을 이해하며, 상대의 취미와 정서에 관심을 기울이려는 마음을 가져야 한다. 결혼 전에는 혼자 벌어서 혼자 썼기 때문에 씀씀이도 헤플 수 있었지만, 결혼을 하게 되면 부부가 한몸이 되어 투명한 집안살림을 해야 한다.

경제적인 문제에 대한 자신감과 함께 상대에게 믿음을 주어야 하며,

고난과 역경이 오더라도 함께 헤쳐 나갈 신뢰를 구축해야 한다. 함께 사는 생활에 있어서 내 것을 포기할 수 있어야 하며, 상대를 배려하는 마음이 필요하다. 기꺼이 사랑으로 성적관계를 가져야 하며, 서로가 서로에게 남편과 아내의 역할을 다해야 한다. 결혼을 한다는 것은 자신의 시간을 둘로 나누고, 마음도 둘로 나누어 상대방에 대한, 그리고 가족에 대한 헌신과 투자가 필요하기 때문에 그런 마음의 준비를 통해 배우자가 될 상대와 충분한 미래계획 속에 결혼을 진행해야 한다.

결혼연령은 개인차가 크지만 남성과 여성 모두 육체적으로나 정신적으로 성숙하고 준비가 된 시기에 하는 것이 좋다. 우리나라에서는 대체적으로 25세에서 30세경에 결혼을 한다. 그러나 여성의 전문직 사회진출이 늘어남으로써 일에 쫓기고, 자유로움을 추구하면서 결혼에 대해 크게 서두르지 않거나, 오랜 기간 대학 졸업 후 미취업 상태로 남아 있는 경우가 많아 경제적으로 안정될 때까지 결혼을 보류하면서 결혼연령이 조금씩 뒤로 늦춰지는 경향이 있다.

2) 가정

성인기에는 이성 배우자와 처음 이루게 되는 가정에서의 친밀한 인간관계를 통해 서로에 대한 애정, 신뢰, 존경, 안정 등 심리적이고 정서적인 만족을 얻게 된다. 가정은 사회생활을 편안하게 할 수 있도록 디딤돌이 되어주는 가장 작은 단위의 보금자리이다. 일을 마치면 돌아가는 곳이고 쉼을 얻고 재충전을 할 수 있는 곳이다.

그러나 가정은 구성원과 함께 공동으로 생활하며 많은 결정을 해야 하고 서로가 서로에게 적응을 해야 하며 변화무쌍한 갈등과 어려움을 마주하게 된다. 원가족에서는 자녀였던 자신을 위해 부모님들이 희생하고 배려하며 생활해 주어 큰 불편이 없을 수 있었지만, 이제는 30년 동안을 서로 다른 가정에서 성장한 두 성인이 만나 하나가 되려고 하기 때문에 예상하지 못했던 갈등과 직면하게 된다. 아내에게는 너무나 당연한 것이 남편에게는 너무 생소하거나 익숙치 못한 것이 되고, 남편에게는 너무 당연한 생활습관이 아내에게는 용서하지 못할 나쁜 행동이 되기도 한다. 이런 결혼 초기의 갈등은 사회적·경제적·종교적·양육적 배경이 서로 다른 경우에 더 많이 나타난다. 원가족 부모의 성격과 가족규칙 등에 따라서 몸에 익혀진 습관들은 당연한 규범이 되고 두 규범이 만나면 충돌이 일어나게 된다. 원가족에 의한 갈등뿐만 아니라 두 사람이 가정을 이루고 난 뒤에도 두 사람의 성격에 의한 갈등도 있을 수 있으며, 성적인 문제로 인한 갈등도 일어난다. 경제적인 문제 역시 두 부부의 안정을 해치고 상호의존의 느낌을 감소시킨다.

배우자는 서로가 서로의 필요를 채워주는 역할을 해야 한다. 그렇지 않고 상대방이 내 욕구를 채워줘야 한다고 생각하면 새롭게 만들어진 가정은 늘 갈등과 긴장속에서 풍전등화가 될 수밖에 없다. 따라서 가족 성원은 언제나 가정을 지키기 위한 적극적인 노력이 요구된다. 서로의 식습관, 수면습관, 일하는 방식, 말하는 방식, 음식기호 등에서도 적응하고 이해해야 하며, 금전지출에 대해서도 서로 대화를 통해 의견의 일치를 보아야 하며, 서로에게 만족스런 성적 관계가 되도록 노력해야 한다.

3) 자녀

첫 자녀를 가진 후의 적응을 순조롭게 하기 위해서는 부모로서 역할 변화에 대한 준비와 육아에 관련된 교육, 그리고 부부간의 역할과 책임에 대한 재정의와 그에 대한 만족스러운 합의가 이루어져야 한다(김희자, 2004). 자녀의 출생은 가족이 한 사람 더 늘어났다는 의미 이상의 변화를 준다. 부부의 인생에 중요한 전환점을 만들어 준다. 부부만의 친밀한 관계에서 또 다른 애정관계의 대상이 포함된다. 자녀가 태어나는 것은 부부만의 달콤한 생활은 끝이 나고 모든 관점과 행동양식이 아이를 중심으로 움직여야 한다는 것을 의미한다. 잠자는 시간마저도 아이의 생체리듬에 맞추어야 한다. 아내는 자녀를 양육하기 위해 온 몸과 시간을 다 투자하게 되고 남편은 그런 아내에게 섭섭한 마음을 가질 수도 있다.

달콤한 신혼생활을 즐기려는 부부에게 자녀의 출생은 결혼생활의 만족감과 행복감을 떨어뜨릴 수 있다. 자녀 출생 후 몇 개월 또는 1년 가까이는 수면 부족으로 고통을 겪기도 하며 아이를 양육하는 새로운 일과 새로운 경제적인 지출에 노출된다. 아이를 양육하는 방식의 차이는 잠재적인 갈등의 불씨가 되고 아이에 대한 지나친 애정은 부부간의 질투심을 자극하기도 한다. 특히 맞벌이 부부인 경우에는 자녀의 양육과 책임을 놓고 더 많은 긴장과 갈등이 일어난다. 자녀로 인해 취미생활을 못하게 되고 대화가 줄어들 수 있다.

그러나 자녀출생은 부부에게 또 다른 즐거움과 행복을 준다. 자녀출생 후 일어나는 일들에 대한 원만한 합의와 역할분담은 가정을 더욱 애정으로 밀착하게 만들고 배우자와의 강한 신뢰관계를 형성할 수 있다. 자녀 출산의 긴장과 갈등을 잘 배려하고 협력하여 견디면 가정은 안정된 틀 안에서 자녀까지 수용하며 함께 건강한 가족성원이 될 수 있다.

4) 양육

자녀양육은 성인기의 중요한 발달과업이다. 부모가 되어 자녀를 잘 보호하고 양육함으로써 새로운 가족이 완성된다. 자녀양육은 첫 부모가 된 젊은 부부들에게 긴장과 갈등을 안겨준다. 지식과 경험이 없는 상태여서 실수하고 허둥대기 쉽다. 아이가 칭얼대거나 울음을 터뜨리거나 아프거나 하면 당황한다. 그러나 부모는 자녀를 양육하고 부부의 모든 관심사가 집중되면서 하나로 묶여지며, 결속과 자녀사랑과 위기상황 대처법들을 익히게 된다.

영아기 자녀는 특히 부모의 보호와 사랑이 절실히 필요하다. 그러나 과잉보호는 자녀의 자율성을 획득하지 못하도록 할 수 있으므로 자녀의 발달단계에 맞는 적절한 보호가 요구된다. 아동기가 되면 또래관계를 형성하는 데 있어서 부모의 적절한 개입과 도움이 필요하다. 자녀들에게는 자신의 능력을 신장시키고 가정 외의 새로운 세계 탐색에 대한 지적 경험이 필요해진다.

특히 아동기 자녀에게는 고집불통과 반항적인 성격으로 인해 '미운 일곱 살'이라는 이름이 있을 정도이다. 고집이 센 기질의 아이들은 식당에서 식사할 때, 마트에서 물건을 살 때, 집안 일을 하지 않고 친구들과 놀려고 할 때, 형제자매를 괴롭힐 때 부모의 말을 듣지 않고 오히려 화를 북돋우거나, 바닥에 엎드려 울며 떼를 쓰는 경우가 많다. 이럴 때 부모는 단호하게 지켜야 할 규칙을 설명하고 지키지 않을 경우 적절한 교육용 벌을 제시함으로써 아이로 하여금 도덕성을 발달시킬 수 있도록 해야 한다. 이때 감정적인 표현을 사용하여 자녀로 하여금 수치심과 분노, 적개심이 들도록 해서는 안 된다.

성격발달이 다양한 또래관계와 부모의 양육 방식에 의해 성장하기 때문에 부모는 자녀양육을 함에 있어서 긍정적인 메시지를 사용하고 칭찬과 격려로 강점자원을 키워주어야 한다. 부모의 언어와 행동은 자녀들에게 그대로 본이 된다. 구두로 한 약속에 대한 실천은 타인에 대한 신뢰형성에 중요한 역할을 한다. 따라서 성인기 부모는 자녀의 필요에 긍정적이고 교육적으로 대처하면서 주어진 부모의 역할을 성공적으로 수행해야 한다.

4. 성인기의 사회복지실천

성인기는 결혼을 시작하여 가정을 꾸리고 자녀를 낳아 부모자녀관계를 형성하며 가정을 이루어 살아가는 시기이다. 원부모와의 부모자녀관계보다 새롭게 만들어지는 부모자녀관계에 더 치중하게 되는 시기이다. 자녀를 양육하고 교육시키는데 가장 많은 시간을 쏟는 기간이다. 사회복지실천에서의 성인기는 이혼이 큰 문제로 인식된다. 모든 연령대에서 이혼이 나타나지만 결혼초기에 결혼생활로의 진입에 실패하여 이혼을 하는 경향이 높아지고 있다.

통계청의 2009년 이혼통계 자료[2]에 의하면 남자의 이혼연령 가운데 30대 후반에 이혼하는 경우는 40대 초반 〉 40대후반 〉 30대 후반으로 세 번째에 해당되었으며, 여자의 이혼연령 가운데 30대 초반에 이혼하는 경우는 30대 후반 〉 40대 초반 〉 30대 초반으로 성인기 이혼이 높은 수준임을 보여주었다. 발달적 측면에서 연령을 나눌 경우 성인기, 중년기, 노년기의 발달 중에서 성인기에 가장 많은 사람들이 이혼을 하고 있음을 알 수 있다. 성인기의 남자가 이혼하는 비율은 2009년 전체 이혼의 34.0%를 차지하며, 성인기의 여자가 이혼하는 비율은 45.0%를 차지하였다. 동거부부의 자료에서는 0년에서 4년 동안 동거한 부부가 이혼한 비율이 27.2%로 가장 높게 나타나 결혼 초기에 부부가 서로 적응하지 못하고 이혼하는 경우가 많음을 알 수 있으며, 자녀가 없는 부부의 이혼 비중 역시 44.4%로 나타나 성인기의 이혼이 심각한 사회문제임을 알 수 있다.

부부가 이혼을 할 경우 자녀들의 삶 역시 심각한 손상을 입게 된다. 아버지를 따라 가거나 어머니를 따라 가거나 자신의 의사와는 상관없이 부모와 헤어지게 되며, 성인기 자녀가 대부분 미성년자여서 심리적인 충격은 매우 큰 영향을 미친다. 이혼의 가장 큰 문제는 이혼 이전에 직업을 갖지 않았던 여자들의 경제적 어려움이다. 이전의 친구관계는 대부분 사라지고, 집 밖의 생활이 없던 여자들은 고립상태에 빠져 심한 고독감을 느끼게 된다. 나아가 자녀 양육권을 상대 배우자에게 빼앗겨 자녀를 키우지 못하게 되는 경우에는 배우자 역할의 상실과 더불어 아버지 또는 어머니의 역할도 잃게 된다. 이혼을 하게 되면 극심한 스트레스를 받아 그렇지 않은 사람에 비해 일찍 사망하거나 정신적인 병리문제나 사고 또는 자살로 삶을 마감하는 확률이 훨씬 높은 것으로 보

2) 통계청 보도자료, 2009년 이혼통계 결과, 2010.4.21.

고되고 있다.

버만과 터크(1981)는 이혼한 사람들이 스트레스에 대처하기 위하여 다음의 여섯 차원으로 전략을 세우고 대응하고 있다고 하였다. 첫 번째는 데이트를 하거나 새로운 친구를 사귀면서 사회적 활동을 새로 시작하는 것이다. 두 번째는 대학원을 가거나 새로운 전공을 선택하는 등 새롭게 공부를 시작하거나 자신의 처지와 문제를 상담자에게 찾아가 의논하는 등의 학습에 관련된 일을 하는 것이다. 세 번째는 무엇이 잘못되어 이혼까지 하게 되었는지 이혼이라는 결과에 대하여 개인적으로 이해하고자 하는 노력을 하는 것이다. 네 번째는 이혼을 함으로써 형성된 감정을 친구나 가족 등에게 표현하고 털어놓는 것으로 이혼 스트레스를 이겨낸다. 다섯 번째는 직장이 없었던 전업주부인 경우 새롭게 직장을 구하거나 아니면 남편에게 의존하던 상태에서 경제적인 자립을 시도함으로써 이혼 스트레스에 대처한다. 마지막 여섯 번째로는 집의 정원을 가꾸거나 아이들을 더 열심히 돌봄으로써 스트레스의 발산을 가족 등의 내적으로 돌리는 경우이다. 이러한 활동들은 이혼한 뒤의 삶의 만족도에 크게 기여하는 것으로 나타났다. 이러한 결론은 성인기 이혼을 당한 성인기 부부에게 문제를 해결하고 적응을 도와주는 사회복지사에게 유용한 내용이 될 것이다.

제 7 장

중년기

중년기(midlife passage)는 40세에서 65세까지의 시기로서 인생의 전성기이면서 중년의 위기를 겪는 기간이다. 중년기를 어떻게 보느냐는 학자들마다 다양한 견해차를 드러내고 있지만[1] 일반적으로 생활연령과 가족생활주기를 지표로 사용하여 중년기를 설정한다. 생활연령으로 볼 경우 전체적으로 40대와 50대를 중년으로 보는 견해가 무난하다. 다만 60세 이후를 노인으로 보던 시각은 재고할 필요가 있는데, 고령화 현상으로 인해 노인인구가 급증하고 있으며, 과학과 의료기술의 발달로 60세를 노인으로 보기에는 이른 감이 있다.

자녀수와 자녀간의 터울이 줄어들고 있으며, 상대적으로 자녀들이 독립하는 나이가 짧아짐으로써 자녀양육기간이 줄어들어 전체 인생주기에서 적극적인 부모의 역할을 하는 기간이 짧아짐으로 인해 중년기가 장기화되는 현상이 나타나고 있다. 최근 노인장기요양보험의 시행으로 많은 노인들이 보편적 복지혜택을 보고 있으며, 그 기준점이 65세 이상인 점을 감안하여 중년기를 65세까지로 정하였다. 중년기를 가족생활주기

1) 일반적으로 생활연령으로 중년기를 정의할 때, 35세에서 40세 사이가 시작하는 나이가 되고, 55세에서 65세가 끝나는 나이가 된다. Erikson(1956), Levinson(1978), Craig(1999)는 40세~60세, Vincent(1972), Rogers(1991)는 35세~55세, Newman & Newman(2006)은 34세~60세, Zastrow & Kirst-Ashman, 2007)은 30세~65세, Siegelman(1999)은 40~64세를 중년기로 보았다.

지표로 볼 때에는 나이보다는 가족관계의 변화와 생활사건에 중점을 두게 된다. 블랜드(Borland, 1978)는 나이와 상관없이 막내 자녀의 독립 때부터 은퇴하기까지를 중년기로 설정하였으며, 진수기(launching stage), 빈보금자리기(empty-nest period), 탈부모기(postparental period) 등으로 불렀다. 따라서 나이와 가족생활주기를 포함하여 복합적으로 중년기를 이해하는 것이 필요하며, 40세에서 65세 사이에 속하면서 자녀들이 청소년기에 속하는 경우가 중년기에 포함된다고 볼 수 있다.

이 시기는 인생의 전성기 또는 인생의 황금기라 불린다. 다른 어떤 시기보다 가장 경제적으로 풍족하고 안정되어 있으며, 산업의 주춧돌로서 국가를 지탱하며, 가정 안에서도 자녀를 양육시키고 자아를 실현하며 삶의 다양한 영역에서 지혜를 축적해가며, 직장에서도 관리자의 위치에서 높은 지위와 책임을 갖는다. 그러나 중년기는 신체적으로 갱년기를 거치면서 남녀의 호르몬의 분비가 뒤바뀌면서 성격적인 변화와 심리적인 변화가 찾아온다.

가족적으로 많은 변화와 적응을 필요로 하는 역동적인 시기이며 복합적인 변화의 양상을 보인다. 신체적으로는 노화가 시작되며 노부모를 부양해야 하는 부담과 직장에서의 스트레스가 중년기를 압박한다. 중년기는 전환기로서 융은 40세에 이른 중년 남녀에게 한때 영원한 것으로 보이던 목표와 야망들이 그 의미를 잃어가는 것을 느끼며, 마치 결정적인 것이 빠진 것 같은 불완전함, 우울함, 침체감 등을 종종 느끼게 된다고 하였다(김남순, 1986 재인용). 에릭슨은 40세 경의 중년을 생산성 대 침체감의 위기에 직면하게 된다고 하였다. 이때 생산적인 사람은 다음 세대에 관심을 가지게 되어 후세의 발달을 돕고 지도하는 성숙한 삶을 살아가지만, 이런 중년기의 요구에 부응하지 못하면 침체감에 빠지게 되어 심리적 성장의 지연을 초래하고 위기감을 발생시킨다고 보았다.

중년기는 인생의 유한성에 직면하여 자신의 과거에 대한 반성과 평가를 통해서 지금까지의 생활을 재배치하고 재적응을 해야 하는 전환적인 시기이다. 생산과 성취에 의한 인생의 절정기인 동시에 침체와 혼란에 의한 위기에 직면하게 되는 시기이며, 가족과 사회에서 역할과 책임을 재수정해야 하는 중요한 시기이다(김현화, 1992).

성공적인 중년은 자신의 내적 외적 세계를 극복하고 자신의 감정과 충동을 조정할 수 있으며, 자신이 이미 지니고 있는 자원으로 환경을 통제할 수 있는 능력이 증가된다(Neugarten, 1975). 이들은 위엄과 전문성으로 사회적인 환경을 효율적으로 조정하며, 새로운 규범과 규율을 창조하는 지도적인 세대이다.

1. 신체발달

1) 신체 변화

대부분의 중년은 여전히 건강하며 여전히 에너지를 가지고 있다. 삶의 한 가운데 서 있으며 충분히 서 있을 힘을 지니고 있다. 그러나 중년기는 신체의 노화가 일어나는 시기이다. 이전에 비해 육체적 힘이 약화되고 면역력이 떨어져 질병에서 회복하는 데 시간이 오래 걸린다. 피부는 탄력을 잃기 시작하고 얇아지고 늘어진다. 혈액순환이 잘 되지 않으며 눈의 노화로 원시가 되며 청력의 예민함도 줄어들기 시작한다. 모발이 빠지고 흰머리가 늘어나며 가늘어진다. 40대가 되면 신진대사의 저하가 일어나며 이로 인해 체중이 증가하고 허리둘레가 커진다.

이 시기에 정신신경증 발생이 가장 높으며, 위궤양, 고혈압, 심장병, 암 발생이 높아지고 디스크, 관절염, 골다공증 등이 빈번해진다. 성인기는 사고가 사망의 큰 원인이었지만 중년기에는 질병이 사망의 주요 원인이 된다. 따라서 중년기에는 주기적으로 건강검진을 받음으로써 조기에 질병을 예방하도록 해야 한다. 규칙적인 운동과 건강한 식습관으로 스트레스에 잘 대처하여 중년기를 건강한 상태로 유지하는 것이 필요하다.

2) 성적 변화

중년이 되면 성별 또는 개인별로 차이가 있지만 남녀 모두 생리적 변화가 찾아오며 이때를 갱년기(climacteric)라고 부른다. 특히 여자는 폐경(menopause)을 경험하게 되는데 이는 월경이 끝나는 것을 말하며 생리적으로는 더 이상 임신을 할 수 없는 것을 뜻한다. 폐경의 menopause의 meno는 여성의 생리주기를 뜻하는 그리스어를 어원으로 두고 있으며, pause는 그 주기가 중단된다는 것을 뜻한다. 폐경은 평균 50세 정도에 나타나지만 개인별로 차이가 있다. 폐경은 신체의 변화와 함께 찾아오는데 많은 경우 얼굴이 쉽게 붉어지는 홍조현상이 나타나는데 이는 여성 호르몬인 에스트로겐 호르몬의 분비가 줄어들기 때문이다. 그 외에 구토증, 두통, 현기증, 골반통, 골다공증, 피로감 등이 나타난다. 호르몬 분비가 급격하게 줄어들어 유방과 자궁이 퇴화함으로써 신체적 고통을 맞게 된다. 폐경기 동안 여성들은 우울증과 불안감에 시달릴 수 있다. 그러나 다른 한편으로 폐경기는 임신에 대한 부담감을 없앰으로써 성생활에 자유를 가져다주고 성공적인 부부생활을 영위하는 사람들이 많다.

중년기 남자의 갱년기(male menopause)는 빠르게는 35세, 늦게는 65세에도 나타날 수 있지만 보통은 40세에서 55세 사이에 나타난다. 남성 호르몬인 테스토스테론의 분비가 줄어들면 성욕상실, 발기부전, 성적 불만감을 겪으며, 우울증, 과민반응, 통증, 경직, 수면장애, 자신감 상실, 기억력 감퇴, 초조감 증가 등을 더 자주 느끼게 된다. 남자의 갱년기는 남자라는 의미의 핵심을 공격하기 때문에 여자의 갱년기보다 훨씬 더 위험하다고 볼 수도 있다.

2. 성격 및 사회성발달

1) 성격발달

에릭슨은 중년기를 생산성 대 침체의 위기를 경험하는 시기로 보았다. 생산성이란 자녀를 양육하고, 능동적으로 직업에 몰두할 수 있으며, 사회의 발전에 관심을 갖는 것, 즉 자신보다는 타인, 현재보다는 미래를 위한 일을 하는 것을 말한다. 나아가 자녀를 출산하고 직업과 친사회적인 활동을 통하여 자신의 기술과 능력을 전수함으로써 다음 세대의 존속과 유지에 헌신하는 것이다.

이러한 생산성을 확립하기 위하여 중년기의 성인들은 부모역할, 직업적 성취 그리고 사회봉사 등의 활동에 적극적으로 참여해야 한다. 그러나 생산성 확립에 실패하면 침체감에 빠져든다. 침체란 심리적 성장의 결핍, 자신의 에너지와 기술을 오로지 자기확대와 자기만족을 위해 사용하는 것을 말한다. 주로 직장에서의 승진탈락, 노부모부양, 부부갈등과 이혼 등으로 인하여 무능력을 경험할 때 형성되며, 새로운 기술의 발달과 생활양식의 변화도 중년기 성인을 침체상태에 이르게 하는 주요 요인이 되고 있다. 침체성에 빠진 사람은 자신의 집단 속에서 부모나 어른의 역할을 수행하지 못하고 다음 세대를 위한 자신의 역할이 없다고 느낀다. 모든 일에 불평과 불만 그리고 비판을 하는 사람이 된다. 즉 문제나 갈등의 원인은 자기 자신이 아닌 외부적인 환경에 의한 것이라고 생각하는 사람이 된다.

임경수(2005)는 중년에 느끼는 네 가지 버거운 짐으로 신체적 노쇠현상, 친구와 친척들의 죽음과 허무감, 꿈의 좌절, 불만스러운 결혼을 들었다. 중년기에 성공적으로 적응하려면 신체적 힘과 매력보다는 지혜에 가치를 부여하고, 남녀관계에서 성적 요소를 배제하고, 서로를 동료로서 재정의해야 하며, 자녀의 출가나 부모, 친구, 친척의 죽음에 대처하는 융통성을 지녀야 하며, 정신적인 융통성을 가지고 경험에 의존하는 경향을 탈피해야 한다고 하였다(Papalia & Olds, 1989). 레빈슨(Levinson, 1978)은 젊음 대 늙음, 파괴 대 창조, 남성화 대 여성화, 애착 대 분리의 4가지 측면으로 설명하였으며, 김남순(1985)은 중년과도기인 40세에서 45세 사이에 젊은 시절의 꿈과 목표를 재평가하게 되면서 신체적 능력의 감소와 노화를 느끼게 되고, 늙은 부모들이 사망하면 그 다음은 자기 차례라는 느낌을 갖게 된다고 하였다.

그러나 대체적으로 중년기는 인생이 보다 완숙해지고 통합적이며, 생산적이고 풍요로워지며 자아실현이 이루어지는 시기이다. 지금까지 쌓아온 지식과 기술 그리고 경험을 통합하여 인생의 후반전을 달려 나가는 인생의 최고 절정기이다.

2) 중년위기

영국의 심리학자 엘리엇 자크(Elliott Jaques)는 35세에서 65세까지의 기간을 중년의 전환기로 보았으며, 특히 30대 후반에서 40대 초반을 중년의 위기가 가장 많이 발생하는 시기로 보았다. 그는 중년이 느끼는 심리적인 상황을 다음과 같이 묘사하였다.

중년에 이르게 되면 남녀를 불문하고 젊음에 머무르기 위해 건강과 외모에 우울증적인 관심(hypochondriacal concern)을 가지게 된다. 그리하여 자신의 젊음인 성적인 능력을 증명하기 위해 배우자 외의 은밀한 성관계가 발생하고, 인생의 진정한 즐거움이 결핍하게 된 공동화(hollowing)현상을 맞이하게 된다(임경수, 2005 재인용).

솔로몬(Solomon)은 중년을 위기로 만드는 네 가지 요소로 신체적인 요소, 문화적인 요소, 경제적인 요소, 심리적인 요소로 보았다.

신체적인 요소는 중년에 이르러 급격하게 나타나는 신체적 노화현상으로 인해 중년기 남녀는 큰 스트레스를 받는다. 문화적인 요소는 사회문화 전반이 젊음을 중시하고 젊은 사람들에게 중심을 둠으로 인해 주변으로 밀려나는 사회적 소외감을 느끼는 것을 말한다. 경제적인 요소는 중년기 부모의 많은 자녀들이 가장 많은 학비가 들어가는 고등학생부터 대학생 시기와 겹쳐져 자녀의 교육을 위한 시간이 길어지고 경제적인 스트레스를 받게 된다. 네 번째의 심리적인 요소는 복합적인 다양한 외부의 원인으로 인해 생긴다. 가치관의 문제, 친구와 친척들의 죽음에 대한 직면, 젊음의 상실에 대한 아쉬움, 부모를 떠나는 자녀들, 불만족스러운 결혼생활 등이 심리적으로 위기상황을 만든다.

그러나 중년기 위기의 보편성에 대하여는 학자들간에 서로 다른 의견들이 있다. 가령 에릭슨(Erikson), 레빈슨(Levinson), 베일런트(Vaillant), 굴드(Gould), 자크(Jaques) 등은 중년기 위기감이 발달과정에 있어 중년기를 맞는 대부분의 사람들이 강한 심리적인 혼란을 느끼면서 위기를 경험한다고 보았다. 특히 자크와 융은 중년기에 내부지향적이 되고 죽음에 대한 인식을 하면서 자신의 인생목표에 의문을 가지고 중심을 잃게 될 수 있다고 보았다. 콕스(Cox, 1980)는 중년기에 개인의 역할이 축소됨으로써 이미 친숙하게 해왔던 역할로부터 명확하지 않은 새로운 역할로 전환하는데 당혹감을 느끼며, 중요하게 생각했던 일의 순서를 바꾸거나 날마다의 생활을 재구성함에 있어 혼란을 느낀다고 하였다. 특히 물러나야 하는 역할을 맡게 되었을 때, 이를 실패로 생각하게 되고 이로 인해 새로운 역할을 하고자 하는 동기가 약해지면서 실망감이 커진다고 보았다.

중년의 여성은 자녀가 올바른 직업생활을 할 것인가, 바람직한 결혼생활을 할 것인가에 대한 염려, 남편의 실직 또는 퇴직, 건강악화 또는 사망 등에 대한 염려, 자녀가 독립한 뒤 자신의 역할에 대한 걱정 등이 많아진다(Troll, 1982).

중년기는 긴장과 갈등, 상실감의 시대로 '제2의 사춘기(또는 사추기, middlescence)'로 보기도 하고, 부모와 성인 자녀의 중간에서 이중의 역할을 수행해야 하는 입장에서의 '낀 샌드위치 세대(sandwitch generation)', 자녀가 독립하고 부모의 역할이 없어짐으로 인한 '빈둥지기(empty-nest period)'로 표현된다(Leshan, 1973; Vincent, 1972; Duvall, 1977).

〈그림 7-1〉 중년기 위기를 다룬 영화 '즐거운 인생'(2007, 이준익 감독)의 한 장면 (자료 : movie.naver.com).

또 다른 학자들은 중년기를 새로운 자유기(euphoric stage), 선구적인 시기(pioneer generation), 지도적인 세대(command generation) 등의 긍정적인 견해로 표현하고 있으며(Deutscher, 1969; Simon, 1968; Neugarten, 1975) 중년기에 오히려 최고의 영향력을 행사하고, 의사결정능력이 증가하며, 높은 수입으로 안정된 생활을 누리고, 결혼만족도의 증가와 함께 가족관계망도 증가한다고 하였다.

3. 가족관계

가족관계의 갈등은 중년기에 악화될 가능성이 가장 높다. 자녀는 청소년기에 들어섰으며, 자신들은 중년기의 위기로 인해 현재의 자신에 대한 점검과 불안한 미래에 대한 걱정으로 가득하고. 남편과 아내의 부모님은 고령화로 인한 부모공양의 실질적인 부담을 안게 되는 시기이기 때문이다.

중년초기인 40대는 자녀들이 청소년기에 놓여 있는 시기와 겹치는 경우가 많다. 최근에는 여자 아이들의 초경이 빨라져 초등학생이 되면 거의 시작한다. 신체적으로 빨리 성숙해지는 자녀들은 사춘기를 빨리 경험하며 그만큼 빨리 부모님과 갈등을 빨리 시작한다. 아이들이 부모와 소통되지 않는 벽이 생기기 시작하면 부모들은 모여서 숙덕거린다. '우리 애가 사춘긴가 봐.' 청소년기를 전혀 고려하지 않는 우리나라 교육시스템은 아이들을 혹독한 공부의 나라로 만든다. 고등학교만 들어가도 야간자율학습으로 밤 10시까지 학교에 붙잡아둔다. 집안의 모든 규칙과 기준은 대학 입시를 앞둔 자녀의 기분에 좌지우지된다. 집안은 숨소리 내는 것조차 부담스러울 정도로 온 가족이 예민해진다.

중년후기가 되면 부모님의 건강이 악화된다. 병원을 가는 일이 많아지며 새벽에 전화가 걸려오면 가슴이 철렁 내려앉는다. 부모님이 치매에 걸리거나 뇌졸중으로 인해 쓰러지면 가족의 누군가는 부모님의 생활을 위해 자신의 시간을 포기하고 매달려야 한다. '긴 병에 효자없다'는 말처럼 부모의 건강악화는 부부간의 관계도 악화시킨다. 형제들이 돌아가며 부모를 모시기도 하지만 대부분 가정이 맞벌이를 하기 때문에 이마저도 쉽지 않다. 중년후기가 되면 자녀들도 대학에 들어가기 때문에 학비에 대한 부담이 큰 상태이며 거기에다 부모님을 위해 병원비와 요양시설 비용 등을 추가하면 경제적인 스트레스도 상당히 커진다.

결혼만족도가 높지 않은 배우자는 외도의 위험에 노출된다. 집에서 따뜻한 말을 건네받지 못하고 상처를 입으며 자녀들로부터도 소외당하면 중년의 부모들은 외롭고 허전한 마음을 쉽게 감싸주는 사람에게 쉽게 자신의 감정을 나누려고 한다. 중년의 성적호르몬 변화와 우울증도 쉽게 외도에 빠지게 한다. 극한 경우 부부관계는 이혼 절차를 밟음으로써 가족이 해체되고 자녀들은 또다른 위험에 노출된다. 자녀의 학업을 위해 아내와 자녀를 외국에 보내고 한국에서 혼자 생활하며 생활비를 외국으로 보내는 기러기 아빠 역시 고독한 중년으로 힘겨운 생활을 해야 한다. 이 시기는 직장에서 조기퇴직하거나 실직하는 등의 어려움에 빠질 수 있으며 아이들이 다 자라 직장생활을 시작하거나 결혼하게 되면 중년기 부모들은 빈둥지증후군으로 자신의 역할이 사라진 것에 대한 상실감을 느끼게 된다. 과로와 스트레스로 암이나 심혈관 질병을 얻을 수 있으며, 병간호로 인해 가족의 생활리듬을 잃을 수가 있다. 따라서 중년기의 가족은 부모와 자녀 모두에게 상당한 스트레스를 경험하기가 쉽다(고병인, 1996).

1) 부부관계

중년기는 부부관계가 더욱 돈독해지는 시기이다. 부부관계란 부부 각자가 지각하는 결혼생활의 일반적인 것, 대화, 성생활, 서로에 대한 이해 그리고 갈등이 생겼을 때 이를 해결하는 방식에 대한 만족도를 말한다.

뉴만과 뉴만은 건강한 결혼관계를 유지하기 위한 조건으로 다음 세 가지를 제시하였다(Newman & Newman, 2006).

첫째, 부부는 각자의 개인적 성장과 부부로서의 성장에 헌신하여야 한다. 즉, 자신의 개인적인 자율성에 대한 욕구와 부부로서의 관계에 친밀성과 활력을 불어놓고자 하는 욕구에 다 반응해야 한다.

둘째, 부부는 효과적인 대화체계를 개발해야 한다. 직업과 자녀양육에 몰두함으로써 부부간의 상호작용 기회가 감소하게 되면 부부는 서로 고립된다. 즉, 공유하는 경험이 점점 줄어들고 상대방의 반응에 영향을 받지 않게 된다. 이러한 상황에서 효과적인 대화체계가 없으면 상대방에 대한 증오나 불쾌한 감정이 해소될 기회가 없는 채로 축적된다.

셋째, 역경과 갈등을 창의적으로 활용해야 한다. 인생에서 필연적으로 존재하는 질병, 죽음, 그 밖의 재난들에 대해 부부관계를 강화시키는 방향으로 대응해야 한다(이인정 외, 2010). 페링턴에 의하면 아동기에는 특별히 공격적이지 않다가 10대 후반에 이르러 폭력적인 비행행동을 보인 청소년들은 부모간의 불화가 그 주된 원인으로 나타났다 (Farrington, 1978).

2) 부모자녀관계

중년기는 자녀들이 사춘기를 겪으며 학업에 열중하는 중·고등학생을 지나는 중년초기단계와 성인이 되어 대학교에 들어가거나 사회생활을 하는 중년후기단계로 나누어볼 수 있다. 중년기 부부의 긴장은 청소년 자녀에게 영향을 미치며, 청소년 자녀의 스트레스도 부모의 중년에게 확대된 위기를 제공한다. 즉 중년기 부모와 청소년기 자녀는 상호작용을 한다.

부부 간의 불화는 청소년 자녀들을 공격적 성향이 되게 하고 비행청소년이 되는 요인이 되게 하며, 청소년 자녀의 학업과 일탈은 중년기 부부관계를 악화시킨다. 청소년 자녀들의 자율과 독립에 대한 요구는 중년기 부모들에게 거부감을 불러일으키거나 상실감을 가져다준다.

중년기 부모는 이 시기에 자신들의 인생 후반전에 대한 재검토 과정을 거친다. 결혼생활도 다시 점검하며 많은 생각을 하게 된다. 가정 안에서는 순종하던 아동기 자녀들에게 허용되던 권위와 존경이 사라지기 시작한다. 청소년 자녀에게 이제는 일방적인 지시와 훈육을 하기가 어려워졌다. 그러나 이때 부모와 자녀와의 의사소통과 훈육방법에 갈등이 생기면 부모와 자녀 모두에게 힘든 여정이 될 수 있다. 특히 청소년 자녀들은 자신만의 세계로 들어가거나 심한 우울과 공격성향을 지니게 될 수 있다.

청소년 자녀의 공격성을 가중시키는 요인은 자녀에 대한 부모의 부적절한 통제, 자녀의 상황을 무시한 무차별적인 반응, 자녀를 불쾌하게 만드는 거친 말이나 처벌, 자녀가 보이는 공격성에 대한 부적인 부모의 강화 등이다. 부부간 갈등이 많을수록 부모의 자녀 양육에 대한 스트레스가 커지고, 이로 인해 부정적인 부모자녀관계 및 부정적인 훈육방식이 증가하게 되고, 비행과 같은 부정적인 자녀행동 또한 두드러진다.

부부관계 또는 부모자녀관계가 청소년 자녀에게 미치는 영향은 첫째, 자녀의 성격이나 정신건강과 같은 심리적인 부분에 대한 것이고, 둘째는 자녀의 비행이나 가출 또는 학습부진과 같은 문제행동 및 학업문제에 대한 것이다. 즉 부모의 통제와 부부의 갈등이 자녀의 우울과 불안을 위시한 내재화된 문제를 만들고 이것이 다시 청소년비행과 같은 외현화 문제에 영향을 미치는 것이다. 부부관계에서 문제를 겪는 가정은 자녀에 대한 부모의 태도가 통제적이 되고, 거부적인 훈육방식이 증가하여 부모자녀간에 부정적인 관계가 만들어지고, 이는 청소년 자녀의 우울과 공격성을 만들어 청소년비행의 일탈행동으로 가시화가 된다.

청소년 자녀들은 신체적으로 성인의 모습을 갖추기 시작한다. 더욱 강해지고 성적 발달이 이루어진다. 이에 반해 중년기 부모들은 신체적으로 약해지고 쇠퇴하며 성적 기능들도 감소하기 시작한다. 자녀의 모습을 보며 상실감을 느끼거나 부러움과 회환을 느낌으로서 자녀와의 갈등이 더욱 커질 수 있다. 중년기 부모는 자신의 상실감을 잘 소화하고 변화되는 상황을 수용하고 오히려 자녀의 성장을 더욱 적극적으로 지원할 수 있어야 한다.

4. 중년기의 사회복지실천

1) 가족갈등

중년기 가족은 청소년기를 맞는 자녀들과 중년기 위기를 맞은 부모들의 상호작용으로 더욱 갈등의 폭이 깊어지고 가족해체의 불씨를 안고 있는 시기이다. 자녀들은 부모의 권위에 도전하고 독립하려고 한다. 이제는 어린이가 아니니까 내 맘대로 하겠다고 선전포고를 한다. 세대간의 생각과 태도가 달라짐으로서 안전하게 지켜지던 가족의 규칙이 무너지고 각자의 역할이나 관계에서 갈등이 일어나게 된다.

이러한 중년기 가족의 갈등에 대하여 전 가족성원이 자신의 생각과 태도를 확인하고 조절하는 기회로 삼을 수 있는 가족들은 청소년 자녀의 성장을 오히려 돕고 중년기 부모의 성숙을 이루어 더욱 견고한 가족으로 발돋움할 수 있다. 반면 가족간의 갈등을 파괴적으로 여기거나 부모자녀간의 마찰을 있을 수 없는 것으로 생각하여 서로가 이해하는 시간을 갖지 못하고 거리를 두게 되면 불신의 벽이 높아져 회복하기 힘든 가족관계로 치달을 수 있다. 따라서 중년기의 발달단계가 되면 사회복지사는 중년기 위기를 겪는 부모와 청소년 자녀들이 함께 모여 서로를 이해하는 시간을 가지도록 하는 가족치료의 시간을 프로그램할 필요가 있다.

2) 실직과 직업스트레스

중년기의 대표적인 직업문제는 자신의 뜻과 상관없이 기업의 구조조정이라는 이름으로 벌어지는 실직이다. 적어도 한국이 외환위기로 인한 국제통화기금(IMF)의 도움을 받기 전에는 청년기에 직업을 정하면 스스로 떠나오지 않는 한 평생직장으로 그 직장에서 경력을 쌓는 것을 가장 이상적인 것으로 여겨왔다. 그러나 한국의 평생직장은 더 이상 근로자를 지켜주지 못했고 나라와 회사를 살리기 위해 근로자를 해고하는 것이 당연시되는 시대로 전환되었다. 적어도 60세는 되어야 정년퇴직을 했던 것이 이제는 45세가 정년퇴직의 때이고 56세까지 직장에 다니면 도둑놈이라는 '사오정 오륙도' 시대가 된 것이다.

중년기에 실직을 하게 되면 청년기나 성인기보다 재취업이나 창업으로 대응하기가 더욱 어렵다. 중년의 나이는 모험을 하기엔 너무 큰 짐으로 어깨에 놓여 있다. 중년이 되도록 이미 많은 시간과 노력을 투자했고, 연령이 증가한 상태여서 새롭게 취직하는 것은 더욱 어렵다. 실직으로 인한 상실감은 상상 이상으로 크다. 자아존중감이 무너지며 자아개념도 크게 손상된다. 사회복지사는 중년기 실직자를 위하여 실업보험 혜택과 재정지원에 대한 상담, 재취업과 관련된 정보제공, 직업훈련 등의 고용관련 정보, 정서적 지지의 활성화를 제공할 수 있다(이인정 외, 2010).

중년기에는 직업 스트레스로 인한 일중독, 과로, 질병 발생 등의 문제가 일어난다. 중년기는 업무성취도가 높고 승진에 대한 압박 등으로 일중독에 빠질 가능성이 많으며 이로 인한 부부관계의 악화, 스트레스 과중, 피로감 누적, 심각한 질병의 발생 등이 일어난다. 또 중년들은 직업에 대한 만족감이 떨어지고, 이직에 대한 고민, 실직에 대한 두려움, 과다한 업무량, 직업이 주는 보상에 대한 불만, 개인생활 및 여가시간의 부족 등의 직업스트레스에 시달린다.

심화되는 '사오정 오륙도' 시대

직장에서 50대의 설자리가 갈수록 좁아지고 있다. 직장인이어서 반짝 즐기는 노동절(5월 1일)도 50대에겐 잊혀져가는 기념일이 돼가고 있다.

"친구들과 만나 '사오정 오륙도'(45세가 정년이고, 56세까지 다니면 도둑이라는 뜻)라고 서로 농담들 하지만 속으로는 씁쓸합니다" 공기업에 다니는 한아무개(48) 부장은 요즘 '내가 정말 도둑인가'하고 자문하곤 한다. "45세를 넘어섰으니 '도둑'으로 가고 있다는 건데 정말 그렇다고는 생각하지 않습니다. 아직 조직에 기여할 수 있다고 생각하니까요." 한씨는 그러나 주위 친구들이 하나둘 직장에서 밀려나는 현실을 점점 더 피부로 느낀다.

외환위기 이후 불어닥치기 시작한 직장인들의 조기퇴직 바람이 갈수록 거세지고 있다. 불과 몇 년이 지난 지금 각 기업에서 50대 직장인의 모습은 거의 찾아볼 수 없는 지경이 됐다. 40대 직장인들까지도 퇴출의 위기에 몰리고 있다. 외환위기 직후 대규모 조기퇴직 사태를 몰고온 '기업구조조정'이란 명분이 '상시구조조정'이라는 더욱 예리한 칼날로 바뀌어 이들을 압박해가고 있기 때문이다.

3월 말 현재 대우일렉트로닉스의 50대 이상 임직원은 전체 직원의 2.7%에 불과하다. 엘지전자는 더욱 심해 50대 이상이 1.7%, 45~49세 임직원도 4.5%에 지나지 않는다. 효성그룹 부장의 평균연령은 44.8세이다. 40대 후반~50대 부장은 이제 찾아보기 힘들어졌다.

임원들의 연령도 갈수록 낮아지고 있다. 올해 삼성그룹 임원 승진자의 평균연령은 45.9세이다. 2001년 47.3세에서 불과 2년 사이에 1.4세이나 젊어졌다. 에스케이그룹과 엘지그룹 신규임원의 평균연령은 44세이다. 삼성생명의 올해 신규임원 11명 가운데 최고령자라고 해봤자 46세이다. 은행권도 사정은 마찬가지다. 40대 은행장, 30대 지점장은 더 이상 화젯거리가 아니다.

'정년'은 이제 인사제도에만 있을 뿐이다. 한국경영자총협회의 김동욱 경제조사팀장은 "최근 들어 기업들의 인사부에서 정년퇴직 관련 업무는 사실상 없어졌다"고 말했다.

한 대기업 인사담당 상무는 "글로벌화, 인터넷 대중화, 제품수명 단축 등 사회의 변화가 급속히 이뤄지면서, 흐름을 따라오지 못하는 고령 직장인들이 회사에서 밀려나고 있는 것"이라고 원인을 분석했다. 삼성생명 관계자는 "최근 생겨나는 신규사업들은 대부분 영어실력과 해외경험, 전문성 등이 필요하다"며 "이런 사업의 파트장(기존 부장급)들은 모두 젊은 사람"이라고 말했다.

밀려난 50대는 재취업도 쉽지 않다. 정보통신쪽에서 줄곧 일해온 대기업 임원 출신의 50대 김아무개씨는 최근 헤드헌팅업체를 찾았다가 발길을 돌려야 했다. "중소업체나 벤처업체 등은 사장 나이가 어린데 사장보다 나이가 많은 사람을 원하는 회사는 없다"는 말만 들었다.

문제는 이런 직장인 '조로 현상'이 우리사회의 고령화 추세와 상충된다는 것이다. 밀려난 직장인들은 길게는 30년을 '뚜렷한 소득 없이' 살아야 한다. 게다가 40대 후반~50대는 라이프사이클에서 자녀교육비 등 돈이 가장 많이 필요한 시기이다. 한국노동연구원 이병희 박사는 "기업은 '비용'이라는 측면에서만 접근하지만 사회 전체적으로는 큰 문제"라며 "인사·임금제도의 개혁 등 대책이 시급하다"고 말했다.

(한겨레신문, 2003년 5월 1일자)

사회복지사는 직업 스트레스에 시달리는 중년을 위해 직업스트레스의 완화를 위한 상담과 교육, 위기시 개입, 여가활동 정보 제공, 가족을 위한 프로그램 개발 등의 프로그램을 제공할 수 있다.

3) 일탈행동

중년기가 되면 급작스런 생리, 심리, 사회적인 변화와 함께, 자신에게 부여된 가족 및 사회적 책임감에 큰 부담감을 느끼고, 심리적으로 쇠잔, 완고, 상실, 우울, 불만 등과 같은 심리적 갈등과 방황을 경험한다. 그보다 심한 경우에는 알코올중독, 이혼, 혼외정사, 도박, 가정폭력, 자살 등과 같은 일탈행동 들을 나타내기도 한다(고기숙, 2005). 우리나라 중년 남성들이 가장 빈번하게 보이는 일탈행동으로는 과음, 혼외관계, 가정 내 폭력, 도박 등이 있으며 이러한 행동들은 개인에게 뿐만 아니라 주변 가족, 사회적 측면에까지 부정적이며 파괴적인 영향을 미친다.

결혼생활에서의 부부관계는 가족생활 전체의 핵심인 동시에 다음세대를 양육하는 데 가장 중요한 가족체계이므로 부부간의 불화나 갈등은 부부 자신들의 삶뿐만 아니라 자녀들의 삶에도 부정적인 영향을 미치게 되는 것은 물론 가족해체로까지 이어질 수 있다. 부부관계를 파괴하는 것 중 가장 흔한 원인은 배우자의 외도이다. 배우자의 외도는 배우자를 정서적으로 갈등을 겪게 하는 원인이 된다. 외도는 전혀 효율적이지도 이득이 되지도 않고 정신적 에너지 손실만 가져올 뿐이다. 외도를 당한 배우자는 분노하고 수치심, 자아기능의 붕괴로 인한 우울증을 가지고 온다.

가족들은 배신감, 실망감, 분노, 원망감, 경제적인 타격 같은 심각한 고통에 놓이며, 심하면 별거, 이혼, 가정파탄 같은 가족 파국적 상황으로 이어지기도 한다. 사회복지사는 외도의 원인이 되는 부부간의 권태감을 줄이는 프로그램으로 중년기 위기를 미리 예방하는 시도가 필요하다. 일탈행동에 빠져 헤어 나오지 못하는 중년은 자신의 나머지 삶은 돌아보지 못한 채 황폐화된 삶을 살아가게 된다. 따라서 사회복지사는 일탈의 원인을 알아보고 이를 대체할 자원을 마련해 주어야 한다.

일탈행동을 예방하기 위해서는 영성프로그램을 활성화하는 것이 필요하다. 종교계와 연합하여 일탈행동에 빠진 중년에게 종교적이며 영적인 방법(함께 기도하기, 클라이언트와 영적, 종교적 관심사를 나누기 등)을 나누는 것이 필요하다. 사회적지지는 일탈행동에 대하여 간접적인 영향력을 가지고 있다. 중년의 사회적지지 원천은 친척, 친구, 이웃, 직장동료, 단체, 조직, 상담기관 등이 될 수 있다. 따라서 사회적지지의 원천을 개발해 주고 그 기능을 강화시켜주는 도움이 필요하다(고기숙, 2005). 나아가 이미 가족해체 중인 가족에게는 가족치료 프로그램과 회복 프로그램으로 가족성원이 고통을 이겨내고 다시 건강한 가정이 되도록 도와주어야 한다.

4) 노후준비

중년기는 샌드위치 세대로서 위로는 노부모를 부양하고 아래로는 청소년 자녀를 양육해야 하는 위치에 있다. 전통적인 가족에서는 효도가 최고의 가치였으며 샌드위치 세대는 부모로서 자녀에 대한 역할보다 노부모에 대한 부양의 역할을 더 중요시하였다. 그러나 현대의 산업화 사회에 와서는 노부모를 부양하며 자녀를 양육하지만, 자신의 자녀들에게 자신의 부모들과 같은 부양을 기대하기는 어려운 실정이다. 따라서 현대의 중년들은 스스로 노후대책을 마련해야 하며 노부모를 부양하고 자녀를 양육해야 하는 삼중고에 빠지게 된다.

노인문제가 일찍부터 대두된 선진국의 노인들은 젊어서부터 스스로 또는 국가에서 노후대책을 세우고 있는 실정이지만 우리나라의 노인들은 대부분 전 수입을 가족생계나 자녀양육과 의료비 등에 지출을 하고 자신들에 대한 노후준비는 거의 없는 실정이다(최순남, 1984). 특히 노후에 대한 아무런 경제적, 심리적 대책 없이 퇴직을 하게 된 사람들의 노후는 경제수준의 저하와 가정내의 지위 하락 그리고 사회활동의 단절로 인한 사회적 또는 개인적인 여러 가지 문제를 맞이하게 된다(배계희, 1988).

따라서 중년기부터 행복한 노후를 위한 준비를 진행시켜야 하며 자신의 노후생활을 어떻게 보낼 것인가에 대한 계획을 세워 자립할 수 있는 대책을 세우는 것이 노년기의 삶의 질을 높이는 방법이다. 우리나라는 자녀 독립 후 경제적 회복기가 짧아 노후생활에 대한 준비가 곤란하기 때문에 중년기부터 치밀한 계획과 준비가 필요하다(김승희, 1997).

노인이 되면 가장 먼저 찾아오는 것이 건강악화이다. 따라서 중년기부터 착실하게 건강관리를 하는 것이 필요하다. 노인병의 대부분은 성인병의 연장으로 노인이 되어 갑자기 병이 발생하거나 악화되는 것이 아니다. 성인이 되면서 생겼던 취약점이 점점 질병으로 발전하여, 발병률이 높고 질병은 만성이 되며, 합병하여 장기적인 치료와 보호를 필요로 하게 되는 것이다. 중년기에는 항상 신체가 말을 하도록 귀를 기울여야 한다. 조금이라도 신체의 이상신호가 오면 미루지 말고 즉시 병원을 찾아 진료를 받아야 한다. 중년기에는 정기적인 건강검진을 받아 조기에 질병을 찾아내고 치료할 수 있도록 해야 한다. 특히 암 등의 중대질병은 반드시 건강검진을 통해 해마다 확인하는 자세가 필요하다. 사회복지사는 중년기 남녀에게 건강에 대한 정기검진 관련 정보를 확인하고 제공하여야 한다.

중년기가 되면 경제적인 양극화 현상이 나타난다. 전체적으로는 수입이 증가하여 전체 인생 가운데 가장 많은 수입을 올리는 시기이다. 중년기는 조기퇴직을 당하거나 실업을 당하여 수입원이 없어지는 때이기도 하다. 게다가 중년기를 지나면 수입은 줄어들다가 결국에는 아무 수입이 없는 상태로 떨어진다. 소득없는 노인이 되면 가정 안에서도 자녀들에게 기대야하는 의존적인 존재가 된다. 자녀에게 생활을 의존하게 되면 자녀의 노인부양부담이 커지고 그로 인한 여러 가지 갈등도 생긴다(임경자, 2002). 중년기는 자녀들의 교육비로 많은 돈이 들어가며 노부모 부양비, 각종 질병으로 인한 병원비 등으로 버는 만큼 나가는 돈이 많은 시기이다. 따라서 질 높은 노년기를 위해서는 중년기부터 경제적인 노후준비를 해야 한다.

제 8 장

노년기

노년기에는 신체적 능력의 쇠퇴 및 질병, 사회적 관계의 축소, 사회경제적 지위의 하락 등과 같은 쇠퇴적 발달이 주로 일어난다. 따라서 노인은 신체변화에 대한 적응, 인생에 대한 평가, 역할 재조정, 여가시간 활용, 죽음에 대한 대비 등의 발달과업을 적절히 수행하고, 노후생활에 적합한 생활환경을 조성해야 한다.

인간은 연령이 증가함에 따라 노화과정을 거칠 수밖에 없다. 신체적으로 치아결손과 소화효소 분비량의 감소, 위 근육의 약화 등으로 소화기능이 감소한다. 기관지 질환이나 호흡기 질환이 증가하며 각종 성인병에 노출되고 또 그 합병증에 대한 부담이 증가한다. 또 노인성 치매의 문제는 중요한 사회문제로 제기되고 있다.

사회적으로 직장에서 물러나 그 직위에 관련된 역할 수행을 중단하게 되는 은퇴는 소득의 격감이나 상실, 자아정체감과 자아존중감의 저하, 사회참여의 저하, 여가시간의 증가 등과 같은 삶의 변화를 경험하게 된다. 또 평균수명의 연장과 출산 자녀수의 감소로 자녀양육기간은 줄어들고, 배우자 사망 이후 독신으로 생활하는 기간이 늘어난다. 그러므로 노년기에 있어서 원만한 부부관계와 자녀와의 적절한 유대관계의 유지는 삶의 만족도를 유지하는데 필수적인 요인이 된다.

1. 신체발달

노년기에 이르면 생물학적으로 노화가 진행되고 신체 기능이 떨어진다. 나아가 병리적인 노화의 과정과 결과로 인해 혼자서 일상생활을 수행하는 것이 어려워지고 결국 다른 사람의 도움을 받아야 하는 상황이 된다. 노인이 되면 신체적인 건강문제가 증가하고 신체의 부분적으로 장애가 발생하여 어려움을 당하게 된다.

노화의 원인으로는 유전적인 요인을 들 수 있다. 이 이론은 각 사람에게는 개인적으로 노화의 속성이 유전인자 속에 들어 있는데, 나이가 들면서 이 유전인자가 출현함으로써 노화현상이 일어난다고 보는 것이다. 그밖에 동맥경화로 인한 노화, 소화기 노폐물의 축적에 의한 노화 등을 원인으로 보기도 한다.

노화로 인한 신체의 변화로는 주름이 늘고 어깨가 굽어지며 손발이 떨려 움직이기 어려워진다. 모발이 약해지고 정맥혈관이 두드러지게 나타나며 기민성이 떨어진다. 피부가 건조해지고 주름이 늘면서 촉각이 떨어지고, 고음을 듣는 청력이 약해지며 수정체, 각막, 망막, 조리게, 시신경이 약화되면서 시력이 나빠진다. 80세 이상에서는 5명 중 4명은 후각 기능에 손상을 입으며, 2분의 1 이상은 전혀 냄새를 맡지 못한다. 이로 인해 식욕을 잃게 되고 종종 영양부족에 시달리기도 한다.

잇몸이 수축되며 치아 색깔은 누렇게 변하며 잇몸질환에 시달리는 노인이 늘어난다. 목소리는 힘이 없어지고 말이 느려지며 대화를 하다가 말을 멈추고 쉬는 시간이 길고 잦아진다. 뇌의 병리적인 장애로 인하여 분명하게 말을 하지 못하는 경우도 생긴다. 척추 사이의 디스크가 내려앉으면서 키가 작아질 수 있으며, 뼈조직의 변화로 뼈가 잘 부서진다. 효소작용이 떨어지고 위액과 타액의 양이 줄어들어 소화기능이 약해지며, 폐의 크기가 줄어들어 산소활용도 힘들어진다.

노인의 약 87%는 장기간 치료를 요하는 당뇨병, 관절염, 고혈압 등의 질환을 앓고 있다. 노인에게 있어 노쇠함으로 인한 건강상실은 불가피하다. 건강상실은 노동의 기회를 잃게 만들며 이로 인해 사회적 활동범위가 축소되고 고독감, 무력감, 소외감의 심리내적 문제로 고통스러운 시간을 보내게 된다. 노년에는 노화가 신체적, 정신적인 기능저하를 가져오는 것을 피할 수 없으며 노후 생활 전반에 걸쳐 결정적인 영향을 미치게 된다. 따라서 노화에 대한 신체적인 변화를 이해하고 수용하며 동시에 질병 예방을 위해 관심과 노력을 기울이는 것이 필요하다.

권중돈(2007)은 노인 환자가 지니고 있는 생리적, 병리조직학적, 임상적 특성을 다음과 같이 설명했다.

① 특정 질병과 위험인자 사이의 관련성이 약하다.
② 특정 질병에 수반되는 증상이 없거나 비전형적인 경우가 많다.
③ 생활력, 병력, 경제형편, 일상생활 동작능력 등에 따라 개인차가 크다.
④ 동시에 여러 가지 질병을 갖고 있는 경우가 많다.
⑤ 의식장애나 정신장애를 일으키기 쉽다.
⑥ 수분과 전해질의 균형 즉, 항상성을 유지하기가 어렵다.
⑦ 사회적으로 소외되거나 경제적 생활이 어려운 경향이 있다.
⑧ 체력과 예비능력이 위축되어 있는 경우가 많다.
⑨ 정상적 노화와 병리적 노화를 정확하게 구분하기 어렵다.

노년기의 주요 신체질환으로는 악성신생물(암), 관절염, 신경통, 좌골통, 요통, 디스크, 골다공증, 고혈압, 저혈압, 고지혈증, 빈혈, 간질환, 백내장 및 녹내장 등의 안질환, 당뇨병, 갑상선질환, 중풍 및 뇌질환, 심장질환, 노인성 난청, 피부소양증 등이 있으며, 노년기의 주요 정신질환으로는 불면증, 치매, 우울증 등이 있다.

2. 인지발달

노년기의 인지발달에 있어 가장 중요한 변화는 기억력의 감퇴이다. 지능에 대해서는 이견이 많지만 대체적인 의견은 청년기에 비해서는 다소 떨어질 수 있지만 대체적으로는 안정적인 지능이 유지되는 것으로 본다. 오히려 예술창작의 영역에서는 60대나 70대에 창의적 에너지가 살아나 역대의 명작들을 남기는 것을 볼 수 있다. 따라서 인지능력에 의한 생산성은 그 수준과 변화에 있어서 개인적인 차이가 크며 노화에 의해 손상된다고 단언하기는 어렵다.

기억력은 중년기 때부터 건망증이 심해지는 것을 느끼기 시작해서 노년기에 이르면 최근에 일어난 일을 잘 기억하지 못하는 증상이 생긴다. 그러나 아주 오래된 기억들은 생생하게 기억해 낸다. 최근의 일을 기억하지 못하는 기억력의 감퇴와 마찬가지로 노년기가 되면 새로운 것을 익히고 적응하는 데 시간이 오래 걸린다. 이는 감각능력과 정보처리속도가 감소하기 때문에 일어난다. 즉 시각에서 받은 정보를 운동으로 바꾸는 능력이 떨어지게 됨으로써 문제해결을 하거나 어떤 결정을 내리고 행동으로 옮기는 데에 느린 반응을 보인다. 이러한 결과는 지적 능력의 감퇴라고 보기보다는 건강의 악화로 인하여 주의력이 떨어지고, 학습 동기가 부족하며, 오랜 기간 교육환경에서 멀어져 있던 결과로 볼 수 있다. 개인차에 따라 다르지만 노년기가 되면 대체적으로 모든 활동 영역에서 속도와 힘이 줄어든다고 볼 수 있다.

따라서 빠른 시간 안에 문제를 해결해 내는 능력은 떨어지지만 청년들보다 더 많은 시간이 주어지거나 자유롭게 시간이 허락된다면 정확하게 문제를 해결하거나 반응한다. 즉 노인들은 자신이 시간 안에 해내지 못할까 봐 조바심을 내거나 불안해 하지 않는 상황 속에서는 훨씬 더 좋은 결과를 창출해낼 수 있음을 보여준다. 따라서 노인에게 학습을 비롯한 수행능력을 높이기 위해서는 충분한 시간을 갖고 구체적이고 의미있는 과제를 부여하며, 결과에 대한 적극적인 환류가 이루어져야 함을 알 수 있다.

행동주의자인 스키너는 노년기의 인지적 능력의 쇠퇴를 막기 위하여 타인들과 언어적 상호작용을 촉진하는 규칙적인 기회를 가질 것, 기억이 감퇴되는 것을 막기 위해 책이나 논문의 개요를 작성해 볼 것, 아이디어가 떠올랐을 때 즉시 행동에 옮길 것을 제안하였다.

3. 성격발달

1) 성격특성

성격은 변하지 않는다고 한다. 그러나 노년기가 되면 노인만의 독특한 성격이 형성된다. 일반적으로 노인이 되더니 고집이 세졌다, 아기처럼 변했다, 라는 말들을 하곤 한다. 윤진(1994)에 의하면 노인의 성격특성으로 ① 우울증 경향의 증가, ② 내향성과 수동성이 증가, ③ 경직성의 증가, ④ 조심성의 증가, ⑤ 의존성의 증가, ⑥ 생에 대한 회상 증가, ⑦ 친근한 사물에 대한 애착심, ⑧ 생애의 나날이 짧아지고 있음을 느끼는 시간전망의 변화, ⑨ 유산을 남기려는 경향 등이 있다고 한다.

2) 성공적인 노화

성공적인 노화(successful aging)는 최근에 중요한 관심거리로 등장하면서 노인의 삶의 질을 높여주는 노년기의 중요한 화두가 되고 있다. 성공적인 노화에 영향을 미치는 요인은 원숙한 성격, 신체적인 건강, 정신적인 건강, 경제적인 안정, 사회적지지 등을 들 수 있다. 성공적인 노화는 자신의 과거 삶을 긍정적으로 수용하고, 일상적 활동이나 대인관계에 있어서 만족한 상태로, 가정과 사회에서 적절한 역할을 수행할 때 만들어질 수 있다. 자아존중감을 높이면서 자율성과 독립성, 개방성을 갖는 원만하고 성숙한 성격을 가지고 있어야 한다. 적절한 영양분을 섭취하고 규칙적인 운동을 통하여 건강을 관리하며, 질병을 조기에 치료하여 신체적인 건강을 유지할 때 우울, 고독, 불안 등의 정신건강을 지킬 수 있다.

성공적인 노화에 대한 사회적 활동의 감소에 있어서 분리이론과 활동이론이 서로 대조적인 입장을 보이고 있다.

4. 노년기의 사회복지실천

1) 여가활동

노인이 되면 빈곤, 질병, 고독, 역할상실의 4중고를 겪게 된다. 노인이 되면 소득이 감소하거나 아예 없어져버린다. 자녀들에게 의존해야 하며 이마저도 여의치 않으면 빈곤의 사각지대를 살아갈 수밖에 없다. 빈곤은 한국의 노인문제에서 가장 시급히 해결해야 할 과제이다. 노인이 되면 자연히 질병이 늘어나고 만성질환으로 고통을 당하게 된다. 늘어나는 병원비와 약값 역시 경제적인 부담으로 압박한다. 노쇠한 신체는 조그만 질병에도 쉽게 움직일 수 없게 만들고 이로 인한 이동의 제한을 받게 된다. 자원봉사 네트워크를 결성하여 의료기관이나 금융기관 등을 방문을 원할 때 노인의 이동을 도와줄 수 있는 시스템이 필요하다.

노인에게 다가오는 큰 심리적인 문제는 가정이나 사회속에서 자신의 역할을 잃어버리는 것이다. 경제권이 사라진 노인은 집안에만 있기에도 눈치가 보인다. 밥만 축내는 것 같아 미안하다. 어딘가로 나서보지만 딱히 갈 곳도 없다. 역할상실과 함께 고독감은 노인의 중요한 심리정서적 문제로 꼽힌다. 역할상실과 고독감은 많은 연구 논문에서 여가활동으로 어느 정도 회복될 수 있음을 알 수 있다.

노인을 위한 장소로는 경로당과 노인복지관, 주간보호센터 등이 있다. 지자체의 지원이 있긴 하지만 열악한 구조나 시스템은 어쩔 수 없다. 종교단체에서 노인대학을 여는 곳도 있다. 노인들에게 아무 일도 하지 않는 무행동이나 바둑, 장기 같은 놀이오락활동은 오히려 우울과 고독감을 증가시키는 것으로 나타났다(송지준 외, 2008). 따라서 단순한 놀이오락보다는 야외에 나가 생산적인 여가활동을 하는 것이 우울과 고독감을 줄이는 데 좋다. 가령 친구들과 함께 낚시를 하러 다니거나, 가벼운 스포츠를 즐기거나, 단체로 봉사활동을 다니거나 하는 식의 생산적인 여가활동 속에서 새로운 역할을 찾는 것이 우울증과 고독감을 털어버리는 데 도움이 된다.

2) 고독감

노년기에는 대다수 노인들이 가족과 사회에서 구성원의 일부에서 소외된다. 살아온 세월이 길수록 세대간의 가치관의 차이가 극명해지고, 가족 안에서의 지위가 떨어진다. 더 이상 부모와 함께 살지 않는 전형적인 핵가족이 늘어나면서 노인은 노인부부세대로 살아가거나 노인 배우자가 사망하면 홀로 독거노인으로 살아가게 되어 고독감은 더욱 높아진다.

3) 영양문제

노년기에는 시력과 청력이 저하되고 미각과 후각의 감각기능이 저하된다. 소화기능도 저하되며 식품을 구입하고 조리하는 일을 일상적으로 수행하기 어려워진다. 따라서 이러한 기능저하와 생활곤란은 영양문제를 야기시켜 건강이 악화되는 문제가 발생할 수 있다.

노인이 되면 침의 분비가 줄어들어 맛을 잘 느끼지 못하게 된다. 이는 입맛을 잃게 만들고 결국 식사량이 줄어드는 결과를 초래한다. 후각 역시 둔화되어 음식에 대한 관심이 줄어들게 되고, 식사를 거르게 되는 경우가 잦아진다. 치아도 결손이 많아진다. 의치(틀니)를 하게 됨으로써 음식물을 씹는데 불편하게 되거나 아예 치아 없이 잇몸으로만 식사를 하는 경우도 생긴다. 시력과 청력의 저하는 음식을 조리하는 데 불편을 초래한다. 위장기능이 약화되고 소화기능도 떨어진다. 자녀를 모두 떠나보내고 홀로 남은 노인은 더욱 영양문제에 노출되기 쉽다.

노년기에 건강을 유지하기 위해서는 적절한 식사가 필수적이다. 올바른 식습관은 음식을 제 때에 골고루 알맞게 먹는 것이다. 세 번의 식사와 한두 번의 간식을 먹는 것이 좋다. 한국영양학회(2006)에 따르면 59.2kg의 남성노인에게 필요한 1일 에너지 평균 필요량은 2,000kcal이며, 50.2kg의 여성노인은 1,600kcal이다. 이를 위해서 탄수화물 55~70%, 지방 15~25%, 단백질 10~20%를 섭취해야 한다. 그러나 다수의 노인은 필요에너지의 93% 정도만 섭취하고 있으며 이로 인한 영양문제를 경험하고 있다. 식사를 거르지 않기 위해서는 아침에 간단한 운동을 하여 입맛을 회복시키는 것이 좋으며, 가족과 함께 식사하거나 독거노인인 경우에는 친구들과 함께 식사를 하는 것이 건강유지에 도움이 된다.

노년기의 올바른 식생활 실천지침은 다음과 같다(권중돈, 2007; 건강매거진, 2007.1).

① 세 끼 식사를 꼭 한다.

② 지방과 콜레스테롤을 적게 섭취한다.

③ 생야채, 녹황색 채소를 날마다 섭취한다.

④ 규칙적인 생활, 적절한 운동과 식사를 통해 정상체중을 유지한다.

⑤ 짠 음식은 피하고, 싱겁게 먹는다.

⑥ 칼슘을 충분히 섭취하여 골질환을 예방한다.

⑦ 철분(콩, 녹색채소, 고기)을 충분히 섭취한다.

⑧ 채소, 해조류 등에 많은 식물성 섬유를 충분히 섭취하여 변비, 대장암을 예방한다.
⑨ 비타민, 무기질을 충분히 섭취한다.
⑩ 충분한 영양섭취를 하되, 활발하게 움직여 비만을 예방한다.
⑪ 금연과 절주를 한다.

〈표 8-1〉 노화에 따른 변화와 이로 인한 영양문제

노화에 따른 변화	영양문제
미각, 후각, 시각의 감퇴	감각기능의 둔화, 식욕감소
치아 건강의 문제	치근 위축, 치아 타락 등으로 음식섭취 제한 소화불량
소화액 분비의 문제	위점막 위축으로 인한 위산 결핍, 담즙 분비 저하, 췌장 리파아제의 활성 감소
심리적 위축에 따른 식욕감퇴	식욕감퇴 및 영양결핍
잘못된 식습관	생소한 음식의 배척, 극단적인 식품 기호

자료 : 김문실 외(2008), 『노인요양실무론』, 216쪽.

4) 치매

치매(dementia)는 정상적으로 성숙한 뇌가 후천적인 외상이나 질병 등의 외적인 요인에 의해서 기질적인 손상이나 파괴로 인해 전반적인 지능, 학습, 언어 등의 인지기능과 고도의 정신기능이 감퇴하여 사회생활을 제대로 수행하지 못하는 상태를 말한다. 뇌의 만성적인 변성질환으로 인하여 기억력이나 지적 장애가 일어나는 것인데, 일단 발병을 하면 악화되는 경향이 있으며, 특히 인지기능의 저하는 최근에 얻은 정보를 잊어버리고 새로운 정보를 기억하지 못하여 자존감이 저하되고 우울감을 초래하여 주관적인 삶의 질이 저하된다(대한신경정신의학회, 2002).

한국보건사회연구원(2007)의 발표에 의하면 우리나라의 치매노인의 수는 약 40만 명 정도로 추정되며 2020년 경에는 70만 명으로 증가할 것으로 전망하고 있다. 치매 노인이 증가하면 부양가족에게는 감당하기 어려운 신체적인 부담과 심리적인 부담을 안겨 준다. 가족간 갈등이 심화되고 가족들의 스트레스를 가중시켜 노인과의 관계를 악화시키고 가족간의 역할 수행에 역기능을 경험하게 한다.

일반적으로 노인의 인지장애로는 섬망(delirium), 치매(dementia), 우울 또는 가성치매(depression or pseudodementia), 편집상태(paranoid states), 건망증(benign senesent forgetness) 등이 있다. 이 가운데 인지기능의 전반에 걸쳐 심각한 장애를 보이는 것은 치매이다. 치매 원인 질환으로는 알츠하이머병이 전체 치매의 50~60%를 차지하며, 혈관성 치매가 약 20~30%, 기타 원인에 의한 치매가 약 10~20%를 차지한다.

초기에 신경학적인 징후가 나타나지 않는 퇴행성 질환은 알츠하이머병(Alzheimer's disease), 루이소체 치매(dementia with Lewy body), 진행성 피질하 신경증(progressive subcortical gliosis), 지연성 진행성 실어증(slowly progressive aphasia syndrome) 등이 있으며, 신경학적 징후를 동반하는 것으로는 헌팅턴병(Huntington's disease), 파킨슨병(Pakinson's disease) 등이 있다. 비퇴행성 질환으로는 혈관성 치매(vascular dementia)가 있으며, 영양결핍성으로는 알코올성 치매, 비타민 결핍 치매 등이 있다.

치매(dementia)는 라틴어에서 유래된 것으로 '정상적인 마음에서 이탈된 것' 또는 '정신이 없어진 것'이라는 뜻으로서, 우리나라에서는 흔히 '노망'이나 '망령'이라고 불러왔다. 나이가 든다고 모두 치매에 걸리는 것은 아니다. 치매는 주로 노년기에 나타나는 노인성 질환이다. 그러나 알츠하이머병과 같은 퇴행성 치매는 원인불명의 치매로 40대에도 나타난다. 우리나라 KBS의 모 프로그램에서 최근 60대 이하의 중년층 100명을 조사한 결과 치매가 6명이나 진단되어 충격을 준 적이 있다. 치매는 전 세계적으로 65세 이상 노인의 약 5~10%의 유병률을 보이며, 80세 이상이 되면 20% 이상의 노인이 치매에 걸리는 것으로 알려지고 있다. 우리나라는 인구 노령화가 급속히 진행되고 있어 향후 치매

환자의 급증에 따른 심각한 사회문제가 예상된다.

치매 진단이 내려지려면 환자의 과거 지적인 기능이 정상적인 범주에 속해 있어야 하며, 치매에 해당되는 증상들이 수개월 이상 지속되어 나타나야 한다. 사회적이고 직업적인 생활을 할 수 없을 정도의 지적 능력의 손실이 있고, 기억력 손상이 있으며, 추상력, 판단력의 장애와 언어상실증, 인식상실, 행위상실과 같은 인격 변화가 하나 이상 있어야 하며, 중독증이나 섬망에 해당하지 않는 명료한 의식상태가 있어야 한다. 치매에 걸리면 일상생활이 곤란할 정도의 심각한 기억장애, 언어장애, 실행장애, 망상, 환각, 착각, 우울감, 기분의 항진, 성격의 변화, 행동장애, 수면장애 등이 일어난다.

치매노인들은 타인들과의 효과적인 상호작용을 통해서 그들의 정서적, 사회적, 생리적 욕구를 충족시킬 필요가 있으나, 사회성 기술의 결핍 때문에 이러한 욕구가 충족되지 못한다. 이로 인해 타인과의 관계를 만족시키는 것이 차단되고 외로움과 좌절감을 느끼며 우울증과 고립감을 경험하게 된다.

치매의 치료로는 약물치료를 통하여 인지기능을 개선시키고 우울과 불안, 수면장애 같은 증상조절을 꾀하였으나 치료의 효과보다는 증상의 지연과 일시적인 장애를 제거하는 데 초점이 맞추어져 있다. 치매는 예방이 가장 좋으나 일단 가벼운 치매증상을 보이면 두뇌활동을 촉진시킬 수 있는 좌우 손발을 사용하는 놀이나, 뇌를 고르게 발달시키는 예술활동이나 취미활동을 통해 긴장과 이완을 반복하는 활동이 좋다(홍정연, 1990). 따라서 치매환자의 기능을 최대화시키고 인지기능을 높이며, 정서를 안정시키고, 행동 증상을 완화시키기 위하여 미술치료, 음악치료, 웃음치료, 원예치료, 애완동물치료 등을 개발 보급하는 것이 필요하다(이현심 외, 2008).

5) 죽음

노년기가 되면 누구나 죽음을 생각한다. 주변의 친구와 친지들이 하나둘 세상을 떠나면서 자신도 곧 죽음이 멀지 않았음을 느끼게 된다. 그러나 유한한 생명을 가진 인간이 죽음을 수용하기란 쉽지 않다. 개인의 죽음을 앞두고 극심한 정서적 혼란과 예측하기 힘든 반응이 일어날 수 있다. 따라서 사회복지사는 죽음이 진행되는 과정에서 죽음을 수용하고 편안하고 준비된 죽음을 맞이할 수 있도록 도와주어야 한다.

호스피스(hospice)는 죽음을 앞둔 말기 환자에게 적절한 지원이 될 수 있다. 호스피스는 수명을 연장시키는 첨단 기술을 피하고 심리적 안정으로 고통을 완화시키는 것을 목표로 한다. 호스피스는 여러 단체에서 교육을 받은 전문가를 양성하며 노년기 말기 환자들의 죽음을 돕고 있다.

제4부

체계이론

제 1 장

체계이론에 대한 이해

1. 인간발달에 대한 맥락적 이해

인간의 성격과 행동을 이해하는 방법은 크게 인간의 내면세계를 탐구하는 것과 인간을 둘러싸고 있는 외적 환경이 미치는 영향을 고려하는 것이다. 전자는 미시적 차원의 성격심리학으로서 프로이드를 위시한 성격이론가들이 여기에 해당되며, 유전적 기질, 특성 또는 그 외 내부의 심리적 힘에서 인간의 행동을 이해한다. 반면, 스키너(Skinner)와 같은 행동주의 성격이론가들은 인간의 행동을 환경 속에 있는 강화유관의 함수라고 하여 환경의 중요성을 강조한다. 에릭슨(Erikson) 역시 일찍이 문화적 영향을 강조했고, 왓슨(Watson)은 환경의 영향을 '환경결정론'으로 설명했으며, 반두라(Bandura)는 개인과 환경의 양방향적 특성을 강조했으며, 비고츠키(Vygotsky)의 '사회문화적 이론'에서는 신념, 가치, 전통과 같은 문화적 영향력이 인간의 행동을 결정한다고 했다.

이처럼 인간의 행동은 인간의 개인적 특질과 함께 환경이 영향을 미친다는 것이 폭넓게 인정되었다. 그러나 환경이 인간에게 영향을 미치는 방법에서는 약간의 차이가 있었다. 그 첫 번째가 "기계론적 모델

(mechanistic model)"인데 사람을 기계로 비유하여 설명한다. 기계가 조작으로 나눠질 수 있는 것처럼 인간도 분해될 수 있는 부분들(행동들)의 집합으로서 바라보고, 외부영향에 대한 반응으로 변화하는 수동적인 존재로서 인식하며, 부분들이(특수한 행동패턴들) 더해지거나 빼짐에 따라 점진적이고 연속적으로 변하는 존재로 본다. 이에 대해 "유기체론적 모델(organismic model)"은 사람을 부분들의 단순한 집합으로는 이해될 수 없는 전체적인 존재로 바라본다. 또한 발달과정에서 능동적인, 내적인 힘(본능이나 성숙과 같은)의 인도에 따라 변하는 존재이며, 성숙함에 따라 구별되는 단계를 거쳐 발달하는 존재로 보아 다른 살아있는 유기체와 비교된다(송길연 외, 2005).

기계론적 모델은 모든 자연적, 물리적 현상이 동일한 법칙으로 환원된다는 것이다. 뉴턴의 만유인력법칙과 같이 모든 물체는 지구 중심으로 떨어지고, 모든 사물은 원자나 분자로 만들어지고 작용한다는 원리이다. 물리현상 뿐 아니라 인간의 심리 역시 화학과 물리학의 법칙으로 단순화시켜 이해된다. 따라서 동일한 법칙은 모든 수준의 현상에 계속적으로 적용될 수 있고 연속성을 가질 수 있다. 이와 같은 기계론적 입장은 인간에 대한 행동주의 이론으로 표현되었다. 행동주의 이론의 기본은 조건화 법칙에 의해 세계가 통제되며 모든 행동은 자극-반응관계의 기본적 법칙으로 환원된다고 가정한다. 기계는 외부의 에너지가 그것을 활성화할 때까지 수동적이기 때문에 인간은 환경자극이 행동하도록 야기시킬 때까지 수동적으로 존재한다. 그러므로 환경은 인간행동을 형성하는 근원이다. 기계론적 사고에서는 새로운 것이 출현할 수 없고 단지 양적인 차이만 존재한다고 보기 때문에 인간발달의 각 수준에서 질적으로 다른 새로운 특성이 출현할 수 없다고 본다.

반면, 유기체론적 모델에서는 유기체는 항상 새로운 현상을 출현시킬 수 있기 때문에 새로운 수준에서의 현상적 조직화는 더 낮은 수준에서의 현상적 조직화로 환원될 수 없다는 입장이다. 즉, 더 높은 조직화 수준에서 어떤 새로운 것이 나타나기 위해서는 질적 변화가 일어나야 하므로 더 낮은 조직화 수준으로의 환원은 불가능하다는 것이다. 더 쉽게 말해서 기계는 부분으로 해체가 가능하지만 인간과 같은 유기체는 부분 또는 요소들로 나누어져서 존재할 수 없다는 것이다.

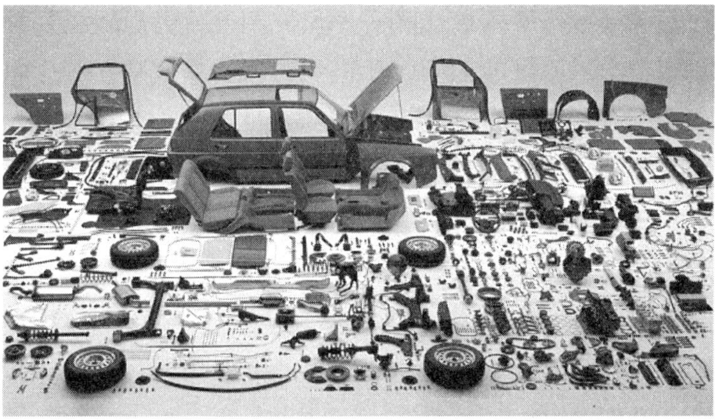

http://cafe.naver.com/mytrajet/103014

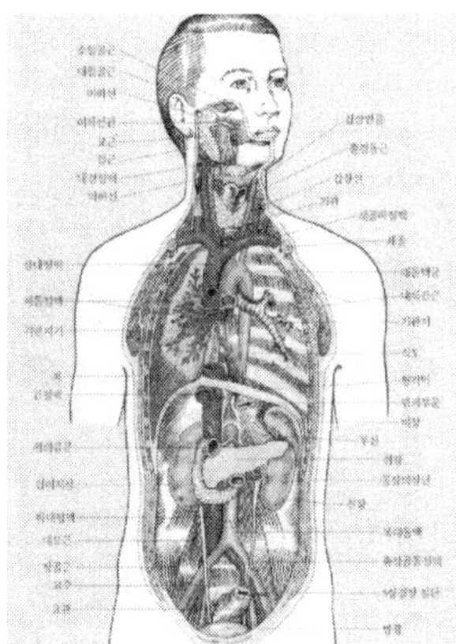

http://image.search.daum.net/LaZV910

자동차와 같은 기계는 여러 부품들의 조립과 해체가 가능하나 인간과 같은 유기체는 이것이 불가능하며, 기계는 정해진 절차에 따라 부품을 조립하면 완성품이 되지만 인간은 수많은 인체조직이 단순히 연결되었다고 해서 완성되지 않는다. 더 복잡한 메커니즘을 필요로 한다. 기계는 정해진 기능만 수행하지만 인간과 같은 유기체는 상황에 맞게 대처하고 새로운 단계로 진화가 가능하다. 때로는 환경을 조정하고 개선하기도 한다는 점에서 단순한 기계와 차이가 있다.

유기체론에서는 완전한 연속성이 존재할 수 없기 때문에 단계마다 발달을 해야 하며, 발달은 새로운 질적 출현을 가능케 한다고 본다. 새로운 속성의 출현이 가능한 것은 유기체의 부분들은 하나하나 분리된 체계로 영향을 주는 것이 아니라 서로 서로의 관계로부터 도출된 전체로서 작용하는 '상호작용'의 원리 때문이다. 인간이 사랑을 하며, 도덕적·윤리적 행위를 하며, 수준 높은 성취 욕구를 보이는 것은 단순히 조직간 화학적 반응이나 호르몬 또는 근육의 작용과 같은 단순한 원리로 환원시킬 수 없는 독특한 특성을 나타낸다. 이것은 인간이 몇 가지 부속의 조립에 의한 기계가 아니라 살아있는 유기체이고 유기체는 구조를 통합하고 조직화하여 변화하고 발달하는 존재이기 때문이다. 그러므로 변화나 발달은 인간의 고유한 특성이며 세계는 유기체에게 단지 수동적인 대상일 뿐이다.

왓슨과 스키너와 같은 학습이론가들은 기계론적 관점에 해당하는데, 이들은 인간을 환경에 의해 수동적으로 만들어지는 존재로 보고 인간 행동을 자극에 대한 반응으로 분석하였다. 반면, 반두라의 사회학습이론은 일차적으로 기계론적이나, 인간이 환경에 의해 영향을 받고 또 영향을 줄 수 있는 능동적인 존재라는 점에서 유기체적 가정을 포함한다. 또한 에릭슨의 경우도 어른이 주는 정보를 단순히 받아들이는 것이 아니라 자신의 경험에 기초해서 동화와 조절 과정을 통해 능동적으로 세상에 대한 새로운 이해를 구성한다는 점에서 유기체론에 가깝다고 볼 수 있다.

인간의 행동을 이해함에 있어서 기계론과 유기체론을 보완한 새로운 모델이 등장했는데 그것을 "맥락적 모델"(contextual model)이라고 한다. 맥락적 모델은 인간의 발달을 인간과 환경 간의 역동적 상호작용의 산물로 본다. 인간은 유기체론적 모델과 같이 발달과정에서 능동적인 것으로 가정되며, 기계론적 모델에서 강조했던 환경 역시 능동적인 것으로 가정한다. 환경의 영향을 강조한 기계론과 인간의 능동적 능력을 강조한 유치체론이 통합된 형태라고 볼 수 있다. 즉 인간발달은 내적인 힘(천성)과 외적인 영향(환경) 간의 복잡한 상호작용에 의해 좌우되는 것이다. 유기체론이 시간을 고려하지 않은 것과 달리 맥락적 모델은 상호작용적인 시간이 중심적 역할을 담당한다. 즉, 모든 현상은 시간의 흐름에 따라 변화하기 마련이므로 환경 역시 달라지고, 달라진 환경에 유기체도 반응을 할 수밖에 없다. 따라서 유기체가 변화하는 것은 그 시대적 맥락에서 개념화되는 것이다. 맥락적 차원에서 유기체는 관계를 맺고 있는 주변 상황의 맥락과 어떻게 상호작용하는지가 중요하다. 맥락적 관점에서는 인간의 행동은 미리 결정되거나 형성되는 것이 아니라 인간과 환경의 성숙 정도에 따라 달라진다고 본다.

체계이론에서 우리가 집중적으로 살펴보게 될 브론펜브레너(Bronfenbrenner)의 생태학적 체계이론은 맥락적 세계관을 채택하고 있다. 브론펜브레너는 인간이 가정에서부터 그가 속한 사회에 이르기까지 수많은 환경맥락에 의해 큰 영향을 받는다는 기계론적 가정을 한다. 그러나 또한 아동과 청소년들이 성숙함에 따라 변하는 능동적인 생물학적 존재이며, 그들의 행동과 생물학적으로 영향 받은 속성들이 자신의 발달에 영향을 주었던 바로 그 환경에 다시 영향을 주는 존재임을 밝히고 있다. 따라서 인간의 성격과 행동의 발달은 능동적인 인간과 항상 변화하는 능동적인 환경간의 진정한 역동적 상호작용에 의한 산물로 보기 때문에, 생태체계 접근이 맥락적 이론의 자격을 갖게 되는 것이다.

이처럼 인간행동을 정확히 이해하고 효과적인 원조를 하기 위해서는 인간 내면세계뿐만 아니라 그 인간을 둘러싸고 있는 외적 환경이 인간에게 미치는 영향 그리고 인간과 환경의 상호작용 과정을 이해해야 한다. 이는 인간행동이 이루어지는 사회적 맥락과 자연환경적 맥락에 대해 이해해야 하며, 이러한 맥락에 개입하는 데 필요한 실천적 지식과 기술까지 갖추어야 함을 의미한다. 인간행동을 이처럼 맥락적으로 설명해주는 이론은 많지만 그 중 대표적인 이론으로 소집단이론, 일반체계이론 그리고 생태학적 체계이론 등이 있다. 소집단이론은 인간의 집단 내 행동을 가장 잘 성명해줄 수 있는 이론이며, 일반체계이론은 개인과 환경 특히 개인과 사회적 환경 사이에 이루어지는 상호작용과 상호관계를 설명하는데 가장 적합한 이론이다. 그리고 생태학적 체계이론은 인간행동의 사회적 맥락은 물론 자연환경적 맥락에 대한 이해를 증진시키고, 이에 대한 개입 방안을 모색하는데 많은 기여를 해왔다(김동배 · 권중돈, 2000).

2. 체계의 개념

체계라는 개념은 원래 자연과학에서 주로 논의되었고 사회과학에 적용된 것은 그리 오래 되지 않았다. 그러나 현재는 행정체계, 정치체계, 사회체계, 교육체계, 인식체계에 이르기까지 체계라는 용어를 사회과학의 전 분야에서 폭넓게 사용하고 있다. 이렇듯 체계개념의 광범위한 사용은 연구방법론의 차원에서 자연과학과 사회과학을 연결시켜보려는 많은 학자들의 부단한 노력의 결과라고 볼 수 있다. 생물학 분야에서 최초로 체계라는 개념이 생겨나고 사회복지실천에 적용되기까지는 상당한 시간과 노력을 필요로 했을 것이다. 자연과학에서 사회과학으로, 그리고 실천학문으로써 사회복지에 적용되기까지는 단순한 이론적 측면 뿐 아니라 실천적 측면에서 그 효용성을 인정받아야 하기 때문이다. 어쨌든 사회복지실천 분야에서 체계이론은 하나의 고전적이고 전통적인 실천이론으로서 사회복지의 실천에 큰 공헌을 해왔고, 현재는 체계이론을 떠나서 개인이나 가족, 지역사회의 문제해결을 논하기 어려운 상황이라고 볼 수 있다.

일반체계이론을 정립한 버터란피(Bertalanffy, 1986)는 체계를 "상호작용하고 있는 요소들의 복합체"라고 간단히 정의하고 있다. 버터란피는 생물학자로서 체계를 생물학의 용어로 사용했으며, 체계를 전체와 그것을 구성하는 부분 요소들간의 관계가 상호 연관된 상호의존적인 구성체로 이해했다. 엔더슨(Anderson, 1990)은 체계란 "구별되는 방식으로 상호작용하고 일정기간 동안 지속되는 요소들로 이루어진 조직화된 전체"라고 정의하였다. 즉, 체계의 부분들은 상호의존적이고 역동적인 관계를 맺고 있는 일련의 단위로 보는 것이다. 이와 비슷한 정의로, 버클리(Buckly, 1967)는 "체계는 인과적인 관계 속에서 직접적 혹은 간접적으로 관련된 제 구성요소의 복합체이며, 각 구성요소는 특정한 기간 내에서 안정적으로 다른 구성요소와 연관되어 있다"고 했다.

카프만(Kauffmann, 1980)은 체계가 가지고 있는 기능적 측면에서 정의를 내리는데, "하나의 시스템은 전체로 기능하기 위해 서로에 대해 영향을 주는 부분들의 모임으로서 필요에 의하여 요구되는 결과 또는 산출을 달성하기 위해 함께 작용하면서 동시에 독립적으로 작용하는 부분들의 총체"를 의미한다고 했다.

이와 같은 정의로 본다면 체계는 여러 다양한 요소들이 어떤 목적을 향해 질서 있게 상호 관련을 맺고 영향을 주고받는 것임을 알 수 있다. 이런 점에서 우주만물이 거의 체계로 구성되어 있다고 해도 과언이 아니다. 사물의 가장 작은 단위가 원자라고 한다면 그 이상의 것들은 모두 체계가 될 것이며, 사물이 아닌 사회현상도 단독 현상이 거의 없는 이상 거의 대부분이 체계로 이해될 수 있을 것이다. 따라서 인간을 바라보는 것도, 인간의 성격과 행동 그리고 인간의 문제를 바라보는 것도 체계적으로 바라본다면 보다 입체적으로 문제에 접근할 수 있을 것이다. 정신분석이론을 위시한 심리내적 경향과는 달리 체계를 둘러싼 환경 그리고 그 안에 복잡하게 얽혀있는 요소들간의 상호작용에 관심을 가짐으로써 인간 이해에 대한 포괄적 접근이 가능해졌다고 볼 수 있다.

3. 체계의 유형

체계를 분류하는 다양한 방법 중에 가장 기본적인 것은 자연체계와 인위적으로 설계된 체계이다. 자연체계는 태양계, 은하계와 같은 우주 체계와 식물과 동물 그리고 무생물, 동물 중에서 포유류, 파충류, 양서류, 조류 등 매우 다양하다. 인위적 체계는 물리적 체계, 철학이나 논리와 같은 개념체계, 그리고 인간 활동체계가 있다. 인간 활동체계는 다시 개방적인지 폐쇄적인지, 기계적인지 유기적인지, 복잡성의 정도는 어떠한지에 따라 다양하게 분류될 수 있다.

인간 활동체계 중 가장 단순하면서 대표적인 분류가 '개방체계'와 '폐쇄체계'일 것이다. '개방체계(open system)'는 어떤 시스템이 그를 둘러싸고 있는 환경과 물질, 에너지, 정보 등을 교환하거나 거래하는 경우의 체계를 말한다. 그러한 시스템의 경계는 투과성을 가지고 있어서 그 시스템에 속하지 않는 실재물의 집합이 시스템의 상태에 영향을 주거나 영향을 받는 상황이 가능하다. 반면 '폐쇄체계(closed system)'는 마치 밀폐용기처럼 어떤 시스템의 경계가 투과성을 가지고 있지 않아서 시스템이 환경으로부터 유리, 고립되어 물질, 에너지, 정보 등이 교환되거나 거래되지 않는 닫힌 시스템을 말한다.

체계는 또한 '복잡성'의 정도에 따라 상대적으로 단순한 체계에서부터 복잡하게 구성된 체계에 이르기까지 다양한 단계들이 가능하다. 여기서 '복잡시스템'의 특징들을 살펴보면 다음과 같다(Kauffmann, 1980). 첫째, 자기 안정적(self-stabilizing)인 시스템이다. 체계 자체가 복잡하지 않고 환경에 수동적으로 반응하기 때문에 단순한 체계를 이룬다. 둘째, 환경에 대해 반응하는 것을 넘어서서 스스로 목표를 능동적으로 추구하는 목적 창출성을 특성으로 한다. 외부 환경이 영향을 미치기까지 기다리기보다는 환경에 나서서 원하는 방향으로 자신을 움직이는 체계이다. 셋째, 환경의 변화에 따라 방어적 차원에서 반응할 뿐 아니라 환경을 시스템의 의도에 따라 어느 정도까지 고칠 수 있는 체계이다. 즉, 체계는 환경에 영향을 미치고 환경은 이런 체계의 작용으로 다차원적으로 변화하게 된다. 넷째, 어떤 정해진 절차를 밟아 행동할 수 있으며, 더 나아가 환경의 변화에 따라 스스로 오류를 수정하고 개선하는 자기재프로그램화(self-reprogramming) 혹은 자기재조직화(self-reorganizing) 능력을 갖추고 있다. 인간이 자신이 처한 사회에서 적응하면서 살아가는 사회화 능력과 비슷한 개념으로 볼 수 있다. 다섯째, 자기유지적(self-maintaining)인 동시에 자기복제적(self-replication)이다. 자신의 특성과 닮은 새로운 체계의 창출이 가능한 체계이다. 결국 어떤 시스템이 이러한 특징들을 갖추면 갖출수록, 그리고 그 정도가 높으면 높을수록 복잡성의 단계가 높아진다고 볼 수 있다.

4. 체계론적 사고의 기본 논리

체계는 우선 전체로서 유기체의 성질을 갖는다. 유기체란 생명을 가진 생명체와 같이 여러 요소가 복합적으로 작용하여 생명 유지나 발전과 같은 목적을 향해 유기적으로 연결되어 있는 것을 말한다. 살아 움직이는 모든 물체는 기본적으로 유기체가 될 수 있으며, 생명은 없지만 그 안에 여러 복합적인 요소가 유기적으로 상호작용하고 환경에 대응하면서 자체의 목적을 향해 나아가는 조직체들도 유기체로 분류된다. 여기에는 태양계나 생태계가 포함되며, 인위적으로 구성된 조직들도 이런 속성을 가지고 있다고 볼 수 있다. 이런 점에서 가족이나 집단, 그리고 조직과 지역사회는 하나의 유기체와 같은 속성을 가지고 있다고 볼 수 있다.

유기체적인 체계는 그를 구성하고 있는 여러 요소들의 집합이자 복합체이다. 즉, 인간이라는 체계가 완성되려면 신경계, 근·골격계, 순환계, 호흡계 등과 같은 부분들이 존재해야 가능한 것이다. 따라서 여러 부분이 합쳐지면 하나가 되는데 이런 상태를 전체성이라고 부른다. 그러나 단순히 여러 부분들이 합해졌다고 해서 전체가 되고 유기체로서 기능하는 것이 아니다. 즉, 여러 부분들이 유기적으로 상호작용을 하고 서로 의존적인 관계여야 가능하다. 여기에서 체계의 상호교환적 특성을 확인할 수 있다. 체계 내의 부분요소들은 상호 긴밀히 연계되어 일정한 기능을 수행하는데, 부분요소들 간의 의존적 상호관계로 말미암아 구성요소들은 전체의 존속에 영향을 미치고, 역으로 전체의 존속은 부분들에 의지하며, 하나의 구성요소가 변하면 다른 것이 변하는 관계적 성격을 띤다(김경동, 1985). 만일 다른 요소들에 의해서 아무런 영향을 받지 않거나 반대로 다른 요소에 아무런 영향도 주지 않는 요소가 있다면, 그러한 요소는 정의상 체계에서 배제된다.

예컨대, 인체를 구성하는 여러 체계 중 하나인 소화기체계는 구강, 식도, 위, 소장, 대장, 직장 등의 부분요소들로 구성되어 있으며, 각 부분요소들이 상호 협력하여 인체로 들어온 음식물을 잘게 부수고 그 속에서 영양분을 섭취하는 소화기능을 수행해 낸다. 소화기체계의 경우 입 속에서 충분히 씹힌 음식물이 식도를 통해 위에 도달하면 위의 소화 작용이 쉽게 이루어지지만, 급하게 넘긴 음식물은 위와 장에 부담을 주게 되고 배탈이 발생할 수도 있다. 즉, 소화기체계를 구성하는 하위단위 중의 일부가 제대로 역할을 수행하지 않으면 나머지 다른 하위단위에 과부하가 걸려 제대로 기능하지 못하게 되며, 그 결과 소화기체계 전체의 기능이 약화될 수 있는 것이다. 이러한 생물학적 체계 개념을 원용하여 사회현상을 분석하고 진단하는 데 사용하는 것이 체계론적 관점이다. 따라서 사회복지의 체계론적 접근이란 사회를 구성한다는 전제조건하에 개별 하위단위의 특성과 이들 간의 상호 의존적인 관계 파악에 초점을 두고 사회복지 현상을 분석하는 것을 말한다(김성천 외, 2009).

전체로서의 체계는 또한 한번 완성되면 원래의 부분들로 해체되기가 어렵다. 체계는 부분들이 통합되어 전체를 이루는데, 체계는 결코 그것을 구성하고 있는 개별 요소들의 속성으로 환원될 수 없는, 그 자체의 독특한 속성을 가진 하나의 특수한 전체로서 존재한다. 가족이라는 체계의 경우 남편과 아내 그리고 시댁과 처가라는 하위체계들이 연결되어 구성되었으며, 여기에서 멈추지 않고 자녀들이 태어나 소위 가족다운 면모를 갖추게 된다. 그러나 가족갈등이나 예기치 않은 사건들로 인하여 불가피하게 이혼을 하게 되면, 이런 상태는 가족으로서 기능을 하지 못하기 때문에 더 이상 가족체계라고 볼 수 없는 것이다.

체계는 내부적으로는 부분들의 상호작용에 의해 유지되지만 환경의 영향에 자유롭지 못하기 때문에 환경과의 상호작용 또는 상호교류를 하지 않으면 안 된다. 인간의 성격과 행동을 이해함에 있어서 체계론이 기존의 심리적이고 미시적인 접근과 차별성을 갖는 것이 바로 환경적 요소를 강조하기 때문이다. 개인이든 가족이든 주변 사람들과 교류를 하지 않을 수 없고, 시대적 변화와 역사적 사건, 그 지역의 문화 등에 영향을 받으면서 살 수밖에 없는 존재이다. 설사 주변사람들과 접촉하지 않고 외부와는 완전히 차단된 채 골방에서 생활하는 사람이라도 그 안에는 전화나 인터넷과 같은 통신매체나 기타 다양한 방법으로 세상과 만날 수 있는 방법이 있기 마련이다. 따라서 체계이론에서는 개인이나 가족을 이해함에 있어서 환경적 요소를 충분히 고려해야 하며, 이들 체계간의 상호작용 과정에 초점을 맞춘다.

체계는 다른 체계와 그를 둘러싼 환경과 구별이 되기 때문에 경계를 갖기 마련이다. 나와 다른 사람이 구별되며, 내 가족과 이웃이 구별되고, 우리나라는 지구촌에서 분명하게 구별된 경계가 있다. 그런데 경계라는 개념은 반드시 눈에 보이는 담이나 국경선과 같은 것 뿐 아니라 눈에 보이지는 않지만 분명하게 구별이 되는 것들도 있다. 예컨대, 가족 안에서 부모, 자녀, 형제, 자매, 부녀, 모자체계 등과 같은 경계가 존재하며, 학교 안에서도 친한 친구끼리, 같은 지역끼리, 비슷한 특징(키, 몸무게, 얼굴 등)에 따라 구별되는 체계가 존재한다. 이런 경계들은 다른 체계나 외부 환경과의 상호작용 정도에 따라 개방체계 또는 폐쇄체계로 구별된다. 개방체계는 외부와 정보, 물질, 에너지를 활발하게 교환하는 반면에 폐쇄체계는 이와 같은 것들을 받아들이려 하지 않거나 상호교류를 하지 않는다. 체계가 발전하려면 외부와 끊임없이 상호작용을 해야 하는 것은 당연할 것이다. 뿐만 아니라 유지를 위해서도 외부와의 상호작용은 필요하다. 옛날 사람들이 다른 나라와 교역을 했던 것은 문명 발달도 있겠지만 생존을 위해서인 경우도 많았다. 따라서 개방체계가 아니라 폐쇄체계인 경우에는 무언가 결핍되어 있고 적응력이 떨어질 수밖에 없음을 짐작할 수 있다. 이런 점에서 개인이나 가족, 지역사회, 조직들이 외부 환경과의 상호작용을 등한시하거나 소극적일 때 문제를 나타내거나 부적응상태가 될 수 있음을 알 수 있다.

체계는 기본적으로 안정을 추구한다. 현재가 안정적이라면 굳이 힘겹게 환경에 적응할 필요가 없을 것이다. 그러나 앞서 언급했듯이 체계는 환경으로부터 자유롭지 못하다. 따라서 환경의 변화에 따라 체계는 적응해야 하는데 소극적으로는 지금 상태가 더 나빠지지 않는 정도 즉, 이전 상태를 계속 유지하는 '항상성'을 추구하려고 할 것이다. 그러나 진정으로 안정된 상태가 되는 것은 외부의 압력 또는 환경변화에 맞서서 체질 개선을 하는 편이 장기적으로 도움이 될 것이다. 따라서 외부의 자극을 받아들이고 변화의 흐름에 따라 유연하게 대처할 수 있는 능력이 생길 때 진정한 안정상태를 이루는 것이 된다. 체계가 이러한 안정상태가 되었다는 것은 환경변화에 적합한 구조로 형성했다는 것을 의미한다. 기후변화나 생태계의 변화에 큰 충격을 받고 쓰러지는 것이 아니라 그에 적합한 기능으로 진화된 것을 의미한다. 이처럼 환경에 적합해지려면 스트레스에 직면하게 되는데, 스트레스에 굴복하면 적합성은 물론이고 적응도 하지 못할 것이다. 스트레스는 경우에 따라 성장과 발전의 토대가 되기도 한다. 성공한 사람들을 보면 대개 젊었을 때 갖은 고생과 숱한 실패의 경험을 했고 이를 딛고 일어서는 과정에서 능력이 생겨난 것이다. 여기에서 환경에 단순히 적응하거나 적합성을 이룬 안정상태를 넘어서서 환경을 주도하고 지속적으로 발전할 수 있는 유능성에 도달할 수 있다.

이처럼 체계이론은 환경과의 관련성을 논하지 않고서는 성립될 수가 없다. 체계는 그를 둘러싼 환경 즉, 상위체계의 영향을 받지만 환경 역시 자신의 부분인 하위체계의 영향을 받으면서 공존한다. 결국 상호 영향을 주고받는 호혜적 관계인 것이다. 순기능적인 체계는 상호적인 욕구충족의 관계에 있어서 하위체계, 생태체계, 그리고 환경사이에서 균형적인 교환을 이루고 긍정적이고 상호보완적인 교환의 결과라고 할 수 있다. 이와는 반대로 높은 이혼율과 범죄율, 전쟁과 같은 사회적인 조직을 파괴시키는 현상이나 정신적, 육체적 질병과 범죄 같은 일탈행위들은 하위체계 사이에서 그리고 생태체계와 그것의 환경사이에서의 잘못된 조화나 또는 조화의 부족으로부터 발생되어지는 것으로 보여진다(Siporin, 1980).

이런 점에서 체계론적 사고는 체계를 구성하고 있는 각 요소들의 관계가 오직 한 방향으로만 움직이는 것이 아니라 순환적으로 또는 나선형으로 움직인다고 가정한다. 그러므로 인간을 이해함에 있어 심리 내적인 것에 초점을 두지 않고 개인 상호간의 상호침투적인 교류관계에 관심을 둔다. 결국 개인들 간의 상호작용을 이해함에 있어서 통상적인 인과관계를 무시하며, A는 B에, B는 D에, A는 C에, B는 C에 각각 영향을 미친다고 가정한다. 따라서 체계론적 사고는 인간행동의 원인을 밝히기보다는 인간이 드러내는 입-출력관계에 주목함으로써 그것의 행태를 이해하려고 한다. 이러한 일련의 특징에서 우리는 체계론적 사고가 귀납적 추론이나 연역적 추론보다는 유추에 의한 추론에 가깝다고 볼 수 있다.

제 2 장

일반체계이론

1. 일반체계이론의 등장배경

일반체계이론(General system)은 1930년대에 독일의 생물학자인 버터란피(Ludwig von Bertalanffy)에 의해 주창되었으며, 사회체계이론, 생태체계이론, 인공두뇌학이론, 의사소통이론과 같은 다양한 이론으로 확장되고 발전되었다. 특히 사회복지실천 영역에서는 1956년 루츠(Lutz)에 의해서 도입되었으나 실천적 영역에서는 핀커스와 미나한(Pincus & Minahan)의 4체계모델 그리고 콤튼과 갤러웨이(Compton & Galaway, 1983)의 6체계이론 등으로 발전되었다.

버터란피는 생물현상을 설명함에 있어서 기존의 단선적이고 기계론적 사고를 극복하고자 했는데, 어떤 결과는 어떤 원인에 의한 것이라는 직선적 원인론과는 달리 환경의 다양한 변인들 간의 상호작용을 통해 질적으로 새로운 특성을 획득하여 지속적인 발전을 이룰 수 있다고 보았다. 따라서 인간의 성격과 행동에 대해서 심리적이고 개인적인 미시적 차원에서 이해되던 것이 상황적, 환경적 맥락에서 이해하는 계기를 마련한 것이 일반체계이론이라 할 수 있다. 스키너(Skinner)와 같은 행동주의 심리학자들은 환경에 의해 인간의 행동이 규정되고 강화되었다고 하는 기계론적인 인간관을 제시한 반면, 일반체계이론에서는 인간의 행동은 '환경속의 인간관'을 가지고 있지만 환경으로부터 일방적인 영향을 받는 수동적인 존재가 아니라 환경과의 상호작용을 통해 전체의 변화, 즉 인간과 환경 모두의 속성을 변화시킬 수 있는 존재로 바라본다.

이런 점에서 '일반체계이론의 영향을 받은 사회복지실천에서는 X가 Y에 영향을 준다는 직선적이고 단선적인 원인에 입각한 의료적 모델(medical model)에서 탈피하여 여러 가지 원인이 작용하여 결과에 영향을 준다는 순환적 원인론(circular casuality)으로 전환되는 계기가 되었다(Peter, 1988)'. 따라서 사회복지실천 분야에서도 개별, 집단, 조직 차원의 분리된 접근 방식은 클라이언트 문제에 적절히 대처할 수 없었기 때문에 총체적이고 통합적인 방식으로 접근할 수 있는 이론이 필요했고, 여기에 일반체계이론이 이론적 토대를 제공해주었다.

2. 일반체계이론의 인간관

체계이론은 '전체는 부분의 합 이상'이라는 문장으로 대표된다. 즉, 부분들이 모이면 단순히 전체가 된다고 하는 기계론적 사고와는 달리 부분들의 상호작용을 통해 새로운 특성을 획득하여 변화(또는 진화) 발전한다는 것이다. 이것을 인간에게 적용해보면, 인간의 구성 요소 즉, 인간의 몸을 구성하는 성분들(뼈, 살, 피, 근육 등)과 심리적, 사회적 요소들이 갖추어지기만 하면 제대로 기능하는 인간이 되는 것이 아니라 환경 자극에 반응하는 방법에 따라, 사람들과 상호작용하는 양태에 따라 완벽하게 기능적이 될 수도 있지만 역기능적인 인간이 될 수도 있는 것이다.

기계론적 사고에 의하면 모든 사물은 원자나 분자로 구성되어 있고, 이 요소들이 어떻게 기능하는가를 이해하면 자연세계의 모든 것들의 구성요소를 이해할 수 있다고 본다. 모든 자연현상들이 이처럼 물리적 화학적 수준의 현상으로 환원될 수 있으므로 모든 수준의 현상에도 적용될 수 있는 것이다. 이 같은 기계론적 사고는 파블로프나 스키너의 행동주의로 설명될 수 있는데, 모든 행동은 자극을 받으면 반응을 한다는 기본적 법칙으로 환원되고, 이는 인간에도 적용되어 인간은 환경자극에 행동할 수밖에 없는 수동적인 존재가 된다. 즉 인간은 환경에 지배를 받는 것이다.

이에 비해 일반체계이론에서는 인간을 통합된 하나의 체계로 간주하는 전체적 인간관을 갖고 있다. 인간은 신체와 심리, 사회적 부분으로 분리된 존재가 아니라 통합된 전체로 기능한다. 이러한 전체의 기능수준은 신체, 심리, 사회라는 각 부분의 기능 정도를 단순히 합한 것 이상의 것이며, 한 영역의 변화는 전체 인간의 사회적 기능에 영향을 미친다고 보고 있다(김동배 · 권중돈, 2000).

이런 점에서 일반체계이론은 단선적이지 않고 순환적인 특징을 갖기 때문에 어느 한 부분에서 다른 부분으로의 일방적인 전달이 이루어지는 것이 아니라 서로 상호작용을 하면서 전체를 구성한다. 부부싸움을 예로 든다면, 부인 입장에서는 항상 술을 마시고 들어오는 남편 때문에 화가 난 것이고, 남편 입장에서는 부인의 잔소리가 듣기 싫어 술을 자주 마시게 된다고 하소연한다. 이때 싸움의 원인은 누구에게 있는 것일까? 부부싸움은 어느 한쪽의 원인이기보다는 남편과 부인 사이의 순환적인 상호작용에 기반을 둔 상호투쟁의 표현방식일 뿐이다. 따라서 부부싸움은 어느 편의 원인제공이 아니라 서로가 서로에게 영향을 준 부부의 역동적 상호작용에 의해 나타난 현상이라고 볼 수 있다.

일반체계이론에서는 인간의 행동이 환경과 끊임없이 상호작용을 하면서 나타난 역동적 상호작용의 산물로서 이해되며, 집단과 가족 그리고 다른 사회적 단위를 포함한 전체적인 사회적 상황의 결과물로 이해해야 한다(Shafer, 1969). 따라서 인간 행동은 환경에 의해 지배를 받는 것이 아니라 환경과의 다중적 상호작용 또는 순환적 역동성에 의해서 형성된다고 볼 수 있다. 이것은 인간이 환경에 얽매이는 것이 아니라 오히려 환경에 따라 자신의 행동을 수정하면서 적응을 할 수 있는 존재라는 것을 의미한다. 이런 점에서 반두라(Bandura)의 사회학습이론의 인간관과 비슷한 측면을 발견할 수 있는데, 즉 인간의 행동은 환경에 따라 반응하는 존재가 아니라 환경 자극이 자신에게 유리할지 아닌지를 예측하여 유리하면 받아들이며 불리하면 거부할 수 있는 환경 적응적인 존재라는 것이다.

따라서 일반체계이론은 인간의 주체적 특성을 잘 보여주는 이론으로서 이후 인간의 강점(또는 장점)에 초점을 두는 해결중심치료나 강점관점모델 그리고 역량강화모델과 같은 이론에도 이론적 토대를 제공한다. 반면, 사회체계이론의 기초를 닦은 파슨즈(Talcott Parsons)는 복잡한 사회 속에서 인간이 어떻게 적응하는가에 관심을 두면서 사회화 현상을 살펴보다가 인간행동은 전체체계의 요구 즉, 문화에 의해 결정된다는 '문화결정론(cultural determinism)'을 강하게 주장한다. 이처럼 인간의 행동 및 성격에 대한 다양한 입장 가운데 일반체계이론은 인간과 그들이 더불어 살아가는 가족, 집단, 조직과 같은 환경과의 끊임없는 상호작용을 통해 형성된다는 것을 기억할 필요가 있다.

3. 일반체계이론의 기본적 가정

일반체계이론의 기본적 특성은 크게 세 가지로 살펴볼 수 있는데 첫째, 체계는 상호간에 상호작용을 하며 상호 영향을 주고받는 통합된 조직이라는 것이며 둘째, 체계들은 지속적인 관계 속에서 안정적인 상호작용 유형을 보이고 셋째, 생물학 영역뿐 아니라 거의 모든 현상에 걸쳐 체계가 존재한다는 것이다(Bardill & Ryan, 1973).

첫 번째로 살펴볼 것은 '상호작용'으로서 전체를 구성하는 부분들 즉, 체계들은 서로 조화를 이루며 협력하고 상호 영향을 주면서 통합된 전체를 구성한다. 가족을 예로 들면, 가족이라는 통합된 체계는 아버지, 어머니, 누나, 동생 그리고 부부, 부자, 모자, 부녀, 모녀, 형제 등 다양한 체계로 구성되며, 가족이 유지되고 변화 발전하기 위해서는 각 체계들이 단지 존재하는 것만으로는 어렵고, 끊임없이 상호작용하면서 서로를 돕고 의지하고 가족의 소중함을 깨달으면서 가족애로 뭉쳐질 때 가족이 전체로서 제 기능을 발휘할 수 있다. 여기에서 하나 더 유념해야 할 것은 가족은 단지 그 요소 체계들간의 상호작용만으로는 제 기능을 발휘하기 어렵다. 즉, 가족은 가족 안의 체계 뿐 아니라 가족 밖의 체계들과도 상호작용을 원만히 할 수 있을 때 생존과 번영이 가능한 것이다. 직장과 지역사회, 학교, 또래집단 등과 같은 외부 체계와도 지속적인 상호작용을 해야 하는 것이다. 사회체계의 주된 속성은 체계안에서 거의 지속적으로 상호작용할 뿐만 아니라, 내적 환경과 밖의 환경과의 사이에 있는 경계를 넘어서도 상호작용을 계속한다(Kantor & William, 1975).

둘째로 살펴볼 것은 체계는 안정적인 상호작용 유형 즉 안정된 구조를 갖는다는 것이다. 이것은 자연생태계를 보면 쉽게 이해될 수 있다. 태양계는 수십억년 동안 안정적인 궤도를 따라 돌고 있고, 생태계의 먹이사슬 역시 안정적인 모습을 보이며, 우리 몸 역시 일정한 상태를 유지할 수 있도록 호흡계, 순환계, 근골격계, 소화계, 신경계, 생식계 등이 일정한 상호작용을 하고 있다. 가족 역시 처음에는 성격이나 다른 특성으로 갈등도 있었겠지만 오랫동안 지속적인 관계를 맺어오면서 안정적인 모습을 찾게 되고 그런 안정된 구조를 유지하기 위해 가족내의 체계들이 상호 영향을 주고받는다.

아시아 최대의 의류 도매시장이라고 불리는 동대문 시장은 첫 이미지가 너무 복잡하고 어수선하며 전혀 체계가 없어 보인다. 그러나 그런 복잡하고 어수선한 시장도 면밀히 살펴보면 매우 일사분란하고 각 업종별로 긴밀한 협조관계가 형성되어 있으며 상품의 생산과 소비가 매우 체계적으로 이루어져 있음을 알 수 있다. 우리나라 한해 패션 시장의 규모가 20조라 할 때, 동대문 시장의 연매출이 10조라고 하는데, 이 같은 덩치 큰 시장이 유지되려면 매우 안정적인 구조가 아니고서는 어려운 일이다. 따라서 동대문 시장이라는 복잡한 체계도 그 하위체계간 안정적인 상호작용 유형이 존재하기 때문에 유지되고 발전하는 것이다.

http://100.naver.com/100.nhn?type

셋째로 체계는 다양한 수준에 걸쳐 존재한다는 것인데, 인간을 기준으로 살펴보자면, 인간은 앞서 예로 든 것처럼 호흡계, 순환계, 근골격계, 소화계, 신경계, 생식계라는 다양한 체계들로 구성되어 있다. 여기서 순환계는 또 정맥, 동맥, 심장이라는 체계로 구성되며, 심장은 세포들로 구성되어 있고, 세포는 핵, 미토콘드리아, 세포막, 세포벽 등 다양한 체계들로 구성된다. 인간은 또한 가족이라는 체계 안에 포함되며, 가족은 지역사회 또는 직장, 학교 등의 구성체계가 되고, 지역사회는 더 큰 지역사회의 한 체계이며, 이것이 국가가 되고, 아시아라는 거대체계로 발전하는 것이다. 여기에서 한 가지 더 알 수 있는 것은 하나의 체계는 다른 체계의 상위체계이면서 동시에 다른 체계의 하위체계가 될 수 있다는 것이다. 형제 체계는 가족이라는 체계의 하위체계이면서 개인이라는 체계의 상위체계가 되는 이치이다.

4. 주요 개념

1) 구조적 특성

(1) 개방체계와 폐쇄체계

체계는 내부체계와 외부체계와 끊임없이 상호작용하면서 전체성을 유지하고 환경과 조화를 이룬다고 하였다. 결국 외부 환경과 상호작용을 원만히 할 수 있을 때 체계는 외부환경과 안정적으로 조화를 이룰 수 있으며, 그렇지 않고 외부의 자극에 폐쇄적이고 상호작용을 하지 않는다면, 즉 외부와 에너지를 서로 교환하지 않는다면 변화·발전은 물론이고 현 상태의 유지도 힘들어질 것이다. 이런 관점에서 나온 개념이 개방체계와 폐쇄체계이다.

개방체계는 어떤 시스템이 그것을 둘러싸고 있는 환경과 물질, 그리고 에너지와 정보를 교환하는 체계를 말한다. 즉 외부세계와 활발하게 상호작용을 하는 체계인 것이다. 만약 어떤 중학생 아이가 학교에서 다른 친구들과 전혀 대화도 하지 않고 같이 어울리지 않는다면 아마도 학교생활에 적응하기 힘들 것이다. 이 아이가 학교생활에 잘 적응하고 대인관계가 원만해지며 학업성적이 좋아지려면 다른 친구들과 선생님 등 자기 이외의 사람들과 조화로운 관계를 맺는 것이 중요하다. 개방체계는 이처럼 한 개인이 발달하고 잘 기능할 수 있도록 돕는 작용을 할 수 있다. 그러나 체계간의 경계가 다소 느슨해짐에 따라 각 체계간 역할 구분이 모호할 수 있는 단점도 있다. 예를 들어, 가족성원간 너무 밀착되어 사소한 일까지 서로 관여함으로써 주체적인 행동이나 사고를 어렵게 할 수 있다.

반면, 폐쇄체계는 어떤 시스템이 환경으로부터 유리되고 고립되어 물질이나 에너지 그리고 정보 등이 교환되지 못하는 닫힌 시스템을 말한다. 폐쇄체계에 있어서는 체계를 구성하고 있는 여러 요소들과 그 체계 밖에 있는 모든 것들 사이에 아무런 관계도 존재하지 않거나 단지 제한된 관계만 있는 경우이다. 폐쇄적인 가족은 가족구성원끼리 대화가 별로 없고, 이웃과의 교류가 거의 없으며, 담이 지나치게 높은 집 등이 상징적으로 폐쇄적인 가족의 모습을 보여줄 수 있다. 즉 주변으로부터 고립된 가족인 것이다. 이런 폐쇄적인 가족은 각자 자신의 일은 알아서 하게 되고 어려운 상황에서도 스스로 해결하거나 그러지 못할 경우에도 다른 사람들의 도움을 받기가 어렵다. 현대 가족의 문제는 이와 같은 폐쇄체계 양상으로 설명되고 있는데, 산업화와 도시화 등으로 정들었던 고향(지역사회)을 떠나고 원가족과 분리되며 이웃과 거의 교류를 갖지 않으며, 핵가족 내에서도 직장이나 학교 등으로 분리되고 심지어는 기러기아빠와 같은 형태로 폐쇄적 상호작용이 가속화되기 때문이다. 생태계에서도 이런 폐쇄체계를 살펴볼 수 있는데, 서울의 남산은 규모로 볼 때는 큰 산이지만 산으로서의 기능을 하지 못한다고 한다. 즉, 남산을 완전히 둘러싸고 있는 각종 도로 등이 남산 주변의 다른 생태계와 단절을 일으켜서 동물들의 이동을 가로막고 있기 때문이다. 단적으로 남산에 야생동물을 방생한다고 하더라도 이 동물들이 원래대로의 생태계로 돌아갈 수 없어서 결국 생존이 어려울 수밖에 없는 것이다.

개방체계와 폐쇄체계 개념은 생태계는 물론이고 물리적, 사회적 현상 등에서도 모두 발견되는데, 현실적으로 완벽한 개방체계와 폐쇄체계는 존재하기 힘들며, 상대적으로 개방적이거나 폐쇄적일 수 있을 뿐이다.

(2) 경계(Boundary)

경계는 어떤 체계와 그것을 둘러싸고 있는 외부 체계를 구분해주는 테두리 또는 윤곽, 선 등을 의미한다. 예를 들어, 우리집과 우리집이 아닌 주변 환경을 구분해주는 것은 담이며, 담이 얼마나 높은가 또는 얼마나 견고 한가 등으로 경계의 정도를 가늠할 수 있다. 우리의 피부도 일종의 경계로서 내 몸과 내가 아닌 환경을 구분지어주고 외부환경의 좋고 나쁜 영향을 통제하는 역할을 한다. 이런 점에서 경계는 어떤 체계의 정체성을 드러내는 기능을 하기도 한다.

경계는 담이나 피부와 같이 눈에 보이는 것도 있지만 눈에 보이지 않는 것도 존재한다. 우리는 흔히 눈에 보이지 않기 때문에 그 경계를 명확히 이해하지 못할 수도 있지만 인간 행동을 이해하기 위해서는 눈에 보이는 경계보다는 눈에 보이지 않는 경계를 더 잘 이해할 필요가 있다. 대표적으로 가족과 그를 둘러싼 주변 체계들과의 상호작용을 통해 살펴볼 수 있다. 지극히 가족 중심적이기는 하나 이웃이나 다른 사람들과는 배타적이어서 상호작용이 거의 없는 가족이 있는데 이런 가족을 우리는 폐쇄적인 가족체계라 부른다. 반면, 이웃이나 친구들, 동료들, 기타 다양한 사람들이 가족들과 활발한 상호작용을 하며 집에도 자주 찾아오고 먹을 것이나 입을 것을 서로 나누고 경제적 지원도 아낌없이 해주기도 하고 특정 가족내의 일임에도 참견하고 간섭하고 걱정하고 도와주는 경우, 개방적인 가족체계라고 부를 수 있다.

결국 개방성의 정도는 경계선의 개념과 함께 이해될 수 있다. 외부에 얼마나 열려 있는지, 외부의 환경 또는 사람들이 얼마나 특정 체계 속으로 침투(투과)할 수 있는지에 따라 경계선의 정도를 파악할 수 있다. 즉, 체계가 다른 체계들과 쉽게 상호작용을 하도록 하는 경계는 침투성(투과성)이 좋은 것이고, 체계가 다른 체계와 상호작용을 하지 못하거나 방해를 받으면 침투성(투과성)이 좋지 않고 제한을 받는 경계를 의미한다. 개방적인 가족은 외부환경이나 지역사회로부터 정보나 자원을 자유롭게 교환하고 외부의 유입을 허용하지만, 폐쇄적인 가족은 자기 가족 내에서만 상호작용이 일어나고 외부로의 에너지 흐름을 규제할 뿐 아니라 외부로부터의 유입도 허용하지 않는다. 건전한 체계는 반투과성 경계를 잘 유지하는 체계인데, 완전투과성은 환경으로부터 정보가 아무런 걸러짐 없이 체계 안으로 들어오도록 허용하는 경계선이며, 반투과성은 체계가 규칙에 따라서 정보를 선택적으로 받아들이는 경계선이고, 불투과성은 환경으로부터 정보가 체계 안으로 들어올 수 없도록 하는 경계선을 말한다(박세정 · 손명희, 2009). 따라서 폐쇄적 가족체계는 융통성이 없을 수밖에 없고, 분화가 잘 이루어지지 않으며, 역기능적이고 비효과적인 체계라 할 수 있다(Goldenberg & Goldenberg, 1980).

(3) 상위체계(Suprasystem), 하위체계(Subsystem), 대상체계(Subjectsystem)

앞서 인간관에서 '하나의 체계는 다른 체계의 상위체계이면서 동시에 다른 체계의 하위체계가 될 수 있다'고 하였다. 예를 들어, 솔이가 다니는 학교는 솔이네 가족 외부에서 영향을 주는 체계로서 솔이에게 필요한 지식과 기술을 습득할 수 있도록 도와줌으로써 가족기능을 보완해 주는 역할을 한다. 즉 솔이가 다니는 학교는 솔이 가족의 상위체계로서 기능적으로 연결되어 있는 것이다. 반면, 학교는 전체 지역사회 차원에서 보면, 지역사회의 한 부분이며, 경찰서, 소방서, 우체국, 은행, 복지관과 같이 지역사회라는 보다 큰 체계를 구성하는 하위체계가 된다. 상위체계와 하위체계의 개념은 체계가 단절되어 있지 않고 연속선상에서 질서 있게 연결되어 있으며, 부분들이 모여 전체가 된다는 것을 보여주는 것이다. 결국 체계는 부분이면서 동시에 전체가 되고, 부분들은 전체를 구성하는 것이다.

여기에서 한 가지 유념할 것은 부분들이 합해지면 자동적으로 전체가 되는 것이 아니라 각 부분들에서 나타나지 않은 현상들이 상호작용을 통해 새로운 또는 전체적인 특성을 나타낸다는 것이다. 이것을 한마디로 요약하면 '전체는 부분의 총합 그 이상이다'라고 할 수 있다. 야생의 정글은 잡아먹느냐, 잡아먹히느냐의 냉혹한 먹이사슬 속에서 살아가는 수많은 동식물들이 존재하지만 전체적으로 관망하면 이들의 살아가기 위한 처절한 몸부림으로 인해 생태계가 유지되고, 멋진 자연 경관을 형성하며 인류에게 필요한 자원이 공급되는 것이다. 즉 부분들이 단순히 모여서 된다기보다는 각 부분들의 역동적인 상호작용이 빚어낸 걸작품으로 완성되는 것이다.

이런 맥락에서 일반체계이론은 어떤 체계를 보다 낮은 하위 체계 또는 부분으로 환원시키는 것이 아니라 어떤 체계가 잘 기능하도록 돕는 연결, 관계, 상호작용에 초점을 맞춤으로써 전체성에 더 관심을 갖는다는 것을 알 수 있다. 화학이나 물리학과 같은 기계론적 입장은 모든 자연현상과 사회현상, 심지어 인간의 심리마저도 기본적이며 요소적인 단위로 단순화시키고 분석함으로써 어떤 법칙이나 이론으로 환원시키려는 경향이 있다. 슬픔이나 외로움, 흥분, 기쁨과 같은 심리 현상도 호르몬 작용으로 해석하는 것이다. 이런 환원주의 또는 기계론적 시각이 잘못되었다는 것이 아니라 일반체계이론에서 보다 관심을 두는 것은 작은 단위의 하위 체계들이 상호 어떤 정보와 에너지를 교환하며 관계를 맺고 연결되어 있는지, 이로써 생성된 전체적인 현상에 주목하는 것이다.

마지막으로 대상체계는 현재 관심을 갖는, 관심을 가져야 하는 체계로서 분석의 대상이 되는 체계를 말한다. 어떤 가족이 가정폭력과 같은 문제가 있다면 대상체계가 되는 것이며, 특정 지역에 성폭력사건이 많이 발생한다면 해당지역이 대상체계가 되는 것이다.

2) 행동적 특성

어떤 한 체계가 유지되고 변화·발전하기 위해서는 폐쇄된 체계가 아니라 개방된 체계여야 하지만, 이때 아무런 걸러짐 없이 투과되는 체계는 자신의 정체성을 유지할 수 없다. 따라서 반투과성 체계로서 외부로부터 정보나 자원, 그리고 에너지의 교환이 이루어질 때 체계를 유지하고 성장시킬 수 있다. 이처럼 외부체계와 지속적인 교환을 하는 과정을 설명하기 위해 대두된 개념이 투입(input)과 전환(through-put) 그리고 산출(output)이다. 이 개념은 단선적 원인론이 아니라 순환적 상호작용 또는 순환적 역동성을 강조하는 일반체계이론의 과정적 특성을 잘 보여준다.

(1) 투입(input)

어떤 체계가 외부 환경으로부터 필요한 자원, 정보, 에너지 등을 받아들이는 과정 또는 외부에서 내부로 유입되는 과정이라 할 수 있다. 생물학적, 사회적, 심리학적 생존과 성장을 위해서는 외부로부터 지속적인 에너지를 공급 받아야 하는데 이런 과정이 바로 투입이다. 사회복지기관과 같은 조직도 정상적인 운영을 위해서는 정부의 보조금과 민간의 후원금 그리고 직원과 자원봉사자와 같은 자원을 공급받아야 하며, 지역사회의 다양한 정보와 협조를 받아야 하는데, 이 같은 여러 요소들이 기관으로 수용되는 과정이 투입인 것이다.

(2) 전환(through-put)

투입된 자원과 정보, 에너지를 자신의 상황에 맞게 변형하여 재조직화하는 과정을 전환이라 한다. 동물들이 섭취한 먹이는 소화과정을 통해 필수 영양소만 추출하여 성장과 생존을 위해 몸 구석구석으로 전달된다. 사회복지기관에서 신규직원은 교육과 훈련과정을 통해 기관에 적합한 인력으로 재탄생하며, 자녀 교육에 대한 다양한 정보를 접한 부모는 자녀의 상황에 맞게 정보를 재정립하여 적용시킨다. 전환은 일종의 가공과정이라 할 수 있는데, 다양한 식재료를 가공하여 음식을 만들거나 석유나 나무와 같은 원재료를 가공하여 플라스틱이나 가구로 재탄생시키는 과정 등이 그 예이다.

(3) 산출(output)

산출은 투입과 전환 과정을 통해 생산된 결과물이다. 과일주스를 예로 들면, 오렌지와 사과 그리고 시럽, 우유를 믹서기에 넣는 것은 투입이 되고, 믹서기의 전원을 연결하고 회전시켜 재료를 잘게 자르고 섞는 과정은 전환이 되며, 작동을 멈추고 유리컵에 따라 놓으면 완성된 주스가 되며, 투입되기 전의 원재료와 크기, 모양, 상태가 다른 새로운 결과물이 탄생하게 되는데 이것이 산출이다. 우리가 음식물을 먹으면 활동에 필요한 에너지가 생성되는데 이것 역시 산출이며, 각종 생활폐수를 정화시켜 농사에 쓸 물로 재탄생하는 것도 산출이라 할 수 있다. 즉 산출은 체계 내에서 전환과정을 거쳐 투입될 당시의 자원이나 에너지가 변형되어 다시 외부환경으로 배출되는 것을 의미한다.

(4) 환류(Feedback)

일반체계이론의 순환성 특징을 잘 보여주는 것이 환류(피드백)이다. 즉, 투입-전환-산출 과정을 통해 생성된 정보나 자원, 그리고 에너지는 그 자체로 완벽하지 않기 때문에 산출물이 또 다시 투입되는 동일한 순환과정을 거치는 것이다. 이를 통해 외부환경에 적합한 산출물로 재생산되고 체계가 보다 적응적이 되도록 돕는다. 우리가 학교에서 친구들과 관계를 맺고 대화를 하는 과정은 그 자체로 끝나는 것이 아니라 이 과정에서 습득된 대인관계기술이 직장생활에 필요한 커뮤니케이션 능력으로 발휘될 수 있다. 친구들과의 관계 속에서 나의 행동이 이기적인지, 배려하는 것인지, 내 생각을 잘 표현하는지, 친구들에게 매력적으로 보이고 있는지 등을 알 수 있다. 친구들은 내 행동에 대해 말이나 표정, 행동 등을 통해 나에게 의사전달을 하게 되고, 나는 이런 반응에 따라 내 행동을 수정할 것인지 강화할 것인지를 결정하여 자신만의 커뮤니케이션 방식을 만들어나간다. 친구들의 반응이 바로 환류(피드백) 과정이라 할 수 있으며, 환류(피드백)는 산출을 또 다시 투입-전환-산출 과정으로 전환시키는 것이다.

긍정적인 피드백(positive feedback)은 현재의 행동이나 상태를 지속하도록 지지하는 것이고, 부정적인 피드백(negative feedback)은 지금까지의 행동은 수용하기 어려우므로 중단하거나 수정을 촉구하는 것이다. 만약 나의 행동에 대한 친구들의 반응이 긍정적이라면 굳이 수정할 필요는 없지만, 좋지 않은 반응을 보인다면 내가 목표했던 친구들과의 우정을 위해서 내 행동을 수정할 필요가 있을 것이다. 따라서 피드백은 환경에 적응하기 위한 시스템이라 할 수 있다. 효과적인 피드백과 의사소통 양식을 만들어가는 것은 그 자체로 적응능력을 키우는 것으로서, 기능적 의사소통을 하는 사람은 상황에 따라 메시지를 고쳐 말할 수 있고, 명료하게 말하며, 수정할 수 있고, 상대방의 피드백에 적절하게 반응하며, 자신의 생각을 점검할 수 있다. 그러나 역기능적 의사소통을 하는 사람들은 불명확하고 관련된 것들을 잊어버리고, 질문을 무시하며, 맥락에 맞지 않게 반응하고, 자주 부적절하게 행동한다(이인정 · 최해경, 2004).

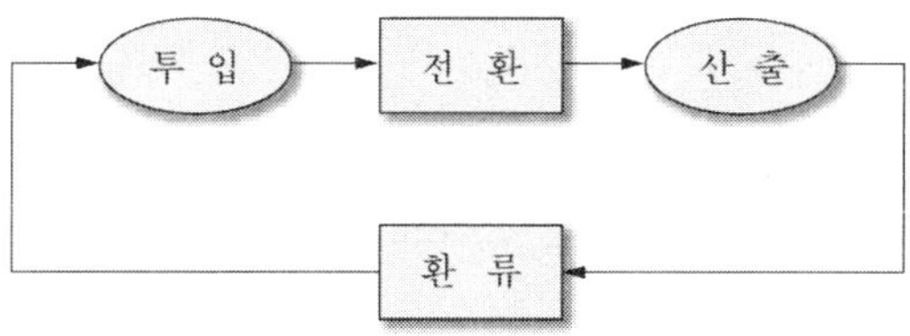

3) 역동적(진화적) 특성

체계는 완전한 변화나 완전한 현상유지 상태로는 존재하지 않는다. 체계는 지속적으로 변화를 추구함과 동시에 역동적 균형 상태를 유지하려 하는데, 이러한 체계의 속성을 역동적 속성이라 한다. 이와 같이 체계 내에는 성장, 개혁 그리고 변화를 창출해 내려는 자기지향적 과정(self-directing process)이 있을 뿐만 아니라 체계 내부의 규칙과 가치를 보존하고 안정성을 유지하려는 자기규제적 과정(self-correcting process)이 있다. 이와 같은 체계 내의 변화의 힘을 형태변형적 속성(morphogenesis)이라 하며, 체계 자체를 유지하려는 속성을 형태정체적 속성(morphostasis)이라고 한다(김동배 · 권중돈, 2010).

쉬운 예로 현재 직장이 있는 사람들은 그럭저럭 먹고 살만하므로 현 상태가 그대로 유지되었으면 한다. 그러나 명예퇴직이나 감원 등으로 인해 과감히 직장을 옮기거나 창업을 해서 성공한 동료들을 접할 때면 이대로 가만히 있어도 되는지 고민하게 된다. 결국 귀찮고 번거롭지만 자격증 학원을 다니거나 창업교육에 참석하기도 한다. 현 직장생활이 견딜만 하다면 그만두려고 하지 않겠지만 자신이 바라는 생활수준에 도달하기는 힘들 수 있다. 따라서 어느 정도 안정된 생활을 하고 싶다면 외부의 도전을 받아들이고 새로운 시도를 하게 될 것이다.

체계의 역동적이고 진화적인 속성을 설명하는 개념으로 균형, 항상성, 안정상태, 호혜성 등이 있는데, 이것들은 체계의 개방성 정도와 관련된 개념들이다. 즉, 폐쇄체계에서는 체계 내부에서의 상호작용만 있을 뿐 외부체계와 상호작용을 하지 않으므로 비교적 '균형'상태를 이루지만 일정한 개방체계에서는 외부 환경과의 상호작용 속에서 체계의 일관성을 유지하려는 '항상성' 경향이 나타나며, 외부 자극을 적극적으로 받아들여 체계를 변화시킴으로써 '안정상태'로 도약할 수 있다.

(1) 균형(equilibrium)

'균형'은 '항상성'과 '안정상태'와 비교할 때, 폐쇄체계에서 주로 나타난다. 즉, 외부환경과 상호작용이 거의 없는 상태이다. 외부와 상호작용이나 교류가 없으므로 체계의 구조가 거의 변화하지 않는 특성을 보인다. 인간의 손길이 닿지 않은 밀림이나 개발이 덜 된 시골 같은 곳은 생태계가 보존되고 큰 변화가 없는 것이 특징인데 이런 상태를 균형이라고 할 수 있다. 그러나 농약이나 화학약품 등으로 생태계에 위협을 받거나 외국산 물고기인 '베스'나 '황소개구리'와 같은 신종 개체의 등장은 기존의 먹이사슬에 혼란을 주어 균형을 깨는 요소로 작용한다.

생태계 뿐 아니라 인간 조직에서도 관료제적인 조직은 기존의 전통적인 시스템을 고수하려 하고, 조직의 구조와 기능을 바꾸려 하지 않고, 외부환경의 변화에도 불구하고 현상유지에 더욱 신경을 쓴다. 또한 가부장적인 가정의 경우, 시대가 변하고 사람들의 사고방식이 바뀌었음에도 전통적인 가족규범을 고수하려 하는데 이런 상태를 균형이라고 할 수 있다.

이와 같은 균형은 체계를 보호하고 보존하는 역할을 한다. 현 상태가 유지되지 않고 빈번하게 외부환경에 영향을 받는다면 스트레스를 받게 되고, 이런 스트레스를 감당하지 못하면 체계는 결국 그 기능을 상실하게 될 것이다. 그러나 균형은 현상유지를 위해 에너지를 사용하므로 성장과 발전(또는 진화)에는 장애물로 작용한다. 인간이 어른으로 성장한다는 것은 현 상태를 유지하는 것이 아니라 적극적으로 외부의 자극에 맞서면서 형성된 가치관과 자아상을 새롭게 형성하는 과정이다. 외부의 환경이 변화하지 않고, 체계에 자극을 주지 않는다면 완전한 균형을 유지할 수 있을 것이지만 체계는 외부환경과 끊임없이 영향을 주고받을 수밖에 없는 존재이므로 환경에 대한 적절한 반응이 필요할 수밖에 없다.

(2) 항상성(homeostasis)

항상성은 균형을 유지하려는 체계가 외부환경으로부터 위협을 받을 때 이를 회복하려고 하는 경향성을 의미한다. 일시적으로 체계의 균형을 깨뜨리는 사건이 발생하면 체계는 무질서한 그 상황을 벗어나 이전 패턴을 되찾으려고 하거나 새로운 균형 상태를 빠르게 구축하게 된다(Miley et al., 2004).

항상성은 기본적으로 균형 상태를 유지하려고 하지만 폐쇄체계가 아니라 일정 정도의 개방체계를 전제로 한다. 다시 말해서, 균형은 외부환경 자극에 변화하지 않고 고정된 평형을 이루려고 한다면, 항상성은 일정 범위 안에서의 변화는 허용한다. 이런 점에서 체계가 환경과 상호작용을 하기 때문에 정적인 균형보다는 역동적인 균형을 이룬다고 말한다. 체계 안으로 흘러들어온 환경의 영향을 완전히 무시하지 않고 일부 수용하여 다시 균형을 이루고자 한다. 결국 변화보다는 유지 기능을 담당하며, 체계가 일관성 있는 기능을 유지하도록 돕는다.

우리 몸은 겨울이나 여름이나 인체의 조절 메커니즘 덕분에 정상체온을 유지하며, 경제상황이 어려워져서 수입이 줄면 소비와 지출을 줄임으로써 가계에 부담을 최소화하려고 하며, 기업이 어려워지면 직원 수를 줄이고 업무량을 재조정하여 기업의 부담을 최소화시켜 기업 운영이 가능하도록 한다. 또한 11시까지 반드시 귀가해야 하는 가족규칙이 있는 가정의 경우, 자녀가 도시로 취업을 나가 혼자서 생활해야 하는 상황이라면 부모가 있는 집으로 귀가할 수 없으므로 11시부터 12까지 자녀의 자취방으로 귀가한 후 전화를 하게 할 수 있다. 시간과 공간적인 범위는 변화하였으나 가족규칙은 유지하는 것이다. 복지관과 10분 거리에 사는 덕에 한 번도 지각하지 않은 과장님이 어쩔 수 없는 상황이 되어 2시간 거리의 인근 도시로 이사를 했을 때, 과장님은 지각을 할 것인가? 항상성의 원리에 의하면 그렇지 않다. 2시간 먼저 준비해서 출근하기 때문에 평소와 다르지 않게 지각하는 일은 없을 것이다. 그러나 10분 거리일 때는 거의 동일한 시간에 출근했지만 2시간 거리이므로 중간에 많은 변수가 작용하여 약간의 변동은 있을 수 있다. 어찌되었든 8시 30분에서 9시 사이에는 출근을 하게 될 것이며, 이는 항상 해왔던 출근 습관(지각하지 않는)을 유지하는 것이며, 출근 전 30분은 항상성을 유지시켜 주는 범위이다. 즉 항상성의 범위가 된다. 이런 예는 자동온도조절장치에서도 찾아볼 수 있는데, 집안의 보일러에 25도를 맞추어놓으면 23~27도 사이의 온도를 항상 유지하는데, 이런 변화의 폭을 항상성의 범위라고 한다.

(3) 안정상태(steady state)

안정상태는 전체 체계가 균형을 이루고 있고, 부분들 간의 관계를 유지시키고 쇠퇴하여 붕괴하지 않게 하기 위해 환경과의 융통성 있는 에너지 교환관계를 유지하고 있는 상태를 의미한다(Anderson & Carter, 1984).

안정상태는 환경과 역동적인 상호작용을 하여 체계의 구조를 변화시키는 개방체계에 속한다. 또한 체계가 고정되어 있는 '균형'에 비해, 그리고 일정 정도만 개방하여 그 범위 안에서만 변화하려는 '항상성'에 비해 지속적으로 움직이고, 외부 자극을 받아들이며, 어떤 목적을 향해 나아가는 특징이 있다.

안정상태라고 하면 우리는 흔히 고요하고 변화가 없으며 편안한 상태라고 생각하기 쉽다. 그러나 안정이 되어 원하는 것을 하고 싶다면 현재의 불편함과 어려움을 극복해야 하고 자신을 가다듬어야 하며 외부에 적절히 반응할 수 있어야 한다. 가정 내 문제가 있는데 이것을 괜히 건드려 더 복잡하게 하고 싶지 않다고 해서 아무런 행동도 취하지 않고 외부의 도움도 받지 않는다면 안정 상태는 고사하고 문제만 더 복잡하게 심화될 것이다. 진정으로 안정을 원한다면 외부의 전문가들에게 도움을 요청하고 주변 사람들과 유기적인 협조를 이루는 것이 효과적이다.

결국 안정상태는 현 상태를 그대로 보존하는 것이 아니라 체계를 변화시키기 위해 외부 환경을 적극적으로 받아들이는 것이며, 외부의 변화에 대해 능동적으로 대응하는 것과 관계가 있다. 예를 들어, 빈민촌 지역이었던 동네가 재개발 등으로 인해 외부로부터 많은 사람들이 새로 유입해 들어 왔다면, 지역사회 변화에 발맞추어 기존의 사회복지서비스를 변화시켜야 한다. 만약 기존의 서비스를 온전히 유지하기만 한다면, 운영이 어려워질 것이며 주민들로부터 외면받을 수밖에 없다. 항상성의 원리에 따르면 체계는 일정 범위 내에서는 생존할 수는 있지만 시간이 흐르면서 기존의 틀은 더 이상 유용성을 잃게 된다. 이런 경우에 체계는 스스로 변화해야 하는데, 그렇지 않고 계속해서 항상성의 원리만을 고집한다면 체계 안에서는 역기능이 증가할 것이다(김용태, 2000).

(4) 호혜성(reciprocity)

호혜성은 어떤 결과에 대한 원인이 분명한 단선적 인과관계가 아닌 순환적 인과관계 또는 쌍방적 인과성을 나타내는 말이다. 즉, 한 체계의 일부가 변화하면, 그 변화는 모든 다른 부분들과 상호작용하여 나머지 부분들도 변화하게 된다는 것이다(Payne, 2001). 직선적 또는 단선적 인과관계는 결과가 있으면 원인이 있기 마련이며, 결과가 다시 원인에게 영향을 주지 않으며, 원인과 결과의 연속적인 관계가 출발점으로 되돌아가지 않는다. 즉 A(원인) → B(결과)이며, B(원인) → C(결과)일 때, A가 C의 원인이 되지는 않는다. 그러나 순환적인 인과관계에서는 A → B → C→ A 형태로서 결과가 원인으로 작용할 수 있다. 예를 들면, 학교가기를 두려워하는 아들이 있는 가족의 경우, 어머니의 지나친 걱정과 남편이 아들을 도와주고 안심시켜 주지 않는 것에 대한 불만을 토로(사건A) → 아버지는 아들이 학교에 가지 않는 것에 대해 화를 냄(사건B) → 아들은 더욱 더 불안하게 됨(사건C) → 어머니를 점점 더 화나게 함(사건A')의 형태로, 사건 A가 또 다른 사건 A'사건의 시작으로 이어지고, 이런 과정이 연속적으로 반복되고 악순환되는 경우에, 이런 과정이 반복적으로 이루어지게 되면, 나중에는 어떤 것이 원인이 되고, 어떤 것이 결과가 되는지를 알 수 없게 되고 그로 인하여, 악순환적 순환관계가 생기게 될 가능성이 높다(송성자 · 정문자, 1998).

(5) 엔트로피(entropy) 및 넥엔트로피(negentropy)

체계가 유지되고 변화하며, 성장하고 발전하기 위해서는 외부와 지속적인 에너지 교환이 있어야 한다. 그러나 폐쇄체계에서는 외부와 상호작용이 부족해짐에 따라 점차 체계내부의 유용한 에너지는 감소하고, 체계가 해체되는 방향으로 진행하게 되는데 이런 현상을 '엔트로피'라고 한다. 체계는 어떤 형태로든 질서와 형태를 가지고 있고, 조직화되어 있다. 이런 체계가 외부로부터 에너지를 공급받지 못한 채 계속적으로 방출만 된다면, 비체계적 특성인 무질서, 혼돈, 비조직화, 역기능의 상태로 나아가게 된다. 또한 유용한 에너지는 유용하지 않은 에너지로 변형되고 이런 종류의 에너지가 증가하는 현상을 나타낸다. 지구는 자체로 유용한 화석연료를 가지고 있지만 우주로부터의 에너지 공급이 제한되었음에도 무분별한 사용을 하여 유용한 자원은 고갈되고 유용하지 않은 배기가스만 배출하고 있다. 결국 지구라는 체계는 지속적으로 엔트로피가 증가될 수밖에 없다.

사람을 비롯한 모든 동식물 역시 언젠가 죽게 되므로 체계는 해체되고, 상실되며, 붕괴되는 무질서 상태로 돌아가기 때문에 엔트로피는 어쩔 수 없는 자연법칙 중 하나이다. 그러나 체계는 외부와 활발하게 상호작용을 함으로써 엔트로피 상태를 저지하거나 감소시킬 수 있다. 음식과 같이 외부로부터 섭취할 수 있는 에너지 자원과 운동이나 훈련과 같은 내부적 역량 강화, 친구나 이웃과 같은 사회적 지지자원, 의료적 처치와 상담 또는 사회복지서비스와 같은 외부적 도움 등으로 체계의 안정상태를 회복시킬 수 있다.

이처럼 엔트로피 상태를 안정시키고, 체계가 성장과 발달의 방향으로 진행되는 과정을 넥엔트로피라고 한다. 넥엔트로피는 엔트로피의 증가 속도를 늦추고, 질서와 형태를 유지하는 기능을 하며, 외부의 에너지 유입을 증가시킴과 동시에 유용하지 않은 에너지는 감소시킨다.

예를 들어, 가정 안에서 부부 사이가 좋지 않아 서로 대화가 없어지고 긴장이 흐르게 되면 그로 인해 부모-자녀 관계도 불안정해지고 자녀들이 일탈에 빠질 수 있다. 이때 부부간 상호작용의 감소는 가족 내 질서 및 위계를 불안정하게 만들고, 부모-자녀간 경계도 불명확하게 만들게 된다. 따라서 이러한 역기능적 행동의 증가가 바로 엔트로피 상태라고 할 수 있다. 이처럼 부부갈등으로 인해 가족 내 엔트로피가 증가한 경우, 부부가 외부 자원인 상담실을 통해 부부 상담을 받고 관계가 회복되면 그로 인해 부모-자녀 관계에도 새로운 질서와 위계가 만들어지고 가족 전체가 회복되는 계기를 맞게 된다. 따라서 외부 도움으로 가족 내 역기능적 관계가 개선되고 가족원 간 긴장이 감소하게 되는데, 바로 이때가 넥엔트로피 상태인 것이다(최옥채 외, 2009).

(6) 시너지(synergy)

체계 내에 유용한 에너지가 증가하는 것으로 이는 체계 구성요소들 사이에 상호작용이 증가하면서 나타난다. 이러한 시너지는 개방적이고 살아 있는 체계에 적합하다. 개방체계는 에너지를 고갈시키지 않고 구성요소들의 상호작용을 촉진함으로써 계속해서 에너지를 만들어 내기 때문이다. 예를 들어, 부부갈등이 있는 가족의 경우, 부부가 외부 상담을 통해 관계가 개선되면 전체의 분위기가 긍정적으로 바뀌고 경우에 따라서는 예전에 없었던 가족 단위 모임이나 행사에 적극 참여하거나 자녀들이 더욱 성숙해지는 따위의 긍정적 변화가 나타날 수 있다. 여기서 이러한 변화들이 바로 시너지 효과인 것이다(최옥채 외, 2009).

제 3 장

생태체계이론

1. 생태체계이론의 등장배경

생태학(Ecology)은 1866년 독일의 생물학자인 헤켈(Haekel)에 의해 최초로 학문분야로 소개되었으며, 동물과 무기적·유기적 환경에서 일어나는 자연의 경제(economy of nature)에 대한 지식이며(Kilsdonk, 1983), '자연지역 내에서 함께 살아가는 식물과 동물의 상호의존에 관한 과학'이라 할 수 있다(박재욱 외 역, 1985). 생태학은 자연과학에서 생물과 그것을 둘러싼 환경과의 상호관계를 고찰하면서 발달하였으나 점차 사회학의 관심을 끌면서 1920년대 파크(Park)와 버젯(Burgess)에 의해 인간생태학(Human Ecology)으로 발전했고, 생태학이 인간 사회로 확대되는 계기가 되었다. 1960년대 들어서서 환경오염에 대한 관심과 서구 사회학의 심리학화에 따른 반작용으로 사회현상을 환경 또는 상황과의 맥락에서 설명하기 시작했다.

사회사업 영역에서는 생태체계이론이 아직 정립되지 않은 1960년대부터 생태학을 접목하여 가족문제 해결에 관심을 보이기 시작했다. Auerswald(1968)는 가족은 가족의 생활을 규정하는 거대한 체계에 의해 영향을 받는다는 것을 설명하기 위해서 '생태학적인 체계접근(ecological systems approach)'이라는 용어를 사용하기 시작했다. 가족 문제에 생태학적인 관점이 도입된 것은 전통적인 심리학의 한계에 대한 비판 때문이었는데, 전통적인 심리학은 상황의 전체적인 맥락이나 개인과 환경간의 상호작용보다는 개인의 특성이나 속성에 기반하여 인간의 행동을 설명하려는 오류를 범하고 있었기 때문이다(Vetere & Gale, 1987).

생태학적 관점은 저메인(Carel Germain)에 의해서 1973년 『사회사업(*Social Work*)』에 소개되었지만 생태체계이론이 등장한 이후 저메인(Carel Germain)과 기터만(Gitterman)이 1980년에 생활모델이라는 사회복지실천 모델로 정교화시킴으로써 사회복지실천에 자리 잡게 된다. 정작 생태학을 생태체계관점으로 이론화시킨 사람은 브론펜브레너(Bronfenbrenner)이며, 1979년 『인간발달의 생태학(*The Ecology of Human Developement*)』에서 활동하고 성장하는 인간과 그들의 환경간에 일어나는 생애과정 전체에 걸친 발달 및 상호작용에 관해 다루었다(정은, 2010). 그는 인간발달생태학을 '적극적으로 성장해 가고 있는 인간과 그 발달하고 있는 개인이 살고 있는 환경 속성 즉, 개인에 따라 즉각적으로 변화하는 속성이 발전적으로 상호 조절하는 과정을 과학적으로 연구하는 학문'이라고 하였다. 브론펜브레너의 이론은 당시 유행하고 있던 생태학의 영향을 받기는 했지만 본질적으로는 일반체계이론에서 파생된 이론으로서 체계이론의 기본적 틀을 유지하고 있다. 즉, 1930년대에 등장한 일반체계이론과 생태학을 접목시킨 것이다.

2. 생태체계이론의 개요

1) 인간관

인간의 성격과 행동은 그를 둘러싼 사회체계에 대한 설명 없이는 이해될 수 없다. 즉, 인간의 행동은 전체 체계와 그것의 영향을 함께 이해해야 한다. 인간의 성격과 발달에 대한 기존의 심리학은 유전적 또는 정신내적 문제로 바라보는 의료적 모델이거나 환경에 따라 결정된다고 보았으나 생태체계이론에서는 인간을 환경적 요구에 적응하고 때로는 환경을 자신의 요구에 맞게 수정 또는 변화시킬 수 있는 능동적인 존재로 보고 있다.

따라서 생태체계적 관점에서는 인간의 능력에 대해 신뢰를 갖고 낙관론적 입장을 견지한다. 생태체계적 관점에서는 역기능적(dysfunctional)이라는 말을 사용하지 않으며, 문제의 원인을 개인으로 환원하지 않고 전체적인 맥락과 환경과의 상호교류의 과정으로 바라본다. 환경과의 상호교류를 통해 유익한 효과를 얻지 못했을 때는 역기능이나 부적응보다는 '부적합'이라는 용어를 사용한다. 즉 부적합한 행동은 물리적 및 사회적 환경과 클라이언트의 관계라는 맥락에서 상호적으로 연관 있는 행동이라고 설명함으로써 클라이언트에 대한 비난을 제거한다(Miley et al., 2004). 결국 인간은 자기 내면세계의 요구와 외부 세계의 요구로부터 비교적 자유로운 존재로서, 환경과의 상호교류에서 성공적 경험을 획득하고 자율성과 자기규제능력 그리고 유능성을 확보할 수 있는 능력이 있다고 보고 있다(권중돈 · 김동배, 2010).

2) 기본가정

생태체계이론은 인간과 환경을 하나의 총체로서 간주하면서, 분석의 단위로서 개인과 환경의 상호작용을 지지한다. 또한 고유의 관점에 따라 사회복지 전문직이 통합될 수 있도록 다양한 이론과 모델들을 체계적으로 연결시키는 틀을 제시하며, 사회복지실천의 핵심인 '상황속의 인간'이라는 관점을 보다 명확히 설명해준다. 이 관점은 20세기 말에 진보와 희망을 대표하는 세계관이자 사회복지실천의 상위모델로서 인과론적 단선개념보다는 상호교류의 순환적 개념을 강조하며, 기존의 개인 심리문제 중심의 병리적 관점에서 강점관점으로의 패러다임 전환을 가져왔다. 이는 개인과 환경을 이분화하는 것을 방지하고, 인간과 환경에 대한 변화, 그리고 최적의 교환이 일어나도록 관계의 변화를 추구하며, 사례를 맥락속에서 전체적으로 보게 하는 통합된 관점을 제공한다. 이러한 생태체계 관점은 모든 실천모델들을 수용할 수 있기 때문에, 사회복지 현장에서는 상황을 억지로 특정한 실천모델에 끼워 맞추는 것이 아니라, 그 상황에 적합한 관점, 모델, 방법, 기법을 사용하여 사정할 수 있고 실천에 적용할 수 있다(김동배 · 이희연, 2003).

생태체계이론은 또한 체계내 혹은 체계들 사이에서 발생하는 스트레스와 이에 대처하는 인간의 균형에 관심을 두고 있으므로(De Hoyos & Jensen, 1985), 오늘날과 같이 억압과 빈곤, 실업과 같은 성장과 건강 그리고 사회적 기능을 방해하는 부정적 생활환경을 감소시킬 수 있는 이론적 기반을 제공한다. 인간과 그를 둘러싼 환경은 상호보완적인 자원의 교환을 통해 높은 균형과 조화를 이룰 수 있지만, 높은 이혼율과 범죄율, 각종 일탈행위들은 생태체계 사이에서 조화를 이루지 못하여 발생하게 된다. 따라서 생태체계적 관점은 인간이 사회구조 및 사회 환경의 영향과 거기에 적절히 상호작용하고 긍정적 생활경험을 통해 회복되고 성장할 수 있도록 도울 수 있다.

생태체계 관점은 체계이론(system theory)과 생태학(ecology)이 결합되어 만들어졌다. 체계이론에서는 모든 유기체는 체계이며 하위체계로 구성되어 있는 동시에 상위체계의 부분이라고 보는 관점으로, 생물학적 이론에서 비롯되었으나 생물체계뿐 아니라 집단·가족·사회 등과 같은 사회체계에도 적용된다(Payne, 2005). 체계이론은 다른 이론들이 인간이나 사회행동의 부분들만을 다루었던 것과는 달리 '전체(wholes)'를 다룬다는 점에서 그 가치가 있다. 체계이론은 의학·생물학·심리학·경제학·사회학·교육학 등 많은 학문에서 논의되어 왔으며, 사회복지 분야에서도 초기부터 체계이론의 원칙을 사용해 왔다(오창순 외, 2010).

체계이론과 생태체계적 관점의 차이를 좀더 살펴보면 아래와 같다.

첫째, 일반체계이론은 복잡한 환경 속에서 체계들이 어떻게 변화하고 어떤 방식으로 서로 관련되어 있는지, 그리고 체계들이 어떤 순서로 관련되어 있는지와 같은 구조에 초점을 둔다. 반면에 생태체계이론은 인간과 환경 사이의 관계(relationship)에 초점을 두는 경향이 있으며, 구조보다는 상호작용과 교류(transaction)에 보다 강조점을 둔다(오창순 외, 2010).

둘째, 일반체계이론에서 충분하게 설명하지 못했던 체계간의 공유영역에 대해 적응과 상호교류라는 개념으로 그 중요성을 강조한다. 일반체계이론은 경계(boundary) 사이의 공유점에 대해서는 별로 관심을 두지 않고, 단지 그것이 무엇인지를 설명할 뿐이다.

셋째, 일반체계이론은 외부환경의 요구에 적응하고 안정상태를 유지하는 것에 초점을 두지만 생태체계이론은 보다 적극적인 입장으로서 인간이 자신의 상황과 욕구에 맞게 환경을 조정하고 변화시킬 수 있다고 본다(Urdang, 2008).

넷째, 일반체계이론은 체계와 환경간의 상호작용(interaction)에 초점을 두지만 생태체계이론은 상호작용 뿐 아니라 인간과 환경간의 교류(transaction)를 강조한다. 교류는 개인과 환경이 상호 영향을 미치며 하나의 단위, 관계, 체계로 융합되는 반면에, 상호작용은 개인과 환경이 서로 영향을 미치면서도 독립적인 정체성을 유지한다(Lazarus, 1980).

다섯째, 생태체계이론은 일반체계이론보다 실제 생활세계 속에서 살아가는 인간의 문제에 관심을 가짐으로써 인간적 관심과 실천적인 경향을 띄게 한다. 이렇게 볼 때 생태체계론적 관점은 일반적인 체계의 구조와 성질을 설명해 주는 고도의 추상화된 일반체계이론에 생태학의 인간주의적이고 실천적인 차원을 더하여 사회사업실천을 위한 이론틀로서 보다 유용성을 갖는다고 할 수 있다.

3. 생태체계이론의 주요 개념

1) 인간과 환경 간의 상호 교류

(1) 적합성(goodness-of-fit)

기린은 높은 곳에 있는 나뭇잎을 먹기에 적합한 긴 목을 가지고 있고, 맹수들은 사냥하기에 적합한 튼튼한 다리와 날카로운 발톱이 발달했으며, 돌고래는 포유류임에도 불구하고 바다에서 생활하기에 적합한 유선형의 몸체와 지느러미와 같은 앞발로 진화, 발전했다. 사람들도 농촌에서 살다가 도시로 와서 생활하게 되면 모든 것이 낯설고 자신에게 부적합했으나 차츰 익숙해진다.

이처럼 적합성은 체계의 적응적 욕구와 환경이 잘 부합되는 정도를 나타내는 개념이다. 또한 인간이 그들의 환경과 적응할 수 있는 균형을 이루고자 하는 적극적인 노력이다(Germain, 1979). 즉, 개인이 환경과 알맞게 잘 들어맞는 상태이면서 동시에 이러한 균형을 위해 노력하는 행위까지를 포함한다.

적합성이 이루어지려면 어떤 한 체계가 환경에 일방적으로 맞추어야 하는 것도 아니고 체계에 의해 환경이 변화되는 것만을 의미하지 않는다. 즉, 체계와 환경의 상호작용 및 상호교류를 통해서 서로에게 유익이 되는 방향으로 점차 변화하고 조화를 이루어 나가야 한다. 생태계에서는 어떤 한 종(種)이 진화하게 되면, 다른 종(種)들도 거기에 적합하도록 변화하면서 균형과 평형상태를 유지하게 된다. 우리나라 생태계에서 문제가 되었던 외래 종(種)들은 우리나라 생태 환경에 잘 적응했으나 기존의 토착 종(種)들이 갑작스러운 변화에 대응하지 못함으로써 생태계의 혼란이 가중되었다. 힘의 평형상태가 깨짐으로써 기존의 먹이사슬에 일대 혼란이 발생한 것이다. 사회 조직에서는 약간 다른 방식으로 설명될 수 있는데, 신규직원이 채용된 경우 아직 조직의 일원으로서 적합한 행동양식이 발달하지 못했으므로 신규직원 뿐 아니라 기존 직원들도 약간의 불편함을 감내해야 하고, 서로에게 익숙해지는 시간을 필요로 한다. 결국 신규직원과 기존 멤버들간의 협력적 상호관계를 발달시키게 되면 서로에게 유익한 결과로서 적합성이 성취되는 것이고, 그렇지 않을 경우 힘의 균형이 깨짐으로써 반목과 갈등이 유발될 수밖에 없다. 이런 예는 도시재개발 지역에서 기존의 토착민들과 새로 유입된 사람들과의 상호작용에서도 발견될 수 있다.

(2) 적응

적응은 인간이 자신을 둘러싼 환경의 조건과 요구에 맞추어 조절함으로써 최적의 적합상태를 이루기 위해 변화하고 재구조화해 나가는 과정이다. 즉, 인간이 환경과의 상호작용을 통해 서로 영향을 주고받으며 거기에 반응하는 것이다. 이런 점에서 적응은 인간의 내적 영향력과 생태적 환경의 영향력에 의해서 이루어지는 상호 의존적인 과정인 것이다(Meyer, 1983).

가족은 서로 다른 두 사람이 만나 결혼하고 상호 영향력을 미치며 적응을 한다. 가족이 깨지지 않고 건강하게 유지되기 위해서는 서로가 서로에게 적합해지도록 적응하지 않으면 안된다. 아이가 생기고 이 아이가 성장함에 따라 부부 중심이던 생활패턴이 아이에게 옮겨감에 따라 이전에 경험하지 못했던 상황적 변화에 직면하게 된다. 자녀에 대한 부모의 역할을 감당하기 위해서는 자녀의 변화에 적응하지 않으면 안 된다. 가족의 생활주기에 따라 가족의 구조는 끊임없이 변화하고 재구조화 과정을 거치게 된다.

다문화 가정 아이들이나 장애아동의 경우, 자신과는 조금 다른 아이들과 학교생활을 하면서 적응상의 어려움을 겪는다. 자신이 있기에는 적합하지 않은 곳에 와있다는 이질감 등이 생길 수 있다. 그러나 학교 친구들과 상호작용을 거치는 동안 서로를 이해하고 받아들임으로써 점차 학교생활에 적응할 수 있다. 이 과정에서 다른 반 친구들은 자기들과는 조금 다른 존재(다문화 가정 아이나 장애아동)와 상호작용하면서 기존의 선입관이나 편견 등이 해소될 뿐 아니라 반 전체의 집단 응집력이 높아지는 경험, 즉 구조적 변화를 경험할 수도 있다. 물론 그 반대의 경우도 생각해볼 수 있다.

적응은 환경에 대한 수동적인 적응이 아니라 환경과의 적절한 관계를 유지하기 위한 개인의 적극적인 노력을 의미한다. 즉, 인간은 환경을 형성하고, 동시에 환경은 인간을 만들며, 또한 인간은 그들이 직면하는 환경에 적응하는 독특한 방식을 바탕으로 스스로 적소(niche)를 창조한다. 결국 인간의 행동은 그들이 만나는 환경에 효과적으로 반응하기 위한 시도로써 이해되어진다(Bower, 1988).

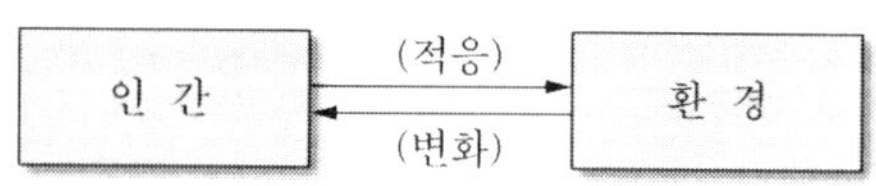

(3) 스트레스

인간은 환경과의 상호 교류를 통해 적합성과 적응을 이루려고 하지만 이 과정에서 생활 스트레스를 경험하게 된다. 부부는 사랑해서 결혼했으나 많은 차이점들로 인해 서로에게 적응하는 과정에서 갈등을 겪게 되고, 새로운 직장에 진입했으나 익숙하지 않은 업무와 낯선 사람들에게 적응하느라 스트레스를 받게 되며, 타 지역으로 이사를 하거나 전학을 할 경우에도 역시 크고 작은 스트레스를 경험하게 된다. 이러한 스트레스는 개인의 성장과 발전에 도움이 될 수도 있지만 질병이나 심리적 증상 또는 사회적 고립 등 생리, 심리, 사회적 역기능을 유발시키기도 한다. 따라서 스트레스를 최소화하거나 극복할 수 있는 방안을 찾는 것은 개인과 환경간의 적합성을 성취하는데 매우 중요하다.

스트레스는 개인에게 어떤 요구가 생겼을 때 이러한 요구를 충족시키는데 필요한 자원을 활용할 수 있는 개인의 능력 사이에서 불균형이 일어난 것이다. 또는 개인과 환경간의 상호교류 과정에서 불균형에 의해 야기된 생리, 심리, 사회적 현상이라고 할 수 있다(Lazarus, 1980). 즉, 자신이 바라는 것을 성취하기 위해 주변 환경에서 필요한 자원을 활용하려고 하지만 원하는 대로 이루어지지 않으면 심리적으로 상처를 받거나 몸이 아프거나 사회적으로 불이익을 받는 어려움을 겪게 되는데, 이런 현상을 가리켜 스트레스라고 한다.

이러한 스트레스는 개인이 환경과 상호작용하는 가운데, 개인의 욕구가 좌절되거나 외부의 위협으로부터 보호받지 못한다고 생각할 때 자연발생적으로 생기는 불안에서 유발되는 경우가 많다(장수환 외, 2008). 사람들은 개인의 생활주기나 가족의 발달주기상의 변화에 따라 자연발생적으로 나타나는 발달적 변화와 외부의 충격적 사건, 기타 다양한 생활상의 문제들로 인해 불안감이 증폭되어 결국 역기능적 상태가 될 수 있다. 결국 스트레스는 인간의 발달과정에서 피할 수 없다는 것인데, 여기에서 스트레스에 대처하는 방식에 따라 성장과 발전을 이루는가 하면, 좌절하고 무기력해질 수도 있다. 따라서 개인의 요구와 환경간의 적합성을 이루고 항상성을 유지하기 위해서는 스트레스에 효과적으로 대처할 수 있는 방법을 개발해야 한다.

(4) 대처(coping)

생태체계이론은 인간이 자신의 욕구와 환경 사이에서 보다 나은 조화를 이룰 수 있도록 대처방식을 향상시키고자 한다. 환경과 조화를 이루지 못한 상태, 즉 스트레스 상황에 대응할 수 있는 대처기술(coping skills)을 증진시키고자 한다. 이런 맥락에서 대처는 스트레스 요인에 대해 대응할 때 개인과 환경 간의 좋은 적합성을 회복시키거나 높여주는 행동방식을 의미한다(Germain & Gitterman, 1997).

앞서 살펴본 적응과 대처는 환경에 대응한다는 점에서 비슷하지만, 적응은 긍정적 또는 부정적인 새로운 조건에 모두 반응하는 것이라면, 대처는 부정적인 경험을 다루는 방법이다(정은, 2010). 스트레스는 잘 극복되면 성장의 동기가 될 수 있지만, 인간에게는 달갑지 않은 것이며 잘 대처하지 않으면 더 큰 문제 상황으로 발전할 가능성이 높다. 따라서 스트레스나 문제와 같은 부정적인 상황을 극복하기 위해 노력해야 하며, 이런 일련의 행동양태가 대처라고 할 수 있다. 성공적인 대처는 자존감을 높여주고, 인간관계의 질을 향상시키며, 환경에 얽매이기보다는 자유롭게 자신의 욕구를 충족시킬 수 있게 한다. 이로써 인간은 환경과 적합성을 이루게 된다. 반면, 적절하지 못한 대처는 스트레스를 가중시키고 또 다른 문제로 확산될 수 있다.

대처능력을 갖추기 위해서는 우선, 개인의 심리적·사회적 능력을 향상시키는 것이 필요할 것이다. 이런 접근은 정신분석과 같은 미시적 차원의 성격심리학에서 주로 다루는 것으로 내부의 심리적 힘(intrapsychic forces)을 강화하는데 주안점을 둔다. 그러나 생태체계이론은 인간 내부의 힘을 강화하는 것에만 관심을 두지 않고 환경적인 맥락에서 접근한다는 것을 잊지 말아야 한다. 대처기술에는 내적 자원과 외적 자원을 필요로 하는데, 내적 자원이란 자아존중감과 문제해결기술을 말한다. 한편 외적 자원은 가족, 사회적 관계망, 그리고 조직의 지원 따위를 포함한다(McAdoo, 1993). 따라서 생태체계 관점의 사회복지사는 클라이언트의 내적 자원과 외적 자원 모두를 향상시키고 이 둘의 상호작용과 교류를 촉진하기 위한 노력을 해야 한다. 만약, 환경이 개인의 동기나 대처노력들에 적절히 보답하지 못하거나 자존감과 불안 그리고 우울증을 통제하고 유지하지 위하여 필요한 사회적 지지나 정서적 지지를 촉진시키지 못한다면, 그 대처기제는 효과성을 상실하게 될 것이다(Carton, 1984). 즉, 클라이언트의 문제해결을 위해서는 주변의 환경 또는 주요 자원들이 문제해결에 도움이 되는 방향으로 협조해주어야 한다. 생태체계 관점의 사회복지사들이 클라이언트의 가족과 친구, 학교, 직장, 지역사회 등에 개입하는 이유가 여기에 있다.

2) 인간의 속성과 관련된 개념

(1) 유능성(competence)

대부분의 사람들은 가족문제, 취업문제, 직장생활, 경제적 문제 등을 겪으면서 살아가는 것이 일반적이다. 이 속에서 스트레스를 받기 마련이고, 운 좋게 문제가 어느 정도 해결되면 또 다른 문제로 시달린다. 그래서 인생은 순탄치 않은 것이며 힘겨운 현실을 운명처럼 받아들이며 살아간다.

그러나 우리 주변에는 이런 사람들만 있는 것이 아니라 매우 유능하게 잘 살아가는 사람들도 있다. 이들은 직장에서 훌륭한 능력을 발휘하면서도 대인관계가 매우 좋고, 우유부단하거나 소극적이지 않으며 매우 확신에 차 있다. 또한 자존감이 높고, 자기관리를 잘하며, 계획성 있게 살아가고, 확고한 신념을 가지고 있어서 사람들의 존경을 받거나 주변 사람들에게 긍정적인 영향을 주는 사람들이다. 이런 사람들을 우리는 유능한(competent) 사람이라고 부를 수 있다. 이런 유능한 사람들은 대부분의 사람들이 부러워하는 것이므로 사회복지 현장에서 클라이언트를 대상으로 유능성을 갖게 하는 것을 목적으로 하지 않는다. 그러나 생태체계이론은 인간에 대한 낙관론적 입장을 견지하고 있으며, 환경과의 조화로운 상호작용을 통해 실제로 유능한 사람으로 변화된 것을 목격하기도 한다. 다만, 사람이 변화·발전하는 것은 단계가 있는 것이기 때문에 먼저 환경에 적응하고 스트레스에 대처할 수 있어야 하고 균형감각을 가짐으로써 환경에 어울리는 적합한 사람이 되어야 할 것이다. 여하튼, 생태체계이론에서 강조하고자 하는 것은 인간은 환경과 적합한 상호교류를 함으로써 유능성(competence)을 얻을 수 있다는 것이다.

유능성(competence)이란 개념은 자아심리이론과 상징적 상호작용이론의 영향을 받은 것으로서, 자아심리이론에서는 개인이 환경과 효과적으로 상호작용하는 능력이라고 하고(White. 1959), 상징적 상호작용이론에서는 어떤 과업을 수행하고 상호작용으로 인해 일어나는 결과를 통제할 수 있는 능력이라고 정의한다(Foote & Cottrell, 1965; 권중돈·김동배, 2010). 즉, 환경에 적응하거나 환경에 영향을 주는 정도가 아니라 자신의 주변 환경을 통제하고 관리할 수 있는 능력인 것이다.

유능성을 갖춘 사람은 확신을 바탕으로 확고한 결정을 내리고, 자기 판단을 신뢰하며, 주변 환경에서 자신이 원하는 것을 얻을 수 있음을 받아들이고, 환경 자원과 사회적 지지 자원을 계획성 있게 활용할 수 있다(Greene, 1999). 이처럼 유능성은 내적인 성장과 아울러 환경을 자유롭게 활용할 수 있는 능력이 포괄된 개념임을 알 수 있다. 여기에서 자기 확신, 신념, 판단능력과 같은 것은 자아존중감과 자아정체성과 관계되는 개념인데, 자아정체감과 자아존중감은 주요 타자와의 초기관계와 애착의 질에 의해 형성되며, 사회적 환경과 물리적 환경과의 지속적인 긍정적 상호작용을 통해서 재조정된다는 것을 간과해서는 안된다(Germain & Gitterman, 1986). 결국 개인과 환경간의 상호작용을 통하지 않고는 유능한 사람으로 성장하기 어렵다.

(2) 관계(Relatedness)

유능한 사람이 되기 위해서는 타인과의 관계를 잘 형성해 나가는 것과 자신이 속한 체계(또는 조직)에서 자신에게 주어진 역할을 수행해

내는 능력이 필요하다.

관계라는 개념은 대상관계이론(object relation theory)에서 가져온 것으로, 관계는 개인이 다른 사람과 인간관계를 형성하거나 연결될 수 있는 능력을 지칭한다. 대상관계이론에서는 사람들간의 상호작용만을 의미하는 대인관계 뿐 아니라 생물이나 무생물과 같이 개인의 외부에 존재하는 모든 '대상'을 포함하고 있다. 그러나 생태체계이론은 인간에게 보다 초점을 맞추는 경향으로 인해 인간관계를 주로 다룬다. 여기서 잠깐 대상관계이론을 살펴보면, 대상관계이론은 '한 개인에게는 타인과 관계를 형성하려는 동기가 있으며, 유아기의 원시적인 관계로부터 성인의 복잡한 정신기능과 성숙한 관계에 이르기까지 발달해가는 과정이 있고, 개인에게는 고유한 관계구조를 만드는 개인적 관계유형이 있다'는 이론이다. 생태체계이론의 핵심인 인간과 환경간의 상호작용에서 개인과 주요 타자와의 관계로 세분화된 것이 바로 관계에 대한 개념이다.

인간의 성격과 행동의 발달은 최초 어머니와의 관계에서 시작된다고 할 수 있다. 유아는 자신과 어머니에 대해 '좋은' 느낌과 '나쁜' 느낌 모두를 경험한다. 만약 양육자가 긍정적으로 일관된 양육태도를 취하면, 유아는 좋은 느낌과 나쁜 느낌을 통합하여(나쁘지만 좋은) 자신의 인격체를 내면화할 수 있다. 이는 유아에게 긍정적인 자기표상과 대상표상을 형성하게 하고, 유아의 내면에 통합된 대상관계를 형성하게 한다. 통합된 대상관계를 형성한 성인은 자신과 타인 안에 좋은 면과 나쁜 면이 함께 존재한다는 것을 인정하고, 자신의 나쁘게 지각되는 면을 개선하려고 노력하고, 타인의 나쁜 면을 이해하려고 노력한다(김도애 · 이은화, 2003).

반면, 양육자가 일관성이 없고 부정적인 양육태도를 취하면 유아는 '좋은' 느낌과 '나쁜' 느낌을 통합하지 못하고 각각의 것으로 분열하여 모두 좋거나 모두 나쁘게 인식하게 되어 유아의 내면에 분열된 대상관계를 형성하게 된다(Segal, 이재훈 역, 1999). 성장과정의 이 분열은 유아의 자발적인 선택이 아니라 대상과의 관계에서 어쩔 수 없이 형성된 것임에도, 유아가 성장한 후에 가지게 될 성격특성으로 고정되어 분열적 표상(모두 좋거나 모두 나쁘거나)을 형성하게 되고 이 분열적 표상은 결국 병리적 방어체계를 구축하게 한다(Mitchll, S. A. & Black, M., 이재훈 · 이해리 역, 2000).

대상관계이론은 프로이드의 정신분석이론에서 발전되어온 만큼 환경과의 상호작용보다는 인간의 내면을 탐색하는 쪽에 더 가깝다. 그러나 생태체계이론은 환경 뿐 아니라 인간체계 자체에도 관심을 갖기 때문에 이로써 인간과 환경의 상호작용과 관련된 관점을 완성할 수 있게 된 것이다.

(3) 역할(Role)

인간은 가족과 직장, 지역사회와 같은 사회체계와 지속적인 상호작용을 하면서 살아가야 하며, 이와 같은 환경체계들과 적합성을 이루고 유능한 상태가 되기 위해서는 자신에게 기대되는 역할을 잘 수행할 수 있어야 한다. 사회조직은 역할의 망조직으로 구성되어 있고 인간은 이런 역할의 망 속에서 그의 행동을 규제받기 때문이다.

생태체계이론은 사회적, 문화적 체계와 인간이 어떻게 상호작용하는지를 설명하기 위해 역할이론을 끌어와 사용하고 있다. 역할에 대한 개념은 학자마다 조금씩 차이를 보이는데, 사회체계이론의 대표주자인 파슨즈(Parsons, 1951)는 역할을 사회체제를 구축하는 구성요소로 보아 행위가 구체화되면 역할이 되고, 역할들이 조직화되면 제도가 되며, 제도들이 체계를 갖추면 사회구조가 된다고 하였다. 파슨즈는 역할을 단순히 사회체계를 설명하는 이론적 도구로만 사용할 뿐이다. 반면, 터너(Turner, 1962)는 역할을 '개인의 일관성 있는 행위의 유형'으로 파악하여 개인에게 초점을 둔다. 머튼(Merton, 1968)은 지위와의 비교를 통해 설명하는데, '지위는 일정 개인에 의해 점유된 사회체제 내에 위치하고 있다면, 역할은 바로 그 위치에 속한 일정유형의 기대를 실현하는 행동'으로 본다. 오인환(1974)은 학자들의 관점을 종합하여 '추상적이거나 구체적인 실체에 의해, 모든 사람 또는 특정 상황 하에서 기대되는 태도나 행위'로 개념화하였다.

역할에 대한 이 같은 정의는 개인적이든 사회체계와 관련된 것이든 개인의 일방적인 행동이나 의무를 내포하고 있다. 이에 비해 권중돈 · 김영배(2010)는 역할 개념은 '특정 사회적 지위를 갖고 있는 개인이 타인에게 어떻게 행동해야 하는지에 대한 기대뿐만 아니라 타인이 그 사람에게 어떻게 행동해야 하는지에 대한 기대까지도 포함 한다'고 하였다. 즉, 역할은 상호작용이며, 상호 요구인 것이다. 예를 들어, 부하직원은 조직 내에서 일선 업무를 몸으로 뛰고 직접 수행해야 하는 역할이 있지만 상급자는 부하직원의 역할 수행에 따라 보고서를 작성하고 수퍼비전을 제공하며 성과를 공유한다. 조직은 이런 직원들이 보다 성과를 잘 달성할 수 있도록 환경을 조성하고 보상을 해주는 역할을 한다. 어느 한 체계의 역할이 제대로 이루어져야 다른 체계 역시 방해받지 않고 역할수행을 할 수 있는 원리이다.

역할을 잘 수행하면 단지 성과가 높아지는 차원에서 그치는 것이 아니라 개인의 행동 발달을 촉진하고 정서적으로도 자아존중감이 향상될 수 있다. 따라서 역할은 일련의 기대되는 행동유형뿐만 아니라 상호적 요구와 의미의 유형으로 감정, 정서, 지각 그리고 신념이 역할수행과 직접적으로 연관되며, 이 같은 내적 과정과 사회적 참여 사이에서 가교의 기능을 수행함으로써 개인의 자아존중감과 밀접한 연관성을 지니게 된다(Greene & Ephross, 1991).

3) 환경체계와 관련된 개념

인간의 발달에 영향을 미치는 환경은 가족에서부터 국가에 이르기까지 그 범위가 매우 넓고 다양하다. 인간의 초기 발달환경은 집이나 가족의 울타리가 대부분이겠으나 점차 성장하면서 보다 크고 넓은 환경에 영향을 받게 되고 이러한 환경과 긍정적 상호작용을 통해서 점차 발달하고 유능성에 이르는 것이다.

브론펜브레너는 인간발달에 영향을 미치는 생태학적 환경을 러시아 인형 세트인 마뜨료쉬까(matrioshka)처럼 하나가 다른 하나의 안에 들어 있는 겹으로 포개진 구조 세트로 구성되어 있다고 보았다. 큰 인형 안에는 그보다 작은 인형이, 그 인형 안에는 또 다른 인형이 계속 들어 있는 독특한 구조로 만들어져 있다.

http://image.search.daum.net/dsa/search?w=imgviewer&q

이처럼 발달 중인 사람은 여러 환경체계의 중심에 들어 있으며, 이것을 둘러싼 환경은 또 다시 더 큰 체계에 둘러싸여 있는 것이다. 개인을 둘러싼 환경은 크게 네 가지 수준의 체계들, 즉 미시체계, 중간체계, 외체계, 거시체계로 나뉘며, 각 단계는 더 높은 단계에 연결되어 있고, 각 단계의 기능은 그보다 더 높은 단계와의 상호작용에 의해 결정된다(Bronfenbrenner, 1979).

(1) 미시체계(microsystems)

미시체계는 생태학적 환경의 가장 안쪽에 위치하며, 주로 개인과 아주 가까운 주변에서 일어나는 활동과 상호작용을 한다. 미시체계는 인간이 직접적으로 대면하는 사회적, 물리적 환경들로 구성되는데, 매우 어린 영아는 가족에 한정되지만 점차 성장하면서 접촉하는 물리적 환경과 사람들이 늘어나게 되어 개인에 따라 복잡한 양상을 띠기도 한다. 물리적 환경에는 놀이터, 탁아 · 보육시설, 동네 슈퍼, 학교, 직장 등이며, 사회적 환경에는 가족 성원, 친구, 이웃, 학교 선생님 등이 해당된다. 이런 환경들은 매일 일상적으로 접촉하면서 지적, 감성적, 사회적 상호작용을 통해 인간 발달에 영향을 줄 수 있는 특성을 가진다.

인간은 자신의 미시체계 안에 있는 사람들에 의해서 영향을 받을 뿐만 아니라 생물학적, 사회적으로 영향 받은 자신의 특성들(ex, 습관, 신체적 특성, 능력)도 다른 사람들의 행동에 마찬가지로 영향을 준다. ADHD로 인해 가족에게 고통을 주는 아동이나 학교성적에 따라 가족의 희비가 엇갈리는 청소년들이 그 예이다. 따라서 미시체계 내의 모든 관계는 서로 영향을 주고받는 양 방향적인 특성을 가진다.

건강한 미시체계는 상호 호혜성에 기반을 두고 있다. 예를 들어, 부모는 자녀의 합리적인 요청을 들어주고, 자녀는 부모의 합리적인 요청을 존중함으로써 화합한다. 반면, 부모-자녀의 의사소통 패턴에서 호혜성이 무너지면 미시체계의 질은 떨어질 수밖에 없다. 이처럼 개인에게 가장 인접한 환경인 미시체계가 효과적으로 기능하면 그 이외의 체계에서도 성공할 기회가 많아진다(최옥채 외, 2009).

(2) 중간체계(mesosystems)

환경체계의 두 번째 층은 중간체계라고 하고, 여러 개의 미시체계들 간의 연결과 상호관계를 나타낸다. 즉, 가정과 학교생활 간의 관계(부모와 교사 간의 관계), 가정과 직장생활 간의 관계(가족들과 직장 동료 간의 관계), 가정과 종교생활(가족들과 교우들 간의 관계) 등의 상호작용을 의미한다. 중간체계는 유아의 경우 가정과 유치원 체계간의 상호작용에 치중되지만 개인이 성장하여 새로운 환경으로 이동할 때마다 새롭게 형성되고 확대된다.

중간체계는 미시체계의 확대된 환경이므로 미시체계와 마찬가지로 각 체계간 상호 호혜성에 기반을 둔다. 예를 들어, 부모와 안전하고 조화로운 관계를 형성한 아동은 청소년기 동안에 또래들에 의해서도 수용되기 쉽고, 대인관계능력이 발달하며, 사회생활에 잘 적응한다. 만약 가족-학교가 상호 호혜적이고 효과적인 의사소통 체계를 갖고 있으면

학생들은 더 높은 성적을 받을 것이고, 주도성과 독립성을 나타낼 것이다(최옥채 외, 2009).

반면, 상호 연결되어 있는 미시체계가 제각기 다른 가치관을 가지고 있거나 비지원적인 연결이 될 경우 잠재적 위험이 따른다(Muuss, 1996; 임은희, 2010). 예를 들어, 또래집단은 음주, 흡연, 약물 남용, 조기 성행위를 영웅시하고 격려하며 보상하지만, 부모나 교회는 이러한 행동들을 부정적으로 보고 처벌 한다. 또는 부모와 교사가 공부에 대해 격려함에도 불구하고 또래집단이 학업성취에 가치를 두지 않을 때 청소년들은 공부를 하지 않으려고 한다.

(3) 외체계(exosystems)

외체계는 개인이 직접 접촉하거나 참여하지 않지만 그 개인의 성장과 발달에 영향을 끼치는 환경체계를 의미한다. 개인에게는 직접적으로 관련이 없고 그 개인을 직접 둘러싸고 있는 체계는 아니지만 개인의 기능 방식에 영향을 준다. 대표적인 예가 부모의 직업 환경을 들 수 있다. 근무조건이 좋은 직장인지, 직장에서 어떤 위치인지, 스트레스를 많이 받는 직장인지, 주요결정 권한을 가지고 있는지, 출퇴근은 용이한지, 복리후생은 잘 되어 있는지 등에 따라 자녀에 대한 부모의 영향력의 정도가 달라질 수 있다.

또한 지역사회의 제반 환경도 중요한 역할을 하는데, 상대적으로 부유한 동네인지 아니면 저소득 밀집지역인지, 교통이나 편의시설이 잘 갖춰져 있는지, 방범이 잘 된 곳인지, 도농복합지역인지 도시 중심인지, 주택가인지 유흥업소 밀집지역인지 등에 따라 개인의 사회적, 정서적 행동발달에 영향을 준다. 학교폭력이 유독 자주 발생하는 학교는 주변에 폐쇄된 공간이 많은 특성을 보이고, 성범죄가 많은 지역은 인적이 드문 공터가 유난히 많은 곳임을 알 수 있다.

외체계는 지역사회의 정책이나 행정체계도 해당된다. 장애인이나 노인을 위한 각종 편의시설이 잘 갖추어져 있는 지역과 그렇지 않은 지역은 장애인이나 노인의 삶의 양태에 영향을 미치기 마련이다. 자치단체 차원에서 학교사회복지사 파견을 조례로 제정하여 운영하는 곳과 상담교사마저 배치되지 않은 지역의 학생들은 학교적응에 차이를 보일 것이다. 특히 장애아동을 위한 통합교육이 실시되기 전에는 가까운 곳에서 특수학교를 찾지 못해 원거리 통학을 하거나 학교교육을 포기할 수밖에 없게 만듦으로써 가족 전반의 삶의 질을 떨어뜨리는 원인으로 작용했다.

(4) 거시체계(macrosystems)

거시체계는 개인이 속한 사회의 정치, 경제, 사회, 문화, 제도, 교육, 종교 등 매우 광범위한 영역으로 구성되었으며, 개인에게 직접 영향을 주기보다는 미시체계와 중간체계 등에 영향력을 발휘하여 개인의 신념이나 태도 등을 형성하는데 중요한 역할을 한다.

거시체계는 개인이 속한 사회의 이념이나 이데올로기적인 특성이 강하며, 이는 다시 전통적인 관습과 종교 그리고 교육 등을 통해 공고해지고, 정치·경제·문화적 형태를 결정하며, 사회구조와 제도로서 구체적인 모습을 띠게 된다. 유대교나 이슬람 사회는 종교적 이데올로기가 정치, 경제, 사회, 문화 저변에 폭넓게 녹아들어가 있음으로써 개인의 행동은 이러한 틀을 벗어나서는 이해될 수 없다. 우리나라 역시 아직까지는 유교적 전통이 남아 있고 이것으로부터 자유로운 사람은 아마 많지 않을 것이다.

우리나라에서 가정폭력에 관한 법률이 제정되기 전에는 가정폭력을 일상적으로 이루어지는 집안싸움 정도로 치부하여 다른 사람들이 상관할 일이 아니라는 인식이 지배적이었다. 이런 문화적 배경 때문에 아내구타나 아동학대는 비일비재하게 발생될 수밖에 없었다. 반면, 아동에 대한 신체적 처벌을 금지하고 사람 사이의 갈등을 폭력적으로 해결하려는 행위를 반대하는 문화에서는 아동학대의 발생이 매우 낮게 나타난다.

거시체계는 인간의 행동에 매우 다양하게 영향을 미치고 있는데, 남녀의 역할성이나 행동기준, 허용되는 음식의 종류나 패션의 행태(특히 이슬람 지역), 선호하는 이성상이나 미의 기준, 종교와 사상의 자유, 명절에 대한 반응(우리나라나 중국의 귀향 전쟁), 혼전동거나 이혼 또는 재혼성향, 자녀교육 과열양상(과외), 외국인에 대한 태도(다문화 가족 수용정도), 각종 미디어의 선정성 수준, 여성이나 장애인과 같은 취약대상에 대한 배려 정도 등 이루 헤아릴 수 없을 정도로 많다.

이런 관점에서 본다면, 미디어에서 폭력적이거나 선정적인 내용을 내보내도 제재를 가하지 않는 환경에서는 청소년들이 일탈이나 범죄에 대한 충동을 더 느낄 것이다. 또한 미혼모에 대한 가족의 수용도가 OECD 국가 중 가장 낮은 우리나라의 경우, 안전하게 아이를 낳고 기를 수 없어 유기하는 사례가 더 늘어날 수밖에 없을 것이다. 이런 현상은 모두 거시체계에 대한 이해를 통해 확인될 수 있는 것들이다. 거시체계에 대해 주목할 점은 다른 체계에 비해 비교적 쉽게 변화하지 않는 안정적 특성을 가지고 있으나 사회적 변화에 유동적이기도 하다는 점이다.

제 4 장

사회체계에 대한 이해

1. 가족

가족은 가족 성원들로 구성된 하나의 작은 사회이다. 또한 개인의 성장과 발전을 위한 1차적인 기능을 담당할 뿐 아니라 사회를 유지시켜주는 가장 핵심적인 체계라 할 수 있다. 따라서 인간의 행동과 발달을 이해하기 위해서는 기본적으로 가족을 이해하지 않으면 안 된다.

일반체계이론에 기초할 때 가족은 살아있는 유기체로서 내부의 가족체계간 상호작용과 외부 환경과의 지속적인 상호작용을 통해 성장하고 유지된다. 또한 생태체계이론에서 가족은 미시체계를 구성하고, 상위의 체계를 구성하는 기본 단위가 된다. 이처럼 가족은 체계이론의 틀 속에서 이해되고 있으며, 가족에 대한 체계이론적인 관점의 도입은 가족문제에 대한 심리학의 전통적인 한계성에서 비롯되었다. 심리학적인 전통은 상황의 전체적인 맥락, 또는 개인과 환경간의 상호작용보다는 개인의 특성에 따라 인간의 행동을 설명하려고 했다. 이에 비해 체계이론은 가족은 가족의 생활을 규정하는 거대한 환경체계에 의해 영향을 받을 뿐 아니라 가족간의 상호작용을 통해서 사회적인 존재로 성장한다고 보고 있다.

1) 가족의 정의와 유형

(1) 가족의 정의

가족에 대한 고전적이고 전통적인 관점은 혈연이나 성적관계를 강조한다. 미국의 인류학자인 머독(Murdock, 1949)은 가족을 '사회적으로 인정받는 성적관계를 유지하는 최소한 두 명의 성인 남녀와 한 명 이상의 자녀들로 이루어진 집단'으로 정의한다. 그리고 바커(Barker, 1994)는 혈연, 결혼, 입양 등으로 관련된 둘 이상의 사람들로 구성되어 있으며, 동일한 가구에서 함께 거주하는 사람들의 집단으로 규정하고 있다. 또한 버제스(Burgess et al., 1971)는 가족을 '부부관계를 기초로 하여 부모자녀관계, 형제관계 등 소수의 사람이 주요한 관계를 형성하며, 성원들은 서로 깊은 정서적 끈으로 연결된 제1차적인 복지를 추구하는 집단'이라고 했다. 비교적 최근 우리나라에서도 혈연을 강조하는 경향이 있는데, 박민자(2001)는 가족을 '친애(親愛)의 정(情)으로서 접근하기 쉽게 되어 있는 일정한 범위의 혈통관계자들의 집단이며, 한집에 거주하고 의식(衣食)과 기타 일상생활을 공유하고 재산을 공동으로 수용하는 집단'으로 정의한다.

가족에 대해 혈연이나 소수의 근친관계자 집단으로 보는 것은 현재에도 유효한 개념이다. 다만 가족을 지나치게 협의의 개념으로 바라봄에 따라 복잡하고 다변화하고 있는 현대사회의 가족을 모두 설명하기에는 한계가 있어 보인다. 따라서 이 같은 혈연이나 일상생활과 같은 형태적 측면의 가족 개념은 점차 심리적, 정서적 측면을 강조하는 쪽으로 발전하게 된다.

레비-스트로스(Levi-Strauss)는 '가족은 결혼으로부터 출발하여 부부와 그들의 자녀로 구성되지만 여기에 다른 근친자가 포함될 수 있으며, 가족 구성원은 법적 유대, 경제적·종교적 권리와 의무, 성적 권리와 금기, 애정, 존경 등의 다양한 심리적 정서로 결합되어 있다'고 정의하여 가족의 사회·심리적 측면을 강조하였다(정은, 2010). 여기에서 조금 더 나아가 가족은 '일상적인 생활을 공동으로 영위하는 부부와 자녀들, 그들의 친척 그리고 입양이나 기타 관계로 연대의식을 지닌 공동체 집단'으로써 가족이라면 반드시 동거를 해야 하는 것으로 한정되지 않는다(황철수, 2009).

이 같은 가족 개념은 혈연에 집착하지 않고 그보다는 공통의 '유대의식'을 중심에 둔 정의라 볼 수 있다. 이와 같은 개념 변화는 현대 사회로 이동하면서 가족의 형태가 점차 복잡해지면서 혈연이나 동거, 합법적 혼인 등과 같이 전통적인 가족의 틀로서는 가족을 이해할 수 없다는 것을 의미한다. 예컨대, 입양이나 재혼가족의 증가, 동성애 가족, 한부모 가족, 독신자 가족, 공동체 가족 등의 등장은 혈연으로 묶여 있지 않거나 혈연이 전혀 가족 기능을 수행하지 못하는 경우를 보여준다.

이상의 내용을 참고하여, 전통적이고 협의적인 차원에서 가족을 정의하기보다는 가족구성원의 필요와 상황에 따라 기타 관계의 사람들이 지속적인 연대의식을 갖고 일상생활을 영위해 나가는 집단으로 가족을 바라볼 필요가 있다. 또한 시대적 변화와 문화적 양태에 따라 가족의 특성이 다양해진다는 점에서, 사회환경에 역동적으로 반응하고 상호작용할 수 있는 체계적 관점에서 가족을 바라볼 필요도 있다.

(2) 가족의 기능

가족은 가족 성원들과 전체사회 측면에서 다양한 기능을 담당하고 있다. 머독은 보편적인 가족의 기능을 자녀출산, 사회화, 경제적 협조, 성적 욕구 충족이라고 하였다(Murdock, 1949). 이에 비해 파슨즈(Parsons)는 가족을 사회화 측면에서 강조하고 있다. 파슨즈는 가족을 사회체제 유지를 위한 유형유지의 기능(The Function of Pattern Maintenance)을 담당하는 제도로 본다. 즉, 부모들은 사회질서를 도모하여 체제의 안정을 유지하는데 기본적인 가치관을 자녀들에게 내면화시킴으로써 사회체제가 개인들에게 요구하는 인성을 형성하며 그들이 수행해야 할 사회적 역할을 교육시킨다는 것이다.

우리나라 가족에 초점을 둔 가족기능으로는 성 및 애정의 기능, 자녀 출산과 양육의 기능, 경제적 기능, 교육의 기능, 보호의 기능, 휴식 및 오락의 기능, 종교의 기능이 제시된다(김영모, 1990 : 72). 한편, 미국 사회사업가협회(NASW, 1987)에서는 가족의 최대기능으로 아동의 사회화 및 가족 구성원의 만족과 신체적, 정신적으로 건강할 수 있는 환경을 제공하는 것이라고 한다.

현대가족이 수행하는 대표적인 기능으로 스트롱과 디바우트(Strong & Devault, 1992)는 다음과 같이 네 가지를 제시한다.

첫째, 친밀한 관계를 제공한다. 사람들은 사회가 복잡해질수록 애정과 친밀함을 가족 안에서 찾으려고 노력한다. 가족 성원들은 가족체계 내에서 희망을 만들어나가며 자녀를 양육하게 된다.

둘째, 가족은 경제적인 협조의 단위이다. 가족은 공동생산과 분배 그리고 소비를 담당한다. 가족은 재산을 공유하고 재산의 증식과 보존을 위해 상호 협력한다.

셋째, 자녀를 출산하고 그들을 사회화한다. 자녀출산이 합법적으로 가능한 것은 가족이어야 가능하므로 자녀출산은 가족의 주된 기능이었다. 가족은 자녀들이 사회에서 적응하고 인정받기 위해 필요한 지식과 기술을 가르친다. 즉 1차적인 사회화 기능을 담당한다.

넷째, 가족구성원에게 지위와 사회적 역할을 부여한다. 남편과 아내와 같은 가족 역할 뿐 아니라 사회경제적 위치와 문화, 종교를 결정할 수 있는 개인적 배경, 사회적 지위와 역할을 획득하게 된다. 이 같은 지위와 역할은 개인적·사회적 정체감을 형성하는데 큰 영향을 미친다.

이처럼 대부분의 학자들이 공통적으로 강조하는 것은 자녀의 출산이나 양육과 같은 세대유지기능과 경제적 협조단위(공동의 생산과 소비), 애정과 정서적 유대기능, 사회화 기능, 사회적 역할 부여 등임을 알 수 있다. 그러나 가족은 고정된 틀 속에서 기능하는 것이 아니라 사회 환경과의 역동적인 상호작용을 통해 자기 존재를 드러내는 것임을 기억할 필요가 있다. 즉, 현대사회는 갈수록 복잡하고 급속한 변화 과정에 있으며, 이러한 변화는 가족의 기능에도 영향을 미칠 것이므로 사회 환경과의 지속적인 상호작용을 통해 새로운 가족의 기능이 추가되거나 기존의 기능이 축소될 것으로 예상된다.

(3) 가족의 유형

가족은 가족의 크기, 가족의 구성, 부부의 권력, 가계계승, 거주 형태, 가족관계 중심, 부부의 결합 형태 등에 따라 분류될 수 있다(이소희 외, 1998; 유영주 외, 1996).

① 가족의 크기

가족의 크기에 따라서는 대가족(large family)과 소가족(small family)으로 나눌 수 있는데, 이는 가족원의 수만으로 기준을 삼은 것이다. 일반적으로 대가족은 가부장적 가족이나 확대가족이 해당되며, 소가족은 부부가족, 핵가족이 해당된다.

② 가족의 구성

핵가족은 가족 구성에 따라 부부와 혼인으로 출산한 자녀로 구성된다. 이 때 직계가족(stem family)은 결혼한 자녀 중 한 부부가 부모와 동거하는 가족으로 가족이 영속되는 것을 전제로 한다. 방계가족(collateral family)은 확대가족이라고도 하는데, 이는 형제자매의 부부 혹은 그 이상으로 확대된 혈연을 같이한 사람들과 한 가족을 이루는 경우이다.

③ 부부의 권력

부부의 권력을 중심으로 부권가족, 모권가족, 평등가족으로 나눌 수 있다. 가족의 시초에는 모권가족(matriarchal family)이었고, 사회에 질서가 잡히면서 부권가족(patriarchal family)으로 바뀌었으며, 근대사회에 이르러서는 평등가족(equalitarian family)으로 발전하고 있다. 그러나 이러한 점은 부부의 권력에 관한 연구의 영역과 시각에 따라 다르게 주장될 수 있다.

④ 가계계승

가족 형태는 가계계승을 중심으로 부계가족(patriarchal family), 모계가족(matriarchal family), 그리고 양계제가족(bilineal family)으로 나눌 수 있다. 이에 따르면 우리나라는 현재 부계 중심 가족에 해당한다.

⑤ 거주형태

결혼한 부부가 부와 처의 어느 쪽에서 사느냐에 따라 부거가족(夫居家族)과 모거가족(母居家族), 양거가족(兩居家族), 신거가족(新居家族)으로 나눌 수 있는데, 부거가족(patriarchal family)은 아버지 또는 남편의 편에서 사는 것이고, 모거가족(matriarchal family)은 어머니 또는 아내 편의 가족과 사는 가족이며, 양거가족(bilineal family)은 형편에 따라 어느 편에서도 살 수 있는 가족이다. 우리나라의 경우는 대부분 결혼과 더불어 분가함으로써 신거가족(neolocal family)에서부터 출발한다고 볼 수 있다.

⑥ 가족관계 중심

가족관계의 중심을 어디에 두는가에 따라 부부중심가족(husband-wife oriented family)과 친자중심가족(parent-children oriented family)으로 나눌 수 있다. 남편과 아내로서의 역할과 기대에 큰 비중을 두는 가족은 부부중심가족이고, 부모와 자녀로서의 도리와 기대에 큰 비중을 두는 가족은 친자중심가족이다. 그렇지만 이 유형도 가족생활주기에 따라 가족관계의 중심이 변할 수 있다.

⑦ 부부의 결합 형태

배우자의 수에 따라 부부가 각기 1인으로 결합되어 있는 형태를 단혼제 또는 일부일처제(monogamy)라고 하고, 남편이나 아내가 동시에 한 사람 이상의 배우자와 결혼생활을 할 수 있는 제도를 복혼제

(polygamy)라고 한다. 복혼제는 다시 남자가 1인이고 여자가 다수인 일부다처제(polygyny)와 여자가 1인이고 남자가 다수인 일처다부제(polyandry)로 나눈다.

⑧ 기타 유형

최근 가족해체가 증가하고 생활 형태가 다양해지면서 이에 따라 다양한 가족 형태가 등장하고 있다. 예를 들면, 구조적 결손으로 나타나는 한부모가족(부자가족, 모자가족), 소년소녀가족, 노인가족, 독신자가족 따위를 들 수 있다. 또한 기능적 결손의 측면에서 빈껍데기 가족(empty shell family)을 들 수 있다. 이 외에도 동성애가족(same-sex family), 공동체가족(commune), 재결합가족(blended family) 등도 증가하고 있다.

2) 체계로서의 가족 특성

(1) 체계로서 가족을 바라보는 시각

인간은 여러 개의 하위체계로 구성된 살아 있는 체계이며, 개인은 각각의 하위체계를 구성하는 동시에 보다 큰 체계에 속해 있다. 즉 하위체계이면서 동시에 상위체계가 된다. 가족 역시 전체 확대가족의 한 부분이고, 확대가족은 지역사회를 구성하는 한 요소이며, 이러한 지역사회가 모여서 시·군·구가 되고 국가가 된다. 이처럼 가족은 더 큰 체계의 한 요소이며 많은 다양한 체계들과 상호작용을 하면서 유지·발전된다고 볼 수 있다.

가족은 다양한 체계들로 구성되어 있는데, 부부하위체계, 형제하위체계, 부-녀 하위체계, 모-녀 하위체계 등으로 이루어져 있으며 이들 체계간의 끊임없는 상호작용이 이루어지고 있다. 체계이론에서 가족은 한 개인이 다른 가족 성원과 긍정적인 상호작용을 하게 되면 성장하고 발전하겠지만 부정적인 상호작용을 하게 되면 갈등과 퇴행, 문제행동을 보이게 된다고 보고 있다.

기본적으로 체계는 안정성을 유지하려고 하고 체계를 이루는 요소들은 체계가 어떤 목적을 달성하기 위해 필요한 존재가 되려 한다. 그러나 안정적인 균형이 깨지게 되면 갈등이 발생하게 되는데, 이때는 체계를 이루는 구성요소들이 더 이상 체계의 안정이나 공동의 목적을 위해 존재하는 것이 아니라 서로 타협이나 화해 없이 각자의 방향과 목적만을 추구하게 된다. 김유숙(1998)은 가족의 체계론적 시각을 다음과 같이 정리하고 있다.

첫째, 가족은 각 부분의 특성을 합한 것 이상의 특성을 지닌 체계이다. 둘째, 이러한 가족체계의 움직임은 어떤 일반적 규칙(family rule)에 의해 지배되고 있다. 셋째, 모든 가족체계는 경계(boundary)를 가지고 있다. 넷째, 가족체계의 한 부분의 변화는 가족체계 전체의 변화를 초래할 수 있다. 다섯째, 가족체계는 완전하지 않으므로 항상 비교적 안정된 상태를 유지하려는 경향이 있다. 여섯째, 가족체계의 기능 중에는 체계 간의 의사소통(communication)이나 피드백(feedback) 기능이 중요하다. 일곱째, 가족 내 개인의 행동은 직선적(linear) 인간관계보다는 순환적(circular) 인간관계로 보는 것이 적절하다. 여덟째, 다른 열린 체계와 마찬가지로 가족체계는 목적을 가지고 있다. 아홉째, 가족체계는 여러 하위체계에 의해서 성립되며, 지역사회와 같은 보다 큰 하위체계의 일부이다.

(2) 가족체계의 주요 특징적 개념

① 가족하위체계

가족은 그 안에 부부 하위체계, 부모-자녀 하위체계, 형제-자매 하위체계, 여성하위체계, 남성하위체계와 같이 여러 개의 하위체계를 포함하며, 이러한 하위체계로 구성된 가족은 그보다 넓은 학교나 지역사회와 같은 상위체계의 부분이 된다. 가족체계 한 부분의 변화는 전체 가족의 변화를 초래할 수 있다. 즉 부모체계나 부자체계의 변화는 다른 가족 하위체계와 서로 상호작용하며 전체 가족에게 영향을 미치며, 그 안에서 독특한 역할이나 규칙 그리고 가족문화를 만들어 낸다.

- 부부 하위체계는 두 사람이 결혼을 해서 새로운 가족을 이룰 때 형성된다. 부부 하위체계를 형성하는데 관련되는 과정은 조정이며, 조정은 배우자간의 역할에 적응하고 역할을 협상함을 의미한다.
- 부모 하위체계에서 각 배우자는 자녀에게 엄격함과 자상함을 적절히 조화롭게 제공하기 위해서 상호간에 서로 지원하고 조정하는 문제에 직면한다. 부모가 책임을 떠맡게 되는데 무슨 문제에 관해 언제, 어떻게 책임을 맡느냐는 것이 또 하나의 중요한 문제이며 따라서 부모는 자녀의 발달 단계에 따른 욕구의 변화를 협상하고 조정할 필요가 있다.
- 형제 하위체계는 자녀가 자녀로 존재하도록 하며, 형제라는 동료관계를 대상으로 여러 가지 실험을 해보도록 한다. 부모는 형제들이 협상하고, 경쟁하며, 차이를 해결하는 능력을 키울 수 있도록 도울 수 있다.

가족이 열린 체계일 경우, 가족은 새로운 경험을 적극적으로 받아들이고, 별로 도움이 되지 않는 상호작용 패턴은 바꾸고, 외부 체계와 개방적으로 정보의 교류가 활발해진다. 반면, 가족이 닫힌 체계일 경우, 주변적인 일에 관심이 없고, 외부세계에 대해 의심스런 관점과 편협한 사고방식을 고집한다. 닫힌 체계의 가족은 외부와 교류가 원활하지 못해 가족 안에서 문제가 발생하더라도 외부의 도움을 받지 못한 채 가족체계 내에서만 해결하려는 고립된 형태를 보이게 된다.

② 가족경계선

가족 내의 각 하위체계들은 서로 상호작용을 하면서 일정한 규칙이나 질서를 생성하고 이에 따라 경계선이 만들어진다. 각 가족마다 독특한 가족규칙을 갖고 있으며 이 규칙에 의해서 구성원 간의 정보교류를 통제하거나 규정한다. 가족 하위체계간의 경계는 애매한 경계선, 명료한 경계선, 경직된 경계선으로 구별할 수 있다.

- 명료한 경계선 : 가족성원들은 서로 지지적이며 돌보고 상호간에 자율성을 존중한다. 하위체계간의 상호작용과 의사소통을 증진시키며 변화를 유발시키기 위하여 협상과 타협을 계속한다. 그리하여 가족의 안정성을 유지한다.
- 애매한 경계선 : 모든 문제에 관해 서로가 지나치게 얽혀서 필요이상으로 관여한다. 가족성원들 사이의 구분은 희미하고 거리감이 없어서 어떤 감정이 자기들의 것이고 어느 것이 타인의 것인지 구분하지 못한다.
- 경직된 경계선 : 가족 간의 상호작용이 거의 없는 유리된 가족(disengaged family), 가족성원들 사이에는 거리감이 있어서 생각이나 감정을 나누지 않고 서로 간에 소외감을 가지고 있고 가족은 지역사회에서 고립되어 있다.

또한 가족이 외부의 다른 체계에 대해 얼마나 개방적인가와 유연하게 대처하는가에 따라 개방형과 폐쇄형 그리고 방임형으로 구분한다.

- 개방형 가족 : 가족 외의 사람들, 즉 친인척, 이웃, 직장, 교회 등의 성원들과 자유롭게 상호교류를 한다. 가족의 경계는 명확하지만 다른 사람들과 상호 교류를 하고 공간적으로도 개방되어 있다. 반상회와 같은 이웃과의 모임, 이웃을 초청하여 식사를 하거나 친구의 방문을 허용, 손님이 많은 집들이 여기에 해당된다.
- 폐쇄형 가족 : 가족의 경계가 명확하고 다른 사람들과 상호 교류를 하지 않거나 그 정도가 약하다. 이웃이나 지역사회와의 교류가 거의 없고 가족 안에서 엄격한 통제 속에서 생활하는 가족 유형이다. 따라서 외부 체계와 정서적 교류, 정보나 자원의 교환이 거의

없는 것이 특징이다. 담장이 지나치게 높거나 잠겨 있고, 누가 사는지 알 수 없는 집, 외부인의 집안 출입을 엄격하게 통제하는 가족이 여기에 해당된다.

• 방임형 가족체계 : 가족경계선이 확실치 않아 외부 체계가 자유롭게 가족 안에 침투해 들어올 수 있다. 외부와 상호교류 및 정보나 자원의 교환은 활발하나 외부체계의 지나친 간섭이나 상호작용이 이루어진다.

③ 순환적 인과관계(김유숙, 2007, 60~62)

직선적 인과관계는 원인에 의해 결과가 일어난다고 생각하는 것으로 A → B의 도식으로 설명될 수 있다. 즉, A라는 원인에 의해서 B라는 결과가 일어난다고 보는 관점이다. 예를 들어, 남편이 술을 마신다 → 아내가 잔소리를 한다. 반면, 순환적 인과관계는 A라는 원인에 의하여 결과B가 발생되고, 결과로 발생된 B가 A를 일으키는 원인이 된다고 보는 관점이다. 즉 A ⇆ B 도식이 성립된다. 예를 들어, 남편이 술을 마신다 ⇆ 아내가 잔소리를 한다. 남편이 술을 마시기 때문에 아내는 잔소리를 하게 되고, 아내의 심한 잔소리에 화가 나서 남편은 다시 술을 마시게 된다.

모든 가족의 행동은 다른 가족에게 영향을 미치는 순환적 인과관계를 형성하고 있으므로 사실에 접근하는 지름길은 순환적 입장에서 이 가족의 문제를 파악하는 것이다. 순환적 관점은 어려움을 겪는 가족의 악순환적 인과관계를 파악하고 어떻게 하면 최소한의 노력으로 새로운 연쇄 고리를 만들어 낼 수 있는가가 주된 관심의 대상이다.

④ 가족항상성

가족항상성은 사람의 몸이 항상 36.5도를 유지하려고 하는 것처럼 가족도 균형이 깨지기 않기 위한 장치가 개발되어 있다는 것이다. 가족이 가지고 있는 항상성 기제는 가족의 건강한 발달을 돕는 바람직한 목표를 가졌을 때는 상관없지만 역기능적 피드백 망으로 구성되어 있게 되면 건강한 발달을 도모할 수 없다. 역기능적인 가족은 기존 상호 교류를 통하여 항상성이 유지되지 못할 경우, 가족 내에 문제 또는 증상을 가진 누군가를 필요로 하기 때문에 가족 전체가 증상을 지속하게 된다.

⑤ 위계질서(hierarchy)

체계들 간에는 일정한 위계질서가 존재한다. 가족이 정상적으로 발달과정을 통과하기 위해서, 그리고 그러한 발달과정에서 생길 수 있는 심각한 위기를 잘 관리하여 극복하기 위해서는 가족 내의 위계와 지도적 기능이 필요하다. 정상가족일 경우 부부가 거의 비슷한 정도의 권력을 가지고 있고 아이들이 부모보다 훨씬 낮은 위치를 차지하기 때문에 세대 차이에 따른 위계질서는 분명히 나타난다. 그러나 문제가정에서는 아이가 부모 중 한 사람과 결탁관계를 이루어 나머지 가족보다 높은 위치를 차지하려고 한다. 여기에서 위계질서가 흔들리게 되는 것이다.

⑥ 가족규칙

가족규칙은 오랜 시간동안 반복적으로 형성되었으며, 가족의 생활 전반에 영향을 미치는 불문율과 같은 것들이다. 그리고 실제적으로 가족생활에 있어 필수적이며 역동적이고 아주 영향력 있는 힘으로서 가족체계 내에서 해야만 하는 것에 관한 행동규범이라 할 수 있다.

가족규칙은 가족생활을 운영하는데 있어 긍정적으로 작용할 수도 있으나 가족규칙에 얽매어 가족 성원의 행동을 구속하는 역기능적 결과를 낳기도 한다. 기능적인 가족은 가족의 질서와 안정을 위해 환경 변화에 민감하게 반응하여 상호 협의와 수용을 통해 가족 규칙을 성립하지만, 역기능적 가족은 경직된 규칙을 가지고 있고 몇 가지에 한정된 규칙에 의해 운영되며, 가족 구성원의 감정표현을 억압하고 외부와의 접근을 방해하는 경향이 있다.

가족규칙에는 '어른 말에 끼어들지 않기', '밤 10시 이전에는 반드시 집에 들어오기', '명절에는 반드시 집에 오기', '저녁식사 후에 담화 나누기', '아버지가 숟가락 들기 전에 식사를 먼저 하지 않기', '집안일은 여자만 하기', '아버지 말씀에 말대꾸하지 않기' 등이 있다.

⑦ 가족신화(김유숙, 2007, 162)

가족신화는 가족의 의식, 역할, 규칙의 상호작용으로 전개되는 가족에게 스며 있는 이데올로기의 한 부분이다. 가족 신화의 특징은 모든 가족 구성원이 의심 없이 공유하는 믿음과 기대라는 점이다. 가족신화는 자신들에게 불합리하게 작용할 것이라는 사실을 알면서도 가족은 그것이 자신들에게 없어서는 안 될 중요한 정서적 부분이라고 여기게 만든다.

가족신화는 가족행동을 결정할 뿐만 아니라 특정한 가족관계를 드러내기도 한다. 가족신화에 집착하면 가족의 새로운 시도보다는 오히려 기존 관계의 변화를 저지하며 가족이 습관적인 기능을 반복하도록 조장한다.

가족신화의 예로는 '우리는 좋은 가족이다. 그러므로 서로 비난해서는 안된다', '우리 형제들은 어떤 경우라도 아버지의 이름을 욕되게 하는 행동은 하지 않는다', '우리 가족은 어디에서 일하더라도 항상 인정을 받는다', '우리 어머니는 아무리 화가 나더라도 성내지 않는다', '내가 아무리 잘못을 하더라도 엄마는 나를 때리지 않는다' 등이다.

⑧ 제휴

제휴는 가족의 상호작용 과정으로써 가족 구성원들에게 영향력을 미치기 위해 권력을 가지려는 행위 또는 위계구조에서 상위의 위계를 점하기 위해 다른 협력관계 또는 상반된 관계를 가지려는 것이다. 제휴에는 '연합'이 있는데, 이것은 두 사람이 제삼자에 대항하기 위해 힘을 합하는 것이고, '동맹'은 두 사람이 다른 공동의 목적을 위해 제삼자와 제휴하는 것으로 반드시 제삼자와 적대 관계일 필요는 없다(김유숙, 2007, 203).

⑨ 핵가족 정서체계

핵가족 정서체계란 가족이 융해(fusion)되거나 감정적으로 하나 되는 상태를 이르는 말이다. 즉, 가족들이 감정적 연결 정도가 얼마나 강한지를 나타내는 말이다. 자기분화의 정도가 낮은 사람들의 결합일수록 두 사람의 자아가 융해되어 공동자아를 형성하는데, 이 같은 융해는 불안정하여 부부간의 정서적 거리감을 증가시키기도 하고, 자녀에게 문제를 투사하는 등의 부작용이 나타날 수 있다.

가족들의 분화수준이 높으면 자신의 불편하고 힘든 감정을 처리할 수 있는 능력이 있지만 분화수준이 낮으면 불편한 감정들을 제대로 견디지 못하고 외부의 조그만 자극에도 쉽게 다른 사람들과 연합하여 감정적으로 하나 되고자 한다. 정서적 체계에서 분화수준이 낮아 나타날 수 있는 증상들로는 부부갈등, 질병이나 역기능, 자녀에게 문제를 투사하는 것 등이다.

⑩ 가족투사과정

가족들간에 감정적으로 갈등을 다루기 어려울 경우 가족들이 자신들의 불안을 다른 가족 구성원들에게 투사를 한다. 즉 부모의 갈등을 자녀에게 전가하는 과정을 가족 투사과정이라 한다. 불안한 부모는 투사대상이 된 자녀의 현실적인 욕구보다 더 동정하고 걱정하고 과잉보호하며 자신 안에 합일시킨다. 이 같은 부모 자신의 미분화는 자녀에게 전달함으로써 미분화는 세대를 걸쳐서 진행된다.

투사과정의 대상으로 선택되는 자녀는 출생순위, 부모의 남녀 선호, 부모의 불안수준, 임신 또는 출산시의 어머니의 불안 정도에 따라 결정된다. 가족투사의 대상이 되는 이 자녀는 어머니의 생활에서 긴장된 상태에서 태어나거나 성장한 자녀로서 장녀나 장남, 막내아들이나 막내딸일 수도 있고, 또는 어머니에게 정서적으로 특별한 자녀, 결함 있는 자녀, 또 한쪽 부모와 닮은 자녀일 수 있다. 투사는 양육적 관심과 달리 불안하고 밀착된 관심이다(송정아 · 최규련, 1997 : 204).

⑪ 가족 생활주기

가족 생활주기는 사람마다 시간적 흐름에 따라 성장, 발달하듯이 가족도 역시 역사적 전개 과정을 통해 발달단계를 거치며 성장하고 발전하며, 경우에 따라 퇴행을 할 수도 있다는 개념이다. 가족 구성원들이 한 명 한 명 분리되는 것이 아니라 하나의 개체로 이해된다. 가족생활주기는 가족 구성원 모두에게 중요한 변동이 발생했을 때 이전 단계에서 다음 단계로 이행하는 것이며, 각 단계마다 수행해야 할 발달과제가 주어진다. 이 때 발달과제를 잘 수행하게 되면 기능적이고 건강한 가족이 되지만 과제를 제대로 수행하지 못한 가족은 역기능적이고 갈등을 경험하고 퇴행 현상을 보이게 된다.

가족생활주기는 다양한 경험 속에서 정서적 발달이 함께 이루어지므로 가족 구성원의 상호관계나 특징을 이해하는 기본틀로서 기능할 수 있다. 가족생활주기는 보통 두 사람의 성인이 결혼을 하여 가족을 형성할 때부터 시작하여 자녀를 낳아 키우고 분가시킨 후 노년의 시기를 보낼 때까지로 구성된다. 따라서 각 주기마다 가족 구성원들의 역할이 조금씩 변화되어 가는 것을 가족생활주기를 통해서 파악할 수 있다.

2. 집단

1) 집단의 정의

머튼(Merton)은 “집단은 상대방과 유형화된 양식으로 상호작용하고, 스스로 집단 성원으로서의 소속감을 느끼며 타인에 의해 집단 성원으로 간주되는 사람들의 집합이다. 즉, 상호작용 유형, 집단 성원으로서의 의식 그리고 집단 정체감이 있어야만 집단이라고 할 수 있다”라고 정의하고 있다. 즉, 상호작용과 소속의식을 강조하고 있다.

반면 밀(Mills)은 “두 사람 이상으로 구성되어 있는 단위로서 어떠한 목적을 위해 접촉하며 이들은 이 접촉을 의미 한다”라고 했고(권구영 외, 2009), 브라운(Brown, 1991)은 "어떤 목적을 성취하기 위해 상호작용하는 소규모 사람들의 대면적 모임이다"라고 정의하여 집단의 목적이 중요함을 강조한다.

집단에 대한 포괄적인 정의는 하트포트에 의해서 이루어졌는데, 집단이란 "적어도 두 사람 이상의 개인이 모인 것을 의미하며, 인지적, 정서적, 사회적 상호교환과 공동의 관심사나 목표가 있어야 하고, 서로 한 번 이상의 의미 있는 만남이 있어야 하며, 공동으로 기능하기 위한 규범이 있어야 하고, 공동생활을 위한 목적을 수립하여야 하며, 집단 성원간의 전체로서의 집단결속력이 있어야 한다"고 정의하였다(Hartford, 1972).

국내 학자들의 정의를 살펴보면, 강진령은 집단이란 "상호 의존적인 관계에서 사회적 상호작용을 통해 서로 영향을 주고받는 두 명 이상의 상호 독립적인 개인들의 집합체"를 말한다(강진령, 2005). 또한 집단이란 "집단의식과 공통 목적을 갖는 2인 이상의 집합체로서 집단성원들 간 상호의존과 의사소통을 통해 상호작용이 있는 상태"를 의미한다(김종옥 · 권중돈, 1993).

이와 같은 정의를 종합해 보면, 집단이 되기 위해서는 두 명 이상이 모여야 가능하다. 그러나 성원간의 상호작용이 없는 단순한 집합체는 집단이라 볼 수 없으며, 성원들끼리 정서적 결속과 함께 상호의존적이어야 한다. 따라서 성원들이 집단에 소속되어 있다는 소속감 또는 집단의식이 있어야 한다. 그리고 시간적 · 공간적 연대성을 가지고 공통의 목적을 가지고 상호 노력해야 집단이 존속할 수 있다.

2) 집단의 유형

집단을 대상으로 하는 모든 사회복지실천은 특정 목표에 도달하는 것을 목적으로 하고 있다. 이러한 목표는 개개인이 변화를 이루도록 돕는 것에 중점을 둘 수도 있고 변화단위 전체로서의 집단에 중점을 둘 수도 있으며, 주위 환경에 영향을 미치는 메커니즘으로서의 집단에 중점을 둘 수도 있다(이애재, 2006).

(1) 치료집단(treatment group)

Toseland와 Rivas는 치료집단을 지지집단, 교육집단, 성장집단, 치료집단, 사회화집단으로 구분하고 있다. 치료집단은 과업집단과는 달리 클라이언트의 역기능적인 문제를 해결하고 기능적이고 건강하게 살아갈 수 있는 상태의 변화에 초점을 맞추고 있다.

① 지지집단(support group)

지지집단은 일상적인 생활을 하면서 겪는 다양한 문제들에 대처할 수 있는 힘을 향상시키기 위해 집단 성원들로부터 지지를 받기 위한 집단이다. 지지집단은 치료나 교육과 같은 특정 목적이 있어서라기보다는 집단 성원끼리 상호 지지를 통해서 생활상의 문제나 위기를 극복하고 희망과 위로를 얻고자 하는 것이 목적이다. 지지집단은 대개 유사한 문제를 경험하고 있는 사람들이 참여하는 집단이므로 다른 사람들로부터의 낙인이나 편견의 두려움 없이 참여할 수 있어서 동질감과 유대감을 느끼기 쉬운 장점이 있다. 따라서 자기 개방 정도가 매우 높은 편이다.

② 교육집단(education group)

교육집단은 지지나 치료가 목적이 아니라 성원들이 필요로 하는 또는 필요한 지식이나 정보를 제공하거나 기술을 습득하게 하는 것에 초점을 두는 것이다. 몰랐던 것을 새로 알기 위한 교육이 목적이기 때문에 참여자들간의 대화 기회는 그리 많지 않고 주로 전문가의 강의 형태로 많이 진행된다. 경우에 따라 토론도 활용하지만 이것은 어디까지나 정보 습득이 목적이지 상호 지지가 초점은 아니다. 따라서 자기 개방 정도가 지지집단에 비해 떨어질 수밖에 없다. 참여 숫자가 적을 경우 의사소통의 기회가 많아질 수는 있다.

③ 성장집단(growth group)

성장집단은 자기인식 또는 자아성찰, 잠재력 개발 등과 같은 인간의 내적 개발을 목적으로 진행되는 집단이다. 성장집단은 결국 자기 자신과 자신의 상황을 제대로 파악(자기인식)하여 기존에 가지고 있던 부정적이고 비현실적인 사고를 변화시키는 것에 초점을 둔다. 성장집단이 치료집단과 차이가 나는 것은 반드시 문제가 있는 사람들만 참석하는 것이 아니며, 치료집단이 의료적, 병리적인 문제 해결에 초점을 둔다면 성장집단은 지금의 심리사회적 상태보다 더 나은 상태, 즉 건강한 정신과 생활태도를 갖게 하려는 것이 목적이다. 성장집단은 집단 경험을 통해 다른 성원들로부터 통찰과 인식의 변화를 얻고자 하는 것이므로 상호작용이 많고 피드백을 적극적으로 받아들이기 때문에 자기개방 정도가 뛰어나다고 할 수 있다.

④ 치료 또는 치유집단(therapy group)

치료집단은 다분히 의료적 모델의 영향을 받은 것으로 개인적 문제를 가지고 온 성원들이 자신의 문제를 해결하고 치료를 받고자 하는 목적에서 참여한다. 개인적 문제들은 주로 심리적, 정서적 문제들이거나 심한 외상후 스트레스장애와 같은 의학적 충격도 해당되며, 이러한 정서적 문제들이 치유 받고 회복되거나 증상이 완화될 수 있도록 전문적인 개입을 하게 된다. 치료집단은 개인의 치료를 목적으로 한다는 점에서 개별치료와 유사하지만, 개별치료에 비해 몇 가지 장점이 있다. 우선 집단의 특성상 다른 성원을 도움으로써 자신의 변화를 가져올 수 있다. 즉, 남에게 도움이 됨으로 인해 심리적 보상을 얻게 되고 자신의 문제에 대해 더 쉽게 통찰할 수 있다는 것이다.

⑤ 사회화 집단(socialization group)

사회생활을 하면서 대인관계나 의사소통과 같은 사회적 관계에서 어려움을 겪는 사람들 대상으로 사회에서 효과적으로 기능할 수 있는 제반 기술을 학습시켜 주는 집단이다. 사회화 집단에서 초점을 두는 것은 사회에서 수용할 수 있는 행동이나 태도를 습득하도록 하는 것이며, 집단 활동 이후에도 새로운 기술이 유지될 수 있도록 돕고자 하는 것이다. 사회화집단은 학습 접근방식에 따라 사회적 기술훈련집단, 자치집단, 레크리에이션 집단으로 구성된다.

(2) 과업집단

과업집단은 조직이나 기관의 문제에 대한 해결책 모색, 새로운 아이디어 개발, 효과적인 원조전략 수립 등의 과업수행을 목적으로 하는 집단을 말한다. 과업집단은 집단과 함께 일하고 노력할 주제에 대한 관심이 많은 사람이나 특별한 재능을 가진 사람들로 구성된다. 예를 들어, 팀, 직원발전집단, 처리위원회, 프로그램의 책임을 맡는 행정집단인 위원회나 대표위원회, 기동대 등이 해당된다. 과업집단은 성원의 개인적 성장보다는 방침을 만들어 나가면서 의사를 결정하고 산출물을 만들어 내는 것에 집중한다.

(3) 자조집단

자조집단(self-help group)은 글자 그대로 스스로 돕는 집단, 즉 정신건강 전문가의 도움을 필요로 하지 않거나 전문가들이 돕기에 한계가 있는 문제를 지닌 사람들을 위한 집단이다. 이러한 특성으로 인해 정신건강 전문가보다는 특정한 문제를 이미 겪었거나 극복한 사람 또는 집단원들이 차례로 돌아가면서 집단을 이끌게 된다.

자조집단은 전형적으로 물질 오남용이나 체중 조절과 같은 집단원이 공유하고 있는 특정 문제를 중심으로 조직된다. 이러한 공통적인 문제로 인해서 자조 집단은 응집력이 높은 집단으로 쉽게 발전되는 경향이 있다. 집단성원들은 기꺼이 자신의 어려움을 내어놓고 자신의 경험과 필요한 정보를 나누며, 지지와 격려를 바탕으로 변화를 체험하게 되면서 미래에 대한 희망을 되찾게 된다. 자조집단으로는 알코올중독자 집단이나 마약중독자 집단, 근친상간 성인 생존자 집단, 성 중독자 집단, 피살 아동 부모집단, 과식자 집단, 회복 집단 등이 있다.

(4) 1차 집단과 2차 집단

① 1차 집단은 성원들이 상호 인접해 있으며, 집단의 규모가 비교적 작다. 그리고 성원들의 관계가 지속적일 때 성립된다. 성원 간의 관계는 비공식적이고 친밀하고 개인적이다. 1차 집단에는 가족, 놀이집단, 이웃, 친구, 동료 등이 해당된다. 따라서 정서적이고 감정적인 측면이 강조되는 인간관계를 갖는다.

② 2차 집단은 특정한 목적을 달성하기 위해 인위적으로 계약에 의해 만들어진 집단으로 종교 모임, 노동조합, 동호회 모임, 학술집단 등이 해당된다. 수단적이며 능률 위주의 합리성을 강조하여 성원 간의 관계가 공식적, 비인격적, 분절적, 도구적이다.

(5) 개방집단과 폐쇄집단

① 개방집단

개방집단은 집단이 진행되어 가는 과정에 새로운 성원의 가입이 가능한 집단으로 성원이 항상 변화가 생길 수 있는 집단을 말한다. 집단 성원이 변화하면 새로운 생각, 신념, 가치관이 집단의 역동에 유입될 수 있다. 개방집단에서 새로운 성원이 늘어날수록 집단의 발달 단계로 진행되지 못하고, 초기 오리엔테이션을 반복하는 상황이 발생할 수 있다. 계속 참여해 온 성원들은 초점이 흐려져 답답함을 느끼고 탈퇴를 조장하게 되기도 한다. 사회복지생활시설이나 AA모임(자조집단) 등에서 일반적으로 활용되는 집단 유형이다.

② 폐쇄집단

폐쇄집단은 집단을 구성할 때 선정된 성원이 종결까지 성원 자격을 가지기 때문에 성원 간에 응집력, 결속력이 높고 서로 간에 동일시하는 경향이 많다. 청소년과 성인의 경우에는 폐쇄집단이 좋지만, 폐쇄집단은 인원의 감소로 집단이 조기에 종결될 수 있다는 한계를 가진다. 집단에 형성되어 있는 친밀감이 일부 성원에게는 부담스러울 수 있으며 어떤 성원들은 친밀해지는 것을 저항할 수도 있다. 알코올중독자 치료집단이나 성매매 여성집단과 같은 경우 폐쇄집단으로 운영된다.

3) 체계로서의 집단

청소년의 행동적 문제를 또래집단의 접촉을 통해 설명하는 이론인 차별접촉이론(Sutherland & Cressey, 1974)에 따르면, 비행을 경험하는 또래들과의 접촉가능성은 청소년의 학교 내 문제행동을 유발할 가능성을 높일 수 있다. 특히 청소년 후기에 비행을 경험하는 후기출발자(later starter)의 경우, 개인 및 가족요인에 많은 영향을 받는 조기출발자(early starter)에 비해 또래집단의 영향력이 크다고 보고된다. 즉, 학교에서 사귀는 또래들이 폭력을 긍정적으로 정의하고 있고, 이들과의 접촉가능성이 높은 학생들은 비행이나 폭력행위에 대해 허용적이게 되고 자신 스스로도 그러한 폭력을 사용할 의도가 증대될 수 있다(Durant et al., 1996 : 노성호, 1997).

이처럼 집단은 개인의 성격형성이나 행동 변화에 많은 영향을 미친다. 동시에 집단도 특정 개인들로부터 영향을 받아 집단의 특성이 변하고 발전할 수 있다. 즉, 상호 영향을 주는 상보적 관계이다. 개인은 집단에 참여하여 타인과 의사소통과 상호작용을 하면서 다른 사람의 행동이나 성격적 특성을 모방할 수 있다. 그리고 지위에 따르는 역할을 수행하고, 집단규범을 따르면서 기존의 성격이나 행동유형을 다른 유형으로 대치시키기도 한다. 말하자면 책임감이나 역할이 부족했던 시기에는 자유롭게 행동하다가 지위나 역할이 생기면서 그에 맞는 행동유형을 만들어간다는 것이다. 또한 집단 내에서 발생한 심리사회적 문제를 다루기 위해 자신의 입장을 표현하고, 긴장과 갈등을 처리하며, 분노감이나 적개심을 표현하고, 타인과 우호적인 정서적 교류를 경험함으로써 정서 상태에 변화가 초래된다. 그리고 집단의 목표달성을 위한 과업 중심적 활동에 참여함으로써 타인과의 협력, 개인적 경계선과 자율성의 의지와 같은 성격적 특성이 형성되거나 강화된다(권중돈 · 김동배, 2010).

이처럼 집단 구성원들은 집단의 목적과 이념에 몰입하게 되면서 그들의 자기의식은 개인적 요소뿐만 아니라 집합적 요소까지 포함하면서 변화하게 된다. 청소년 집단 활동은 집단 내에서 집단적 · 개인적 요소의 영향을 모두 경험하는 예가 될 수 있다. 청소년단체는 고유 목적과 이념에 동조하는 청소년들이 모여 개인의 의지보다는 단체의 질서와 규범에 적응하며 활동하게 된다. 특히 참여수준과 기간 등을 기준으로 청소년단체 내에서 리더의 역할을 수행하기도 하는데, 이런 경험은 집단 내에서 개인의 욕구보다는 전체적인 성장에 더 많은 관심을 가지고 집단의 목적달성을 위해 집단원으로서의 헌신을 실천하거나 요구할 수 있게 한다. 결국 집단 내에서의 중심적 역할을 수행함으로써 개인의 성장뿐만 아니라 집단의 성장도 함께 경험하게 된다(조남억, 2009).

체계로서 집단이 인간행동에 미치는 영향은 집단의 역동성으로 나타난다. 집단역동성(group dynamic)은 상호작용을 통해 나오는 성원들의 힘의 합 이상이다. 즉, 개별적인 성원들로는 생각하기 어려운 힘이 그들의 상호작용을 통해 나온다는 것이다. 집단의 발달에 있어 집단응집력은 첫째, 집단 전체를 결속시키는 힘이다. 집단응집력은 집단구성원들을 결속시킴으로써 집단이 유지되도록 하는 힘과 집단 구성원들을 갈라놓으려는 힘들에 대항함으로써 집단을 온전하게 유지시키는 힘을 말한다. 따라서 집단응집력이란 집단 성원들로 하여금 집단에 머물도록 하는 힘들의 전체 장이라 할 수 있다(박광민 · 서정찬, 2004). 둘째, 집단의 일체성을 만들어 준다. '소속감' 또는 '우리'라는 의식을 통해 집단을 위해 공헌하게 하고, 또한 집단의 이익을 위해서 개인적인 욕심이나 요구를 희생시키기도 한다. 셋째, 집단에 머물도록 하거나 끌어당기는 매력이다. 집단응집력이 높은 집단은 집단구성원 간에 서로를 좋아한다. 집단응집력은 집단구성원 간의 개인적 관계를 바탕으로 하는 개인적 매력과는 달리 사회적 매력이다. 사회적 매력은 우리가 속한 집단의 특징을 잘 반영하는 자질을 갖춘 개인을 선호하게 되어 결국 집단구성원들이 개인적 목적보다는 집단의 목적에 집중하게 하는 것이다. 넷째, 집단응집력은 협동 작업이다. 긍정적인 대인관계에 있거나 일체감과 관계가 있다기보다는 집단의 목표를 달성하기 위해서 구성원들이 기꺼이 함께 일하고자 하는 것과 더 관계가 있다. 집단응집력이 높은 집단의 구성원들은 서로가 뭉치고 생산적인 반면에 집단 응집력이 결여된 집단의 구성원들은 뿔뿔이 흩어지게 된다. 따라서 집단이 집단으로 존재하려면 어느 정도의 집단응집력이 있어야 한다(조남억, 2009).

Northen과 Kurland는 집단역동성의 구성 요소로서 사회적 상호작용 또는 의사소통, 집단의 목적, 대인관계, 지위와 역할, 가치와 규범, 긴장과 갈등, 집단응집력 그리고 하위집단이 있다고 하였다(엄명용 외, 2009).

첫째, 사회적 상호작용이란 사람 간의 접촉이 참여자의 태도와 행동의 변화를 초래하는 역동적 힘의 상호작용을 의미하는 용어이다. 이때 의사소통(communication)은 사회적 상호작용의 가장 핵심적인 부분이다. 의사소통을 통한 집단간 상호작용이 원만하게 이루어지기 위해서는 집단 성원들은 자신의 정보와 태도를 다른 성원들과 어느 정도 공유할 수 있어야 한다. 집단 과정에 진심으로 관여할 수 있을 때 다른 성원들로부터 새로운 생각, 간접적 경험, 세상을 바라보는 관점, 정서적 반응과 같은 영향을 받게 되고 개별적 경험에서 통합된 경험으로 나갈 수 있다. 집단실천의 성공 여부는 이처럼 집단 내에서 통합적인 경험을 공유할 수 있는 집단의 역동에 달려 있다고 볼 수 있다.

둘째, 모든 집단은 목적을 갖고 있다. 즉 궁극적 목표와 최종 목표와 같은 집단실천 방향이 정해져 있는 것이다. 집단의 목표는 집단 성원의 선택과 의사소통의 발달, 집단규범, 집단의 활동 그리고 집단 성원 및 집단의 평가기준에 영향을 준다. 이러한 과정이 때로는 집단의 목표를 성취하려는 동기에 영향을 주게 된다. 집단의 목표는 결국 개별 성원들의 목표를 달성하기 위한 것이므로 집단 목표가 설정되면 이를 성취하기 위해 집단 전체가 노력하게 되고 이런 과정 속에서 역동이 일어나게 된다.

셋째, 대인관계능력이 필요하다. 집단 내의 의사소통은 의견이나 사실을 전달하기도 하지만 긍정적인 감정이나 부정적인 감정도 전달된다. 따라서 집단 성원들은 서로에게 관심을 가지고 돕는 관계가 될 수 있도록 노력해야 한다. 집단 성원들은 자신만의 문제를 안고 있는 경우가 많아 다른 성원을 배려하고 하나의 독특한 개성을 가진 인격체로 인식하지 못할 수 있다. 이 경우 부정적 감정 교류가 더욱 심화될 수 있으며 집단의 목적을 이루는데 장애가 될 수 있다. 집단 내의 대인관계에서 서로를 인정하고 단합하고자 하는 힘이 집단을 분열시키는 부정적인 힘보다 강할 때 집단이 유지되고 집단의 목적을 달성할 수가 있다.

넷째, 지위란 주어진 집단 내의 위계질서에서 한 사람이 다른 사람에 비해 상대적으로 차지하고 있는 위치를 의미한다. 그리고 역할이란 사회에서 특정한 지위를 점하고 있는 개인에게 기대되는 활동이나 특정 상황에서 행동해야 하는 방식 등을 이른다. 사람들은 자신이 속한 각각의 집단에서 상이한 지위를 갖게 되는데 때로는 같은 집단 내에서도 시간에 따라 상이한 지위를 가질 수 있다. 집단 내에서의 지위는 기존의 지위와는 관계없이 집단 성원 간의 상호작용을 하는 동안 사회정서적 역할과 과업 역할이 발생하게 되어 차츰 변하게 된다. 따라서 집단은 이러한 역할이 집단 목표 달성의 방향으로 발휘되도록 기술을 갖추고 있어야 한다.

다섯째, 가치와 규범을 필요로 한다. 사람들이 한 집단에 함께 참여하게 되면 가치의 공동체계를 형성하게 되고 이것이 집단 성원에 대한 행동규범을 어느 정도 결정하게 된다. 집단과정을 통해서 일련의 규범이 만들어지는데, 대체로 집단 성원 간의 합의에 의해 만들어지기 때문에 어느 정도의 의무감을 내포하게 되어 규범을 잘 준수하면 내적으로 보상이 따르게 되나 그렇지 않으면 외부적 통제를 받게 된다. 규범은 집단 성원간의 행동을 통제하는 수단이 되기도 하고, 대인관계에서 오는 불확실성을 감소해 주는 기능을 한다.

여섯째, 집단활동이 진행되면서 성원 간에는 다양한 형태의 긴장 및 갈등관계가 형성될 수 있다. 갈등은 자신과 집단 전체에 부정적 영향을 미칠 수도 있으나 한편으로는 집단관계에 긍정적 힘이 되기도 하므로 집단과정에서 자연스러운 현상으로 받아들일 필요가 있다. 갈등은 잘못된 정보나 집단 성원 간의 목표나 가치 그리고 규범에 대한 차이에 발생할 수 있고, 생활경험이나 사회경제적 자원의 차에서도 발생될 수도 있다.

일곱째, 집단응집력은 개별 성원이 집단에 대해 갖는 소속감과 매력을 표현한 것이다. 집단응집력이 높다는 것은 집단에 대한 만족도가 높고 사기가 충천하고 내적 갈등이 적으며 집단 성원이 중도에 탈락하여도 집단이 해체되지 않는 능력이 강하다는 것을 의미한다. 또한 집단응집력이 높은 집단은 그렇지 않은 집단에 비해 집단의 목표를 성취하기 쉽고 집단 성원의 시간 엄수와 집단 규칙적인 출석 등이 자발적이 된다. 결국 소속감이 강화되어 '우리'라는 의식이 향상되어 성원 간의 친밀감이 높아진다.

여덟째, 집단성원들이 상호 간에 공통점을 발견하거나 매력이 생기면 하위집단을 형성하게 된다. 적게는 두 명에서부터 많게는 다수의 성원들이 집단의 하위집단을 형성하여, 서로 경쟁하거나 반목하거나 협력하는 관계가 설정된다. 하위집단 가운데 다소 우위에 있는 하위집단은 집단에 대한 통제력을 행사하려고 시도하기 때문에 다른 하위집단과 갈등을 유발할 수도 있다.

한편, 집단은 하나의 체계로서 균형을 이루려는 속성과 함께 환경에 반응하여 변화하려는 속성 간에 역동적 평형을 이루고자 한다. 즉, '안정 상태'를 향해 끊임없이 나아가는 것이다. 밀즈는 집단의 이러한 '안정 상태'를 이루는 과정을 다음과 같이 설명하고 있다(Mills, 1967). "집단은 일종의 생물학적 유기체와 같다. 집단은 일련의 구성요소들, 즉 성격, 욕구, 사상, 잠재력과 한계를 갖고 있는 구성원들로 출발하여 특정한 행동유형, 규범, 신념, 가치들이 집단발달 과정에서 발달한다. 부분들은 분화되고 각 부분들은 전체와 다른 부분들에 관련하여 특별한 기능을 맡는다. 집단은 성숙해지면서 더욱 복잡해지고 분화되며 더욱 상호의존하게 되고 통합 된다." 이러한 집단체계의 안정 상태는 네 가지 기능상 문제해결을 해야만 유지된다. 첫째, 집단은 그 집단의 과제를 추구하고 성취하도록 목적달성 문제를 해결해야 한다. 둘째, 통합의 문제로 목적달성을 하려면 구성원들은 서로 조화를 이루어야 한다. 따라서 집단을 구성하는 사람들이 수행하는 역할은 통합을 위한 적정성을 추구하면서 계속 수정되어야 한다. 셋째, 적응의 문제해결은 목적달성을 용이하게 하기 위해 집단이 외부환경의 요구에 대처하도록 변화를 시도하는 것이다. 넷째, 집단체계의 형태유지는 집단의 정체성과 목적추구를 위해 집단이 기본목적, 절차 등을 규정하고 유지하는 것이다. 형태유지 문제의 해결은 적어도 핵심적인 구조가 보전되는 것을 의미한다.

밀즈가 집단체계의 안정 상태를 강조한 반면, 와이즈만은 집단이 계속해서 발전하는 속성을 가지고 있으며 발전을 위해서 다섯 가지의 과정을 거친다고 하였다(장인협 외 공역, 1990). 첫째, 집단은 환경에 적응한다. 적응적 행동에 반응해서 구성원들은 집단의 활동, 감정 및 상호작용을 발전시킨다. 적응대상은 집단의 외적 체계이다. 둘째, 집단은 목표지향적 행동을 통해서 필요로 하는 적응적 행동을 능가하는 활동, 감정 및 상호작용을 발전시킨다. 이것이 내적 체계가 된다. 셋째, 내적 체계가 정교해지면서 유대, 응집력, 규범, 역할 및 지위 등이 발달한다. 넷째, 피드백으로 인해 집단의 적응은 환경과 더불어 발달하는 내적 체계에 의해 영향을 받는다. 다섯째, 이에 따라 집단은 집단구성원들의 기능을 수정한다.

3. 조직

사람들은 직접적이든 간접적이든 조직에 속해 있고, 조직의 영향을 받으면서 살아가고 있다. 자녀들의 경우 학교나 종교기관과 같이 중간체계에 해당하는 조직 성원으로 생활하지만 부모가 속한 직장이나 학부모회, 부녀회와 같이 외체계에 해당하는 조직의 영향으로부터 자유롭지 못하다. 엄밀하게 말해서 사람들은 태어나면서부터 조직에 소속되어 살아갈 수밖에 없는 사회적 존재라고 할 수 있다. 이런 점에서 기든스는 현대인은 일생의 대부분을 조직의 구성원으로 활동하거나 조직활동의 산물을 접촉하면서 생활하고 있다며 다음과 같이 묘사하였다(Giddens, 1989; 이인정 외, 1997). "우리들 대부분은 병원에서 태어나 다른 신생아들과 구분하기 위해 이름표가 달린다. 거의 모두가 학교에 다니고, 일부는 대학까지 진학한다. 성인 된 후엔 기업체나 금융회사, 은행, 정부기관 등에서 일을 한다. 일생 동안 편지나 전화를 하기 위해, 집에 전기와 난방을 공급하기 위해, 정보와 오락을 얻기 위해 신문을 보거나 라디오, 텔레비전 등을 보려고 할 때조차 조직에 의존해야 한다.

조직의 크기가 크던 작던, 그 조직으로부터 영향을 많이 받거나 그렇지 않은가는 중요치 않다. 조직 안에서 사람들은 서로 상호작용하면서 자신의 자아를 형성하고, 성격과 행동을 발달시킨다. 조직 역시 개인들의 상호작용의 영향을 받을 뿐 아니라 외부환경에 적응하면서 성장하고 발전하기 마련이다. 조직은 개인에게 조직 구성원으로서의 책임과 의무 그리고 규칙 등을 요구하게 되는데, 조직과 개인이 적합성을 이룰 경우 상호 유능성에 도달할 수 있을 것이다. 반면, 부적합과 부적응 상태가 지속될 경우 역기능적 개인이 생기기 마련이고, 조직 역시 존속과 유지에 어려움을 겪게 된다.

1) 조직의 개념 및 유형

(1) 조직의 개념

조직에 대한 학자들의 개념 정의에서 빠지지 않고 등장하는 것이 바로 '목적 달성'이다. 고전적 조직이론인 관료제를 제시한 베버(Weber, 1947)는 조직이란 특정 목적을 가지고 있으며 그 목적을 달성하기 위해서 조직 구성원 간에 합법적 상호 작용을 하는 인간들의 협동집단이라고 정의하였다. 또한 사회체계이론의 토대를 닦은 파슨즈(Parsons, 1960)는 조직이란 특정한 목표를 추구하기 위해서 신중하게 구축된 사회적 단위 또는 인간집단이라고 했으며, 에치오니(Etzioni, 1964)는 조직이란 특정 목표추구를 위하여 의도적으로 구성되고 다시 재구성되는 사회적 단위라고 했다. 이와 같은 정의들은 조직이 특정한 '목적달성'을 위해 조직구성원들이 의도적으로 모여서 상호작용을 하는 단위로 이해하고 있다.

이보다 조금 후대의 개념에서는 조직 내부의 상호작용 뿐 아니라 조직 외부 환경에 대한 관리 기능까지 첨가하고 있다. 즉, 카츠와 칸(Katz & Kah, 1978)은 조직이란 공동의 목표를 가지고 조직 내부 관리를 위하여 각종 규제 장치를 갖고 조직 외부 환경관리를 위하여 적응 구조를 발달시키는 인간의 집단이라고 정의한다. 이들은 조직이 유기체와 같아서 조직 외부 환경에 개방적이며, 생존을 위해 적절한 적응 구조를 가져야 한다는 것을 강조한다.

심리학자 와익(Karl Weic, 1990)은 조직을 '조직구성원 각자가 자신과 타인으로부터 무엇을 기대할 것인가를 규정하며, 그 구성원이나 사물 간 조정된 행동과 관계를 통해 다양한 목표를 추구하는 구체적인 사회적 실체이며, 이 실체는 생존하기 위해 한층 큰 체제 속에서 다른 개인이나 하부체제에 의존 한다'고 정의한다. 이 정의는 조직이 생성-성숙-소멸의 과정을 거치며, 조직이 생존하기 위해 조직구성원의 역할과 상하위조직간 관계성을 중시하고 있음을 강조한다(최옥채 외, 2009).

카츠와 칸 그리고 와익은 모두 조직을 환경과의 관계에서 개념 정의하고 있다. 조직은 목표달성을 위해 의도적으로 모인 사람들이 상호작용을 할 뿐 아니라 조직 외부의 환경과의 상호작용을 통해 자기 존재를 존속시키고 발전시켜 나가는 살아있는 유기체 개념으로 바라보는 것이다. 이런 점에서 밀러는 '조직이 여러 가지 목표를 가지고 있으며, 목표를 추구하려고 상호작용하는 하위체계들로 구성된 체계'라고 정의하였다(장인협 외 공역, 1990). 즉, 조직은 하나의 체계이며, 그 속에 포함되어 있는 부분들인 개인, 부서, 하위집단들과 끊임없이 상호작용하고, 외부의 체계들과 유기적으로 교류를 하면서 자기존재를 존속하기 위해 노력하고 필요하다면 변화를 도모할 수 있는 살아있는 체계로 보아야 할 것이다.

사회학자 굴드너(Gouldner, 1959)가 제시한 조직의 세 가지 특성은 조직에 대한 개념 정의를 적절하게 요약하고 있다고 보여진다.

첫째는 조직은 하나의 체계이며 유기적이라는 것이다. 대표적인 유기적 조직인 학교를 보면 쉽게 알 수 있다. 학교는 학생들을 개개인으로 보는 것이 아니라 학급, 학년, 학교라는 점점 더 큰 체계들로 보고 있기 때문이다.

둘째로는 조직의 구조적 변화는 합리적 작용에 의해서라기보다는 조직의 평형상태를 깨뜨리는 위협에 대한 누적적, 비계획적, 적응적 반응의 결과라는 것이다. 대다수의 조직원들은 자기의 조직이 급변하는 것을 원하지 않기에 조직에는 변화가 일어나더라도 평형상태를 유지한다는 것이다. 이것은 체계의 항상성 원리로 해석할 수 있을 것이다. 즉, 조직은 변화·발전을 추구하기에 앞서 조직의 생존을 유지하려는 성질을 가지고 있다.

셋째로는 조직체의 욕구 중 가장 중요한 것은 목표의 달성이란 것이다. 조직의 정의에서도 나왔듯이 조직원들은 공동의 목표를 가지고 행동하고 목표를 이루고자 노력한다는 것이다.

(2) 조직의 유형

사회체계이론을 체계화시킨 파슨즈(Parsons, 1960)는 사회체계가 유지・존속되기 위해 필요한 기능적 관점에서 조직을 바라본다. 파슨즈는 사회체계가 유지・존속하기 위해서는 적응(Adaptation), 목적달성(Goal-Attainment), 통합(Integration), 잠재적 유형유지(Latent pattern-maintenance)와 같은 4가지 기능이 충족되어야 한다고 했다. 이런 기능적 측면에서 파슨즈는 조직을 4가지로 분류하였다.

첫째, 경제적 생산조직(economic production organization)은 상품을 제조하고 경제적 가치를 창출하는 조직으로서 4가지 기능 중 '적응'에 해당된다. 기업을 위시하여 경제적 가치를 창출하는 모든 조직이 해당된다. 두 번째, 정치조직(political organization)은 그 사회의 '목적을 달성'하기 위해 필요한 조직으로서 사회적 가치를 창출하고, 이 같은 가치의 실현을 위해 권력을 형성하여 배분하는 역할을 한다. 우리나라의 국회나 정당, 정부의 각 부처 등이 여기에 해당된다. 세 번째, 통합조직(integrative organization)은 사회를 '통합'하고 갈등을 '조정'하기 위해 필요한 조직으로서 다양한 사회구조가 서로 공존하고 협동할 수 있도록 유도하며, 사회의 질서유지를 담당한다. 경찰이나 사법기관, 군대 등이 여기에 해당된다. 네 번째, 체제유지조직(pattern maintenance organization)은 문화적・교육적 기능을 담당하는 조직으로서 '유지' 기능을 맡는다. 학교나 종교기관이 대표적이다.

한편, 에찌오니(Etzioni, 1961)는 복종의 구조(compliance structure)를 기준으로 조직을 분류하였는데, 복종이란 하급자에게 행사하는 여러 가지 권력과 그 권력에 의해 하급자가 조직에 관여하는 것을 의미한다.

먼저, 강제적 조직은 조직구성원의 의사와 관계없이 강제적으로 참여하게 되는 조직이다. 강제적으로 조직의 목적을 위하여 행동하도록 하는 교도소나 군대 같은 조직체가 이에 해당된다. 둘째, 자발적 조직은 자유롭게 가입하거나 탈퇴할 수 있는 종교단체나 전문직 단체를 의미한다. 셋째, 공리적 조직은 조직원이 실리적 목적을 위해 가입하거나 탈퇴할 수 있는 회사와 같은 조직체가 해당된다.

또한 에치오니는 조직의 통제를 신체적 통제, 물질적 통제, 상징적 통제로 구분하면서 각 조직이 사용하는 통제의 형식에 기초하여 세 가지 조직들을 설명하였다(Etzioni, 1964). 강압적 조직은 위협과 처벌을 통제수단으로 사용해 구성원들 사이에 소외를 초래하기 쉽다. 보상적 조직은 조직구성원들로 하여금 그들이 받는 혜택을 계산하게 하여 통제한다. 규범적 조직은 도덕적 개입과 사회적 수용을 통제수단으로 사용하여 조직구성원들이 조직에 강한 의무를 느끼게 만든다(이인정 외, 1997).

2) 체계로서의 조직 특성

성공적인 조직이 되기 위해서는 변화하는 환경에 신속하게 대응할 수 있어야 한다. 시시각각 변화하는 주변 환경은 조직의 존속을 위태롭게 할 수도 있지만 위기를 극복하면 크게 성장할 수 있는 계기가 된다. 중요한 것은 환경의 변화에 대해 어떻게 대응하느냐가 관건이다. 주변 환경이 크게 변화하였는데도 기존의 조직구조와 경영방식을 고집할 경우 정보와 에너지 자원의 교환 부족으로 결국 도태되고 말 것이다. 반면, 조직내부의 혁신을 도모하고, 창조적인 아이디어를 적극 받아들이고, 외부와의 교류를 더욱 증진한다면 위기는 기회가 되고 성장의 견인차를 이끌 것이다. 그러나 외부환경변화에 대응한다는 것은 말처럼 쉽지 않다. 왜냐 하면, 조직은 변화를 원치 않고 현 상태를 '균형' 있게 유지하고자 하는 성질이 있기 때문이다. 그러나 이런 조직은 균형을 유지할 수는 있으나 항상 외부의 위협으로부터 불안할 수밖에 없다. 따라서 외부의 압력에 자유로워지고 '안정 상태'를 확보하려면 외부와 활발한 교류를 단행하지 않으면 안 된다. 즉, 조직은 외부환경과 적극적으로 상호작용하는 개방체계로서 기능할 수밖에 없는 것이다.

우리는 체계론적 시각이 환경과 상호작용하는 개방체계로서 사물을 이해한다는 것을 알고 있다. 이런 관점에서 조직은 부분들 간에 또는 주어진 부분과 환경간에 상호작용하는 체계, 즉 상호 의존적인 부분들의 집합체로서 조직을 이해할 수 있다. 따라서 체계론적 시각으로 조직을 바라보면, 전체로서의 조직이해와 부분과 전체의 관계를 통한 조직이해를 가능하게 해준다. 즉, 조직체계는 개별 요소들이 모여서 이루어지는 것이 아니라 그것을 초월하는 상호작용 패턴에 의해서 만들어지고, 에너지의 투입, 전환, 산출 과정을 통해 환경과 지속적인 상호작용을 수행함으로써 부적 엔트로피나 항상성을 유지하려는 열린 체계의 속성을 가지고 있다.

체계이론에서는 조직을 다양한 역동성과 메커니즘에 기초를 둔 구체적 기능을 수행하는 많은 하위체계들로 구성된 복합체로 보고 있다 (Katz & Kahn, 1978). 즉, 조직이 최적으로 기능하기 위해서는 조직의 목표에 따라 모든 하위체계가 기능하도록 해야 한다는 것이다.

사회복지관의 조직구조를 살펴보면, 총무기획부와 복지사업부 그리고 부속시설로 나뉘고, 복지사업부는 가족복지팀, 재가복지팀, 지역복지팀으로 구분되며, 업무지원팀이 복지사업부를 지원하는 형태로 구성되어 있다. 여기에서 복지사업부는 전체 복지관 관점에서는 '하위체계'가 되지만, 가족복지팀에게는 '상위체계'가 된다. 각 부서를 보여주는 '경계'는 팀이라는 구조로 묶여 있지만, 경우에 따라서 가족복지팀과 재가복지팀에서 아동을 담당하는 사회복지사들은 '아동복지 사회복지사'라는 경계로 묶여질 수 있다. 전국에 있는 모든 사회복지관이 모두 이런 조직구조를 갖는 것은 아니지만 관장을 중심으로 복지사업을 하는 부서와 이를 지원하는 부서로 구분되는 것이 일반적이다. 각 사회복지관에서는 조직의 목표를 달성하기 위해, 계획된 사업내용에 따라 조직이 구성되며, 각 각의 부서가 제 기능을 발휘하고 상호 협력하여 최종 목표를 달성할 수 있게 되어 있다. 만약 어느 한 팀에서 업무 과실을 하게 되면, 해당 부서에만 영향을 주는 것이 아니라 사회복지관 전체에 파급

되는 구조이다.

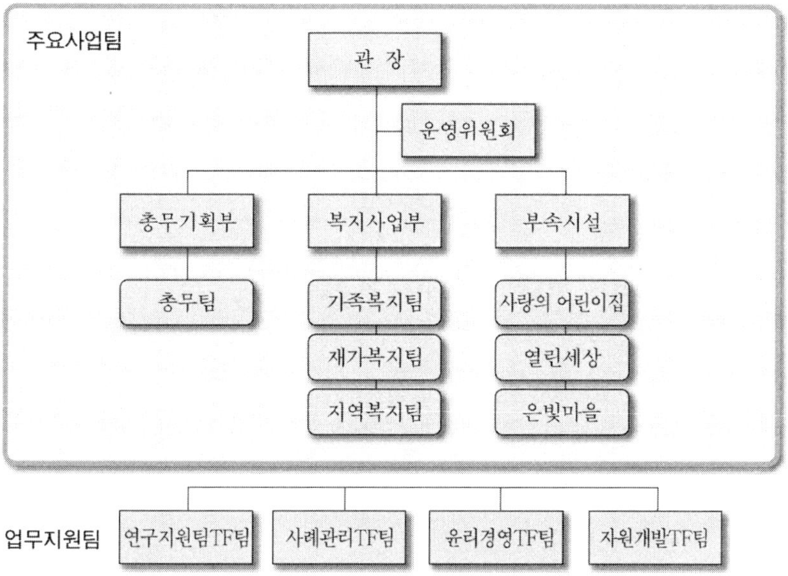

www.mybanpo.org 서울:반포종합사회복지관 조직도

카츠와 칸은 하위체계를 생산 하위체계, 유지 하위체계, 경계 하위체계, 적응 하위체계, 그리고 관리 하위체계로 구성되어 있다고 하였다. 하위체계를 사회복지 조직과 관련시켜 살펴보면, 먼저 생산하위체계는 숙련과 합리성을 바탕으로 클라이언트에게 서비스를 제공하는 기능을 한다. 둘째, 유지 하위체계는 조직의 현재 상태대로 조직의 계속성을 확보하는 것으로 절차를 공식화하고 표준화함으로써 직원의 선발과 훈련, 보상제도 확립 등을 통해 개개 직원들의 목표를 조직의 목표에 통합시키는 기능을 수행한다. 셋째, 경계 하위체계는 조직의 외부환경에 영향을 미치는 기능으로써 조정절차를 통해 다른 조직과 관계를 발전시키거나 지지와 정통성을 확보하기 위해 다양한 외부 자원들과 영향력을 공유한다. 넷째, 적응 하위체계는 변화하는 환경의 요구에 반응해서 조직을 변화시킬 수 있도록 연구하고 계획해 나가는 기능이다. 마지막으로 관리 하위체계는 4가지 하위체계를 통합하고 조정하는 과업을

달성하기 위한 리더십 기능이다(최성재 · 남기민, 2007).

조직은 우선 하위체계들간의 유기적인 상호작용이 활발해야 살아남을 수 있다. 이와 아울러 외부 환경체계와의 상호 교류는 조직의 생존과 번영을 좌우하는 핵심적 과업이 된다. 1980~90년대까지만 해도 사회복지관은 지역사회복지 발전에 중추적 역할을 담당했다. 그러나 시대적 변화에 따라 전통적으로 사회복지관에서 수행해 왔던 주요 기능들이 신생 조직으로 서서히 이전되는 경향을 보여주기 시작했다. 교육문화사업은 백화점문화센터, 청소년수련관, 주민자치센터 등에, 지역복지사업은 지역자활센터나 시민단체로, 재가복지사업은 장기요양기관 등으로, 청소년복지는 청소년문화의집이나 청소년수련원 그리고 학교사회복지 등으로, 가족복지사업은 건강가정지원센터나 여성발전센터 등으로 많은 부분이 이전되었다. 이 같은 현상은 시대적 상황이 전통적인 사회복지관 사업 양태와 '적합성'을 이루지 못했기 때문이다. 또한 사회복지관이 시대적 변화에 '적응'하지 못했고, 조직 운영상의 어려움에 적절히 '대처'하는데 성공하지 못했기 때문이라고 볼 수 있다. 사회복지관은 마치 한 시대를 살아가는 개인과 같이 살아 움직이는 유기체와 같은 존재이므로 변화하는 환경과의 유기적 상호작용에 따라 성장하고 발전하며 자신의 정체성을 확보할 수 있는 것이다. 한때 사회복지관에서는 '노인복지특화사업' 또는 '장애인복지특화사업'을 추진하여 일정 수준의 운영비를 보조받고 특화된 복지관으로서 위상을 정립하려고 하였는데, 이 같은 사례는 조직이 운영상의 어려움과 같은 '스트레스' 요인에 대해 '대처'하려는 움직임으로 해석될 수 있다.

체계론적 시각에서 조직을 바라보는 것은 다음과 같은 이점이 있다(김영진, 1992).

첫째, 조직이 놓여 있는 환경에 대한 이해의 중요성을 부각시킬 수 있다. 조직이 개방적인 유기적 시스템으로서 환경과 상호작용하면서 그것에 적응하는 유기체와 같다는 발상은 환경과 그에 대한 대응전략이 조직생존에 필수적임을 가정하는 것이다. 고전적인 관리이론이 환경에 대해 고려하지 않은 채 조직을 하나의 폐쇄적인 시스템으로 취급하여 조직내적인 설계의 보편적 원리를 찾는데 몰두한데 반해 체계론적 관점은 조직의 상황맥락적(contextual) 일반 환경은 물론 특정한 과업환경의 특성과 변화를 탐색, 감지하고 그것과 적절한 관계를 유지할 수 있는 전략적 대응의 필요성을 강조한다. 이렇게 환경과 끊임없이 상호작용하는 유기체 비유의 시스템 모형을 통해 조직과 관리에 대해 개방적이고 유연한 시각과 처방이 나올 수 있다.

둘째, 조직을 유기체와 같이 상호작용하는 하위체계(sub-system)의 집합체로 간주함으로써 구체적인 조직분석과 조직진단에 유용한 틀을 제시한다는 점이다. 마치 분자, 세포, 기관들이 그 자체가 복잡한 개방시스템이면서도 동시에 살아있는 유기체의 하위 시스템으로 볼 수 있듯이 개인, 집단, 부서는 그 자체가 체계인 동시에 조직전체에 포함되어 있는 하위체계로 규정된다. 이러한 발상에 의하면 부분적인 하위체계는 다른 하위체계와 상호의존적인 관계를 가지면서, 환경에 적응하는 전체의 한 부분을 이루는 것이다. 따라서 조직을 하위체계의 기능적 상호관계에 의존하는 복합적 시스템으로 파악함으로써 조직분석에 고려될 수 있는 상이한 여러 변수의 관계를 이해하는데 도움을 줄 수 있다.

셋째, 조직은 생존하기 위해 충족되어야 할 욕구를 가진 유기체와 같다는 생각은 조직 관리에 있어 의미심장한 발상의 전환을 가능하게 한다. 고전적인 관리이론이 구체적인 실행목표에 초점을 두는데 반해 체계이론은 생존이라고 하는 보다 넓은 맥락의 과정적 측면을 강조한다. 구체적인 목표는 흔히 많은 조직에서 그 자체가 최종적인 목적이 되는 경향이 있는데 생존을 조직 관리의 가장 우선적인 관심에 두고 보면 조직내 여러 부문의 구체적 목표는 조직생존을 위한 수단으로 자리 매김된다. 생존을 위해 충족되어야 할 욕구를 조직이 가지고 있음은 환경과의 적절한 관계유지의 중요성을 보여줄 뿐 아니라 조직 내부적으로 하위체계가 균형과 조화를 이루도록 상호작용해야 한다는 점을 시사한다. 따라서 조직의 전략, 구조, 기술과 인간, 관리라고 하는 하위체계의 여러 차원들은 상호 긍정적으로 맞물리는 내적 균형을 유지해야 하며 그렇지 않은 경우 체계의 개방성과 생존은 위협받을 수 있다.

4. 지역사회

1) 지역사회의 개념 및 유형

(1) 지역사회의 개념

지역사회에 대한 개념은 학자들마다 다양한 관점에서 정의를 내리고 있는데, 크게 보면 공간적 의미의 지역사회와 기능적 관점의 지역사회로 구분된다. 공간적 의미의 지역사회는 산이나 강처럼 자연적으로 경계를 이루거나 행정적으로 구획된 경계를 필요로 한다. 교통과 통신이 발달되지 않았던 시절에는 지리적 관점을 벗어나서 지역사회를 논할 수 없었고, 주민들의 생활과 매우 밀접하게 연결되어 있었다. 반면, 기능적 지역사회는 장소를 벗어난 개념으로서 동질성을 바탕으로 하거나 공통의 가치나 이익을 추구하기 위해 인위적으로 구성되었다는 특징이 있다. 교통과 통신의 발달은 지리적 경계를 뛰어 넘어 전 세계를 하나의 단일 생활권으로 묶어냈다. 이로 인해 종교나 이념, 사회계층이나 직업, 취미생활이나 생활양식, 교육이나 산업, 성적 취향 등과 같이 구성원의 관심과 이익에 따라 공동체가 형성되는 특징을 보이고 있다.

공간적, 지리적 의미의 지역사회는 자연적, 행정적인 경계라는 뚜렷한 특징이 있으나 이 안에서 기능성을 발휘하지 못하는 것은 아니다. 다만, 폭넓고 다양한 상호작용이 제한되어 있기 때문에 지리적 특징을 더 강조한 것뿐이다. 기능적 의미의 지역사회 역시 경우에 따라 공간적 의미를 필요로 할 때도 있다. 조기 축구회나 지역 야구팀과 같은 취미활동 Community는 지리적 경계를 필요로 하고, 직장노조집단의 경우

근린지역에서 이루어지는 경우가 많고, 종교생활은 대부분 집 주변에서 이루어진다. 따라서 우리가 지역사회 차원의 사회복지실천을 하기 위해서는 어느 하나에 중심을 두기보다는 다양한 관점에서 지역사회를 바라볼 필요가 있다.

다음은 지역사회를 바라보는 다양한 관점을 설명하고 있는데, 지리적 관점을 제외한 것들은 넓게 보면 기능적 관점과 관련된 것으로 이해해도 무방할 것이다.

첫째, 지리적 관점의 지역사회이다.

일반적으로 지역사회는 자신이 살고 있는 지리적 관점에서 생각하기 마련이다. 시대적 변화에 따라 지역사회에 대한 개념이 매우 다양화 되었음에도 근린지역에 대한 지역사회 관점은 쉽게 무너지기는 어려울 것이다. 지리적 지역사회는 한 지역을 구성하는 사람들과 조직들의 지리적 분포라는 견지에서 고려될 수 있는 사회와 사회집단에 적용된다. 지리적 개념으로서의 지역사회는 인간생활의 필수적 욕구를 충족시키는 기능을 하는 공간이며, 사회적 상호작용의 단위로서의 공간이고, 집단정체성의 기본단위로서 공간이라는 특성을 갖는다.

둘째, 지리적·심리적 관점의 지역사회이다.

Mattessich와 Mnosey(최옥채, 2001 재인용)는 지역사회를 "일정한 지리적 공간 안에서 서로 사회적·심리적 유대를 가지고 있는 사람들"로 기술하고 있다. 또한 웨렌(Warren, 1978) 역시 지리적 측면의 지역사회와 함께 사람들의 공동 감정과 이익을 추구하는 심리적 측면의 지역사회를 강조했다.

셋째, 집단 상호작용을 강조하는 사회적 동질지역으로서의 지역사회이다.

힐러리(Hillery)는 지역사회를 구성하는 세 가지 요소로 지역(area), 공통적 유대감(common ties), 사회적 상호작용(social interaction)으로 일정한 지역 내에서 공동의 유대를 가지고 사회적 상호작용을 수행하는 인간집단이라고 정의하였다(전해황 외, 2009에서 재인용). 여기에서 특히 사회적 상호작용이라 함은 지역사회주민들 간의 합의성, 일체감, 공동생활양식, 공동적인 관심과 가치 등을 의미한다. 지역사회라고 하는 것은 다른 지역과 구별될 수 있는 사회적 특성을 지닌 독립적인 지역이라고 보는 것이다. 종교, 생활스타일, 이데올로기, 직업, 취미, 교육수준 등은 사회적 동질지역으로서의 지역사회 형성에 영향을 주는 요소들이다.

넷째, 기능성을 강조하는 지역사회이다.

웨렌(Warren, 1978)은 지역사회는 "지역에 적합한 주요 사회적 기능을 수행하는 사회적 단위와 체계의 조합"이라고 정의하였다. 즉, 주민들에게 일상생활에 필요한 광범위한 활동 영역에 접근이 가능하도록 하는 사회적 활동의 조직이 지역사회라는 것이다. 따라서 지역사회는 자신을 유지하기 위해 어떤 사회적 기능(아동양육, 음식과 자원의 분배 등)을 수행해야만 한다(한국임상사회사업학회, 2008 재인용).

(2) 지역사회의 유형

지역사회를 구분하는 기본적인 형태는 농촌지역과 도시지역으로 구분하는 것이다. 소로킨(Sorokin)과 짐머만(Zimmerman)은 지역사회의 직업구성, 환경, 지역사회의 크기, 인구밀도, 인구의 이질성과 동질성, 사회적 분화와 계층, 인구의 이동성, 상호작용의 모습 등의 여덟 가지 지표를 기준으로 농촌지역과 도시지역의 특질을 설명한다(Sorokin & Zimmerman, 1929 : 표갑수, 2009 재인용).

로즈(Ross, 1967) 역시 지역사회를 농촌사회와 도시사회로 구분하고 있다. 농촌사회는 지역주민간 긴밀한 인간관계와 언어나 신념 그리고 행동양식 등이 비슷하며, 주민들간의 결속력이 좋고 전통과 권위를 중시하는 특징이 있다. 반면, 도시는 지역주민간 상호작용이 부족하며, 전통적인 인간관계보다는 개인생활을 중시한다. 그리고 교육·의료·문화·복지시설들이 농촌보다 잘 갖추어져 있어서 생활하기에는 편리한 특징이 있다.

지역사회에 대해 좀더 세분화된 구분을 살펴보면, Dunham(1970)은 지역사회를 네 가지 차원에서 구분하였다.

첫째, 인구분포에 따른 구분 : 서울이나 인천과 같은 대도시, 수원이나 의정부와 같은 중소도시, 그리고 읍면단위와 같은 인구의 크기에 따라 구성된 지역사회의 형태이다.

둘째, 경제적 기반에 따른 구분 : 광산촌·어촌·농촌·공장지대를 기반으로 형성된 지역사회 형태이다. 울산이나 포항과 같은 산업지역과 제주도와 같은 관광지역 등으로 구분될 수 있다.

셋째, 행정의 구역에 따른 구분 : 특별시·광역시도·시·군·구·읍·면·동과 같은 행정구역에 따라 구분된 지역사회

넷째, 사회적 특수성에 따른 구분 : 저소득층 밀집지역·외국인촌·차이나타운과 같은 인구구성의 특수성으로 구분된 지역사회 형태이다.

Lindeman(1921)은 지역사회복지의 목적에 따라 다음과 같이 열 가지로 구분하였다(박용순, 2007 재인용).

첫 번째, 대도시 지역 : 인구 50만명 이상으로 산업, 상업, 문화 등이 밀집된 지역

두 번째, 산업 지역 : 광업, 제철, 수출산업, 자동차공장 등 산업이 집중된 지역

세 번째, 상업 지역 : 상가, 백화점, 주유소 등이 밀집된 지역

네 번째, 행정중심 지역 : 정부의 행정관서가 집중된 지역

다섯 번째, 교육중심 지역 : 대학교, 연수원, 기타 학교시설이 중심인 지역

여섯 번째, 시설중심 지역 : 병원, 센터, 보건소 등이 형성된 지역

일곱 번째, 교외 지역 : 지역주민이 도시로 통근하며 근교에 거주하는 지역

여덟 번째, 유락 지역 : 해변, 유락지, 국립공원, 자연명소 등에 인접한 지역

아홉 번째, 농업중심 지역 : 농산품이 거래되고 농업을 주 생계로 하

여 농촌주민의 활동이 이루어지는 지역

열 번째, 이념중심 지역 : 신앙촌, 퀘이커교, 모르몬교, 협동농장 등 종교, 이데올로기, 예술 등에 뜻을 두고 형성된 지역

한편, 최옥채(2005)는 지역사회복지실천을 위해 파악하고 있어야 할 지역사회 유형을 우리나라 실정에 맞게 7가지로 제시하고 있다(오창순 외, 2010에서 재인용).

첫째, 농촌지역사회는 주로 농업이 중심이지만 이와 함께 어업, 축산업, 임업을 주업으로 하는 마을이다.

둘째, 유흥가는 일탈행위가 일어나는 현장이기에 이를 예방해야 하지만 동시에 유흥업소들이 가지는 자원을 적극 개발하면 유흥가의 변화와 열악한 다른 지역사회의 변화를 일으킬 수 있는 가능성을 가지고 있다.

셋째, 성매매촌은 일정한 구역을 형성하여 성매매가 이루어지고 있는 곳을 일컫는데 이곳은 성매매를 둘러싼 폭력과 여성의 인권의 문제가 존재한다.

넷째, 산업단지는 산업환경을 향상시키고 기업집단을 위한 입지조건과 공공시설을 제공함으로써 경제적 이익을 효율적으로 도모하기 위해 정부와 정부관계 기관이 포괄적 계획을 세워 개발한 지역이다.

다섯째, 빈곤지역은 대체로 소득이 낮은 주민들이 소규모 주택을 단독으로 또는 세를 얻어 거주하며 사회적으로 소외된 채 고달픈 삶을 살아가는 곳이다.

여섯째, 중산층 지역사회는 대부분의 주민이 기초생활을 꾸려 가는데 경제적으로 어려움을 겪지 않는 곳이지만 드러나지 않은 크고 작은 갈등이 잠재해 있다.

일곱째, 상업중심 지역은 기업을 포함한 상가가 밀집해 있는 곳으로 특히 사회복지조직이 제휴하려 할 때 적절한 파트너가 될 수 있기 때문에 더욱 중요성을 띤다.

2) 체계로서의 지역사회

지역사회는 인간과 환경의 교류의 장이라 할 수 있다. 환경은 자연환경 뿐 아니라 사회적 환경을 포괄하므로 인간에 의해 만들어진 시설, 제도, 사회적 관계가 모두 해당된다. 따라서 지역사회는 인간이 환경과 상호 작용을 하면서 형성된 실체로서 이 속에서 인간이 생존하고 생활하는 것이 가능하다. 지역사회는 인간을 둘러싸고 영향을 주는 동시에 인간의 행동에 따라 많은 부분 영향을 받는다. 결국 인간과 지역사회는 상호 영향을 주고받는 상호보완적인 특성을 가진다. 이런 점에서 인간의 행동을 이해하려면 그를 둘러싼 지역사회의 특성을 고려하지 않을 수 없다. 예를 들어, 저소득밀집지역 청소년들이 학습능력이 다소 떨어지고 학교생활에 적응하지 못하는 이유를 찾고자 한다면, 청소년의 개인적 특성 요인 뿐 아니라 가족과 학교 그리고 지역사회의 제반 환경을 동시에 고려해야 한다. 본인과 가족의 학습의욕이 높아도 지역의 또래 친구들이나 이웃들이 학습 분위기를 조성해 주지 않고, 학습을 지원해줄 자원이 부족하며, 유흥업소와 같은 유해환경이 많고, 모델링할만한 대상을 찾을 수 없다면 학습에 몰입하기가 쉽지 않다. 따라서 개인과 환경간의 상호작용 패턴을 파악해야 하며, 체계론적 시각에서 문제에 접근해야 한다.

지역사회는 다른 지역사회와 구분될 수 있는 지리적, 심리적, 사회적 경계를 가지고 있으며, 체계의 안정성을 추구하고, 보다 나은 지역사회로 발전하기 위한 진화적 속성을 모두 가지고 있다. 따라서 지역사회는 하나의 체계로 볼 수 있으며, 그 안에는 가족과 종교집단, 학교, 직장, 관공서와 같은 다양한 하위체계들로 구성되어 있고, 더 큰 사회와 연결시키기 위한 매개체로서의 기능을 한다.

이러한 관점에서 지역사회의 능력을 향상시키기 위해서는 전체로서의 지역사회체계와 지역사회 내 다수의 사회적 단위로서 하위체계를 동시에 고려해야 한다. 또한 지역사회를 체계론적 관점에서 보는 것은 지역사회를 하나의 행위자(actor)로서 보는 것을 의미한다. 이러한 관점에서 실천가는 지역사회체계의 총체적 시각을 가지고 하나의 행위자로서 지역사회가 작동하도록 개입함으로써 지역사회 문제를 해결하고자 노력할 수 있다(김범수 · 신원우, 2009).

지역사회는 많은 하위체계를 포괄하고 있지만 그 자체로서 하나의 체계이기 때문에 항상 환경의 변화에 민감할 수밖에 없고, 환경의 요구와 지역사회 본래적인 목적을 달성하기 위해 끊임없이 상호작용을 하게 된다. 이와 같이 지역사회가 환경에 적응하고 적합성을 이루어 나가는 과정을 파슨즈(Parsons, 1960)는 지역사회의 네 가지 기능으로 설명하고 있다.

첫째, 적응(Adaption) 기능으로서 사회체계의 목표를 달성하기 위해서 필요한 도구나 설비를 제공하는 것이다. 특별히 지역사회가 기능하기 위해 필요한 자원을 획득하는 경제적 능력을 필요로 하는 기능이다. 지역사회의 목표가 실업문제 해소라고 한다면 지역에 대규모 공업단지를 유치할 수 있는 홍보능력을 필요로 하며, 지역경제의 활성화라면 지역의 관광자원을 개발한다거나 특용작물을 개발하는 등의 노력이 필요하다. 또는 지역의 하천이 오염되어 악취를 풍기며 쓰레기가 넘쳐나고 있는데도 지역차원의 아무런 대처를 하지 못한다면 그 지역은 적응능력이 떨어진다고 말할 수 있다.

둘째, 목표달성(goal attainment) 기능으로서 사회체계의 공통된 가치의 틀 속에서 목표를 결정하고, 다양한 목표들 사이에 우선순위를 정하며, 그 목표를 달성하기 위해서 시간과 노력을 기울이고, 체계의 모든 자원을 동원하는 것을 말한다. 파슨즈는 정부가 목적 성취를 위한 가장 중요한 원천이며 지역시설들, 기업체, 공식적 조직들, 지역주민들을 위한 비공식적 조직들이 결과를 만들어 내기 위하여 조직될 수 있다고 하였다(Hardina, 2002). 정부 뿐 아니라 지역에는 많은 정치조직들이 존재하는데, 공식적이든 비공식적이든, 정치조직은 주민들이 공통적으로 관심을 갖는 사안에 접근하여 해결하고자 시도한다. 정치조직은 지역현안에 대한 비전을 제시하고 지역의 다양한 자원을 활용하는 능력이 탁월하며, 전략적이고 계획적이기 때문에 전통적으로 지역사회의 목표달성은 정치조직을 통해서 추구되어 왔다고 볼 수 있다.

셋째, 사회통합(integration) 기능으로서 체계를 구성하고 있는 단위들 사이의 관계를 조정하거나 지역사회의 가치와 특정행동유형을 지역사회 주민들이 받아들이는 과정을 의미한다. 사회통합은 조직 부분에서 언급했던 사법기관을 포함해서 지역사회의 공동의 관심사나 이익을 위해 주민을 하나로 뭉치게끔 하는 기능을 할 수 있다. 예를 들어, 지역공동체가 함께 경축하는 지역축제를 개최하여 근린의식과 공동체성을 확고히 한다거나 자기 지역을 연고로 하는 축구팀이나 야구팀을 응원함으로써 지역출신으로서의 연대감과 동질성을 공고히 할 수 있다.

넷째, 형태유지(pattern maintenance)는 사회화와 관련된 개념으로 바라보면, 그 동안 지역사회에서 전승되어온 공통된 가치나 태도를 지속적으로 학습하여 유지되도록 하는 기능이 해당된다. 주로 학교나 종교기관 등에서 다루어지고 있으며, 가족 역시 유지 기능을 담당한다. 사회의 안정 및 지속성 측면에서 바라본다면, 주민들이 안전하게 생활할 수 있도록 하는 치안기능과 일상생활에 필요한 기반시설이 정상적으로 운영되는 것이 포함될 수 있다.

이와 같이 파슨즈는 지역사회의 하위체계로서의 기능을 네 가지로 압축 설명하고 있다. 파슨즈는 초기의 사회체계론을 체계화시킨 이론가로서 체계론의 다른 개념들과의 연관성에서 사회체계의 네 가지 기능을 제시하였다. 따라서 파슨즈의 네 가지 기능은 지역사회에만 적용되는 것이 아니라 다른 사회체계에도 공히 적용되는 이론적 틀이라 볼 수 있다.

반면, 지역사회의 하위체계적 기능에 보다 초점을 맞춘 정리를 살펴보면, 길버트(Gilbert)와 스펙트(Specht)는 존슨(Johnson)과 위렌(Warren)의 이론을 참고하여 아래와 같이 지역사회의 하위체계로서의 기능을 정리하였다(Johnson, 1960; Warren, 1978, Gilbert & Specht, 1974).

첫째, 지역사회 주민들이 살아가는데 필요한 재화(goods)와 서비스를 생산하고 소비하며 분배하는 일과 관련된 기능이다. 사람들은 살아가기에 필요한 의식주, 건강, 취업, 교통, 여가생활과 같은 재화와 서비스를 필요로 한다. 이것들은 대부분 지역사회 단위에서 생산되고 소비되며, 부족한 사람들에게 분배됨으로써 조화를 이루어 나간다. 지역사회 단위에서 기업이나 정부기관, 교육기관, 학교, 종교단체, 사회기관과 같은 조직들은 이러한 기능을 수행하며, 지역사회는 이러한 활동이 이루어질 수 있는 장(場)을 제공한다. 지역사회가 생산과 소비, 그리고 분배기능을 잘 수행할 때 안정을 찾고 유지해 나갈 수 있으나 기능수행에 장애를 겪으면 갈등과 분쟁이 생길 수밖에 없다.

둘째, 지역사회는 사회화 기능을 담당한다. 사회화는 그 사회가 공유하고 있는 가치나 정체성, 그리고 지식과 행동양태 등을 사회 구성원들에게 전수하는 과정이다. 사회화의 장소는 가족에서부터 시작하여 또래집단, 학교, 직장 등으로 점차 범위가 확장되는데, 이 모든 장이 지역사회 안에 포함되어 있다. 어떤 가치나 행동양식이 특정 지역사회에서는 통용되지만 다른 곳에서는 이질적인 것으로 받아들여질 수 있는데, 이것은 지역사회가 내·외부 체계와의 상호작용과정에서 형성된 독특한 구조 때문이다. 농어촌 지역에서 살다가 도시로 이전한 사람들이 문화적 차이를 느끼는 것은 이 때문이다.

셋째, 지역사회는 사회통제의 기능을 담당한다. 사회통제는 지역사회와 그 구성원을 일탈자들로부터 보호하려는 목적을 가진다. 즉, 그 사회의 규범이나 가치 등을 구성원들이 따르도록 강제하는 과정을 말한다. 지역사회의 규모가 작고 단순한 경우에는 전통과 관습 그리고 도덕과 같이 강도가 낮은 통제 수단이 사용되지만, 지역사회가 커지면 규칙, 규정, 조례, 법률과 같이 강력한 통제를 필요로 한다. 이와 같은 통제기능이 필요한 것은 지역사회의 안정과 균형을 이루기 위해서이며, 잘 통제된 지역사회에서는 구성원들이 안전하고 편안함을 느끼게 된다. 결국 사회통제는 질서를 잡아줌으로써 사회해체를 막고 항상성을 유지하려는 체계적 노력이다. 사회통제는 사법권과 경찰권을 가진 정부가 우선적으로 역할을 담당하지만 교육기관이나 종교기관도 일정 정도 기능을 하고, 경우에 따라서는 가족도 어느 정도 사회통제적 역할을 하는 경우도 있다.

넷째, 지역사회는 사회통합의 기능을 담당한다. 지역사회는 다양한 체계가 복합적으로 연결되어 있는 상위체계이므로 공통의 가치와 욕구를 충족시키기 위해 다양한 체계들이 결속할 필요가 있다. 지역사회의 당면한 과제를 해결하는 것은 어느 한 체계만의 노력으로 가능한 것이 아니라 공통의 가치와 노력으로 참여할 때 가능한 것이다. 이처럼 사회통합은 지역사회 구성원들이 상호신뢰를 바탕으로 자발적으로 참여하고, 지역사회에 대한 충성심을 강화하는 기능을 한다. 사회화가 개인이 어떻게 행동해야 할 것인가를 가르쳐 주는 수단이라면, 사회통제는 그러한 행동을 하도록 지배하고 강조하는 수단이고, 사회통합은 사람들 스스로 규범을 준수하며 바람직한 행동을 통해 자발적으로 참여하는 것을 말한다(정은, 2010).

다섯째, 지역사회는 상부상조의 기능을 담당한다. 상부상조는 도움이 필요할 때 서로 돕는 것을 일컫는 말이다. 도움이 필요할 때 지역사회는 우선 공식적 지원망을 통해 개입할 수 있다. 그러나 사람이 살면서 공식적으로 지원을 받는 것은 한계가 있기 마련이다. 따라서 상부상조는 기존의 사회제도로 기본적인 욕구를 충족하기 어려울 때 더욱 필요한 기능이다. 우리나라는 전통적으로 두레나 품앗이와 같은 상부상조 조직이 있었으나 현대에 와서는 종교단체나 사회복지단체에서 자원봉사자들을 활용한 지원 양상으로 변모하고 있다. 그러나 상부상조는 민간단체 뿐 아니라 가족이나 친구 그리고 이웃이 서로 돕는 분위기가 잘 조성된 지역사회일수록 훨씬 잘 기능할 수 있다.

지금까지 지역사회를 설명하는 이론은 갈등이론, 교환이론, 자원동원이론, 사회구성론, 엘리트이론 등 매우 다양하다. 그러나 사회복지실천 현장에서는 체계이론이 좀더 광범위하게 활용되고 있다고 볼 수 있다. 지역사회를 체계론적 관점에서 바라본다는 것이 무엇인지를 국내 여러 학자들의 의견을 종합·정리해 보면 아래와 같다(최일섭·이현주, 2007 : 박용순, 2007 : 이애련 외, 2009).

첫째, 지역사회는 다양한 사회적 제도로 구성되어 있는 하나의 체계로 이해할 수 있다. 지역사회 수준에서 발견되는 독특한 제도적 체계의 수는 사회에 따라 달라지지만, 중요한 제도적 체계들은 정부, 경제, 사회, 종교, 가족 등과 같은 하위체계이다.

둘째, 하위체계 내의 구성원 간에, 하위체계 간에 상호 관련성이 있으며, 또한 각각의 하위체계는 다양한 사회적 또는 결사체적 집단으로 구성되어 있다.

셋째, 지역사회를 포함한 모든 사회체계는 균형 상태를 향해서 움직이는 경향이 있는데, 이는 체계 내의 한 구성요소의 변동은 다른 구성요소의 변동을 자극한다는 것을 의미한다. 그 결과 한 사회체계의 다양한 부분 간에는 조절, 조정, 통합이 이루어지면서 균형 상태를 유지한다는 것이다.

넷째, 하위체계 간에는 상호 관련성이 있다 하더라도 각각의 하위체계 역시 하나의 분리된 실체를 이루고 있고, 모든 사회체계의 구성원은 의식적이나 무의식적으로든 다양한 경제유지활동에 종사한다. 그 결과 사회체계는 심리적·사회적·지리적 경계를 가진다.

체계론적 관점에 더하여 실천가가 지역사회에 개입하기 위해서 고려해야 하는 생태학적 요인들은 다음과 같이 요약될 수 있다(Hardcastle 외, 2004). 첫째, 환경(상황)은 지역사회복지실천의 매개 요인으로 매우 중요하다. 둘째, 상호성과 상호의존성이 가족, 이웃, 국가를 넘어선 가치와 의무를 어떻게 의미하는지를 알아야 한다. 셋째, 지역사회가 주어진 장소에서 스스로 생존하기 위하여 조직하는 방법을 탐구해야 한다. 넷째, 인간문제에 대하여 개인적 원인뿐만 아니라 생태학적, 자연과학적, 객관적인 영향에 대해 고려하고 분석해야 한다.

5. 문화

1) 문화의 개념

(1) 문화의 개념

문화에 대한 개념은 여러 계층에서 매우 다양하게 사용되고 있어서 한 마디로 정의하기가 난해하다. 문화에 대한 본격적인 연구가 시작되기 전에는 문화를 "종교, 예술, 과학, 국가운영의 기술과 같은 인간의 고도의 지적 · 정신적 생활이 미치는 범위에서의 다양한 표현들을 망라하는 말"로 이해했다. 여기서 문화를 정신에 연결시키고 문명을 기술에 연결시키는 개념의 분화가 나타나 '정신문화'와 '기술문명(물질문명)'이라는 개념도 생겨 나왔다(오영환, 1981). 그러나 문화를 이런 개념으로 보는 방식은 이미 그 유효성을 잃어버린 지 오래 되었다.

문화인류학자인 타일러(Tylor, 1958)는 문화란 "지식, 신앙, 예술, 도덕, 풍속 등 사회의 구성원으로서 인간이 획득한 능력과 습관의 총체"다고 했다. 다소 협의적인 의미로 문화를 해석하고 있는데, 그 이유는 문화를 문명과 동일하게 사용하고 있기 때문이다. 문화가 비물질적이고 정신적인 인간의 포괄적인 생활양식을 나타낸 말이라면, 문명은 정신적으로도 발달하여 세상이 진보한다는 점을 인정하지만 물질적으로 생활이 편리해지거나 기술적으로 진보하는 상황을 더욱 강조한다는 차이가 있다(권중돈 · 김동배, 2010).

문화인류학에서는 과학, 예술, 종교, 철학 등 사회생활에서 얻어지는 모든 것들을 문화의 개념에 포함시키고 있으나, 사회학에서는 사회생활의 질서에 관련된 행동규범으로서의 문화에 초점을 맞추고 있다. 이런 점에서 사회학은 문화인류학에 비해서 보다 제한적으로 문화를 개념 정의하고 있다고 할 수 있다. 그래서 예술, 과학, 기술 등 비규범적인 요소들은 문화의 개념에 포함시키지 않고, 법규, 제도, 관습, 민습 등으로 구성된 규범체계를 문화의 개념으로 정의하고 있다(원승룡, 2007). 이처럼 문화인류학이나 사회학에서는 문화에서 물질적 측면, 즉 도구문화를 제외한 비물질적 문화만을 문화로 인정하는 경향이 강해지고 있다(최순남, 2002).

한편, 문화를 가치나 신념, 규범, 이념과 같이 협의로 이해하는 방법과는 달리 '문화이론'에서는 문화를 특정 사회의 사회관계와 정신적 산물을 포함한 포괄적인 삶의 양식(way of life)이라는 광의적인 의미로 이해한다(주재현, 2007). 문화이론은 문화적 편향(cultural biases), 사회적 관계(social relations), 삶의 양식(way of life) 등의 개념을 구분하고 이 개념들을 연결시키고 있다.

우선 문화적 편향은 사회구성원들의 공유된 가치와 신념을 말하며, 사회적 관계는 사회구성원들 간의 관계의 패턴을 말한다. 구성원들의 가치·신념·선호·인식 등을 포함한 문화적 편향은 사회적 관계를 정당화함으로써 사회구성원들의 행동에 심대한 영향을 미친다. 또한 사회적 관계는 문화적 편향의 형성을 규정하며, 이러한 문화적 편향은 다시 사회적 관계를 유지하는데 기여한다. 한편, 삶의 양식은 문화적 편향과 사회적 관계의 유기적 조합에 의해 형성되는 상태를 일컫는다. 즉, 특정한 문화적 편향과 특정한 사회적 관계의 패턴 간에 상호지지적인 관계가 형성되면서 하나의 삶의 양식이 성립되는 것이다.

이런 관점에서 문화를 이해한다면 다음과 같은 정의가 문화를 포괄적으로 표현해 주고 있다고 판단된다. 즉, "문화란 인간의 생활양식의 총체이고, 생활양식이란 사회구성원들이 후천적으로 학습을 통해 공통적으로 가지게 되는 행동양식과 사고양식의 총체라고 볼 수 있다(정철현, 2005)". 그리고 "문화란 인간의 생활양식으로서 특정한 민족이나 사회가 지속적으로 간직해 온 다양한 분야의 생활의 모습이며, 인간의 생존에 필수적인 요소로서 사회구성원들에게 내면화되어 인간행동에 영향을 미치는 사회체계"라고 할 수 있다(이근홍, 2003).

이와 같은 문화에 대한 폭넓은 개념을 정리해 보자면, 문화는 가치나 신념과 같은 비물질적인 것은 물론이고 물질적이고 도구적인 소산을 포괄하며, 이 같이 인간에 의해 창조되고 발전되어온 소산물들이 인간 상호간의 관계 유형과 유기적으로 상호작용하면서 생겨난 생활양식 또는 행동양식이라고 볼 수 있다.

(2) 문화의 유형

문화이론은 '집단'과 '격자'라는 두 차원을 결합해서 네 가지의 삶의 양식을 도출한다. 즉, 문화이론은 네 개의 문화유형을 제시하고 있다. '집단'과 '격자'는 사회가 한 개인의 삶에 개입하는 방식이라고 할 수 있다(주재현, 2007).

우선 '집단'은 한 개인이 특정의 사회단위에 일체되어(incorporated) 있는 정도를 말한다. 다시 말해서 구성원들이 자신을 한 집단의 일원으로 인식하는 정체감의 정도로 볼 수 있으며, 개인의 삶이 그 집단에 흡수되고 집단에 의해 지탱되는 정도를 말한다. 만약, 개인이 집단에 대한 정체감의 정도가 높다면 개인적 선택과 행동은 집단의 결정에 따르게 될 가능성이 높아진다.

'격자'는 한 개인의 삶이 외적으로 부과된 규제나 처방에 의해 제약받을 가능성의 정도를 말한다. 즉, 규제의 정도를 말하는 것이며, 개인들 간의 관계를 규정하는 역할 구분의 제도화된 분류틀을 의미한다. 이러한 사회적 규제가 클수록 개인의 자율적인 판단에 의해 결정되는 생활은 적어질 수밖에 없다. '집단'과 '격자'는 중복될 수도 있으나 논리적으로는 상이한 개념이다. 예를 들어, 개인에게 부과되는 사회적 규제가 높다고 해서 그 개인이 반드시 집단에 대한 높은 일체감을 지니는 것은 아니라는 점에서 두 차원의 차별성이 드러난다.

'집단'과 '격자'는 사회의 성향에 따라 그 강도에 있어 차이를 보이게 된다. 따라서 이를 '집단'의 강·약과 '격자'의 강·약으로 구분하여 두 차원을 교차시키면 네 개의 가능성이 나타나게 된다.

첫째, 계층제적 문화는 강한 집단 경계와 강한 사회적 처방의 두 요소를 지닌 문화유형이다. 이러한 문화유형에서 각 개인은 다른 구성원(특히 지배계층)들로부터의 통제와 사회적으로 부과된 역할에 의해서 구속된다. 이러한 사회에서는 계층에 따라 권위의 부여와 부여된 권위의 행사의 정도에 있어서 차별이 존재하며, 개인들 간에 존재하는 불평등은 적재적소를 통해서 사회적 조화를 이룰 수 있다는 주장에 의해서 정당화된다. 또한 계층제적 문화를 지닌 사회는 사회내적 갈등을 해소할 수 있는 다양한 조정 및 통제 수단을 보유하고 있다. 그러나 구성원들은 집단의 일원으로서의 자기 정체성이 강하고 그들의 다양한 욕구를 집단을 통해 충족시킴으로써 집단에 대한 의존도를 높인다. 현실적으로 존재하는 가장 극단적인 예로서 인도의 카스트제도를 들 수 있다.

둘째, 개인주의적 문화는 약한 집단 경계와 약한 사회적 처방을 특징으로 하는 문화유형이다. 사회와 집단의 모든 경계는 임시적인 성향을 지니며 타협을 통해서 변화될 가능성을 지니고 있다. 또한 사회 구성원들의 행동을 규제할 사회적 처방과 역할의 강도는 상대적으로 약하다. 따라서 구성원들 간의 관계를 당사자들의 자율에 의해 규정할 수 있으며, 시장에서의 계약관계로 표상되는 사회관계가 성립된다. 각 개인들은 자신의 성취를 위해 타인들과 경쟁하고 있으며, 자신이 성취하지 못하면 다른 사람에게 그 성공을 빼앗기게 되는 거친 사회라고 할 수 있다. 이러한 사회의 대표적인 예로서 산업자본가들 간의 경쟁이 치열하던 빅토리아 여왕 치세 하의 영국을 들 수 있다.

셋째, 평등주의적 문화는 집단 경계는 강하지만 사회적 처방의 정도는 몹시 낮은 문화유형이다. 이러한 문화를 지니고 있는 사회는 집단 구성원들의 정체감과 공동체의식이 매우 높다. 여기서는 인종·사회신분 등의 기준을 통해 상호간의 권리와 의무를 엄격하게 규정함으로써 나타나는 불평등을 우려하여 정교한 역할 규정을 기피한다. 그러나 집단내적 역할 분화가 발달되어 있지 않으므로 집단 구성원들 간의 관계가 불명료하고, 집단내의 권위행사를 뒷받침하는 지위의 구분이 구체화되어 있지 않기 때문에, 이러한 문화유형을 지닌 사회는 내부적인 갈등을 조정하기 어려운 특징을 지닌다.

넷째, 운명주의적 문화는 집단 경계는 약하지만 사회적 처방의 정도는 매우 높은 문화유형이다. 이러한 문화를 지닌 사회의 구성원들은 강한 규제적 처방에 의해 통제되지만 집단에의 소속감은 약하다. 즉 그들은 계층제적 사회의 구성원과 마찬가지로 어떻게 시간을 소비하며, 누구와 관련을 맺으며, 무엇을 입고 먹으며, 어디서 살고, 무슨 일을 할 것인가에 대해서는 강한 규제를 받지만, 계층제적 사회와는 달리 그들의 삶을 지배하는 결정을 내리는 집단의 멤버십으로부터는 벗어나 있다. 따라서 이러한 사회는 전체주의적인 정치·사회체제와 상당한 공통점을 지니고 있다. 이러한 문화유형을 발견할 수 있는 예는 노조에 소속되어 있지 않은 노동자들이다. 이들은 고용주와 일대일의 관계를 맺고 있으며, 개인적으로 주어진 일을 열심히 하는 것 이외에 자신의 상황을 개선할 여지가 거의 없는 상태에 놓여 있다.

사회마다 이러한 네 개의 삶의 양식 중에서 강조하는 것이 상이하다. 그러나, 한 사회가 하나의 삶의 양식만을 지니고 있는 것은 아니다. 모든 사회에는 네 개의 삶의 방식들이 병존하고 있으나 그 중 하나 혹은 두 개의 삶의 양식이 그 사회의 중심적인 문화를 구성하고 있다.

(3) 문화의 특징

① 문화는 후천적으로 학습되고, 축적된 문화는 다음 세대로 전승된다.

문화는 인간에 의해 만들어진 것이지만 선천적으로 타고난 것이 아니다. 만약 문화가 선천적으로 타고난 것이라면 태어나면서부터 인간이 아닌 동물들과 생활하더라도 인간다운 생활을 할 수 있어야 한다. 그러나 나면서부터 늑대에게 길러진 소녀가 늑대처럼 뛰고 울부짖으며 살아왔다는 증거에서 알 수 있듯이 인간에 의해 만들어진 문화는 타고난 것이 아님을 알 수 있다.

따라서 문화는 다음 세대에 지속적으로 전승되지 않으면 안 된다. 문화가 전승되는 과정은 학습을 통해서 이루어지며, 인간에 의해 만들어진 언어와 문자가 이러한 기능을 담당한다. 학습은 새로운 지식을 양산하여 보다 나은 문화로 진일보할 수 있는 추진력이 된다. 따라서 문화는 학습을 통해 새로운 형태로 발전하고, 발전된 문화는 소멸하지 않고 축적되어 다음 세대로 전승이 된다. 이런 점에서 문화는 일시적으로만 나타나는 현상이 아니라 언제나 특정한 부류들에 의한 '사회적 상속'으로서 전승되어 온 전통이나 유산이 되어 온 것이다(고병익, 1989 재인용).

② 문화는 상징을 통해 발달되었고, 이는 인간의 창조적 행위이다.

문화가 번성하고 다음 세대로 전승되기까지 가장 기여한 것은 인간의 언어와 문자일 것이다. 물론 문자 이전에는 그림이라는 도구도 있었다. 그림이든 문자이든 이것은 모두 인간이 상징성을 이해하고 있었다는 증거이다. 구석기인들이 동굴에 벽화를 그렸던 행위나 죽은 사람을 매장했던 풍습 등은 어떤 사물이나 현상을 상징적으로 표현하는 방법을 알았기에 가능했던 것이다. 오늘날의 수많은 종교의식은 상징성을 보여주는 것이고, 의복의 색깔에 숨은 상징, 숫자와 관련된 상징, 특별한 장소를 구분하는 것 모두 상징과 관련되어 있다. 결국 의식주를 비롯하여 인간생활과 관련된 대부분의 문화적 행위들은 상징성을 담고 있다.

이러한 상징적 행위는 다른 동물들과 달리 창조적 능력을 지닌 인간의 작품들이다. 최초로 사용된 상징은 그 상태로 머물지 않고 새롭게 창조되고 끊임없이 재가공되면서 더욱 다양한 상징을 창출하고 이것이 문화적 요소를 구성하게 된다. 화이트(White, 2002)에 따르면 모든 문화는 상징에 의거하고 있으며, 문화를 탄생시킨 것은 상징 능력의 행사였고, 문화의 영속을 가능하게 하는 것도 상징의 사용 때문이라고 한다. 만일 상징이 없었다면 문화는 있을 수 없었고, 또한 그러한 상태에서의 인간은 단순한 동물일 뿐, 문화를 가진 존재로서의 인간은 아니다. 따라서 상징적 행위는 문화를 가진 인간만이 갖는 고유한 특징인 것이다.

③ 문화는 역동적이며, 지속적으로 변화한다.

문화는 인간의 역사와 함께 수천년 이상 함께 해왔다. 인간의 지적수준이 높아감에 따라 문화 수준 역시 높아지고, 인간끼리의 교류가 많아질수록 문화는 더욱 풍부해지고 진화하게 된다. 따라서 문화는 시간의 흐름에 따라 계속해서 변화하고 발전해가는 속성을 가진다.

문화는 다음세대로 전승되고 다른 문화와 교류를 하는 과정에서 새로운 것을 받아들이거나 기존 것을 버리면서 새로운 환경에 적응해나간다. 문화는 전통과 같이 오랫동안 사람들의 행동이나 태도에 영향을 주지만 동시에 그 시대 사람들이 살아가기에 적합한 형태로 재탄생하기도 한다. 따라서 문화가 태동되는 그 시대 환경이 어떠했는가에 따라 문화의 형태와 질은 결정되는 것이다. 이런 점에서 문화는 시대적 환경과의 역동적인 상호작용의 결과라고 보아야 할 것이다.

불교라는 종교는 인도에서 발원하여 중국이나 우리나라와 같은 아시아권 중심으로 널리 퍼져나갔다. 특이한 점은 불교라는 종교적 내용물이 동일하면서도 이것을 받아들인 나라들, 예컨대 중국이나 태국, 우리나라, 일본의 불교는 그 양식이 매우 다양하여 어떤 것이 전통에 가까운 것인지 파악하기 어렵다. 이것은 동일한 문화를 받아들였다고 하더라도 어떤 시기, 어떤 장소, 어떤 사람들이 관여되었는가에 따라 매우 다양하게 발전될 수 있는 문화의 역동적 속성 때문이다.

④ 문화는 유기체와 같다.

문화는 사람들에 의해 만들어지고 사람들은 문화의 영향을 받는 상호작용 과정을 거친다. 사람관점에서 바라보면 문화는 환경이고 거시체계에 해당된다. 문화는 그 근원이 사람들에 의해서 창조되기는 했지만 사람들에게 영향을 미치는 하나의 체계가 되는 것이다. 즉, 사람들이 마음대로 조정하거나 관리할 수 있는 것이 아니라, 오히려 사람들을 지배하는 듯한 인상을 받게 된다. 이것은 문화가 하나의 유기체와 같이 독립된 체계를 구축했기 때문이다.

예를 들어, 한국의 문화에 젖어 있는 한국 사람이 미국에서 오랫동안 생활하다가 돌아오면 자기도 모르게 반은 미국사람이 되어 있는 것을 알 수 있다. 인간의 의지와 관계없이 문화는 자체적으로 영향력을 행사하는 독자적인 유기체와 같은 존재가 된 것이다. 따라서 어떤 사람이 특정 행동을 했을 때 문화적인 영향력을 고려하여 입체적으로 판단을 하지 않으면 안 된다.

⑤ 문화는 많은 사람들에게 공유되어야 한다.

문화는 오랜 세월 수많은 사람들에 의해 형성된 것으로서 한 개인이 만들어낸 작품이 아니다. 물론 어떤 한 개인이 생각해낸 아이디어나 생활양식이 많은 사람들에게 받아들여진 경우도 있다. 설사 이런 경우라도 결국 많은 사람들이 그 사람의 개발품을 인정하고 공유하였기에 가능한 것이다. 이런 예는 공자라는 개인의 유교사상이 많은 사람들에게 전파되어 현재까지 공유된 경우나 기존의 틀을 깬 인상주의적 기법이 당대의 고전주의적 화풍을 이어 인상파라는 새로운 문화적 틀을 형성한 경우를 들 수 있다.

인간이 모여서 사회생활을 하는 동안 공동신념이나 유사한 생활습관이 자연스럽게 형성된 경우, 이런 공동경험이나 공동신념 그리고 유사한 생활습관 등이 그 집단 나름대로의 일정한 틀로 유형화된 것이 곧 문화라고 할 수 있다(황철수, 2009).

⑥ 문화는 체계적으로 상호 연관되어 있다.

문화의 하위 영역에는 의식주와 같은 일상생활풍습 외에도 정치, 이념, 종교, 제도, 법률, 관습, 예술, 경제, 교육 등이 존재한다. 그런데 이런 문화적 요소들은 개별적으로 형성되거나 발전하는 것이 아니라 서로에게 의존하고 상호 영향을 미치는 속성을 가진다.

서양의 미술작품을 들여다보면, 그리스로마 신화를 배경으로 하는 경우도 많지만 성서를 배경으로 한 작품이 상당히 많다. 즉 예술과 종교는 한 몸처럼 연결되어 있다는 것이다. 뿐만 아니라 정치 역시 종교와 밀접하다. 중세 시대에 교황의 힘은 왕권을 위협할 수준이었다. 일부일처제와 같은 결혼풍습은 기독교적인 사상에 영향을 받았다. 정치와 법률은 두말할 필요가 없으며, 경제는 정치의 영향을 받는다. 어떤 세력이 집권하는가에 따라 경제부흥을 선호할 수도 있고 종교나 문치에 힘을 쏟을 수도 있다.

따라서 어느 한 부분이 어떤 계기로 변화하게 되면 그와 연결되어 있는 다른 하위체계도 영향을 받아 변화하게 되는 것이다. 이런 속성 때문에 문화는 따로 구분은 될지라도 상호 연관성으로 인해 문화라는 한 체계로 통합된다고 볼 수 있다. 이런 점 때문에 정치인이나 경제인, 예술가나 교육가나 할 것 없이 어느 나라 사람인가, 어느 지역 사람인가에 따라 특징적인 문화적 속성을 가질 수밖에 없다.

⑦ 문화는 보편적이면서 동시에 다양성을 지닌다.

문화의 보편성이라 함은 어느 나라, 어느 지역이라도 비슷비슷한 특성을 가지고 있다는 것이며, 다양성이란 사회마다 독특한 자기만의 문화적 특징을 갖는다는 것이다.

사람은 살아가는 것 자체가 문화적 행위로 구성된다. 즉 어느 곳이라도 사람이 살아가는 곳은 문화가 존재한다. 인간은 공통적으로 의식주의 문제에 직면하고, 무리나 집단을 효율적으로 관리할 수 있어야 하고, 물물교환과 같은 경제적 행위를 필요로 하고, 음악이나 미술과 같은 방식으로 자신을 표현하는 수단을 찾는다. 즉 인류가 살아가는 모든 곳에서 공통적으로 직면하는 문제들이 있고 이런 문제들에 대처하기 위한 방법들을 가지고 있다. 형태나 방식은 조금 다르더라도 정치, 경제, 사회, 종교, 교육과 같은 기본적 기능은 어느 사회나 가지고 있기 마련이다. 따라서 인간은 자연스럽게 자기가 속한 집단이나 조직의 행동양식을 습득함으로써 사회인으로 성장할 수 있는 것이다.

어느 시대, 어느 지역에나 보편적으로 가지고 있는 문화적 양식은 그 시대와 상황에 맞게 형성되기 때문에 표현방식은 조금 달라질 수 있다. 예컨대, 발효음식의 경우, 북유럽은 우유를 발효하여 치즈로 먹는 습관이 있으나 우리나라는 김치를 땅속에 묻어 발효한다는 차이가 있다. 또한 우리나라는 개고기를 먹지만 대부분의 나라는 이를 삼가고, 유대인들은 돼지고기를 먹지 않고, 인도인들은 소를 신성시한다.

같은 문화권 내에서도 다양한 문화적 특성을 보이기도 한다. 예를 들어, 중년 이상의 성인이 좋아하는 가요와 요즘 신세대들이 자주 듣는 음악은 매우 다르다. 강원도와 전라도에서 자주 먹는 음식에는 다소 차이가 있으며, 직업에 따라 의복의 양태는 차이가 있다. 따라서 문화는 보편성을 인정함과 동시에 다양성도 인정해야 문화적 충돌을 예방할 수 있다.

2) 체계로서의 문화

문화는 인간에 의해 창조되었기 때문에 문화는 수많은 개인들의 창조적 행동이 축적된 산물이고, 인간은 모든 문화 요소의 근원이자 근본이 된다. 결국 문화 과정은 인간에 의해서 설명될 수 있다. 그러나 비록 인간에 의해 문화가 시작되었지만 문화가 존재하고 작동하고 나면, 문화의 과정은 인간의 법칙에 의해서가 아니라 문화 자체의 법칙들에 의해 결정될 수도 있다. 즉, 문화는 그 자체로 생명력을 가지고 있는 유기체가 되고 하나의 체계로서 이해될 수 있다. 문화는 상호작용하는 요소들의 연속체이고, 이런 상호작용과정은 그 자체의 원리와 법칙들을 가지고 있다(White, 2002).

앞서 문화의 특징에서 다루었던 것처럼 문화는 정치나 이념, 그리고 종교와 같은 하위 체계들간의 유기적 상호작용을 통해서 정체성을 찾아간다. 그와 동시에 역사적 사건이나 시대적 변화 등에 의해서 영향을 받기도 한다. 실크로드나 십자군 전쟁, 그리고 르네상스와 같은 역사적 사건들은 동서 문물의 교류를 촉진하고 새로운 사상을 수용함으로써 개방체계를 이루어 문화적 부흥을 이루었다. 반면, 중국이나 일본이 문호를 개방할 때 조선은 쇄국정책을 펼쳤고 그 결과 세계무대에서 고립되어 역사적 주도권에서 뒤처지는 결과를 낳았다. 환경의 변화에 발맞추지 못하고 세계적 흐름에 적합하게 대응하지 못한 결과이다. 기존 문화가 시대적, 환경적 변화에 대응하지 못하는 예는 학교나 직장, 그리고 가족 내에서도 쉽게 발견된다. 대표적인 것이 부모와 자녀세대간의 문화적 차이나 어른세대와 청소년세대간의 차이를 들 수 있다. 사회현상을 바라보는 관점, 직업관, 결혼관, 선호하는 옷차림이나 음식, 음악이나 취미생활 등에서 이들은 확연히 구분된다. 특히 우리나라 노인들은 새로운 변화에 능동적으로 대처하지 못하고, 전통이나 옛 문화를 고수하려는 특성 때문에 현대의 문화와 부조화를 이루는 경우가 많다. 우리나라는 근 5~60년 동안 급격한 문화변동을 겪어왔으나 이런 변화를 능동적으로 수용하고 적응하기에는 기존의 문화와 격차가 큰 편이었다. 한번 형성된 문화는 안정성을 추구하려는 속성 때문에 쉽게 변하지 않지만 역사적, 환경적 변화에 따라 다른 문화적 요소와 적극적으로 상호작용하지 않으면 결국 고립되고 안정성마저 위협을 받을 수밖에 없다.

문화는 하나의 체계이므로 경계를 가지고 있다. 어느 시대 어느 민족에게나 문화는 보편적으로 존재하지만 시대와 국가, 지역, 민족, 성별, 연령에 따라 특징적인 문화를 가지고 있다. 우리가 남성성과 여성성을 구분하는 것은 외모 뿐 아니라 문화적 양태가 다르기 때문이고, 지역색이라는 것은 그 지역만이 가지고 있는 언어나 음식 그리고 지역적 분위기가 다르기 때문이다. 우리는 말투나 억양만으로도 어느 지역 사람인지 금방 구분할 수 있다. 종교나 철학에 따라 건물이나 예술적 양식이 다르며, 음식은 나라마다 매우 다양한 형태를 보인다. 이와 같이 이쪽 문화는 저쪽 문화와 다른 독특한 특징을 가지고 있고, 서로 다른 문화를 구분 지어주는 경계를 가지고 있기 때문에 문화는 하나의 체계로서 이해된다. 문화는 "사회의 구성원인 인간이 획득하는 능력과 습관을 포함하는 복잡한 총체로서 지역적·사회적으로 구분되며, 집단과 개인들에게 정체성과 다른 사람에 대한 차이를 만드는 요소이며, 사회 구성원들이 서로에 대해 그들의 환경과 관련하여 지니는 방향지시의 요소"

이다(Warnier, 2000).

사회복지실천에서는 저소득층 밀집지역에서 나타나는 빈곤문화라는 용어를 사용하는데, 그 실체에 대해서는 더욱 연구되어야 하겠지만 빈곤의 대물림이나 악순환을 가속화시키는 부정적인 요소로서 사용된다. 분명한 것은 저소득층 지역에서 두드러지게 나타나는 주민들의 특징이나 분위기가 있다는 것이며, 이와 비슷한 예로서 노숙인문화, 노인문화, 청소년문화 등을 들 수 있다. 따라서 사회복지현장에서는 클라이언트가 속한 지역이나 조직의 문화적 경계를 구분하는 노력이 필요하다.

경계는 또한 얼마나 명확한가에 따라 침투성의 정도에서 차이가 난다. 유럽과 아시아권은 문화적으로 구분이 잘 되는 반면, 중국이나 한국 그리고 일본과 같은 아시아권내의 국가들은 최소한 유럽이나 북미에 비해 비슷한 문화양식을 보인다. 바로 기독교와 유교라는 종교와 동서양의 철학과 같은 문화적 차이로 생겨난 것이며, 유럽과 아시아는 명확한 경계를 보이지만 그에 비해 아시아권내의 국가들은 다소 애매한 경계선을 가지고 있다고 볼 수 있을 것이다. 이는 비슷한 종교적 배경 때문에 침투성이 용이한 나라일수록 비슷한 문화적 양태를 보이는 것이다.

문화는 개인을 둘러싼 환경으로서 거시체계에 해당되고, 다른 체계의 상위체계로서 기능한다. 거시체계는 개인에게 직접적으로 대면하거나 영향을 주기보다는 간접적으로 영향을 주는 것으로 정치, 경제, 사회, 문화 등이 여기에 해당된다. 문화는 개인의 성격형성과 행동발달에 상당한 영향력을 발휘한다. 문화는 또한 개인의 직접적인 접촉 단위인 가족이나 학교, 종교기관과 같은 중간체계와 지역의 정책이나 행정체계와 같은 외체계를 둘러싸고 있는 상위체계로서 기능한다. 문화는 그 사회의 이념이나 종교, 철학, 가치관과 같은 신념체계에 영향을 줌으로써 개인이 속한 체계 구성에 영향을 주는 외부 환경이 된다. 문화는 최종적인 상위체계라고 볼 수는 없고 문화의 상위체계는 그 문화가 속한 전체사회라고 볼 수 있다. 자연환경을 비롯해서 역사와 민족 등이 망라

되는 전체사회 속에서 문화는 태동하는 것이고 이런 사회 속에서 문화는 특별한 생활양식을 발전시키는 것이다.

문화가 외부세계와 역동적으로 상호작용을 하는 개방체계라고 한다면 문화는 발전하고 진화를 향해 나아갈 것이다. 체계이론에서 살펴본 것처럼, 체계는 우선적으로 '균형'과 '안정'을 추구하려는 속성을 가진다. 문화가 그 사회에 적합하고 갈등을 일으키지 않는다면 굳이 힘겨운 진화의 과정을 거칠 필요가 없을 것이다. 현재의 문화적 양태가 개인과 가족 그리고 집단과 조직에 적합하고 적응적이어서 평안한 상태라고 한다면 이는 '균형'이 이루어진 상태다. 그러나 사회는 고정된 상태로 존속하기 어렵다. 자연과 사회적 현상은 계속해서 변화하고, 이에 따라 인간과 문화는 끊임없이 거기에 대응하지 않으면 안 된다.

변화에 대해 처음에는 '균형' 상태를 유지하려고 노력할 것이다. 우리나라 역사를 살펴보면, 천년을 이어온 신라나 수백년을 이어온 고려와 조선 모두 끊임없이 외세의 침입을 받고 왕조의 전통을 이어가기 어려운 여건이었으나 외부의 도전과 압력에도 오랜 시간 정통성을 지키려 노력해 왔다. 즉, '균형'을 깨뜨리지 않으려고 지속적인 '항상성'을 추구해온 것이다.

적극적인 의미의 '균형'은 단지 그 상태를 고수하는 것이 아니라 환경의 변화를 수용하고 능동적으로 체질 개선을 하는 것이다. 외국의 새로운 문물이나 사상 등을 거부하기보다는 수용하되 자국의 전통 문화에 녹아들 수 있도록 하는 적극적 대응이 바로 '안정상태'를 추구하는 것이다. 우리나라에 정착한 대표적인 종교(또는 사상)는 불교와 유교, 그리고 기독교를 들 수 있는데, 이들은 처음부터 환영을 받지는 못했지만 점차 우리 문화와 융합이 되면서 한층 세련되고 수준 높은 문화 형성에 기여하였다. 안타까운 점은 이들의 특색이 워낙 강한 탓에 상호 호혜적인 교류가 되지 못하고 배타적인 형태로 정착되었다는 점이다. 반면, 태국이나 베트남 그리고 일본의 경우, 전통적인 불교가 토착적인 문화와 잘 어우러져 오랜 세월 '안정상태'를 유지해 오고 있다. 즉, 어느 한편에 흡수된다는 개념보다는 상호 영향을 주고받는 '호혜성'을 추구했던 것이다.

재개발지역에서 기존 주민은 일부만 잔존하고 새로운 주민이 유입해 들어온 상태라고 한다면, 지역사회복지관은 기존 주민을 대상으로 한 사업에서 새롭게 변화한 지역사회 여건을 고려한 새로운 접근을 필요로 한다. 여기에서 중요한 사항은 기존 주민들의 문화와 새로운 유입인구의 문화가 어떻게 상호 교류할 수 있을 것인가이다. 만약 문화적 충돌을 잘 중재하지 못하면 지역주민간에 불화와 갈등은 커지고 또 다른 문제로 확대되어 '안정상태'를 확보하기 힘들어질 것이기 때문이다.

참고문헌

〈국내 문헌〉
강봉규(1992), 『발달심리학』, 정훈출판사.
강진령(2005), 『집단상담의 실제』, 학지사.
고기숙(2005), "중년기 남성의 영성지향도, 사회적지지, 자아존중감이 일탈행동에 미치는 영향", 『한국사회복지학』, 57(4), 197-223.
고병익(1989), 『한국문화와 세계문화』, 『한국사 시민강화』, 일조각.
고병인(1996), "청소년과 중년기:스트레스와 갈등의 온상", 『순신대학교 교수논집』, 제8권, 297-322.
권구영 외(2009), 『사회복지실천론』, 창지사.
권육상·이명재(2002), 『인간행동과 사회환경』, 대영문화사.
권이종·김용구(2007), 『청소년이해론』(수정증보판), 교육과학사.
권중돈·김동배(2005), 『인간행동과 사회환경』, 학지사.
권중돈·김동배(2009), 『인간행동이론과 사회복지실천』(증보판), 학지사.
김경동(1985), 『현대의 사회학』, 박영사.
김경희(1995), 『정서란 무엇인가』, 믿음사.
김경희(2001), 『발달심리학』, 학문사.
김기웅(1986), 『아동체육』. 서울:한국사회체육진흥회.
김도애·이은화(2003), "대상관계이론을 적용한 가정폭력 피해여성 상담사례 연구", 『한국가족치료학회지』, 11(2).
김동배·권중돈(2000), 『인간행동이론과 사회복지실천』, 학지사.
김동배·권중돈(2005), 『인간행동이론과 사회복지실천』, 학지사.
김명자·박성연(1989), "중년기 위기감 및 그 관련변인에 관한 연구", 『한국가정관리학회지』, 7(1), 97-118.
김문실 외(2008), 『노인요양시설 실무론』, 정담미디어.
김승희(1997), "노부모 부양의식과 노후생활전망-중년 서울시민을 대상으로", 동국대학교 석사논문.
김영모(1990), 『한국가족정책연구』, 한국복지정책연구소.
김영주(2005), "유아기 통합교육을 위한 신체활동 프로그램의 실제와 개선", 이화여자대학교 박사학위논문.
김용태(2000), 『가족치료 이론』, 학지사.
김유숙(2007), 『가족상담』, 학지사.
김재은(1997). 『유아의 발달심리』(개정판), 창지사.

김종옥 · 권중돈(1993), 『집단사회사업방법론』, 홍익재.
김태련 장휘숙(1998). 『발달심리학』(제2판), 박영사.
김현화(1992). "성격특성에 따른 중년기의 적응에 관한 연구", 이화여자대학교 대학원 석사학위논문.
김형태(1989), "청소년기 자아 정체감 연구", 한남대학교 출판부.
김혜선 · 유안진(2006), 『인간발달』, 한국통신대학교출판부.
김혜옥(1987), "취학전 아동의 부분과 전체 지각에 관한 연구", 숙명여자대학교 석사학위논문.
김효숙(2003), "가족지지를 통한 기독청소년의 자아정체감 형성에 관한 연구", 호남신학대학교 기독교상담대학원 석사학위논문.
김희자(2004), 인간발달단계에 따른 다례교육연구, 성신여자대학교 석사학위논문.
노성호(1994), "한국의 청소년 비행화에 관한 연구." 『형사정책연구』, 5권2호, 145-187.
노안영 · 강신영(2003), 『성격심리학』, 학지사.
대한신경정신의학회(2002), 『한국형 치매평가검사』, 학지사.
문채련(2008), "우울증 성향을 보인 중년여성에 대한 모래놀이치료 사례연구", 『한국생활과학회지』, 17(3), 439-455.
박민자(2001), 『가족의 의미』, 여성한국사회연구회 편, 가족과 한국사회, 경문사.
박성연 · 도현심(1999), 『아동발달』, 동문사.
박세정 · 손명희(2009), 『사회복지실천론』, 창지사.
박아정(1987), 『청년과 아이덴티티』, 배영사.
박아정(1995), 『아이덴티티의 탐색Ⅱ』, 중앙적성출판부.
박용순(2007), 『지역사회복지론』, 학지사.
박현선 · 김유경(1997), "가족관계와 청소년비행:부부관계 및 부모-자녀관계를 중심으로", 『한국사회복지학』, 32(8), 113-135.
배계희(1988), "중년기의 노후준비에 관한 연구", 동국대학교 석사논문.
백남희(2003), "체육프로그램 참여가 미취학 아동의 체력 향상과 사회, 정서 발달에 미치는 영향", 미간행 석사학위 청구논문, 국민대학교 교육대학원.
변영신, 김영주(2001), "아동체육과 장기발전 방안에 관한 연구". 수원여자대학연구보고서.
보건복지가족부 노인지원과(2008), 『독거노인 생활관리사 파견사업의 실제』.
서봉연 외(1992), 『청소년심리학』, 한국청소년연구원.
송인섭(1998), 『인간의 자아개념 탐구』, 학지사.
송정아 · 최규련 (1997), 『가족치료의 이론과 기법』, 하우.
송지준 엄인숙(2008), "중년과 노인의 여가활동유형과 우울, 고독감간의 관계", 『관광연구』, 23(1), 43-62.
신국환(1998), "초등학생의 공간 지각 발달에 관한 연구 : 입체 도형에 대한 평면 표현을 중심으로", 한국교원대학교 대학원 석사학위논문.
신나나(2000), "부모-자녀관계 및 학교생활 적응과 청소년의 자아개념간의 관계", 이화여자대학교 대학원 석사학위논문.
신명희(1995),『지각의 심리』, 학지사.
엄명용 외(2009),『사회복지실천기술의 이해』, 학지사.
오영환(1981),『문화의 전략』, 법문사.
유영주 외(1996),『가족관계학』, 교문사.
이강안(2009), "아동기 개념 형성과 모형 연구", 한국교원대학교 교육대학원 석사논문.
이근홍(2008),『인간행동과 사회환경』, 공동체.
이명재 · 전길양(2005),『인간행동과 사회환경』, 대영문화사.
이무석(1999), "혼외정사: 정신분석적, 그리고 진화론적 관점",『신경정신학회』, 38(2), 241-249.
이소희 외(1998),『현대가족복지론』, 양서원.
이숙재 · 이봉선(1999),『영유아 발달과 교육』, 교육과학사.
이애련 외(2009),『지역사회복지론』, 학현사.
이애재 (2006),『사회복지실천기술론』, 양서원.
이옥형(2002),『아동 · 청년발달』, 집문당.
이용범(2009),『인간딜레마』, 생각의 나무.
이인정 외(2004),『인간행동과 사회환경』, 나남출판.
이인정 · 최해경(2004),『인간행동과 사회환경』, 나남출판.
이인정 · 최해경(2010),『인간행동과 사회환경』(개정2판), 나남출판.
이정식(2004), "지능과 창의성의 발달경향성 분석: 유아기에서 청소년기까지", 경성대학교 대학원 박사학위논문.
이현심 · 김승용(2008), "치매노인의 집단미술치료 효과에 관한 연구",『한국노년학회』, 28(4), 1279-1295.
일급사회복지사 시험연구회(2008),『인간행동과 사회환경』, 나눔의 집.
임경수(2005),『인생의 봄과 가을-중년의 심리이해와 분석』. 학지사.
임경자(2002). "중년층의 노후준비가 중년위기감과 생활만족도에 미치는 영향", 전남대학교 석사논문.
장서연(2004), "고등학생의 또래애착과 자기 고양적 편향 및 학교생활 만족도와의 관계", 이화여자대학교 교육대학원 석사학위논문.
장인협 외(1990),『인간행동과 사회환경』, 집문당.
장인협 · 오정수(2000),『아동 · 청소년복지론』(개정2판), 서울대학교출판부.
전요섭(2004),『신학에서 본 심리학』, 잠언.
정철현(2005),『문화연구와 문화정책』, 서울경제경영.
조남억(2009), "청소년 집단활동 참여가 사회적 자본 형성에 미치는 영향에 관한 구조모형 분석", 경기대학교 일반대학원 박사논문.
조성연(1990), "아동의 창의성 발달 및 이에 관련된 생태학적 변인에 관한 연구". 연세대학교 대학원 박사학위논문.
주재현(2007), "사회복지와 문화",『한국정책학보』, 제13권 3호.

질병관리본부(2007), 『소아 · 청소년 표준성장도표』.
최보가 외(2000), 『영유아 발달』, 정림사.
최순남(1995), "노인부양에 관한 연구", 『한신논문집』, 제12집.
최순남(2005), 『인간행동과 사회환경』, 법문사.
최옥채(2001), 『지역사회실천론』, 아시아미디어리서.
최옥채 · 박미은 · 서미경 · 전석균(2009), "인간행동과 사회환경", 양서원.
최은영(2008), "청소년의 애착과 성취욕구가 휴대폰 중독에 미치는 영향", 이화여자대학교 대학원, 석사학위논문.
최은희(2003), "가정환경이 청소년의 자아정체감 형성 및 내적 감정에 미치는 영향", 총신대학교 대학원, 석사학위논문.
최일섭 · 이현주(2007), 『지역사회복지론』, 서울대학교 출판부.
최종윤(1986), "지능검사의 문항 및 요인구조에 관한 추수연구", 인하대학교 대학원 석사학위논문.
표갑수(2009), 『지역사회복지론』, 나남출판.
하일지(2000), 『진술』, 문학과지성사.
한재희(2002), 『상담패러다임의 이론과 실제』, 교육아카데미.
홍성희(1989), "아동의 발달적 신체활동에 대한 이론적 연구", 이화여자대학교 석사논문.
황종귀(2006), "결혼만족도와 안정성에 관련된 요인: 돈에 대한 태도 유형별 모형 분석", 충북대학교 대학원 박사학위논문.

〈외국 문헌〉

Abroms, K., & Bennett, J. Paternal contributions to Down's syndrome dispel maternal myths. *ERIC*, 1979.
Anderson, R. E., & Carter, I.(1984), *Human Behavior in the Social Environment*. NY: Aldine.
Anderson, R. E., & Carter, I.(1990), *Human Behavior in the Social Environment : A Social System Approach*(Chicago: Aldire).
Auerswald, E. H.(1968). "Interdisciplinary versus ecological approach". *Family Process*. 7. pp. 205~215.
Bandura, A. & Walters, R. H.(1963), *Social Learning and Personality Development*(New York: Holt, Rinehart, & Winston)
Bardill, D. R., & Ryan, F. J.(1973), *Family Group Casework*. Washington, DC : Prentice Hall.
Barker, R.(1994), *The Social Work Dictionary*. Washington, DC: National Association of Social Workers.
Berndt, T. J(1979), "Developmental Changes in Conformity to Peers and Parents". *Developmental Psychology*. 606-616.

Berndt, T. J.(1982), "The Features and effects of friendship in early adolescence". *Child Development*, 53, 1447~1460.

Bertalanffy, Ludwig von(1968), *General System Theory*. New York.

Brody, J.(1981). "Sperm found especially vulnerable to environment". *The New York Times*, March 10, p. C1 ff.

Bronfenbrenner, U.(1979), *The Ecology of Human Development Cambridge*, MA : Harvard University Press.

Brower, A. M.(1988), "Can the Ecological Model Guide Social Work Practice?", *Social Service Review*.

Brown, L.(1991), *Groups for Growth and Change*. New York: Longman.

Buckly, W.(1967), *Sociology and Modern Systems Theory*(New Jersey: Englewood Cliffs, Prentice-Hall Inc.)

Carroll, J. L., & Wolpe, P. R.(1996), *Sexuality and gender in society*. New York:HarperCollins.

Carton, T. O.(1984), "Clinical Social work in bealth setting". *A Guide to Professional Practice with Exemplars*. NY : Springer Publishing Company.

Christakis, G. (Ed.), "Maternal nutritional assessment". *American Journal of Public Health*, 63: Supplement, 1973, 57-63

Cottone, R. R.(1995), *Theories and paradigms of counselling and psychotherapy*. Needham Heights, Massachusetts : Allen and Bacon.

De Hoyos, G. & Jensen, C.(1985), "The Systems Approach in American Social Work". *Social Casework*, 66(8), 490-497.

Denzin, N. K.(1972), "The genesis of self in early childhood". *Sociological Quarterly*. 13, 291-314

Dunham, A.(1970), *The New Community Organization*. New York : Thomas Y. Crowell Co.

Durant, R. H., Triber, F., Goodman, E., & Woods, E. R.(1996), "Intention to Use Violence among Young Adolescents." *Pediatrics*, 98(6), pp. 1104-1108.

Elkind, D. (1962), "Quantity Conceptions in College Students." *Journal of Social Psychology* 57:459-465

Erikson, E. H.(1968), *Identity: Youth and Crisis*, New York: Norton.

Etzioni, A.,(1964), *Modern Organizations* (Englewood Cliffs, NJ : Prentice Hall.

Evans, G. "The older the sperm". *Ms. Magazine*, 1976, 4(7), 48-49

Fried, P. A., & Watkinson, B. (1990), 36-and 48-month neurobehavioral follow-up of children prenatally exposed to marijuana, cigarettes, and alcohol. *Developmental and Behavioral Pediatrics*, 11, 49-58

Gallahue, D. L.(1983), *Developmental movement experience for children*. New York:

Jhn Willy & Sons.

Gallahue, D. L.(1993), *Developmental Physical Education for Today's Children*. USA:Wm C. Brown Communication, Inc.

Germain, C. B., & Gitterman, A.(1987), Ecological Perspectives. In A. Minahan et al. (eds.), *Encyclopedia of Social Work*,. MD: National Association of Social Workers, 488-499.

Germain, C.(1979), Ecology and social work. In C. B. Germain (Ed.), *Social Work Practice: People and Enviornments* (pp.1~22). New York: Columbia University Press.

Goldenberg, I., & Goldenberg, H.(1980), *Family Therapy : An Overview*. CA: Brook/Cole.

Gouldner, A. W.,(1959), "Organizational Analysis", In R. K. Merton et al. (Eds.), *Sociology Today* (New York: Harper & Row).

Greene, R. R.(1999), *Human Bahavior Theory and Social Work Practice*. New York : Walter de Gruyter Inc.

Greene, R. R., & Ephross, P. H.(1991), *Human behavior theory and social work practice*. New York : Aldine de Gruyter.

Hamilton, N. G.(1958), A Theory of Personality: Freud' Contribution to Social work. In H. J. Parad(ed.), *Ego Psychology and Casework Theory*. NY:Family Service of America, 11-37.

Hamiton, W. S.(1991), *Nutrition: Concepts and controversies*. New York: West.

Hardcastle, A, Powers, P. R, & Wenocur, S.(2004), *Communiy Practice : Theories and Skills for Social Workers*(2nd ed). New York : Oxford Press.

Hardina, D.(2002), *Analytical Skills for Community Organization Practice*. New York : Columbia University Press.

Harter, S.(1998), Developmental processes in the constructruction of the self. In T. D. Yawkey & J. D. Johnson(Eds.) *Integrative Processes and Socialization: Early to Middle Childhood*. Hillsdale, NJ: Earlbaum.

Hartford, M. E.(1972), *Groups in Social Work* (New York: Columbia University Press.

Hazler, R.(1995), *Person-centerd Theory*, In D. Capuzzi & D. R. Gross(Eds.) Counselling & Psychotherapy : Theories and Interventions(pp.237-266). NJ:Englewood Cliffs.

Hollis, F. (1964), Social Casework: The Psychosocial Approach. In J. B. Turner (ed), *Encyclopedia of Social Work*. Washington, DC: National Association of Social Works.

Hurlock, E. B.(1972), *Children Growth and Development*. New York:McGraw-Hill.

Hyde, J. S., & DeLamater, J. D.(2000), *Understanding human sexuality*(7th ed.). Boston: McGraw Hill.

Kail, R. V., & Cavanaugh, J. C.(1996), *Human development*. Pacific Grove, CA: Brooks/Cole.

Kantor, D., & Lehr, William.(1975), *Inside the Family*, NY:Jossey Bass Publishers.

Kauffmann, D. L. Jr.(1980), *Systems One : An Introduction to Systems Thinking Minneapolis*.

Kilsdonk, A. G.(1983), "Human Ecology : Meaning and Usage, Human Ecology Monograph Series", *Michigan*. Michigan State University. pp.2~3.

Lefrancois, G. R.(1999), *The lifespan* (6th ed.). Belmont. CA: Wadsworth.

Marcia, J. (1980), Identity in adolescence. In J. Adelson(ed.), *Handbook of Adolescent Psychology*. NY: John Wiley.

Maslow, A.(1968), *Toward a Psychology of Being*(Princeton, N.J. : D. Van Nostrand Co.)

Maslow, A.(1970), *Motivation and Personality*(New York:Harper & Row)

McAdoo, J. L.(1993), "The Role of African-American Fathers : An Acological Perspective", *Families in Society*, 74(1), 28~35.

Meyer, C. H. ed.(1983), *Clinical Social Work in the Ecosystem Perspective*. New York : Columbia University Press.

Miley, K., O'Melia, M., & DuBois, B.(2004), *Generalist Social Work Practice: An Empowering Approach* (4th ed.). Boston: Allyn and Bacon.

Murdock, G. P., *Social Structure* (New York: The Free Press, 1949).

Muuss, R. E.(1996), *Theories of Adolescence*, New York : McGrow-Hill.

Newman, B. M., & Newman, P. R.(1999), *Deveolpment through life: A psychosocial approach*(7th ed). Belmont, CA:Brook/Cole Wadsworth

Paplia, D. E., Olds, S. W., & Feldman, R. D.(1998), *Human developmet* (7th ed.). New York: McGraw-Hill.

Peter, C. G.(1988), "The worker-client relationship: A general systems perspective". *Social Casework*, 69(10), 620~626.

Piaget, J. & Inhelder, B. & Szemiska. A.(1960), *The Child's Conception of Geometry*. New York:Basic Books.

Piaget, J. & Inhelder, B.(1969), *The Psychology of the Child*(New York:Basic Books)

Piaget, J.(1952), *The Origins of Intelligence in Children*. New York : International Universities Press.

Piaget, J.(1954), *The Construction of Reality in the Child*. Translated by Magrat Cook. New York : Basic Books.

Piaget, J.(1967), *Six Psychology of Intelligence*. Peterson. N.J. : Littlefield, Adams.

Piaget, J.(1969), *The mechanism of perception.* NewYork:Basic.

Piaget, J.(1981), *Intelligence and Affectivity: Their Relationship During Child Development.* Palo Alto, Calif. : Annual Reviews.

Rogers C. R.(1951), Client-Centered Therapy: Its Current Practice, *Implications, and Theory*(Boston: Houghton Mifflin Co., 1951)

Rogers C. R.(1959), "A Theory of Therapy, Personality, and Interpersonal Relationships, as Developed in the Client-Centered Framework", in S. Koch(Ed), *Psychology: A Study of Science,* Vol. 3. (New York: McGrow-Hill.)

Rogers, C. R.(1961), *On Becoming a Person: A Therapist's View of Psychotherapy*(Boston:Houghton Mifflin Co.)

Ross, Murray, G.(1967), *Community Organization : Theory, Principles, and Practice*(2nd ed.), New York : Harper & Brothers.

Schultz, D. & Schultz, S. E.(1994), *Theories of Personality*, 5th ed., Pacific Grove, CA: Books/Cole Publishing Company.

Shafer, C. M.(1969), Teaching social work practice in an integrated course : A general systems approach. In G. Hearn(Ed), *The General Systems Approach : Contributions toward a Holistic Conception of Social Work*, 26~36. NY : Council on Social Work Education.

Siporin, M.(1980), "Ecological system theory in social work". *Journal of Sociology & Social Welfare.*

Smith, W. P., Davidson, E. S., & France, A.(1987), Social comparison and achivement evalution in children. In J. D. Masters & W.P.Smith(Eds.), *Social comparison, social justice, and relative deprivations.* Hillsdale, NJ:Erlbaum.

Strong, B. & Devault, C.(1992), *The Marriage and Family Experience.* West Publishing Co.

Strong, B., & DeVault, C.(1997), *Human sexuality: Diversity in contemporary America* (2nd ed.). Mountain View, CA: Mayfield.

Sutherland, E. H., & Cressey, D. R. (1974), Criminology. Philadelphia: Lippincott.

Tylor, E. B.,(1958), *The Origin of Culture* (New York : Harper & Row Pub.

Urdang, E.(2008), *Human Bahavior in the Social Environment* (2nd ed). New York: Routledge.

Vetere, A. & Gale.(1987), *Ecological studies of family life.* New York: John Riley & Sons.

Wadsworth B. J.(1978), *Piaget for the Classroom Teacher.* White Plains, N.Y. : Longman.

Wadsworth(1978), "Piaget's Concept of Adaptation and 1st Value to Educators." In *Piagetian Theory and the Helping Professions*, pp. 210-215. Eighth Annual

Conference Proceedings. Los Angels : University of Southern Califonia.
Waitzman, M. Gortmaker, S., & Sobol. A.(1992), "Maternal smoking and behavior problem of children". *Pediatrics*, 90(3), 342-349
Wigfiedl, A., Eccles, J. S., MacIver, D., Reuman, D. A., & Midgley(1991), "Transitions during early adolescence: Changes in children's domain-specific self-perceptions and general self-esteem across the transition to junior high". *Developmental Psychology*, 27, 552-565.

〈번역 문헌〉

낸시 맥 윌리암스(2008), 『정신분석적 진단-성격구조의 이해』, 정남운 · 이기련 옮김, 학지사.
박재욱 · 이정욱 역(1985), 『사회학사-사회학이론의 성격과 발전』, Timasheff, N. S. & Theodorson, G. A. 저, 풀빛 75.
캘빈 S. 홀, 버논 J. 노드비(2004), 『융 심리학 입문』, 김형섭 옮김, 문예출판사.
프로이트(2006), 『정신분석강의』, 임홍빈 · 홍혜경 옮김, 열린책들(신판).
Barry J. Wordsworth(1995), 『피아제의 인지적 · 정의적 발달』, 성옥련 · 김수정 · 이지연 옮김, 중앙적성출판사.
Charles Zastrow, Karen K. Kirst-Ashman, 『인간행동과 사회환경』, 김규수 외 역(2002), 나눔의집.
Diane E. Papalia, 『아동의 세계-태내기에서 청년기 발달까지』, 이영 · 조연순 역(1991), 양서원.
Huntington, S. P. and Harrison, L. E.(2001), 『새무얼 헌팅턴의 문화가 중요하다』, 이종인 역, 김영사.
Jed Diamond(1997), Male Menopause, 『남자의 갱년기』, 김용주 역(2002), 이레.
Lauren Slater(2004), 『스키너의 심리상자열기』, 조중열 역(2006), 에코의 서재.
Leslie, A. White.(2002), 『문화과학』, 이문웅 역, 아카넷.
M. A. S. Pulaski(1986), 『어린이를 위한 피아제 이해』, 이기숙 · 주영희 옮김, 창지사.
Mitchll, S. A. & Black, M.,(2000), 『프로이트 이후-현대 정신분석학』, 이재훈 · 이해리 역, 한국심리치료연구소.
Payne, M.(2001), 『현대사회복지실천이론』, 서진환 외 역, 나남출판.
Payne, M.(2005), *Modern Social Work Theory* (3rd ed.). Chicago: Lyceum.
Segal, H.(1999), 『멜라닌 클라인』, 이재훈 역, 서울: 한국심리치료연구소.
Warnier, Jean-Pierre.(2000), 『문화의 세계화』, 주형일 역, 서울 : 한울.
Weic, K. E.(1990), 『조직화 이론』, 배병룡 · 김동환 공역, 서울 : 율곡.

〈참고 사이트〉

blog.naver.com/bonglim
forum.prisonplanet.com/index.php?topic=32913.0

home.earthlink.net/~heinabilene/karyotypes/trixyy.htm
klinefeltersyndrome.tripod.com/id4.html
learn.genetics.utah.edu/content/disorders/whataregd/turner
mdconsult.com
medgen.genetics.utah.edu
ndscoalition.org
www.abrahammaslow.net
www.atril.tk
www.carl-rogers-institut.com/default.php
www.change.freeuk.com/learning/socthink/aadler.html
www.crm.atril.tk
www.flavinscorner.com/scibadly1.htm
www.harvardsquarelibrary.org/stafford/rs__skinner.htm
www.mamashealth.com/syndrome/jacob.asp
www.psywww.com/intropsych/ch10__development/piaget.html
중앙일보, 2005.06.24. 왕따되면 쉽게 자포자기한다.
allpsych.com/psychology101/ego.html
flyfishingdevon.co.uk/salmon/year3/psy364animal__models/animal__models__of__human__behaviour.htm
panjtan.ning.com/profiles/blogs/the-id-ego-and-super-ego
sntp.net/behaviorism/skinner.htm

찾아보기

[ㅇ]

저자 소개

• 이영주
이영주는 백석대학교에서 사회복지학 석사, 한세대학교에서 대체의학 석사, 광운대학교에서 노인요양보험 관련 연구과정, 한영신학대학교에서 상담학 석사, 한영신학대학교에서 철학박사를 취득했다. 백석대학교, 수원대학교, 한영신학대학교 대학원, 한양대학교 대학원 등의 강사를 거쳐 대한신학대학원대학교 조교수로 재직했으며 현재는 장안대학교 사회복지학과 조교수로 재직 중이다. 학회 및 시민단체 활동으로는 한국정신보건사회복지학회, 21C 사회복지학회 부회장, 행정개혁시민연합 사회복지분과위원을 역임하였다. 주요논문으로는 "가정폭력 피해여성의 정신건강과 사회적응에 관한 연구", "치매가족지원센터 건립방안에 관한 연구", "저출산, 고령화문제의 해결방안" 등이 있으며, 저서로는 『요양보호개론』, 『여성복지론』, 『사회복지실천론』, 『사회복지실천기술론』 등이 있다.

• 서대석
서대석은 숭실대학교에서 사회사업학 석사학위를 취득한 후 종합사회복지관, 자살예방사업 등 사회복지실무 현장에서 주로 활동하였다. 이후 노인요양기관 컨설팅 활동을 하면서 한남대학교 사회복지학과 박사과정에 진학하였고, 한세대학교, 한남대학교, 강남대학교, EBS 교육방송 등에서 강사로 활동하고, 국제디지털대학교에서 겸임교수로 재직하였다. 한국노년학회, 한국노인복지학회 회원이며, 주요저서로는 『사회복지정책론』, 『사회복지실천론』, 『사회복지실천기술론』, 『사회복지발달사』 등이 있으며, 주요 논문은 "서울시 노숙인 쉼터의 사회복귀서비스 개선방안", "교회 노인복지사업의 목회자 주요배경 연구" 등이 있다. 현재 OCEC 사회복지연구센터 연구위원과 국제디지털대학교 객원교수로 재직하고 있다.

• 이태훈
이태훈은 서울벤처정보대학원대학교에서 복지상담 석사를 졸업하고 백석대학교에서 기독교사회복지학 박사과정을 수료하였다. 성폭력상담소장과 행복가정상담센터 소장을 역임하였으며, 장안대학, 수원과학대학, 호원대학교, 명신대학교 등에서 외래교수로 활동하고 있다.

• 문재우
문재우는 서울대학교에서 "우리나라 의료보장정책의 형평성 평가에 관한 연구"로 보건학박사 학위를 취득한 후 서울대학교 연구원, 고려대학교 · 동덕여자대학교 · 이화여자대학교 등의 강사를 거쳐 현재는 한세대학교 인문사회학부 교수로 재직하고 있다. 학회활동으로는 한국임상사회사업학회 이사(현), 한국보건사회학회 이사(현), 한국보건경제 · 정책학회 이사(현), 한국알코올과학회 이사(현) 등이 있으며, 보건복지부, 서울특별시, 광주광역시, 경기도 등의 공무원 시험(출제)위원을 역임하였다. 주요저서로는 『국민의료보험론』, 『보건행정학』, 『보건정책론』, 『사회복지개론』 등이 있으며, 주요 논문으로는 "가정폭력 노출경험, 자기평가 그리고 청소년 비행간의 관련성", "중 · 고등학생의 인터넷 중독수준과 학교생활 적응간의 관계성 연구", "우리나라 중 · 고등학생의 자살생각에 영향을 미치는 요인" 등이 있다.

인간행동과 사회환경

2011년 9월 15일 중판인쇄
2011년 9월 20일 중판발행

저 자 이영주 · 서대석 · 이태훈 · 문재우
발행인 유성열
발행처 **청목출판사**
서울특별시 영등포구 신길동 233-96
전화 (02) 849-6157(代) · 2820
FAX (02) 849-0817
등록 제318-1994-000090호

파본은 바꾸어 드립니다. 값 22,000원

http : //www.chongmok.co.kr

ISBN 978-89-5565-399-1

※인지는 생략합니다